LES DEUX

PROSTITUTIONS

ÉTUDES DE PATHOLOGIE SOCIALE

LES DEUX

PROSTITUTIONS

PAR

F. CARLIER

Ancien Chef du service actif des mœurs à la Préfecture de Police

(1860-1870)

PARIS

E. DENTU, ÉDITEUR

LIBRAIRE DE LA SOCIÉTÉ DES GENS DE LETTRES

PALAIS-ROYAL, 15-17-19, GALERIE D'ORLÉANS

1887

PREMIÈRE PARTIE

PROSTITUTION FÉMININE

AVANT-PROPOS

Nous écrivions la première partie de cette étude en 1870.

En 1871, les Annales d'hygiène annonçaient sa publication sous le titre de : La Prostitution à Paris de 1855 à 1870, et en donnaient un extrait pour lequel nous n'avons jamais été appelé à signer le bon à tirer. Nous citons cette particularité pour décharger notre responsabilité d'une faute et d'une erreur grossières que contient cet extrait, et qui nous ont été reprochées.

La publication du volume n'eut pas lieu, car l'annonce avait été faite sans que nous fussions averti.

Certains auteurs citèrent néanmoins notre livre comme s'il avait paru, et le firent figurer dans la liste bibliographique des ouvrages qui traitent de la prostitution. C'est là une erreur qui doit être rectifiée.

Le volume que nous nous décidons à publier n'est ni un document administratif ni un roman.

C'est une étude de mœurs absolument dénuée de prétention littéraire, mais faite dans des conditions de certitude exceptionnelles.

Nous n'avons rien dissimulé.

Lorsqu'il décrit les maux honteux, le médecin ne s'inquiète pas de ce qu'ils peuvent avoir de répugnant; il n'a qu'un but : empêcher la contagion de s'étendre, arriver à la découverte des remèdes qui guériront. Il remplit un devoir en faisant servir son expérience au bien de l'humanité.

C'est un semblable but que nous voulons atteindre.

Tout ce qui sera dit ici est le fruit d'une observation incessante de dix années, de 1860 à 1870. Nous ne citons pas un fait sans en avoir été le témoin; nous nous portons garant de son authenticité.

F. C.

CHAPITRE PREMIER

LA PROSTITUTION AVANT LA RÉGLEMENTATION

A toute époque, l'autorité s'est préoccupée des prostituées. — Les anciens rois de France ont prescrit les châtiments les plus violents. — Charles VIII les fait brûler vives. — Le maréchal Strozzi les fait jeter à la rivière. — Ordonnance de 1635 du lieutenant civil de la prévôté. — Ordonnances somptuaires de saint Louis. — Les prostituées sont contraintes à Paris d'habiter deux quartiers spéciaux. — Le *Glatigny* et le *Hueleu*. — Ces agglomérations prescrites deviennent tellement dangereuses que plusieurs ordonnances prescrivent la dissémination des prostituées. — Elles résistent à ces ordonnances. — Ordonnance de François Ier de 1518, à la suite de laquelle les maisons du Glatigny sont démolies par les habitants des quartiers voisins. — Charles IX, par l'ordonnance du 27 mars 1565, obtient enfin l'évacuation du Hueleu. — Les prostituées disséminées par la ville excitent de nombreuses réclamations. — La maladie vénérienne fait d'énormes ravages et préoccupe l'autorité. — Louis XIV cherche à porter remède aux scandales signalés et aux dangers que court la santé publique. — Lettres patentes du 20 avril 1684. — Création de l'Hôpital général. — Premiers symptômes de réglementation. — Sous Louis XV, les prostituées et les vagabonds sont déportés dans les colonies. — Cette transportation est vite abandonnée. — La contagion vénérienne se développe de plus en plus. — Les prostituées détenues à l'Hôpital général et qui sont malades sont soignées d'office. — Bicêtre reçoit les malades vénériennes non détenues. — Faux système consistant à être indulgent pour les prostituées et sévère seulement pour les malades qui viennent se faire soigner. — Pendant la Révolution, le scandale est à son comble. — La Commune de Paris met la morale publique sous la surveillance des vieillards de chaque quartier. — Première idée de réglementation sérieuse en 1798.

De tout temps, la prostitution a fait l'objet des préoccupations de l'autorité. La liberté illimitée dont elle jouissait au moyen âge la rendait si gênante, si dangereuse, qu'on cherchait à l'anéantir.

Les anciens rois de France ont eu recours aux mesures les plus violentes.

Charles VIII ordonne que les prostituées soient brûlées vives.

Le maréchal Strozzi en fait jeter près de neuf cents à la rivière.

En 1635, une ordonnance du lieutenant civil de la prévôté leur prescrit de *vuider* la ville de Paris et ses faubourgs, sous peine « d'être rasées et bannies à perpétuité, sans autre forme de procès ».

Toutes ces rigueurs furent sans effet ; ni le nombre des prostituées, ni les scandales qu'elles occasionnaient ne diminuèrent.

On voulut aussi les contraindre à se distinguer des femmes honnêtes qu'elles affectaient d'imiter dans leurs costumes.

Saint Louis rendit contre elles une première ordonnance somptuaire qui fut renouvelée par d'autres souverains.

Malgré la sévérité des peines portées contre les contrevenantes, ces ordonnances furent également sans grand résultat.

On voulut aussi parquer les prostituées dans des quartiers déterminés de la ville, avec défense de sortir des limites assignées à ces quartiers. Plusieurs ordonnances furent rendues dans ce but, notamment celle du 18 septembre 1367.

Elle affectait aux prostituées deux quartiers situés aux extrémités nord et est de la ville : *le Glatigny* et *le Hueleu.*

Le Glatigny comprenait les terrains enfermés, aujourd'hui, entre la rue de la Cité, la rue d'Arcole et les deux bras de la Seine.

Le Hueleu se composait des rues comprises dans un quadrilatère qui aurait aujourd'hui pour limites les rues Saint-Denis et Saint-Martin, la rue Greneta et la rue aux Ours.

Ces deux points de Paris étaient des composés de ruelles étroites sans air ni jour.

L'agglomération des prostituées, de leurs amants et de tous les malfaiteurs qu'elles attirent à elles avait fait de ces centres, de réelles forteresses du crime, de véritables coupe-gorge, dans lesquels on n'osait pénétrer et devant lesquels reculait la pré-vôté elle-même. C'était comme deux forts détachés dans l'enceinte même de la ville, comme deux refuges inviolables, en fait, pour tous les ribauds, pour tous les criminels.

Cette impunité, assurée à tous les vices, à tous les crimes, amena de tels scandales, de tels excès ; elle créa pour les quartiers voisins de tels dangers, que bientôt on regretta les ordonnances qui avaient prescrit ces agglomérations. Pour donner satisfac-tion aux justes plaintes qui se produisaient chaque jour contre cet état de choses, les rois rendirent des ordonnances qui prescrivaient la dispersion des prostituées et l'abandon, par elles, du Glatigny et du Hueleu; mais ces ordonnances restèrent long-temps lettres mortes, d'autant mieux que, ni le prévôt, ni ses sergents n'osaient intervenir en personne pour les faire exécuter.

De ces deux repaires, le moins dangereux, le Glatigny, fut celui qui disparut le premier.

François Ier en 1518, pour donner satisfaction aux vives réclamations d'une princesse de sa cour, prescrivit par lettres patentes sa démolition immédiate. Cet ordre serait certainement resté sans effet, comme tous ceux qui l'avaient précédé, si la population de la Cité, exaspérée par ce voisinage, ne s'était chargée d'en assurer par elle-même l'exécution immédiate.

Le lendemain du jour où le roi rendit cette ordonnance, la foule envahit en masse toutes les ruelles du Glatigny, en chassa toutes les prostituées, tous les bandits, tous les truands, et ne se retira qu'après avoir jeté à terre toutes les baraques qui leur servaient d'abris. Le lendemain de cette exécution sommaire, une procession, conduite en grande pompe par l'évêque accompagné de tout son clergé, faisait le tour de toutes ces ruines pour purifier ce quartier.

Quelques mois plus tard, des prostituées qui affectionnaient ce coin de Paris, dans lequel elles avaient pris des habitudes, s'y étaient réinstallées dans des baraques qu'elles avaient reconstruites; mais leur nombre ne présentait plus ni danger ni scandale et, en fait, l'agglomération du Glatigny avait cessé d'exister.

Cette suppression du Glatigny avait augmenté, dans de notables proportions, la population du Hueleu, devenue plus audacieuse et plus redoutée que jamais. La poltronnerie des sergents, qui n'osaient engager la lutte avec elle, lui était un sûr garant de sa tranquillité, malgré les ordres royaux qui lui prescrivaient inutilement de déguerpir. Son inertie usait la volonté royale.

Charles IX, en rendant le prévôt de Paris personnellement responsable de l'exécution de son ordonnance, fut le premier qui sut se faire obéir, et, le 27 mars 1565, le Hueleu fut enfin vidé.

Ainsi disparurent les derniers clapiers de femmes « vivant de vilité », disent les chroniques du temps.

Le Hueleu détruit, les prostituées et tous les bandits qui peuplaient avec elles ce repaire, se répandirent par la ville en se mêlant à la population honnête, au milieu de laquelle ils se dissimulaient. Cette promiscuité et la liberté absolue dont jouissaient alors les prostituées, étendirent le scandale à tous les quartiers de la ville et firent prendre à la débauche publique des proportions inconnues jusque-là.

Elles eurent des conséquences terribles pour la santé publique.

Un mal nouveau, contagieux, conséquence directe de la pratique libre de la prostitution et d'autant plus effrayant que les médecins n'en connaissaient ni la nature ni l'antidote, se propageait dans des proportions telles qu'il menaçait de devenir un danger social. Dans ces conditions, les plaintes contre la prostitution parvenaient aux rois plus nombreuses que jamais.

Louis XIV fut le premier qui chercha à porter remède à tous ces scandales, à tous ces dangers. Il créa d'abord l'Hôpital général, dans lequel seraient enfermées les prostituées, par raison d'État. Il songea ensuite à supprimer la liberté de la prostitution. Ses lettres patentes du 20 avril 1684 en témoignent. Elles rendirent exécutoire une ordonnance qui prescrivait « d'enfermer à l'Hôpital général les femmes adonnées à une débauche publique et scandaleuse », et qui réglait ensuite le traitement auquel seraient soumises les femmes ainsi détenues : « Elles seront habillées de tiretaine, avec des sabots. Elles auront du pain, du potage et de l'eau pour toute nourriture : une paillasse, des draps et une couverture pour se coucher. Elles travailleront le plus longtemps et aux ouvrages les plus pénibles que leur force pourra permettre. »

« Les infractions à ces prescriptions réglementaires seront punies de la peine du *carcan* et des *malaises.* »

Cette ordonnance déclarait aussi que ces femmes « seraient traitées des maladies qui pourraient leur survenir ».

Le régime de l'incarcération à l'Hôpital général ne donna pas les résultats qu'on en attendait. La détention en commun, loin d'améliorer ces natures perverties, développait la dissolution de leurs mœurs.

Dans l'espoir que la liberté serait un moyen plus moralisateur que la détention, et aussi pour se débarrasser de ces femmes, dont on ne savait que faire, qu'on ne pouvait plus loger faute de place et pourtant qu'on ne voulait pas relaxer, on imagina de se servir des prostituées pour peupler nos colonies. Dans ce but, on les expédia en Amérique, en compagnie des vagabonds arrêtés dans les rues de Paris.

La mesure, en elle-même, était certainement préférable à la détention illimitée par raison d'État; mais avec quelle rigueur cruelle elle était mise à exécution! Ces malheureuses, attachées dans des charrettes, faisaient à petites journées le parcours entre Paris et le port d'embarquement, dans des conditions identiques à celles employées pour les forçats qu'on envoyait au bagne. On dut renoncer par la suite à ce mode de colonisation forcée.

L'ordonnance du 20 avril 1684 n'avait pas seulement créé la réglementation au point de vue de l'ordre public. Ajoutant aux dispositions de l'ordonnance d'Avignon de 1347, qui commandait la recherche des femmes atteintes du *mal de paillardise* et leur incarcération, elle prescrivait que les femmes enfermées pour inconduite à l'Hôpital général *y seraient traitées des maladies qui leur pourraient survenir.* C'était donc exiger pour la première fois, en principe, l'intervention de l'autorité dans le traitement des maladies vénériennes. Ce n'était encore, il est vrai, que la médication forcée pour les seules malades détenues; mais cette contrainte devait, avec le temps, inévitablement s'étendre aux prostituées libres et donner naissance aux mesures préventives, aux visites périodiques obligatoires.

En attendant, on sentait la nécessité de faciliter aux malades en état de liberté, qui n'avaient pas les ressources nécessaires pour se faire soigner à domicile, le moyen, à elles aussi, de se faire traiter. On leur ouvrit l'hôpital de Bicêtre, où elles pouvaient aller *passer les remèdes.*

Il fallait, pour entrer dans cet hôpital, se faire inscrire à l'avance et attendre son admission pendant de longs mois, parfois pendant une année entière. La durée du séjour était fixée d'avance; à son expiration, guérie ou non, il fallait déguerpir; ce n'est pas tout, il était indispensable d'acheter sa place à prix d'argent. Toute malade qui ne voulait ou ne pouvait se laisser rançonner était impitoyablement repoussée.

Ce n'était certes pas une pareille organisation qui pouvait arrêter la contagion, d'autant moins que la médecine, à cette époque, restait souvent impuissante.

L'ordonnance du 20 avril 1684 et l'ouverture de Bicêtre aux vénériennes ne furent que de bonnes intentions sans grands résultats. Elles n'empêchèrent ni le développement de la démoralisation générale, ni celui de la contagion vénérienne. Le besoin d'une véritable et sévère réglementation commençait à se faire sentir. Elle fut inutilement tentée par les lieutenants de police qui exercèrent avant 1789. Ils partaient d'un faux principe, et ce fut là une des causes de l'inutilité de leurs efforts. Au lieu de combattre activement les débordements de mœurs, ils étaient indulgents pour eux, et punissaient surtout la contagion. C'était frapper l'effet en respectant la cause.

Pendant la révolution, le scandale fut à son comble. En vertu des grands principes de liberté qu'on invoquait alors à tout propos, la débauche s'affichait partout, aussi bien par des livres et des gravures aux vitrines des boutiques, que par des orgies sur la voie publique. Les choses allèrent si loin que la commune de Paris, elle-même, en fut offusquée. Par une circulaire, affichée sur les murs, elle chargeait les vieillards de chaque quartier d'y faire respecter la morale publique.

La Convention, à son tour, après avoir fait faire un recensement général des prostituées, édicta des mesures qui restèrent sans effet.

C'est seulement en 1798 qu'on conçoit l'idée d'une réglementation sérieuse, qui prescrirait l'enregistrement des prostituées et qui les contraindrait, une fois enregistrées, à subir des visites sanitaires préventives et périodiques. La question mise à l'étude ne fut résolue qu'en 1802.

On comprend que toutes les femmes qui

s'adonnaient habituellement à la prostitution ne se soumirent pas de bonne grâce à cette situation nouvelle que créait la réglementation. Tout en continuant à se prostituer, le plus grand nombre prit les précautions nécessaires pour échapper à l'enregistrement; celles qui y réussirent devinrent des prostituées clandestines et prirent administrativement le nom d'insoumises.

CHAPITRE II

PROSTITUTION CLANDESTINE

Transformations subies par la prostitution clandestine depuis quelques années. — La grisette, la femme entretenue, sont devenues des prostituées insoumises. — Les insoumises se disent femmes entretenues. — Les bals publics de barrières et de l'intérieur de Paris servent d'endroits de débuts aux prostituées. — Établissements, cafés et restaurants du boulevard restant ouverts la nuit pour favoriser la prostitution. — Le rôle du chasseur dans les restaurants. — Le type de la corporation. — Il est mort à temps pour échapper aux conséquences d'un mandat. — Tolérance de l'administration en matière de lieux de plaisirs. — Les pièces à femmes devenues à la mode dans les théâtres. — Conséquences des fortunes rapidement acquises sur le développement de la prostitution. — La femme entretenue n'existe plus, elle est devenue une prostituée avec l'assistance de la proxénète. — La proxénète est une nécessité de l'époque. — Singulier contrat entre une proxénète et sa cliente. — Tâtes les proxénètes ne reçoivent pas chez elles; beaucoup ne sont que des commissionnaires qui ménagent les rendez-vous. — Type de dangereuse hypocrisie. — Le proxénétisme revêt toutes les formes les plus incroyables. — Maris procurant leurs femmes. — Prétendus impresarios frétant un navire pour emmener un troupeau de jeunes Françaises en Espagne. — Les exemples de première corruption se rencontrent surtout dans la classe ouvrière. — Statistique des arrestations pour faits de proxénétisme.

La prostitution clandestine est, comme nous venons de le voir, une conséquence de la réglementation. Au début, l'insoumise et la fille inscrite avaient une origine commune. Mêmes coutumes, mêmes mœurs, mêmes habitudes, rien ne les différenciait. Les choses se modifièrent bientôt.

Entrèrent dans la catégorie des insoumises, toutes les débutantes qui cachaient leur inconduite parce qu'elles redoutaient l'inscription. L'administration de cette époque avait la main légère en matière d'enregistrement. Elle ne se préoccupait que fort peu de l'âge et des antécédents des filles qu'elle inscrivait pour les soumettre à la visite; un seul flagrant délit de prostitution ou même de raccolage suffisait pour motiver l'inscription. Aussi les insoumises étaient-elles relativement peu nombreuses, et justifiaient-elles, par les précautions qu'elles prenaient, pour que leur inconduite restât ignorée, leur dénomination de prostituées *clandestines*.

Les habitudes de cette catégorie de prostituées sont loin d'être aujourd'hui (1870) ce qu'elles étaient alors.

La prostitution clandestine a subi une transformation complète. Elle n'est plus ce qu'elle était il y a quarante ans, par exemple.

La prostituée insoumise, il y a quarante ans, se rencontrait bien aux anciennes barrières, aux abords des casernes, recouverte de haillons et cherchant à se livrer pour quelques sous; mais dans l'intérieur de la ville, dans les grands quartiers surtout, elle apportait une très grande réserve et n'étalait point chaque soir son luxe aux regards des passants.

Il y avait bien le Palais-Royal, la galerie de

bois, où elle allait se mêler aux filles publiques. La réputation bien connue de ces galeries en chassait les personnes vertueuses, et n'attirait que des hommes qui cherchaient aventure. Le scandale n'existait donc pour ainsi dire pas, d'autant mieux que l'insoumise se cachait pour faire son trafic; elle était comme honteuse de sa mauvaise action; de là son nom de *prostituée clandestine*.

La proxénète avait pour clientes mystérieuses les actrices et quelques femmes entretenues.

La grisette qui remplissait les bals était, de toutes les femmes galantes, celle qui s'affirmait le plus franchement. Sa mise était simple; elle travaillait toute la semaine et ne consacrait à son amant que ses nuits et ses dimanches. Elle se donnait et ne se vendait pas; aussi n'était-elle pas considérée comme une prostituée.

Aujourd'hui, la prostitution clandestine a changé complètement d'allures; elle se montre au grand jour et devient plus arrogante que ne l'est la prostitution réglementée. Autant on se cachait autrefois, autant on se fait voir aujourd'hui. Le mot clandestin lui-même a perdu sa signification; il ne veut plus dire prostituée qui se cache, mais prostituée non inscrite.

La fille insoumise, de nos jours, ne se livre à aucun travail; elle ne vit que du produit de la rue; elle se promène sur le même trottoir et porte le même costume que la fille publique.

La grisette a disparu; elle s'est fondue avec l'insoumise.

La femme entretenue, comme on la comprenait autrefois, n'existe plus.

Le proxénétisme est devenu une industrie presque avouée et qui s'exerce publiquement.

Nous n'essayerons pas de démontrer que l'insoumise est une prostituée de la rue. Le public la croit inscrite ; ses allures et sa tenue sont plus scandaleuses que celles de la fille publique avec laquelle — pour me servir de son expression — elle travaille chaque soir. L'une et l'autre accostent de la voix et du regard, font leur prix, se font payer d'avance, et, en outre de cette rémunération, exigent un pourboire qu'elles appellent leurs gants.

L'insoumise, pour se distinguer de la fille inscrite, avec laquelle elle voudrait ne pas être confondue, se dit *femme entretenue*. La fille en carte, de son côté, considère la fille insoumise comme plus corrompue et plus dangereuse qu'elle, et la fille en carte a au moins raison, au point de vue de la santé publique, comme le démontrera plus loin le chapitre VI, sur la contagion vénérienne.

Cette liberté d'allures qu'a prise la prostitution clandestine a facilité ses développements et augmenté ses scandales; aussi la moyenne par année des arrestations d'insoumises a-t-elle toujours été en augmentant, et, pour ne nous occuper que des temps plus rapprochés de nous, cette moyenne, qui avait été de 1,401 pendant la période de 1855 à 1860, a-t-elle été de 2,156 pendant la période de 1860 à 1870.

Il faut bien reconnaître que si cette classe de

prostituées s'est si prodigieusement accrue, les bals publics, les cafés et les restaurants qui lui donnent asile en sont une des principales causes.

Les bals de barrières et les bals des grands quartiers de l'intérieur de Paris sont les uns et les autres dangereux pour la morale publique, mais leurs dangers sont différents.

C'est toujours dans les bals de barrières que débute la jeune ouvrière. Attirée d'abord par les plaisirs de la danse, elle fréquente ces établissements dès l'âge de quinze ans, le plus souvent à l'insu de sa famille ou de ses patrons. C'est là qu'elle rencontre son premier amant.

Lorsque, de chute en chute, elle en sera arrivée à abandonner la maison paternelle et l'atelier; lorsque les exhortations et les exigences de son séducteur l'auront amenée à rompre ouvertement avec les habitudes de famille et de travail, pour se livrer plus lucrativement à l'inconduite, la danse alors ne sera plus un plaisir pour elle, mais un métier. Elle désertera les bals de barrières pour ceux à la mode de l'intérieur de Paris, qui ne sont plus aujourd'hui qu'une exposition de marchandise vivante, qu'un marché public de prostitution où les prix se débattent comme dans une halle, marché d'autant mieux approvisionné qu'il a la vogue, que *ces petits Messieurs*, appartenant à la haute classe de la société, l'ont adopté et y viennent plus nombreux.

Elle rencontrera là l'essaim des marchandes à la toilette. Si elle est jolie, ces exploiteuses de chair humaine viendront tenter sa vanité, lui offrir des costumes, des bijoux à crédit, en prenant, pour leurs créances, hypothèque sur des charmes qu'elle se chargeront de négocier.

Grâce à ses nouvelles toilettes, aux pourboires qu'elle donnera aux danseurs patentés par la direction du bal, elle pourra se produire dans le quadrille infernal. Alors sa réputation sera suffisamment faite, elle n'aura plus qu'à élever son prix.

Du Casino de Mabille aux boulevards, les choses sont si commodes, les cafés et les restaurants si nombreux et si hospitaliers, que celles qui n'ont pu réussir au bal sont à peu près certaines d'être plus heureuses. Leurs chances sont d'autant plus grandes que ces établissements, restant ouverts une partie de la nuit ou ne fermant même pas, elles ont là comme une espèce de place forte dans laquelle, tout en consommant, soit aux frais de l'inconnu qui viendra, soit à ceux de l'établissement si personne ne vient, elles se tiendront à l'abri de l'action de la police. La protection des garçons de la maison, celle du patron lui-même, ne leur feront pas défaut, pour les préserver d'une arrestation. On les travestira au besoin avec des habits d'homme pour les faire s'évader.

Toute la nuit veillera sur le trottoir, devant la porte qui donne accès aux cabinets particuliers, une sorte de domestique en livrée qu'on appelle *un chasseur*, dont les fonctions sont des moins honorables, mais des plus lucratives et des plus variées.

Faire approcher les voitures, en ouvrir les portières, tenir un parapluie ouvert lorsqu'il pleut pour aider à traverser le trottoir, voilà son rôle officiel ; mais combien plus varié est son rôle officieux. Par lui, l'insoumise qui se présente sait, avant d'entrer, si la réunion est déjà nombreuse, s'il y a abondance ou pénurie de femmes, quel espoir elle peut avoir de se caser pour la nuit. Lorsque par hasard ces dames feront défaut, il se chargera d'en approvisionner la maison. La police apparaît-elle aux abords de l'établissement? vite il donne l'éveil pour que personne ne sorte, et fait signe à toutes les arrivantes de passer outre sans s'arrêter. A celle qui, se sentant surveillée, n'ose sortir seule, il offrira son bras, après s'être toutefois dépouillé de sa livrée pour se déguiser en monsieur.

Le bon chasseur d'un cabaret à la mode économise en peu de temps une petite fortune, tout en aidant puissamment à celle de son patron.

Le type de la corporation est mort il y a quelques années.

Attaché à l'un des grands établissements de Paris, il avait élevé son industrie à la hauteur d'un art. Moyennant un abonnement de 20 francs par mois payés d'avance, il admettait dans sa collection la carte-portrait de toute femme qui voulait se produire dans la maison. A tout soupeur qui arrivait, il offrait son album, d'autant plus précieux qu'à chaque photographie était jointe une petite notice manuscrite précisant l'âge, la taille, la couleur des yeux, celle des cheveux et le prix minimum du sujet, en un mot, tous les renseignements utiles que la photographie ne pouvait suffisamment indiquer. Le choix ou les choix faits en toute connaissance de cause, il prenait sa voiture, car il avait à sa disposition pour la nuit une voiture au mois, et ramenait au plus vite les nouvelles convives attendues. Aux heures de grandes orgies, lorsque l'amphitryon laissait à sa haute compétence le soin de la composition du personnel féminin, il faisait beau le voir affairé, rassemblant tous les cochers libres qu'il rencontrait, se démenant au milieu d'eux pour leur donner ses ordres, puis, monté sur le siège de sa propre voiture, partir au galop suivi d'un convoi de six ou huit fiacres vides, qu'il ne tardait pas à ramener chargés.

Il pourvoyait à toutes les menues dépenses et ne présentait qu'à la fin du souper, alors qu'on était hors d'état de la vérifier, la note de ses déboursés et de ses honoraires. Dans les derniers temps de sa carrière, il était devenu banquier, il faisait crédit, il prêtait même à ses clients.

Dans sa vie privée, cet homme aurait pu servir d'exemple à beaucoup. Marié à la plus honnête des mères de famille, il vivait modestement, fréquentait avec elle les églises et consacrait ses journées aux soins de ses petits enfants. Pour donner le change aux siens sur son commerce interlope, pour expliquer ses absences nocturnes, il se disait employé dans une administration de journal. Il se fût tué de désespoir si, par une indiscrétion, sa femme eût appris son véritable métier. Aussi habitait-il le haut d'un faubourg à plus d'une heure de son poste, et son véritable nom n'était-il connu de personne, pas même du restaurateur qui l'employait.

Ce malheureux est mort à temps pour que son secret, qu'il tenait tant à garder, ne fût pas trahi. Compromis dans une affaire de proxénétisme, il était activement recherché, lorsque la police, qui depuis quelques semaines ne le voyait plus à sa place, découvrit son véritable nom et son adresse. Elle se présenta juste à temps pour assister à l'enlèvement d'un cercueil qu'on emportait à l'église.

Mais revenons à notre sujet.

C'est à une date relativement récente que les appétits du confortable, que les goûts de plaisirs luxueux s'étant développés et généralisés, l'autorité est devenue aussi libérale en matière de lieux de plaisirs.

Dans une ville comme Paris, où affluent les voyageurs et les étrangers, tous gens avides de vivre en dehors de leurs habitudes journalières, il devait résulter de cette agglomération de gens en quête de plaisir un courant invincible par lequel l'Administration s'est laissé surprendre, et contre lequel elle n'a pas suffisamment réagi. Elle a été insensiblement amenée à se relâcher de sa sévérité sur l'heure de fermeture des établissements publics, au moins dans les grands quartiers, et c'est ainsi

qu'aujourd'hui (1870) les cafés des boulevards
jouissent du privilège de rester ouverts jusqu'à une
heure du matin, et les cabarets et restaurants à la
mode, de la faveur de conserver du monde toute la
nuit.

De la même époque date la liberté, poussée
jusqu'à la licence, qui règne maintenant dans les
bals publics, où les mauvaises mœurs ne sont plus
surveillées par des agents en uniforme. C'est encore
à cette même époque qu'ont été ouvertes des écoles
de danse, qui n'étaient à leur début que ce que leur
nom indique, et qui, peu à peu, en sont arrivées à
avoir pour spécialité de mettre en rapports des jeunes
gens de famille, des mineurs surtout, même des
collégiens, avec ces femmes rouées, d'un âge
presque mûr, qui exploitent leur inexpérience et
qui les pervertissent.

Enfin, c'est également de nos jours que, dans
certains théâtres, ont été mises à la mode les pièces
dites à femmes. Dans ces théâtres-là, la littérature
est remplacée par des maillots bien collants et des
rondeurs bien dessinées; ce qui constitue une bonne
pièce, c'est le plus grand nombre de femmes qu'on
y pourra faire figurer et le plus grand déshabillé
qu'on pourra introduire dans les costumes. C'est
à la faveur de ces pièces qu'ont pu se produire
sur la scène, au détriment de l'art, ces créatures,
prostituées vulgaires sans autre mérite que leur
gentillesse, n'ayant aucune notion artistique, *ces
grues*, comme on les a appelées. Elles ne savent

sur quel pied se poser pour affronter les feux de la rampe. Leur seul talent consiste à savoir sourire aux avant-scènes, à comprendre et accepter les rendez-vous qu'on leur donne par signes.

Or, il est incontestable que, si ces divers établissements n'avaient point existé, s'ils n'avaient point été encouragés dans leurs excès par une certaine classe de la société, si les directeurs de plusieurs d'entre eux n'avaient pas ouvertement spéculé sur la débauche publique, un très grand nombre de jeunes filles seraient encore de bonnes ouvrières, et, dans tous les cas, si elles se livraient à l'inconduite, le feraient discrètement et sans scandale.

La Bourse, qui, à une certaine époque, a élevé tant de fortunes rapides, a été aussi un des éléments de la démoralisation générale. Autour des gros financiers parvenus, gravitaient un ramassis d'escrocs, de monteurs d'affaires, de faiseurs de dupes, pour lesquels l'argent était sans valeur, tant était grande pour eux la facilité de s'en procurer. Le ventre et la prostituée étaient, en dehors des tripotages financiers, leurs seules préoccupations. Les diamants, les hôtels, les chevaux, les voitures, les soupers, les toilettes, eurent bien vite raison de ces fortunes qui prenaient leur source dans la poche des actionnaires.

La police correctionnelle pour les uns, la fuite pour les autres, mirent fin à toutes ces largesses, à toutes ces splendeurs. Le règne de ces faiseurs avait pourtant assez duré pour fonder le monde dont nous parlons sur les ruines de la femme entretenue.

La femme entretenue n'existe plus que de nom, de fait elle est devenue une prostituée. Ses goûts de luxe et de dépense se sont tellement accrus de nos jours, ses habitudes de confortable et de bien-être se sont tellement développées, qu'il n'y a plus d'homme assez riche pour subvenir à tous les caprices d'une femme à la mode. Les preuves abondent, qui établissent que, pour faire partie de la catégorie des femmes en réputation, il faut dépenser deux cent mille francs par an et faire cent mille francs de dettes; or, ils sont rares ceux qui peuvent chaque année consacrer pareille somme à l'entretien d'une maîtresse. Ce qu'un seul ne pourra pas donner, un public d'élite le donnera par l'intermédiaire de la proxénète. La proxénète est donc un besoin de l'époque.

Pour qu'elle atteigne son but, qu'elle remplisse son office, il faut qu'elle soit connue. Elle donne des dîners et des soirées, auxquels sont conviées les personnes des deux sexes susceptibles d'avoir recours à ses bons offices; elle va même jusqu'à distribuer des cartes sur lesquelles elle prend à peine le soin de déguiser sa véritable profession.

Sa clientèle se compose de riches étrangers, de personnages appartenant à la politique, à la haute administration, à la haute banque, tous gens mariés ayant des positions de famille et d'affaires à sauvegarder. Le concours qu'elle donne à ces messieurs se borne souvent à prêter ses appartements pour des rendez-vous pris à l'avance et en dehors d'elle. Elle favorise ainsi de nombreux adultères. Son véritable rôle, et c'est le plus délicat qu'elle ait à jouer, est de servir d'intermédiaire entre ses clients et des femmes mariées ou non, qu'ils ne connaissent que de réputation ou seulement de vue et qu'ils désirent. Les démarches que nécessitent de pareilles commissions ne sont pas toujours sans danger ; elles exigent souvent une très grande habileté. Ces complaisances sont récompensées par des courtages dont l'importance est proportionnée à celle du service rendu. La proxénète, comme bien on pense, sait défendre ses intérêts. Elle donne parfois à cette défense une forme cynique.

Voici une rencontre qui a donné lieu à la constitution d'une rente viagère.

Le comte de X..., riche étranger, avait été mis en rapport avec M⁜ˡˡᵉ Y... Cette entrevue eut pour résultat une liaison qui dura plusieurs années. La proxénète ne pouvait se satisfaire d'une fidélité aussi longue. En perdant un de ses meilleurs clients, elle éprouvait un gros préjudice dans ses intérêts. Elle chercha à brouiller le ménage, tout au moins à attirer de nouveau le comte chez elle. Ses efforts aboutirent à cette singulière convention passée entre elle et M⁜ˡˡᵉ Y... Elle s'interdisait le droit de présenter des femmes au comte aussi longtemps que M⁜ˡˡᵉ Y... lui servirait une pension annuelle de trois mille francs payable par douzièmes et d'avance.

En dehors de cette clientèle d'élite, de ces dé-

marches commandées et des rendez-vous auxquels
elle prête asile, la proxénète tient une maison
publique clandestine, peuplée d'actrices sans talent,
de femmes insuffisamment entretenues, de jeunes
filles sans ressources, et fréquentée par des viveurs
de toute qualité. Chaque après-midi, vers deux
heures, elle ouvre ses salons, pour ne les fermer
que fort avant dans la nuit. On trouve chez elle des
tables de jeux, un restaurant et des chambres
confortablement meublées. Le bénéfice qu'elle retire
de cette branche de son industrie est considérable.
En plus de ce que lui rapportent les cartes, la
cuisine et les chambres garnies, elle touche un
double courtage. Après avoir elle-même débattu et
fixé d'avance le prix des faveurs qu'on désire obtenir,
elle se fait payer par l'un ce qu'elle appelle sa
commission, et retient à l'autre, conformément à
l'usage, la moitié de la somme qu'elle lui a fait
octroyer. Mais tout s'use, et la jeunesse des femmes
plus que toute autre chose. Il faut renouveler l'éta-
lage, et c'est alors qu'elle a recours à mille moyens
plus ingénieux les uns que les autres.

Ce sont des marchandes à la toilette de Paris qui
lui servent de courtiers, et qui lui adressent, moyennant honoraires, les jolies filles, leurs clientes,
qu'elles savent dans la misère. Ce sont des tireuses
de cartes qui, moyennant salaires, prédisent à de
jolies malheureuses un brillant avenir, grâce à
l'intervention d'une dame dont elles donnent le
signalement et qui viendra se proposer pour leur

procurer une riche connaissance. Ce sont des commis voyageurs femelles qui exploitent Paris, Genève et Bruxelles, et lui ramènent de ces dernières villes, en échange de Parisiennes usées qu'elles avaient emmenées, des femmes auxquelles le changement de pays refera une virginité. Enfin, comme il faut tirer parti de tout, lorsqu'une de ses habituées, encore jolie, ne voudra plus recevoir que chez elle, elle lui trouvera un appartement ; elle lui prêtera de l'argent ; elle lui fournira à crédit, mais à des prix exorbitants, des meubles et des toilettes; elle lui enverra des clients, mais elle lui imposera une bonne chargée de la surveiller. Cette bonne, véritable cerbère, aura pour principale mission de s'emparer des recettes et de les remettre à la proxénète, qui se payera ainsi de ses courtages galants, de ses avances d'argent, du prix du loyer et des vêtements fournis.

Une proxénète bien montée doit toujours avoir, pour satisfaire à toutes les exigences, sa vierge en réserve. Cette vierge-là est ordinairement une fille publique, malingre, chétive, nouée, aux cheveux coupés courts, vêtue en jeune ouvrière. Parfois même, pour donner à cette supercherie une plus grande apparence de réalité, on lui noircit la figure et les mains, et on la fait passer pour la jeune fille d'un charbonnier du voisinage. Ainsi travestie, on l'introduit à la chute du jour dans une chambre à demi éclairée, près d'un vieillard impatient, qui paye très cher une pareille aubaine.

Si encore le proxénétisme se bornait à intervenir dans la comédie de l'amour pour y jouer le rôle qu'on vient de voir; s'il ne favorisait la débauche que des filles mineures déjà perverties, il n'en serait pas moins ignoble, il n'en tomberait pas moins sous le coup de la loi; mais, enfin, la sûreté des familles n'aurait pas à le trop redouter. Malheureusement il ne s'adresse pas exclusivement à des jeunes filles déjà compromises.

Les meilleurs clients de ces tripots sont des hommes déjà vieux et blasés. Il leur faut des jeunes filles, aussi vierges que possible, et là commence la rouerie infâme des proxénètes. Rarement elles se mettent elles-mêmes en quête d'une victime. Elles sont trop connues, la réussite devient trop difficile, trop périlleuse pour elles.

Il y a eu pourtant une vieille femme, aux cheveux blancs, à l'air respectable, dont la chambre à coucher était garnie d'images de religion, qui affectait les dehors de la dévotion la plus sincère, et qui, chaque jour, courait les rues de Paris, s'arrêtant à toutes les devantures de magasins.

Lorsqu'elle remarquait, derrière un comptoir, une jeune demoiselle à l'air candide et ingénu, elle entrait, faisait une emplette et demandait la permission de prendre quelques instants de repos. Sa conversation était agréable; ses manières, celles d'une bonne mère de famille; elle montrait quelque intérêt à cette pauvre enfant, puis se retirait en promettant sa clientèle au magasin. A quelques

jours de là, elle revenait pour une nouvelle acquisition qu'elle ne pouvait emporter avec elle ; il fallait
la lui livrer à domicile, le soir, lorsqu'elle serait
rentrée. Le petit paquet était porté par la demoiselle
de comptoir, qui ne revenait souvent à son magasin
que déshonorée.

Cette vieille femme, malgré toutes les recommandations dont elle avait su s'entourer, a été expulsée
de France à la suite de condamnations pour les
faits qu'on vient de lire. Elle s'est retirée en Belgique,
son pays d'origine, où elle a continué la même
industrie.

Cette matrone, qui opérait elle-même, était une
exception. C'est ordinairement par intermédiaires
que se traitent de pareils marchés. Ces intermédiaires prennent un titre qui leur donne accès dans
les familles. Ce sont des couturières qui travaillent
à bon marché; des marchandes revendeuses qui
livrent à crédit; des femmes qui se disent professeurs
de déclamation ou de piano. Les prix qu'elles
demandent mettent leurs services à la portée de
toutes les bourses; au besoin, elles font crédit; puis
un jour elles amènent secrètement chez la proxénète
une jeune fille pauvre, que la coquetterie qu'elles
ont su lui inspirer, que les espérances d'avenir et
de fortune qu'elles lui ont suggérées, rendent toute
disposée à faire le sacrifice de sa vertu.

Tout cela n'est rien encore auprès de l'infamie
de ces mères, conduisant elles-mêmes leurs filles encore vierges chez quatre ou cinq des proxénètes en

réputation, pour mettre leur virginité aux enchères.

Ce qui ferait croire que la dépravation humaine n'a pas de bornes, c'est la cynique audace de ce monstre qui, pendant que son mari est au travail, conduit sa fille, âgée de 15 ans, dans un cabinet particulier où l'attendent deux messieurs, avec lesquels elle a pris rendez-vous. Après avoir elle-même commencé par prêcher d'exemple, elle décide sa fille, encore vierge, à se prostituer à son tour. Puis, à partir de ce jour, elle l'entraîne avec elle dans une vie de monstrueuse débauche.

Ces faits de corruption des enfants par leurs mères sont heureusement rares; mais on pourrait citer pourtant 12 cas qui, depuis dix ans, ont été déférés aux tribunaux.

Le proxénétisme se cache sous mille autres formes.

C'est une marchande de gants ou de tabac qui n'a du commerce que l'enseigne, dont les demoiselles de magasin ne rendront jamais la menue monnaie de pièces d'or qu'on leur donne (1).

Ce sont quelques maris, ayant les apparences d'hommes du monde, qui procurent eux-mêmes, mais par intermédiaires, leurs femmes légitimes, moyennant un prix qu'ils ont fixé d'avance.

Ce sont des fournisseurs à la mode qui, pour se faire solder leurs factures exagérées, que les maris

_____

(1) Ce genre de proxénétisme, qu'on ne rencontrait que rarement il y a dix ans, est devenu, depuis quelques années, tout à fait à la mode. Paris pullule aujourd'hui de magasins de ce genre (1882).

refuseraient de payer, facilitent à leurs clientes, femmes du monde, les rendez-vous qu'elles donnent, en leur offrant asile dans un petit salon de leurs établissements.

Ce sont des maîtresses de garnis qui forcent leurs locataires à ramener un homme chaque soir, et à payer une redevance pour la présence de cet homme dans la maison.

C'est un étranger, dont nous avons déjà parlé, qui emmenait en Espagne, pour les exploiter, en vertu d'un traité en due forme et signé par chacune d'elles, de nombreuses jeunes filles recrutées à Paris dans le but de créer un casino à Madrid.

Les articles 1 et 2 du contrat que ce cornac d'un nouveau genre faisait signer à ses pensionnaires, sous le nom d'engagement, portait :

« Que pendant les trois ans que durera l'engagement, elle sera tenue de figurer à toutes les soirées dansantes, dans le costume et le local qu'il plaira à la direction d'indiquer.

« Qu'à moins de maladie régulièrement constatée par le médecin de l'établissement, chaque absence sera punie d'une amende de 20 francs. »

L'article 3 prévoyait le cas de résiliation et stipulait un très gros dédit à la charge de celle des parties qui violerait les conventions.

L'article 4 mettait à la charge des danseuses tous les costumes que la direction jugerait utile de leur fournir pour figurer dans les quadrilles. Il fixait les époques auxquelles devraient être remboursées au

directeur les avances faites par lui pour le voyage.
Il se terminait par cette condition, qui explique tout
le mécanisme de l'opération :

« L'administration ne sera tenue à aucune rémunération envers ses pensionnaires pour les services
ci-dessus spécifiés. »

Un pareil engagement, quelque monstrueux qu'il
puisse paraître, n'en avait pas moins été accepté par
dix-huit ou vingt jeunes filles mineures, qui n'attendaient que le signal du départ de Paris pour aller
s'embarquer à Bordeaux, lorsque leur guide fut livré
aux mains de la justice.

L'idée généralement répandue que les gens riches
débauchent les jeunes ouvrières, et celle que le proxénétisme est exclusivement pratiqué au bénéfice des
classes aisées de la société, sont des idées fausses.

M. Maxime du Camp, dans son *Paris*, raconte que
sous le règne de Louis-Philippe, à une réunion de
la société secrète des Saisons, un homme proposa
une conscription pour la prostitution, seul moyen,
disait-il, d'éviter que les filles pauvres servissent au
plaisir des riches.

Un auditeur repoussa cette motion et motiva ainsi
son opposition : « Les riches n'ont que nos restes,
nous le savons tous. »

Quatre-vingt-dix viols, sur cent déférés à la
justice, ont pour auteurs des artisans ou des
ouvriers.

Un nombre considérable de faits de première corruption sont la conséquence de cette promiscuité de

lit entre parents et enfants, entre frère et sœur, si fréquente chez les pauvres gens.

C'est aussi au bénéfice de la classe ouvrière que se produisent le plus souvent les premières excitations à la débauche.

Ce sont des couturières, des blanchisseuses, qui livrent, parfois même à l'aide de violences, leurs jeunes apprenties aux amis de leurs amants, quelquefois à leurs amants eux-mêmes.

Ce sont encore des hommes déjà vieux, n'ayant d'autre ressource que la mendicité, habitant un mauvais réduit, qui attirent chez eux, sous prétexte de leur offrir un asile, toutes les jeunes vagabondes de dix à douze ans que le défaut de sollicitude de leurs familles laisse errer sur la voie publique. Il n'est malheureusement pas rare de rencontrer réunies dans un galetas cinq ou six de ces pauvres enfants dont les parents avaient signalé la disparition et que d'immondes vieillards, dans un but de lucre, envoyaient journellement sur la voie publique pour s'y livrer à des actes odieux qu'ils leur avaient enseignés eux-mêmes. Non contents de s'emparer de l'argent que ces enfants rapportaient, ils les faisaient servir la nuit à la satisfaction de leurs passions personnelles.

Il se passe bien peu d'années sans que la justice soit appelée à réprimer des faits de cette nature. Des condamnations sévères frappent les coupables, mais les jeunes enfants ainsi polluées n'en sont pas moins ordinairement perdues et ne tardent pas à aller grossir les rangs de la prostitution clandestine.

Il reste à faire connaître le chiffre des arrestations pour faits de proxénétisme. Il s'est élevé en quinze ans à mille quinze (1), sur lequel les hommes figurent pour un tiers environ.

Pour que ce chiffre ait sa véritable signification, il faut ajouter qu'un très grand nombre de cas d'excitation de mineures à la débauche ont été traités administrativement, parce que les mineures exploitées par d'autres femmes étaient sur le point d'atteindre leur majorité, et que, d'autre part, proxénètes et victimes étaient aussi perverties les unes que les autres.

(1) *Arrestations pour faits de proxénétisme.* — Le nombre d'arrestations a été :

En 1855	84
1856	73
1857	64
1858	87
1859	63
1860	60
1861	168
1862	65
1863	81
1864	74
1865	64
1866	47
1867	58
1868	44
1869	34

CHAPITRE III

L'INSCRIPTION

L'arrêté de 1802 crée pour la première fois l'inscription des
prostituées. — Dans quelles conditions on les inscrivait avant
1828. — En principe, on n'inscrit pas les mineures. — Précautions
prises pour l'inscription des majeures. — Divers motifs qui
nécessitent l'inscription. — L'inscription devient de plus
en plus difficile, d'une part; de l'autre, l'autorité y apporte
d'elle-même des obstacles chaque jour plus grands. — Tableau
des arrestations d'insoumises et des inscriptions : 1° de 1855
à 1859; 2° de 1860 à 1869. — De la comparaison de ces deux
tableaux il ressort que les inscriptions diminuent en proportion
directe de l'augmentation du nombre des arrestations. — Age
des insoumises arrêtées — inscrites. — Leurs pays d'origine.
— La prostitution est une des causes de la décroissance de la
population en France.

L'inscription, comme nous l'avons vu, remonte
à 1802. De 1802 à 1828, ces inscriptions se firent sans
enquête et sans aucune précaution. L'administration
de la police accédait à toutes les demandes. Elle ne se
préoccupait, ni des antécédents, ni de l'état civil, ni
même de l'âge des postulantes. Elle les enregistrait
sous le premier nom venu qu'il leur plaisait de se
donner. Elle procédait avec la même légèreté pour
l'inscription des jeunes filles arrêtées à la suite de
faits de prostitution. Parent-Duchâtelet constate

qu'avant cette époque on admettait comme filles
publiques des enfants de dix ans qui n'avaient jamais
été déflorées. C'est encore M. Debelleyme qui,
en 1828, prescrivit le premier les enquêtes, la production des actes de naissance, avant l'inscription
et l'enregistrement sous le véritable nom de famille.
Depuis lors, ces sages mesures ont été exécutées
avec une scrupuleuse rigidité, et les inscriptions
entourées de précautions, de jour en jour plus
nombreuses, qui rendirent impossibles les méprises
monstrueuses signalées par Parent-Duchâtelet.

On ne saurait en effet, en matière d'inscription,
avoir trop de scrupules.

Inscrire une fille, c'est compromettre tout son
avenir; aussi ne peut-on lui imposer cette mesure
infamante qu'autant que ses habitudes de prostitution
sont irréfutablement établies, que les faits qui lui
sont reprochés sont incontestables, enfin qu'elle se
trouve dans des conditions tout à fait exceptionnelles
qui permettent cette inscription.

L'administration actuelle, tout en comprenant
l'urgente nécessité qu'il y aurait de soumettre aux
règles sanitaires et de discipline le plus grand
nombre possible de prostituées insoumises, est
arrêtée par des raisons d'humanité et par les pro-
hibitions de l'article 334 du code pénal.

De 1830 à 1850, l'identité fut toujours constatée
avant l'enregistrement, mais on ne se préoccupait encore que fort peu de l'âge et par conséquent des prescriptions de l'article 334. Majeures ou mineures, les in-

soumises étaient facilement inscrites, dès lors qu'elles le demandaient, ou que des faits de prostitution étaient constatés à leur charge. A partir de 1850, l'administration prescrivit des enquêtes plus minutieuses, plus approfondies; elle se mit constamment en rapport avec les familles, et le nombre des inscriptions de mineures diminua sensiblement. Depuis 1860, les précautions prises avant l'inscription sont plus rigides encore. D'abord, on a décidé, en principe, qu'en aucun cas une insoumise mineure qui se présente librement au dispensaire pour demander son inscription ne pourra être enregistrée, à moins qu'elle n'ait déjà subi de nombreuses arrestations pour faits de prostitution et qu'elle ne soit reconnue atteinte d'une maladie vénérienne. Même pour les insoumises mineures arrêtées, on ne se contente plus de se mettre en rapport avec les familles. Lorsque les parents refusent de réclamer leur enfant, on fait pression sur eux pour les contraindre à la recevoir, ou tout au moins pour leur faire solliciter du président du tribunal une ordonnance de correction. Pour chaque arrestation, les mêmes démarches recommencent, et, bref, l'inscription n'est ordonnée qu'après de nombreuses arrestations et l'épuisement de tous les moyens comminatoires.

Mais ce n'est pas seulement l'inscription des mineures que l'administration prend à cœur d'entourer de toutes les garanties d'humanité possibles: l'inscription des majeures est aussi, depuis 1860, l'objet de toutes ses préoccupations.

Bien que, vis-à-vis des filles âgées de plus de 21 ans, elle n'ait pas à compter avec l'article 334 du code pénal, qu'elle ait sa liberté d'action, même pour celles-ci, elle se met en rapport avec les familles, cherche à obtenir d'elles qu'elles réclament leurs enfants et qu'elles leur assurent des moyens d'existence. Souvent même, lorsque ces parents hésitent et que l'administration n'a pas la preuve qu'elle est en présence d'une fille complètement perdue, lorsqu'elle croit qu'il reste un espoir de retour à la vie honnête, si petit qu'il soit, plutôt que de décider l'inscription, comme paraît le désirer la famille, elle relaxe l'insoumise si ses parents habitent Paris; et s'ils sont fixés en province, elle la rapatrie d'office ou même l'expulse du département de la Seine, dans le but de contraindre sa famille à la recevoir. Ces mesures sont illusoires dans les trois quarts des cas; les rapatriées et les expulsées rentrent à Paris, s'y cachent et continuent à ne demander leurs moyens d'existence qu'à la prostitution. L'administration sait tout cela, elle n'en persiste pas moins dans ses efforts pour rendre ces filles perdues à la vie honnête. Avant de les marquer d'un cachet d'infamie, elle veut avoir épuisé tous les moyens capables de les préserver de ce malheur.

Dans ces conditions, l'inscription d'une mineure sur le registre des filles publiques est devenue comme un cas de force majeure, comme le résultat d'une impérieuse nécessité; celle d'une majeure, un acte réfléchi auquel on ne s'est résigné que dans un but d'ordre et d'intérêt publics.

Le soin scrupuleux qu'apporte maintenant (1870) l'administration à l'étude de chacun des cas sur lesquels elle a à se prononcer, la répugnance qu'elle montre à enregistrer des filles mineures et même souvent majeures, ont fait qu'alors que le chiffre des arrestations d'insoumises, pour faits de prostitution, augmente chaque année dans une proportion assez sensible, celui des inscriptions diminue, en raison de toutes ces précautions, dans la proportion inverse.

Les deux tableaux qui suivent fourniront la preuve de ce que nous venons d'avancer.

Le premier comprend les années depuis et y compris 1855 jusqu'à 1859 inclusivement.

Le second comprend une période de dix années, du 1er janvier 1860 au 31 décembre 1869.

1er TABLEAU

ANNÉES	ARRESTATIONS D'INSOUMISES	INSOUMISES ENREGISTRÉES	MALADES	CÉLIBATAIRES	MARIÉES	MINEURES	
						DE 18 ANS ACCOMPLIS	AU-DESSOUS DE 18 ANS
1855.....	1,823	611	26	572	234	163	73
1856.....	1,502	619	33	438	378	406	75
1857.....	1,403	542	22	510	328	150	51
1858.....	1,159	443	23	441	359	161	51
1859.....	1,538	587	25	463	303	144	60
Totaux..	7,009	2,783	149	2,619	1,619	624	819

2ᵉ TABLEAU

ANNÉES	ARRESTATIONS D'INSOUMISES	INSOUMISES INSCRITES	MARIÉES	CÉLIBATAIRES	MAJEURES	MINEURES	
						DE 16 ANS ACCOMPLIS	AU-DESSOUS DE 16 ANS
1860......	1,650	388	23	360	273	65	20
1861......	2,522	397	21	376	260	108	20
1862......	2,997	443	28	417	322	97	24
1863......	2,124	379	18	361	264	108	9
1864......	2,143	364	28	336	270	67	18
1865......	2,335	311	13	298	213	76	13
1866......	1,088	323	18	305	223	65	16
1867......	2,018	330	13	317	208	105	20
1868......	2,077	340	19	331	237	80	23
1869......	1,999	370	33	337	283	65	22
Totaux..	21,563	3,645	217	3,438	2,571	880	194

De la comparaison de ces deux tableaux résultent les moyennes suivantes *par année* :

	MOYENNE PAR ANNÉE des arrestations d'insoumises	MOYENNE DES INSCRIPTIONS	MAJEURES	MINEURES	TOTAL ÉGAL
Période du 1er janvier 1855 au 31 décembre 1859.....	1401,10	553,40	323,80	239,60	553,40
Période du 1er janvier 1860 au 31 décembre 1869....;	2150,80	364,50	257,10	107,40	364,50

De cette comparaison résultent encore les proportions suivantes :

PÉRIODE DE 1853 À 1859.		PÉRIODE DE 1860 À 1869.	
1 inscrip.	sur 2.53 arrest.	1 inscrip.	sur 5.09 arrest.
1 — de majeure sur 4.82 —		1 — de majeure sur 8.85 —	
1 — de mineure sur 6.12 —		1 — de mineure sur 20.07 —	

Ce dernier tableau démontre la réserve apportée maintenant dans les inscriptions, notamment dans l'inscription des mineures, qui ne représente plus aujourd'hui (1870) qu'un vingtième, tandis qu'il y a à peine dix ans elle représentait un sixième des arrestations d'insoumises.

Ainsi, malgré cette nécessité impérieuse qui s'impose à lui de soumettre aux visites réglementaires le plus grand nombre possible d'insoumises, le Préfet de police n'a pu inscrire en dix ans que 3,645 filles sur 21,363 insoumises écrouées, c'est-à-dire qu'il a pu à peine inscrire une insoumise sur plus de cinq arrêtées.

Si l'on veut se rendre un compte aussi exact que possible de l'importance de la prostitution clandestine à Paris et dans la banlieue, il faut réfléchir que le nombre des insoumises mises en état d'arrestation, et qui sert de base à ce travail, ne représente que la minime partie des filles qui demandent leurs moyens d'existence exclusivement à la débauche. Le petit nombre des agents spéciaux chargés du service des mœurs (ils sont trente seulement sur la voie publique), l'immense étendue de Paris et de sa

banlieue, les difficultés considérables inhérentes à
chacune des opérations, les précautions sans nombre
à prendre pour éviter autant que possible, nous ne
dirons pas les erreurs, mais les moindres réclamations pouvant avoir une apparence de fondement,
les résistances et les obstacles matériels à vaincre,
les dangers que présentent pour les agents certaines arrestations, tout cela fait qu'il n'y a pas
une insoumise arrêtée sur dix qui mériteraient de
l'être.

Si donc on multiplie par dix, et la moyenne des
arrestations d'insoumises par année, pendant la
période de 1860 à 1869, et celle des maladies
vénériennes constatées sur les insoumises pendant
cette même période, on sera encore au-dessous de
là vérité, et cependant on arrivera à des résultats
effrayants, qu'il est pourtant nécessaire de regarder
en face, pour comprendre l'état de la débauche
publique, les dangers qu'elle présente et les difficultés que rencontre l'administration pour accomplir
son œuvre de salubrité et de protection de la morale
publique.

Le pays d'origine et l'âge de ces insoumises
mériteraient examen, mais nous n'avons pu, sur
ce point, nous procurer de renseignements exacts
que sur les insoumises dont l'arrestation a été suivie
de l'inscription.

Sur 3,645 insoumises enregistrées, 2,571 étaient
majeures, 1,074 étaient mineures.

771 de ces insoumises étaient nées dans le dépar-

cement de la Seine, 2,874 avaient pour pays d'origine les départements et l'étranger.

Ces derniers chiffres donnent pour la totalité des insoumises arrêtées la proportion moyenne de 45 Parisiennes contre 55 provinciales ou étrangères.

Il serait intéressant de pouvoir étudier les motifs qui ont amené ces provinciales à Paris, mais cette étude sortirait du cadre de ce travail.

Il suffira de savoir que plus de la moitié d'entre elles sont à Paris sans famille et sans guide; qu'elles n'y sont venues, pour le plus grand nombre, que dans l'espoir d'y trouver de l'ouvrage et d'y vivre plus facilement que dans leurs communes. Les emplois ont manqué, la misère et surtout la coquetterie, jointes à la paresse, en ont fait des prostituées.

En tenant compte de l'observation que nous avons faite plus haut sur le chiffre probable de la prostitution clandestine; en réfléchissant que chacune de ces femmes étrangères à Paris, si elle n'eût pas quitté sa province, aurait été mariée à un homme qui se serait presque toujours fixé dans le pays, qu'elle aurait été mère de famille, tandis qu'elle sera probablement stérile, comme l'établit Parent-Duchâtelet (1), on comprendra quelle nombreuse population la prostitution enlève aux campagnes. Et si l'on considère que les grandes villes ont, comme Paris, le fâcheux privilège d'attirer à elles

(1) PARENT-DUCHATELET, De la Prostitution dans la ville de Paris. 3ᵉ édition. Paris, 1837. Tome I, page 217.

les jeunes paysannes qui viennent s'y perdre, on trouvera là une des raisons de la décroissance de la population en France (1).

(1) Voy. Discussion sur la population (*Bulletin de l'Académie de médecine*, 1866-1867. Tome XXXII, pages 391, 597, 741, 839, 889, etc.).

CHAPITRE IV

PROSTITUTION RÉGLEMENTÉE

Le service administratif de la prostitution est organisé par l'arrêté du 20 août 1822. — 1828, M. de Belleyme réorganise
complètement ce service et lui donne les bases qu'il a aujour-
d'hui. — Il est le véritable organisateur de la prostitution réglementée. — Filles inscrites. — Filles soumises. — Filles
isolées. — Filles en maisons. — Filles en carte. — En numéro. —
Le caractère des filles publiques n'est fait que de contrastes. —
Respect humain. — Sentiments religieux. — Sentiments de pudeur.
— Gourmandise. — Penchant à l'ivresse, au vol. — Habitude de
mentir. — Les Panades et les Pierreuses. — Jalousies de métier.
— Assistance réciproque en cas de maladie. — Sentiments charitables. — Dévouement à la famille. — Grossesse. — Sentiments
maternels. — La grossesse est toujours l'œuvre du souteneur.
— Dans l'affection des prostituées, le souteneur passe avant
tout. — Tatouages. — Les Lesbiennes. — Précautions contre
la grossesse. — Souteneur femelle. — Soins corporels que prennent
les prostituées. — Propreté des vêtements. — Costume réglementaire.

Nous avons vu au chapitre premier ce qu'avait
été la prostitution avant l'arrêté de 1802.

Les arrêtés de 1802 et de 1805, en prescrivant
l'inscription des prostituées et l'obligation pour
elles de se soumettre à des visites médicales périodiques, avaient créé, en principe, la prostitution
réglementée. Qui dit réglementation dit règlement

à faire exécuter, et, par conséquent, surveillance à faire exercer ; mais ces arrêtés étaient muets sur l'organisation administrative aussi bien de l'enregistrement que de la surveillance. En raison de ce silence, le corps médical du dispensaire, le seul que ces arrêtés d'organisation avaient visé, administrait complètement la prostitution à Paris.

C'est en 1822 seulement qu'un arrêté du 20 août nomme un commissaire de police chargé de diriger le dispensaire. Des employés pour les écritures et des agents pour la recherche des filles sont placés sous ses ordres. Cet embryon de service administratif et répressif deviendra, en 1828, après la réorganisation de M. Debelleyme, le service des mœurs tel qu'il existe encore aujourd'hui.

M. Debelleyme mit un zèle tout particulier à l'étude de toutes les questions qui touchaient à la prostitution. Il abolit la redevance prescrite par l'arrêté de 1802 pour le payement des visites subies au dispensaire, et prescrivit le transfèrement de ce dispensaire de la rue Croix-des-Petits-Champs dans des bâtiments situés rue de Jérusalem, contigus aux locaux occupés alors par la préfecture de police. Ce transfèrement n'eut lieu qu'en 1830, après son départ ; mais c'est à son initiative que la mesure est due.

Les améliorations qu'il apporta à l'état de choses existant avant lui sont tellement nombreuses, tellement importantes, qu'à lui seul revient l'honneur d'avoir mis un peu d'ordre dans tout ce chaos administratif de la prostitution, et d'avoir assuré l'action efficace de la police sur les filles inscrites, dont l'ensemble, à partir de cette époque, est compris sous la désignation de : *Prostitution réglementée.*

La prostitution réglementée est celle qu'exercent ostensiblement, à titre de profession, des femmes tolérées — nous allions presque dire autorisées — par la police, qui les a inscrites dans ce but sur un registre spécial. Toutes les femmes inscrites sur ce registre sont dites *filles publiques.* On les désigne également sous les noms de *filles soumises* et de *filles inscrites.* Ces trois appellations ont toutes la même signification, et sont indistinctement employées.

Les filles inscrites se divisent en deux classes bien distinctes l'une de l'autre :

Les filles isolées ;

Les filles en maisons.

Les filles isolées prennent aussi la dénomination de *filles en carte,* parce qu'elles reçoivent toutes une carte d'inscription, qu'elles sont tenues de représenter à toute réquisition des agents. On donne aux filles en maison le nom de *filles en numéro,* parce que, pour celles-là, l'inscription n'est pas constatée par une carte, mais seulement par un numéro d'enregistrement.

Avant d'étudier les mœurs, les habitudes, la vie de chacune de ces deux classes, nous allons retracer à grands traits les mobiles, les manières de voir, les

qualités, les défauts communs à toutes les prostituées, à quelque catégorie qu'elles appartiennent.

Les motifs qui poussent une femme à solliciter
ou à accepter l'inscription sont, le plus ordinairement, la paresse, la coquetterie, l'insuffisance des
salaires, la misère, le délaissement d'un amant,
militaire, étudiant ou commis-voyageur, qui abandonne, sans ressources, sur le pavé de Paris, la
maîtresse qu'il avait amenée de province. Il faut dire,
pour être vrai, que nous avons vu des femmes
donner comme explication de leur inconduite et
invoquer à l'appui de leurs demandes d'inscription
des mobiles bien honorables. Celle-ci paraissait ne
se préoccuper que du moyen de faire vivre ses
parents, que leur vieillesse avait mis à sa charge;
celle-là, restée veuve sans ressources, ne semblait
obéir qu'à la pensée d'élever ses enfants en bas âge.

Quel contraste entre le but poursuivi par ces
dernières et le moyen employé pour l'atteindre! Il
ne faut pas trop s'étonner. La prostitution oblitère
le sens moral, et la vie des prostituées n'est faite que
de contrastes et de choses illogiques.

Entre elles, au milieu de leurs souteneurs, dans les
mauvais lieux qu'elles fréquentent, les prostituées
luttent de cynisme et d'audace. Dans les circonstances ordinaires de la vie, elles affectent, pour
le plus grand nombre, une extrême timidité.

Alors qu'elles se promènent le soir un peu loin de
leur domicile, elles se couvrent d'oripeaux voyants,
font tous leurs efforts pour se faire remarquer, et

semblent se moquer du qu'en-dira-t-on; mais si les hasards de la rue les mettent en présence d'une personne qui les a connues sages, elles s'enfuient la rougeur au visage.

En se rapprochant de la maison qu'elles habitent, elles gardent une décence relative, et cachent, le mieux qu'elles le peuvent, aux yeux de tous leur honteuse position. Elles redoutent à ce point les marques de mépris dont elles sont l'objet de la part de leurs voisins, qu'elles changent de domicile pour y échapper.

Lorsqu'elles se trouvent réunies, elles sont généralement irréligieuses et tournent en dérision les cérémonies de l'Église. Si elles rencontrent un prêtre et qu'elles ne soient pas prises de vin, elles le saluent respectueusement et s'observent devant lui. Elles entrent volontiers dans les temples pour entendre les chants, et s'y comportent avec toute la décence possible. Si l'une d'elles, se sentant mourir, fait demander un ministre du culte, ses voisines, qui l'assistent à ses derniers moments, se mettent à genoux et prient avec ferveur.

Le métier qu'elles font exclut toute idée de pudeur. Par état, leur corps appartient au premier venu qui les paye, et pourtant elles sont nombreuses celles qui tiennent à être visitées toujours par le même médecin. Aussi choisissent-elles pour se présenter au dispensaire le jour et l'heure où elles savent trouver de service leur médecin habituel. Lorsque, par hasard, il s'est fait remplacer, elles préfèrent se retirer et revenir un autre jour où elles le sauront là, tant il leur est pénible de se faire examiner par un autre que celui qui les connaît déjà.

Dans les visites faites, la nuit, par les inspecteurs dans les maisons de tolérance, la fille qui est seule dans son lit ne se préoccupe pas de la présence des agents, fût-elle complètement découverte; si, au contraire, elle est en compagnie d'un homme, elle rejette son drap par-dessus sa tête, comme le pourrait faire une honnête femme surprise dans la même position. Si, maintenant, l'inspecteur la force à se lever pour l'emmener au poste, elle s'habille, elle vaque devant lui aux soins les plus intimes de sa toilette, avec autant de liberté que si elle était seule dans sa chambre.

La gourmandise, le penchant à l'ivrognerie et les habitudes de mensonge sont les principaux défauts communs à toutes les prostituées. Ils existent chez toutes, à un degré plus ou moins prononcé, cela est vrai, mais ils existent si bien, qu'on pourrait les considérer comme des obligations professionnelles.

L'indélicatesse et le vol sont aussi très pratiqués, mais par certaines catégories de filles seulement, notamment par celles qui habitent en garni, qui n'ont pas de domicile fixe et qui fréquentent les cabarets de bas étage.

Elles se jalousent les unes les autres. Chacune critique les charmes, la toilette, le mobilier de sa voisine. Elles ont les unes pour les autres des antipathies telles, qu'elles s'injurient, se battent même sans autre motif qu'une inimitié envieuse. Elles se classifient entre elles, d'après les costumes qu'elles portent et les quartiers qu'elles fréquentent. Elles ont trouvé pour cette classification des appellations qui, dans leur bouche, sont l'expression du plus grand mépris. Les filles aux allures communes, à la tenue sordide, appellent *panades* celles dont elles jalousent les toilettes et les manières plus recherchées. Ces dernières, qui considèrent ce terme comme injurieux, y répondent par le nom de *pierreuses*, qui est, dans le vocabulaire de la prostitution, le plus blessant de tous. Cette classification est on ne peut plus fantaisiste, elle varie selon les sujets en présence. Telle qui est une *panade* pour les unes, n'est qu'une *pierreuse* pour d'autres, et puis, avec l'âge, presque toutes les *panades* deviennent des *pierreuses*. Ces expressions de mépris et de dédain entretiennent entre voisines des sentiments d'animosité qui éclatent en toute occasion, au grand détriment du bon ordre.

Il est juste d'ajouter que, chez un grand nombre, ces sentiments haineux, bien que profondément ancrés dans le cœur, ne sont pas immuables ; ils s'effacent devant le malheur. Une maladie grave, par exemple, fait disparaître toutes les rivalités, toutes les haines. On se porte mutuellement secours dans les limites de ses moyens. Celle-ci, sans ressources, paye de sa personne en remplissant les fonctions de garde-malade ; celle-là aide de son argent, procure les médicaments, solde le médecin.

Si la bourse d'une seule ne suffit pas, on se cotise.
Lorsque la mort accomplit son œuvre, on pourvoit
par souscription aux frais d'un enterrement décent.
Si la malade entre dans un hôpital, on la visite à
tour de rôle les jours d'entrée; on lui porte des
secours; on adoucit, autant qu'on le peut, le pénible
de sa situation. En présence de la maladie, de
l'hôpital, les querelles de métier disparaissent. Les
panades et les *pierreuses* ne forment plus qu'une
même classe d'êtres humains, qui, se sentant mépri-
sés de tout le monde et abandonnés à eux-mêmes,
obéissent à des sentiments d'humanité et de solidarité.

Il serait souverainement injuste d'attribuer à une
pensée exclusivement égoïste, à un calcul de réci-
procité, l'assistance que donnent certaines filles à
celles de leurs compagnes qu'elles voient malheureuses. Les prostituées sont naturellement charitables. Elles viennent volontiers en aide à toute
personne, quelle qu'elle soit, dont elles connaissent
la misère et qu'elles savent avoir besoin de leur
secours. Elles sont généralement compatissantes, il
faut le dire; elles ont assez de défauts pour qu'on
ne taise pas leurs rares qualités.

Dans le même ordre d'idées, un certain nombre
d'entre elles ont le sentiment de la famille suffisamment développé. Quelques-unes le possèdent au
plus haut point. Nous avons dit qu'on en trouvait
qui se prostituaient pour soutenir leurs vieux
parents, pour élever leurs enfants. Il en est qui,

sans pousser l'abnégation aussi loin, viennent en aide à leur famille. D'autres, restées orphelines avec des frères et sœurs plus jeunes qu'elles, consacrent le produit de leur infâme métier à pourvoir, avec un dévouement tout maternel, aux besoins de tous ces orphelins. Elles éprouvent une fierté toute légitime à jouer ce rôle de mère, qui les relève à leurs propres yeux. La maternité est en grand honneur chez un certain nombre de filles. Aussi celles-là manifestent-elles une véritable joie lorsqu'elles constatent sur elles-mêmes les premiers symptômes d'une grossesse, qu'elles n'ont pas recherchée, mais qu'elles acceptent avec bonheur. Elles prennent alors toutes les précautions imaginables pour que cette grossesse aboutisse. On en voit même renoncer, pendant les derniers mois, à tout acte de prostitution, se résigner à une misère noire, pour éviter les dangers d'avortement. Une fois mères, elles prodiguent à leurs enfants les soins les plus tendres et évitent, autant qu'elles le peuvent, de se livrer à l'inconduite devant eux, quelque jeunes qu'ils soient. Chose curieuse, elles n'admettent pas qu'on leur manifeste un doute sur l'origine de leur grossesse. Elles ne peuvent être mères que du fait de leurs souteneurs. Elles considèrent comme illusoires les approches d'autres hommes, qu'elles endurent par métier et qui ne leur procurent aucune de ces sensations qu'elles croient indispensables à la conception. Leurs souteneurs seuls sont capables de les féconder, parce qu'eux seuls donnent pleine satisfaction à leurs désirs. Aussi ces souteneurs sont-ils l'objet de toutes leurs sollicitudes, de toutes leurs affections. Ils passent avant la famille, souvent avant les enfants. C'est exclusivement pour eux qu'elles *travaillent*. Peu importent les privations et la misère, pourvu qu'elles subviennent à leur nourriture, à leur habillement, à leurs caprices et aux exigences de leur oisiveté. Les violences dont elles sont l'objet de leur part n'ont pour résultat que de resserrer les liens qui les unissent à eux. Ce sont des maîtres qu'elles se donnent, dont elles sont les esclaves soumises, auxquels elles reconnaissent tous droits sur elles, pour lesquels elles ont comme une sorte de culte, et dont, à une certaine époque, elles portaient les noms tatoués sur une partie visible du corps, le bras ordinairement, comme pour bien établir qu'elles étaient toute leur propriété. Aujourd'hui, ces tatouages sont devenus moins communs. On ne les trouve plus que sur quelques filles de barrières et sur les filles âgées.

Ce dévouement aveugle des filles pour leurs souteneurs s'explique par ce fait que, ne rencontrant tout autour d'elles qu'humiliations et témoignages de mépris, ne trouvant personne, parmi les gens honorables, qui veuille accepter leur affection, ces malheureuses sentent le besoin irrésistible d'aimer quelqu'un qui ne puisse leur jeter son mépris à la face, qui les défende contre les attaques dont elles peuvent être l'objet, qui les protège dans leur isolement et qui les aide à dépister la police.

Les qualités charitables et familiales que nous venons d'indiquer ne se rencontrent malheureusement que chez un certain nombre de filles publiques. Beaucoup n'ont que de mauvais instincts. Celles-là ignorent, le plus ordinairement, ce que sont devenus leurs parents et ne cherchent pas à le savoir. Qu'ils soient morts ou vivants, peu leur importe, et c'est parfois dans les termes les plus irrespectueux et les plus grossiers qu'elles parlent d'eux. Elles sont tout aussi réfractaires à l'amour maternel qu'à l'amour filial. Elles ne veulent pas d'enfants et se livrent à toutes les pratiques abortives pour éviter ce qu'elles considèrent comme un malheur; mais comme ces pratiques ne réussissent pas toujours, et qu'elles font de plus courir à leur santé d'assez grands périls, elles ont recours à un moyen préservatif fort simple, qui consiste en un morceau d'éponge de la grosseur d'une toute petite noix, dont elles se garnissent, et qui les préserve ordinairement de tout danger de grossesse.

C'est surtout aux Lesbiennes, à celles qui ne trouvent le plaisir amoureux que dans les rapports contre nature qu'elles entretiennent avec d'autres femmes, que la découverte de l'emploi de ce morceau d'éponge a rendu un véritable service. Celles-là, bien qu'elles jouent avec les hommes qu'elles reçoivent le rôle de véritables machines, n'en avaient pas moins à subir parfois les consé-

quences de ces rapprochements. Elles n'ont plus
à craindre, maintenant, ni la maternité, ni surtout
les déformations du corps que celle-ci laisse souvent
après elle et qu'elles redoutaient par-dessus tout.

Ces habitudes antinaturelles sont assez communes chez les filles publiques, mais particulièrement chez celles qui approchent de la trentième
année, qui ont subi de nombreuses détentions à
Saint-Lazare ou qui ont appartenu comme pensionnaires à certaines maisons de tolérance dans
lesquelles les filles couchent deux par deux. On
rencontre chez ces Lesbiennes des natures éner-
giques, de véritables viragos. Impérieuses et au-
toritaires, elles s'imposent à leurs amantes par la
terreur qu'elles leur inspirent, et exercent sur elles
un empire jaloux de tous les instants. Comme les
souteneurs, dont elles tiennent la place, elles
surveillent leurs amoureuses, les accompagnent le
soir sur la voie publique, les contraignent à se
prostituer, les protègent au besoin, et se font entretenir par elles. Cette sorte de femme-homme est un
type qui ne recule ni devant un coup de poing à
donner, ni devant un mauvais coup à recevoir. Elle
est le chef du ménage; c'est elle qui tient la bourse,
qu'elle n'alimente pas, et dans laquelle elle puise
pour satisfaire à tous ses besoins, à tous ses caprices; c'est elle qui commande et qui exige qu'on
obéisse; c'est le souteneur femelle, beaucoup plus
exigeant, beaucoup plus tyrannique encore que ne
l'est le souteneur mâle.

A une certaine époque, les médecins du dispensaire avaient un signe certain auquel ils reconnaissaient les Lesbiennes. Elles portaient toutes un nom de femme tatoué sur le ventre. Cette mode a disparu.

Ces habitudes de tatouage étaient une coutume ridicule et barbare adoptée spécialement par les filles, leurs souteneurs et les repris de justice. On les trouvait aussi en honneur chez les marins et chez les soldats. La tendance qu'elles ont à disparaître est un progrès pour la civilisation.

Ce progrès dans les habitudes des prostituées n'est pas le seul dont on ait lieu de se féliciter.

Les filles publiques furent pendant longtemps d'une malpropreté repoussante. Elles ne prenaient aucun soin de leur personne. L'administration dut intervenir; elle le fit victorieusement, dans l'intérêt de la santé publique, qui avait à souffrir de ces manques de soins corporels.

La question des vêtements a été plus difficile à résoudre. Les habits ne sont plus ces haillons sordides, aux formes extravagantes, aux couleurs bariolées, dont parlent les vieilles chroniques. Aujourd'hui, les filles sont en général proprement mises, et c'est là une amélioration incontestable de leur état physique; mais reste toujours la question de la réglementation du vêtement, question sur laquelle l'administration a souvent varié dans ses principes. Faut-il astreindre les filles publiques à un uniforme, à une marque distinctive apparente qui permette de reconnaître à première vue qu'on est en présence d'une fille de débauche, ou bien faut-il, au contraire, lui interdire toute tenue qui la signale aux passants, tout signe extérieur qui puisse attirer les regards sur elle? Est-il bon de la contraindre à se vêtir aussi décemment que le pourrait faire une femme économe, appartenant à la petite bourgeoisie?

Ceux qui préconisent le premier système veulent éviter toute confusion possible, sur la voie publique, entre les femmes honnêtes et celles qui ne le sont pas. Ceux, au contraire, qui demandent l'application du second, prétendent que la vue des femmes portant sur elles-mêmes l'enseigne ostensible de leur inconduite est une excitation permanente à la débauche, à l'adresse des jeunes gens et de tous ceux qui ont un caractère faible ou des passions vives; un exemple contagieux pour les jeunes ouvrières encore sages, et un outrage à la morale de toutes les honnêtes femmes.

Ces deux théories ne sont excellentes ni l'une ni l'autre, mais elles peuvent se défendre. Selon qu'elle y a été contrainte par un gros scandale ou par les récriminations de l'opinion publique, l'autorité les a admises et appliquées successivement l'une et l'autre, à diverses reprises.

Saint Louis avait ordonné que les prostituées seraient vêtues d'un uniforme spécial, qui ne leur permît pas de se faire passer pour des femmes de bonnes vie et mœurs.

M. Maxime Du Camp, dans son remarquable

ouvrage *Paris,* raconte une anecdote qui, si elle
est exacte, explique le mobile auquel a obéi saint
Louis en rendant cette ordonnance. Cette anecdote,
il l'a tirée d'un manuscrit attribué à Sauval, et qui
fait partie de la bibliothèque de la rue Richelieu.
« La reine Marguerite de Provence, femme de
Louis IX, allant à l'offrande, après avoir touché la
patène de ses lèvres, se retourna, selon l'usage de
la primitive église, pour donner le baiser de paix
à sa voisine; elle embrassa une dame richement
vêtue et de haute apparence, qui n'était autre qu'une
ribaude folieuse, ainsi qu'on disait alors. »

Au xiv° siècle, une ordonnance prescrivait à
toutes les prostituées de la ville d'Avignon de
porter sur le côté gauche du corsage de leur robe
une aiguillette en laine jaune.

Sous Charles VI, les prostituées de Toulouse
firent pétition au roi pour être dispensées du
costume obligatoire qui leur était imposé. Leur
demande fut favorablement accueillie. Elles furent
autorisées à se vêtir à leur guise, mais à la
condition qu'elles porteraient au bras *une jarre-
tière en drap d'une couleur différente de la robe.*

Sous Henri IV, elles jouirent de la liberté du
costume, mais toutes, invariablement, devaient
porter une plaque dorée, fixée au-devant de la
ceinture.

Ces prescriptions n'atteignirent jamais le but
moral qu'elles poursuivaient. Les prostituées, qui
les trouvaient compromettantes pour elles, les

éludaient le plus qu'elles le pouvaient, si bien
qu'elles n'étaient qu'imparfaitement exécutées et
qu'elles tombaient promptement en désuétude.
Elles paraissent avoir été définitivement aban-
données depuis la Révolution. Ce n'est pas pourtant
que certains moralistes · n'aient fait tous leurs
efforts pour les faire revivre.

En 1827, un médecin de Montpellier proposait
à M. le préfet de police Delavau de défendre à
toute fille inscrite de paraître sur la voie publique,
autrement que coiffée d'un chapeau jaune serin,
avec voile et rubans de même couleur, la taille
serrée dans une ceinture également jaune, fermée
par une plaque ornée, sur laquelle serait gravé le
numéro d'inscription de cette fille à la préfecture.

En 1829, une pétition adressée à M. Debelleyme
demandait que les prostituées de Paris fussent
tenues à porter un uniforme que leur fournirait la
préfecture de police. Cet uniforme devait varier
avec la saison d'hiver et la saison d'été. Il consistait
d'abord en une robe de couleur uniforme pour
toutes, bordée d'un ruban de couleur voyante, puis
d'une petite chaîne portée au cou, et à laquelle
aurait été suspendue ostensiblement une plaque
indiquant le numéro d'inscription. Pourquoi,·
ajoutait le pétitionnaire, qui prévoyait bien les
objections que susciterait sa proposition, « pourquoi
les filles échapperaient-elles à un uniforme, alors
que les cochers de fiacres et de cabriolets y sont
contraints ? »

Ces pétitions restèrent sans réponse, et les filles furent laissées libres du choix de leurs costumes. Cette liberté, qui existe encore aujourd'hui pour elles, n'est tempérée que par l'obligation que leur impose le règlement de se vêtir décemment, sans exagération, ni dans la couleur, ni dans la forme des habits, sans rien, en un mot, qui puisse révéler leur position et attirer spécialement sur elles l'attention des passants.

C'est donc le second système, celui de la tenue décente, qui paraît avoir définitivement prévalu.

CHAPITRE V

Filles inscrites — isolées — en numéro. — Défenses réglementaires. — Les filles arrêtées ne doivent plus passer la nuit dans des postes occupés par des soldats. — Prescriptions réglementaires et régimes de vie spéciaux aux filles isolées — aux filles en maisons — filles d'amour — filles pensionnaires. — Spoliations dont sont victimes les filles en maisons de la part de leurs maîtresses de tolérances. — Le change. — Pourboires exceptionnels. — Parallèles entre la situation des filles isolées et celle des filles en maisons. — Tableau statistique des arrestations des filles publiques à Paris, de 1855 à 1870. — Les filles en maisons sont moins dangereuses pour l'ordre et la santé publique que les filles isolées. — Ce qu'on entendait, il y a trente ans, par « filles pensionnaires ». — Ignoble spéculation dont les filles isolées sont l'objet de la part de certains industriels. — Maisons garnies et cabarets dans lesquels on favorise la prostitution. — Conditions dans lesquelles certaines filles obtiennent l'autorisation de loger en garni. — Défense formelle de s'y prostituer dans aucun cas. — Statistique des filles publiques inscrites, de 1855 à 1870. — Statistique des radiations pendant la même période. — Décroissance du nombre des filles en maisons et de celui des filles inscrites. — Radiations. — Certaines filles sont économes. — Comment elles arrivent à économiser. — Spécialistes. — Les économies provoquent à l'assassinat. — Philippe. — Radiations par décisions — d'office. — Filles disparues. — Ce que deviennent les anciennes filles publiques. — Leurs mariages. — Réinscriptions. — Associations avec des voleurs. — Le dépôt de mendicité. — L'hôpital ou la prison pour dernier refuge.

Dans un intérêt de morale, de sûreté et de santé publiques, il est défendu aux *filles inscrites* de se

grouper dans les rues, d'y stationner, d'y racoler
à haute voix, d'adresser des provocations à des
mineurs, à des élèves d'écoles revêtus de leurs
uniformes. Il leur est interdit de se prostituer dans
des maisons garnies, il leur est prescrit de subir
une visite sanitaire périodique.

La sanction donnée aux infractions à ces prescriptions est l'arrestation, le dépôt provisoire dans
un poste de police, et la détention à la prison de
Saint-Lazare par mesure administrative. La durée
de cette détention n'est pas limitée, le préfet de
police la proportionne à la gravité de l'infraction
commise; en fait, sa moyenne n'atteint pas trois
semaines. Le maximum de punition que nous
avons vu infliger a été trois mois, et nous n'avons
été témoin de punitions de cette importance que
quatre fois en dix ans.

Une instruction récente (1870) recommande aux
agents de ne déposer, autant que faire se pourra, les
filles arrêtées que dans les postes de police gardés
par des sergents de ville, à l'exclusion des postes
militaires. Cette instruction fut la conséquence de
faits grotesques et parfois odieux, auxquels donnait
naissance la présence de prostituées au milieu des
soldats.

Dix à douze filles arrêtées, dans le cours d'une
même soirée, sur les boulevards, avaient été déposées au poste de la rue Rossini, gardé par des
chasseurs à pied. Il y avait bal à l'Opéra cette nuit-
là. Vers deux heures du matin, excités sans doute

par l'orchestre de Strauss, qu'ils entendaient distinctement, les troupiers, après avoir transporté sur le
trottoir matelas et mobilier, avaient ouvert les
portes des violons pour se livrer avec leurs prison-
nières aux quadrilles les plus échevelés dans leur
corps de garde, transformé en salle de bal.

Une fille arrêtée le soir sur le cours de
Vincennes, avait été incarcérée au poste de la
barrière du Trône. Au milieu de la nuit, le sergent
commandant, s'étant fait amener cette femme, la
contraignit à se livrer à lui sur le lit de camp.
Puis, ayant fait ranger ses hommes comme pour
une prise d'armes, il leur avait ordonné d'avoir, l'un
après l'autre, des rapports avec elle. Le factionnaire
sous les armes n'avait pu échapper lui-même à
cette corvée. Provisoirement relevé de sa faction, il
avait dû, malgré sa répugnance et un premier refus
formellement exprimé, s'exécuter, pour obéir aux
injonctions formelles de son supérieur. Le conseil
de guerre a réprimé comme elle le méritait une
pareille bestialité, et, sur la demande de l'autorité
militaire elle-même, le dépôt, pendant la nuit, des
prostituées, dans les postes de troupe, fut, à partir
de ce jour, rigoureusement interdit.

Nous arrivons maintenant à l'étude des prescriptions réglementaires et du régime de vie spéciaux
aux filles isolées. Nous étudierons ensuite la réglementation imposée aux filles en maisons, et le genre
d'existence qui leur est fait.

La fille isolée est celle qui n'est point enrégimentée

dans une maison de tolérance, qui a un domicile à elle, qui ne se prostitue que quand bon lui semble, en un mot, qui reste maîtresse d'elle-même.

En outre des prescriptions générales indiquées plus haut, et qui astreignent toutes les filles inscrites, le règlement lui impose des obligations spéciales.

Elle doit se présenter d'elle-même à la visite du dispensaire, au moins une fois par quinzaine, et plus souvent si elle a des doutes sur son état de santé.

Elle doit être propriétaire des meubles qui garnissent son logement, dont la location doit toujours être faite à son nom.

Il lui est rigoureusement défendu d'habiter en garni, à moins d'une autorisation spéciale que l'administration de la police se réserve le droit de donner dans certaines conditions déterminées, conditions que nous allons indiquer lorsque nous nous occuperons tout à l'heure des cabarets et des maisons garnies.

Dans aucun cas, elle ne peut partager son domicile avec son souteneur.

Elle ne peut non plus prendre domicile dans la maison qu'une fille isolée habite déjà.

La fille en maison est celle, son nom l'indique, qui est enrégimentée dans une maison de tolérance. Elle est placée sous la surveillance de la matrone de la maison, à laquelle elle doit obéissance en tant que les ordres qu'elle en reçoit ne sont pas contraires aux prescriptions réglementaires.

En principe absolu, elle ne peut se livrer à aucun

racolage sur la voie publique. Lorsqu'elle appartient à une maison qui est spécialement autorisée à laisser stationner une de ses filles sur le pas de la porte, et qu'elle est chargée de faire cette station, elle ne doit pas aller et venir sur le trottoir; il lui est formellement interdit d'accoster les passants de la voix ni du geste, elle doit simplement servir d'enseigne.

Elle est contrainte de subir la visite qu'un médecin du dispensaire va faire chaque semaine dans la maison même.

Une mère et sa fille, toutes deux filles en maisons, ne peuvent être attachées au même établissement.

Examinons maintenant le mode d'admission des filles dans les maisons de prostitution, et voyons comment se règlent leurs rapports d'intérêts avec les maîtresses de ces maisons.

En principe, toute prostituée inscrite fille publique, si elle ne justifie pas, par une quittance de loyer, qu'elle a un domicile à elle, doit entrer dans une maison de tolérance. Elle peut choisir toute maison qui voudra la recevoir. Elle est libre de changer de maison aussi souvent que son intérêt ou son caprice le lui conseillera. Les dettes qu'elle a pu contracter dans la maison qu'elle quitte ne sont pas un obstacle à son départ. La seule formalité que lui impose le règlement est de se présenter à la préfecture, en compagnie de la maîtresse de maison qui l'accepte, pour se faire inscrire sur un livre spécial à la tolérance dans laquelle elle veut entrer.

La loi ne reconnaissant pas les contrats immoraux, la fille et la maîtresse ne peuvent se lier par aucun engagement. De cette indépendance réciproque résulte, pour l'une et pour l'autre, le droit absolu de se séparer selon le bon plaisir de chacune. De là des mutations tellement fréquentes, que le personnel de certains établissements se renouvelle presque chaque mois.

C'est surtout dans les maisons de barrières que se produit ce va-et-vient continuel; c'est là qu'on rencontre le plus grand nombre de filles jeunes et jolies; c'est là ordinairement que débutent les nouvelles inscrites. La raison en est que la discipline intérieure y est moins sévère que dans les maisons de l'intérieur de Paris; que les souteneurs, grâce aux estaminets, y pénètrent facilement pendant la journée, et qu'enfin les filles ne trouvent que là le moyen de satisfaire le goût prononcé qu'elles ont presque toutes pour les militaires. Après quelques mois d'expérience, pendant lesquels ces débutantes ont essayé de trois ou quatre maisons rivales, elles se présentent dans les établissements en réputation des grands quartiers, où l'existence est beaucoup plus calme, le métier plus lucratif. Il en est peu qui sachent se faire à cette vie relativement tranquille. Le plus grand nombre retourne bien vite dans ses quartiers favoris. Celles-là qui, par calcul ou par tempérament, acceptent ces nouvelles habitudes ne le font encore qu'à la condition d'aller, de temps à autre, se retremper, pendant un mois ou deux, dans la vie de barrière.

L'autorité reste donc complètement étrangère au mouvement d'entrée des filles dans les maisons tolérées, aussi bien qu'à celui de leur sortie. Ces mutations continuelles n'ont d'autre loi que la volonté des parties. Le rôle de l'administration se borne à vérifier si le consentement mutuel a été librement donné, puis à l'enregistrer.

Elle ne se préoccupe pas davantage, et bien à tort selon nous, du règlement des rapports d'intérêts entre les filles et leurs maîtresses de maisons. Ces rapports se résument en deux systèmes qui constituent, au point de vue de l'administration intérieure des maisons, deux régimes différents : celui des *filles d'amour* et celui des *filles pensionnaires*.

Les filles qui vivent sous le premier régime ne reçoivent rien des sommes payées par les visiteurs. Elles abandonnent tout à la maison et ne touchent que des pourboires. En échange de cet abandon, la maison leur doit le logement, la nourriture, le feu, la lumière, les habits, le linge, le coiffeur et l'entretien. Elles ne peuvent prétendre pourtant à l'usage des habits et du linge que dans l'intérieur. Lorsqu'elles s'absentent, même pour accompagner un individu qui a payé leur sortie, elles doivent solder, sur le produit de leurs pourboires, le prix de la location des vêtements que la maîtresse de maison leur fournit pour la circonstance. Bien peu nom-

breuses sont celles qui ont des garde-robes à elles,
d'autant mieux que certaines maîtresses de maisons, pour contraindre à prendre les vêtements en
location, interdisent arbitrairement à leurs filles
d'amour de se servir des effets de toilette qu'elles
peuvent posséder. Ce qui est pis, c'est que presque
partout la distribution du linge est insuffisante ; les
costumes fournis pour l'intérieur de la maison
sont par trop sordides. Bien qu'elles aient droit à
l'usage gratuit de ces objets de première nécessité,
on fait payer à ces malheureuses filles d'amour,
toujours sur le produit de leurs pourboires, la
location du linge qui leur manque et des vêtements
plus propres dont elles ont besoin.

Le régime des filles d'amour est celui de presque
tous les établissements de barrière et de banlieue.
Il est donc le plus généralement adopté dans le
département de la Seine.

Le régime dit des filles pensionnaires est tout
différent, mais en apparence seulement. Avec lui,
les filles conservent non seulement la totalité des
pourboires, mais chacune d'elles a droit à la moitié
de la recette qu'elle procure à la maison.

Le compte des recettes s'établit de la manière
suivante : chaque fille a une série de jetons sur
lesquels est frappé son numéro d'ordre. Pour chaque
visiteur qu'elle reçoit dans sa chambre, elle remet
un jeton à la maîtresse, qui le dépose dans une
sorte de tirelire fermée. La tirelire est ouverte
chaque matin, en présence des intéressées, et comme

le prix payé est fixe, le compte de la veille, à l'aide des jetons retrouvés, s'établit ainsi naturellement pour chacune. Ce compte est parfois inexact, l'erreur est toujours au profit de la matrone, qui a su faire disparaître un jeton. Cette tricherie s'appelle, dans l'argot des filles : *Faire sauter la passe*, comme les joueurs disent : *Faire sauter la coupe*.

Les maîtresses de maisons, pour pouvoir disposer à leur profit de la part en argent revenant à chacune de leurs pensionnaires, n'arrêtent jamais définitivement les comptes de ces dernières. Les sommes qu'elles devraient leur verser, elles les gardent en garantie des frais de nourriture, de chauffage, d'éclairage, d'habillement et d'entretien, qui, avec ce régime, doivent être avancés par la maison, mais incombent aux filles. Toutes ces dépenses sont comptées à des prix tellement exagérés, qu'elles laissent à l'établissement d'énormes bénéfices. Les maîtresses de maisons ne font aucune grâce. En plus de la location de la chambre qu'elles occupent, les pensionnaires ont à payer : la bonne qui fait le lit et celle qui cire les bottines, le domestique qui les sert à table et toutes les consommations qu'on les excite à boire entre les repas. Dans les maisons à estaminet notamment, tout est prétexte à consommation. Les parties de cartes pour tuer le temps dans la journée, les paris, les amendes pour propos inconvenants tenus à table devant *Monsieur* ou devant *Madame*, tout cela se règle en boissons, fournies à crédit par la maison. C'est ainsi qu'à la fin de la journée on voit ces malheureuses, abruties par l'alcool et le tabac, se vautrer inconscientes sur les banquettes. Ce n'est pas tout, la maîtresse de maison prélève un intérêt pour les sommes d'argent qu'elle prétend avoir avancées pour frais de nourriture, achat ou location d'habillement, etc. Ce prélèvement est par lui-même un vol. La maîtresse de maison, qui conserve dans sa caisse les sommes journellement acquises à ses pensionnaires, ne fait pour elles aucune avance de fonds, elle se rend donc coupable d'un véritable détournement en percevant une somme quelconque à titre d'intérêts.

Ces dépenses exagérées, ces spoliations, absorbent, et bien au delà, les sommes encaissées. Bien qu'elles n'aient point touché un centime de leur gain, ces malheureuses filles restent endettées, et c'est à acquitter ces dettes, pour le payement desquelles elles sont en butte à des obsessions continuelles, qu'elles emploient une partie des pourboires qu'elles reçoivent.

Tous ces bénéfices illicites ne satisfont pas encore complètement la matrone, il reste à ses pensionnaires le reliquat de leurs pourboires, dont elle veut s'emparer. Elle y parvient en leur louant ses propres bijoux, en les excitant à des acquisitions futiles et inutiles, chez un marchand qu'elle leur désigne et qui, en sa qualité de fournisseur de la maison, fait à la patronne, comme elle se fait appeler, une remise importante sur tous les prix auxquels il a vendu.

Le régime des filles pensionnaires, qui peut, à première impression, paraître plus moral, s'il y a une moralité possible en pareille matière, que le régime des filles d'amour, produit en définitive absolument le même résultat financier.

D'un côté comme de l'autre, les filles ne possèdent même pas le linge et les vêtements qui les couvrent; elles n'ont pas d'habits à elles, si bien que, lorsqu'elles changent de maison, les maîtresses qu'elles quittent sont tenues de leur prêter un costume qu'elles renvoient, aussitôt qu'elles se sont fait admettre dans une autre maison. Ce costume banal existe, à l'état de meuble obligatoire, dans toutes les maisons de prostitution; il porte un nom spécial, on l'appelle *le change.*

D'un côté comme de l'autre, la maîtresse de maison s'empare de toute la recette et des pourboires, sauf ce qu'on a pu lui soustraire pour le donner au souteneur, et c'est ainsi qu'on voit des filles inscrites depuis dix ans être aussi dénuées de toutes ressources qu'elles l'étaient le jour de leur inscription.

Cette règle générale comporte pourtant des exceptions, mais si rares qu'on les peut compter. Les pensionnaires de quatre ou cinq maisons reçoivent de leurs visiteurs, à titre de cadeaux, des sommes tellement considérables, qu'il leur serait presque impossible, malgré la rapacité de leurs dames de maison et l'opulence dans laquelle elles entretiennent leurs souteneurs — quelques-uns ont phaéton ou cheval de selle — de ne pas faire des économies.

Certaines filles d'un établissement bien connu reçoivent, à titre de pourboires, des sommes s'élevant à 4,000 et 5,000 francs par mois. Un certain comte russe donnait en une seule fois 10,000 francs à l'une d'elles, avec laquelle il avait soupé. Ses largesses vis-à-vis de toutes les pensionnaires de la maison se chiffraient, pour trois mois, par plus de 100,000 francs. Mais, en dehors de ces aubaines exceptionnelles, il n'y a partout pour les filles en maison que misère absolue.

De ce qu'on vient de lire, résulte une très notable différence entre le genre d'existence des filles isolées et celui des filles en maisons.

La fille isolée est libre d'aller et de venir comme bon lui semble, le grand air lui appartient. Elle peut, en éludant le règlement, vivre avec son souteneur. Elle a son chez soi, elle y rentre à l'heure qui lui plaît. Elle choisit ceux à qui elle livre ses faveurs. Elle n'est assujettie qu'à deux visites sanitaires par mois. Lorsqu'elle se sent malade, elle peut facilement éviter les conséquences administratives de cette maladie, puisqu'en se cachant sous un faux nom elle échappe ainsi à l'obligation de la visite. Elle est maîtresse absolue de tout l'argent qu'elle reçoit, dont elle dispose à son gré ; elle s'habille à son goût, et les vêtements qu'elle porte sont, presque toujours, sa propriété.

La fille en maison, au contraire, n'a point, il est vrai, à se préoccuper de la vie matérielle. Elle est

bien moins exposée que ne l'est la fille isolée aux
punitions administratives, parce qu'elle n'a pas,
pour ainsi dire, d'occasions de commettre des contraventions. Détenue à Saint-Lazare, ou malade à
l'hôpital, elle est secourue, assistée par la patronne,
pour nous servir de son expression, qui lui fait
parvenir des aliments, des friandises, de l'argent,
dans le but de la faire consentir, une fois libérée ou
guérie, à rentrer dans sa maison. Voilà les avantages
de sa situation. Mais elle ne jouit d'aucune liberté.
Elle est enfermée, jour et nuit, dans un milieu
puant et malsain. Elle ne peut consacrer son temps
à son souteneur qu'une fois par semaine, son jour
de sortie. Elle n'a pas de chez soi. Elle est obligée
de livrer ses faveurs au premier venu, même à
celui qui lui répugne. Malade, elle ne peut se soustraire à la visite médicale. Cette visite, elle est forcée
de la subir, quel que soit son état de santé, quatre
fois par mois. Les habits qu'elle revêt lui sont
loués; son goût passe après celui de la maîtresse
de la maison, qui décide du costume qu'elle portera;
enfin, toutes les sommes qu'elle reçoit deviennent,
on l'a vu plus haut, la proie de la maîtresse de
maison.

La fille isolée peut, si elle le veut, conserver son
argent pour le capitaliser.

La fille en maison, sauf les rares exceptions que
nous venons d'indiquer, n'a pas la possibilité de
pouvoir économiser.

La fille isolée, qui n'a d'autre contrôle à subir

0

que celui de l'inspecteur, et qui, dans tous les cas, ne risque jamais que sa liberté personnelle, poussée par l'appât du gain et par le besoin de procurer des ressources à son souteneur, se laisse aller beaucoup plus fréquemment que la fille en maison à commettre des crimes, des délits et des contraventions.

La fille en maison, elle, est beaucoup plus stricte observatrice des règles qui lui sont imposées. C'est qu'en effet, soumise comme la fille isolée aux investigations des inspecteurs, elle est, de plus, l'objet de la surveillance incessante de la maîtresse de la maison de tolérance, dont la responsabilité est engagée par les contraventions que peut commettré sa pensionnaire (1).

La différence dans les responsabilités réglementaires encourues par chacune de ces deux caté-

---

(1) Nombre d'arrestations subies par les filles publiques à Paris pour contraventions aux règlements, de 1855 à 1869 inclusivement.

Ce tableau et un certain nombre de ceux qui suivent ont été empruntés au livre de M. Lecour sur la prostitution.

En 1855, il y eut 4,659 filles arrêtées pour infractions; 2,714 punies.

1856	— 4,651	—	—	2,826 —
1857	— 4,161	—	—	2,730 —
1858	— 3,760	—	—	2,613 —
1859	— 5,182	—	—	4,061 —
1860	— 4,131	—	—	2,842 —
1861	— 4,228	—	—	3,096 —
1862	— 4,640	—	—	3,264 —
1863	— 4,331	—	—	2,713 —
1864	— 4,493	—	—	2,875 —
1865	— 4,671	—	—	3,267 —
1866	— 4,657	—	—	3,510 —
1867	— 4,247	—	—	3,032 —
1868	— 4,793	—	—	5,208 —
1869	— 3,987	—	—	2,549 —

gories de filles est considérable. Elle est toute au bénéfice des filles en maisons. Prenons pour exemple six années, du 1er janvier 1861 au 31 décembre 1866, nous trouvons que pendant ces six années le nombre d'arrestations pour infractions s'est élevé à 26,747, sur lesquelles 10,022 infractions présentaient si peu de gravité qu'elles n'avaient été réprimées que par une détention de vingt-quatre heures au Dépôt. Les autres, au nombre de 16,725, avaient motivé une répression plus longue, subie à Saint-Lazare : sur ces 16,725 punitions, 15,812 avaient été infligées pour des contraventions ne présentant aucun danger pour la sûreté publique. Celles qui s'en étaient rendues coupables avaient raccroché avant ou après l'heure réglementaire ; elles avaient revêtu des costumes excentriques, susceptibles d'attirer les regards des passants; elles avaient été inexactes aux visites sanitaires; elles s'étaient logées en garni sans autorisation et sous de faux noms ; elles s'étaient prostituées dans des cabinets particuliers de cabarets ou d'hôtels meublés.

Ainsi donc, sur 16,725 infractions suivies de punitions, commises dans un espace de six années, par les filles publiques de Paris, 913 cas seulement présentaient une gravité exceptionnelle.

Ces 913 cas se décomposaient de la manière suivante :

Soustractions ou larcins non poursuivis judiciairement, soit parce que la victime refusait de porter plainte, soit parce que la vic-

Si, maintenant, on recherche la part de responsabilité qui, sur ces 26,747 contraventions, incombe
aux filles de maisons et aux filles isolées, on trouve
que les filles isolées ont été l'objet de 24,297 contraventions, tandis que les filles de maisons n'ont eu à
leur charge que 2,450 contraventions.

La même proportion existe pour les 913 cas
graves, dans lesquels les filles de maisons ne figurent
que pour 52 seulement. Ce qui donne pour six
années la moyenne suivante :

Filles isolées..... 159,45 contraventions pour .... 100 filles.
Filles de maisons 22,65   —   100 —
Filles isolées..... 5,65 contraventions graves pour 100 —
Filles de maisons 0,52   —   100 —

Pendant ces mêmes années, 52 filles publiques
ont été déférées à la justice pour excitation habituelle de mineures à la débauche, 58 pour outrage
public à la pudeur, 15 pour injures, menaces et

rébellion envers les agents ; or, les filles de maisons ne figurent pas dans les excitations, elles figurent pour 12 dans les outrages publics à la pudeur, et pour 5 dans le chiffre des délits d'injures et de menaces aux agents.

Il ne nous a pas été possible d'établir la comparaison pour les vols et les larcins, mais il est permis d'affirmer que le résultat serait encore tout à l'avantage des filles de maisons.

Au point de vue du bon ordre, de la sûreté publique et du respect des règlements, le régime auquel sont soumises les filles de maisons est donc de beaucoup préférable à la liberté d'action des filles isolées; aussi l'administration fait-elle tous ses efforts pour faire entrer le plus grand nombre possible de filles inscrites dans la catégorie des filles en maisons, tandis que les filles en maisons, elles, ont recours à toutes les ruses imaginables pour devenir filles isolées.

Le règlement ne les y autorise que lorsqu'elles ont un mobilier et un logement à leur nom. Cette prescription réglementaire n'a guère été appliquée sérieusement que depuis 1840.

Avant cette époque, les maîtresses de maisons de tolérance étaient autorisées à louer à des filles publiques isolées des chambres garnies dans l'immeuble qu'elles exploitaient. Le règlement leur permettait également de nourrir ces filles et de leur donner en location le linge, les habits et les costumes dont elles pouvaient avoir besoin. Les

filles isolées qui habitaient, dans ces conditions,
un logement particulier dans les maisons de débauche prenaient le nom de *pensionnaires*. Ces
pensionnaires étaient aussi libres que si elles
eussent habité une maison particulière ; les règles
spéciales aux filles en maisons ne leur étaient point
applicables. La présence, dans un même établissement, de prostituées soumises à des règles de
discipline différentes engendra une grande confusion, de nombreux abus. L'autorité prescrivit
alors aux dames de maisons qui faisaient de
semblables locations de se munir d'un livre d'hôtel
garni, sur lequel elles devaient inscrire le nom de
leurs locataires, et, chose plus difficile, celui de tous
les hommes que recevaient ces locataires. Cette
mesure resta tellement inefficace que le désordre en
fut augmenté. On s'arrêta alors au parti d'interdire
aux maîtresses de maisons de louer à des pensionnaires. C'est en 1840 que cette mesure fut prise.
Par le fait de cette interdiction, un grand nombre
de filles sur le point de se trouver sans asile et sans
moyen de s'en procurer n'eurent d'autres ressources
que de se faire inscrire sur le livre des maisons
qu'elles habitaient, et d'échanger leur titre de filles
pensionnaires contre celui de filles en maison. En
même temps qu'il prit cette mesure, le préfet de
police ordonna la stricte exécution du règlement
qui interdit aux filles de loger en garni et de s'y
prostituer. Il fit exercer les surveillances les plus
actives sur les cabarets réputés pour favoriser la dé-

bauche. La vigueur apportée à la répression, la sévérité des punitions infligées aux contrevantes, le zèle déployé par les agents dans cette circonstance, jetèrent l'effroi parmi les filles isolées qui n'avaient pas de domicile et décidèrent un grand nombre d'entre elles à se faire inscrire sur les livres des tolérances. Le nombre des filles en maisons se trouva alors sensiblement accru, mais malheureusement cet état de choses ne dura pas. Le zèle des agents se calma bien vite, la surveillance devint moins rigoureuse, les filles qui n'étaient entrées en maisons que par peur, promptement remises de leur première frayeur, quittèrent ces maisons pour redevenir filles isolées. Ce n'est pas qu'elles eussent, plus qu'avant, un logement et des meubles à elles, mais elles eurent recours aux fausses déclarations.

Ces fausses déclarations, qui ne se produisaient que rarement avant 1840, alors que l'administration laissait aux filles isolées la possibilité de se loger dans les tolérances à titre de pensionnaires, sont devenues depuis monnaie courante.

Une fille qui veut entrer dans la catégorie des isolées, bien qu'elle soit sans ressources et sans domicile, présente à la préfecture une quittance de loyer qu'elle a obtenue par complaisance. En raison de cette quittance, on lui donne sa carte, et jusqu'à ce que sa fraude soit découverte, la voilà libre de se prostituer dans le logement qu'elle s'est choisi, bien que ce logement soit réellement la propriété d'un maître d'hôtel garni ou d'un cabaretier de bas

étage qui le lui loue meublé. Il est même des filles
qui, en quittant frauduleusement les tolérances, ne
se contentent pas de ces logements misérables; il
leur faut des appartements confortables, somptueux
même; celles-là prennent domicile dans des maisons bourgeoisement habitées. A l'aide de fausses
factures acquittées, de fausses quittances de loyer,
elles se disent propriétaires de leurs mobiliers, et
locataires, dans les conditions ordinaires, des appartements qu'elles occupent; tandis qu'en réalité
les véritables titulaires de ces appartements, les
véritables propriétaires des meubles qui les garnissent, sont des marchands de meubles, des marchandes à la toilette, des souteneurs, des commerçants interlopes, qui sous-louent à ces filles, en
exerçant sur elles la plus malhonnête des spéculations. En disant que ces logements sont sous-loués,
nous nous servons d'une expression impropre,
parce que nous ne connaissons pas de mot dans la
langue française qui exprime exactement la combinaison exploitée par ces gens sans vergogne. Ils lui
donnent le nom de vente à tempérament, c'est bien
plutôt vol à tempérament qu'ils devraient dire.
Voici ce qui se passe :

Une fille eune encore, assez jolie, veut sortir des
maisons de tolérance. Elle s'abouche avec un de
ces aigrefins, qui met à sa disposition un des cinq
ou six logements meublés qu'il exploite dans
diverses maisons de Paris. Pour permettre à sa
locataire de justifier qu'elle habite dans ses meu-

bles, ce commerçant malhonnête lui donne une
quittance de complaisance du prix du mobilier,
aussi bien qu'un acte fictif de location de son logement; mais, pour garantie de sa créance, il se fait
remettre par cette fille une contre-lettre qui contient les conditions réelles du marché, et dans
laquelle elle reconnaît que le logement et le mobilier ne lui appartiendront que le jour où elle
aura intégralement payé le prix convenu. Ces
conditions sont draconiennes. Le mobilier est
estimé à une valeur au moins trois fois supérieure
à sa valeur réelle; le payement s'effectuera en douze
ou quatorze échéances mensuelles; un retard quelconque dans l'un de ces payements annulera le
marché, et alors le mobilier redeviendra la propriété
du vendeur, qui gardera, à titre d'indemnité de rupture du marché, toutes les sommes versées jusque-
là. Les premières échéances se payent régulièrement,
et puis, s'il arrive malheur à la fille, si elle est malade ou détenue à Saint-Lazare, le vendeur est
patient, il accorde du temps. Mais, lorsque arrivera
l'époque des derniers payements, lorsque la somme
convenue sera aux trois quarts versée, lorsque la
fille se verra à la veille d'être réellement propriétaire de ses meubles, son vendeur lui tendra un
piège dans lequel elle tombera; il la grisera, par
exemple, il l'excitera à sortir dans cet état sur la
voie publique, il payera une autre fille pour aller
lui chercher querelle dans la rue, et la compromettre
dans une scène scandaleuse. Bref, il s'arrangera de

façon à ce qu'elle se fasse arrêter. Le jour fixé
pour l'échéance mensuelle arrivera. Comme elle
sera détenue à Saint-Lazare, elle ne pourra payer.
Alors, armé de son acte sous seing privé, le gredin
reprendra son mobilier et gardera, à titre d'indemnité, toutes les sommes reçues. Il trouvera une
autre fille avec laquelle il passera, pour le même
mobilier, un marché analogue, qu'il rompra de la
même façon. C'est ainsi qu'un mobilier d'une valeur
réelle de quatre cents francs a été vendu par le
même exploiteur à dix-huit filles différentes, et a
produit vingt-deux mille francs à son propriétaire,
sans avoir jamais cessé de lui appartenir.

Les enquêtes administratives ne laissent souvent
aucun doute sur l'existence de faits de cette nature;
mais que faire? Ces gens-là sont assez adroits pour
ne pas laisser derrière eux des preuves matérielles
qu'ils ont provoqué personnellement l'arrestation
de leur débitrice, et les preuves morales sont insuffisantes pour obtenir une condamnation correctionnelle. Reste donc à leur charge une simple contravention à l'ordonnance du 6 novembre 1778,
qui défend de louer à des prostituées, c'est-à-dire
une amende dérisoire, ou pour mieux dire l'impunité.

Nous ne croyons pas que l'on puisse trouver une
exploitation plus odieuse que ne l'est celle-là, et
cependant, grâce au défaut de législation sur la
prostitution, elle existe à l'état permanent et reste
impunie. C'est véritablement pitié de voir les pros-

tituées exercer le métier le plus odieux et le plus
pénible qui soit, à l'instigation et au bénéfice de
tous les souteneurs, logeurs, marchands interlopes
et flibustiers dont elles font parfois la fortune, tandis
qu'elles-mêmes mènent en réalité une vie misérable
et vont presque toutes mourir sur un grabat ou
un lit d'hôpital. La société, qui abandonne ces
malheureuses aux exactions de tous ces vampires
que l'appât de l'argent attire vers elles, a bien sa
part de responsabilité dans les excès et dans les
scandales dont elle se plaint chaque jour.

Les filles isolées, à la charge desquelles des infractions aux prescriptions réglementaires sur les logements sont constatées, sont arrêtées et subissent une
punition. A leur sortie de Saint-Lazare, elles se
réfugient dans une autre maison meublée, changent de nom, ne viennent plus à la visite, finissent
par être rayées du cadre des filles publiques comme
disparues, et se livrent librement à la prostitution
clandestine.

Elles y sont aidées par la complicité d'une certaine catégorie de logeurs et de cabaretiers.

Cette question des maisons garnies et des cabarets dans lesquels on favorise la débauche est une
des plus importantes qu'il y ait en matière de prostitution publique.

Il existe dans le département de la Seine un
nombre considérable de maisons, mal éclairées,
insalubres, mal construites, dont on ne pourrait
tirer parti à moins de les démolir, ni pour en faire

des ateliers, ni pour en faire des magasins, ni même
pour en faire des écuries, et dont on fait des habi-
tations sous le nom d'hôtels garnis. Ces établissements immondes, véritables coupe-gorge, dans
lesquels les agents ne peuvent pénétrer sans un
mandat ou sans l'assistance d'un commissaire de
police, servent d'asile à toutes les prostituées clandestines sans domicile, à toutes les filles publiques
qui veulent se soustraire à la visite sanitaire et à
tous les rôdeurs de nuit qui sont les amants de ces
filles. Les maîtres de ces maisons sont des proxénètes qui ne tirent leurs moyens d'existence que de
la débauche de leurs locataires, dont ils favorisent
l'inconduite par tous les moyens en leur pouvoir,
soit en leur procurant des clients, soit en les inscrivant sous de faux noms sur le registro réglementaire, soit en faisant fuir ou en cachant dans leur
logement particulier celles que la police est sur le
point de surprendre, soit enfin en opposant, au
besoin, la violence à l'intervention des agents.

A toute époque, depuis que l'autorité s'occupe
des questions de prostitution, la débauche dans les
maisons garnies a été légalement interdite; mais
cette interdiction n'a jamais eu pour sanction que
l'article 5 de l'ordonnance du 6 novembre 1778,
qui prononce pour toute pénalité une amende. Cette
amende, qui pouvait être une peine suffisante
en 1778, est devenue une peine dérisoire en 1870,
en raison de la différence qui existe dans la valeur
relative de l'argent aux deux époques; de telle sorte

que l'industrie des logeurs, qui n'est assujettie à aucune autorisation préalable, mais à une simple déclaration, et qui n'a à redouter aucune pénalité grave, brave impunément les prescriptions légales et les défenses du préfet de police en matière de prostitution.

L'impuissance de l'autorité sur ces sortes d'établissements est, au point de vue de la morale publique, une lacune dans la loi, lacune d'une extrême gravité, qui amènera en fait, un jour ou l'autre, si le législateur n'y prend garde, la liberté de la prostitution et la diffusion des maladies contagieuses. Ces hôtels garnis sont en effet de véritables maisons de débauche clandestine qui offrent aux prostituées tous les avantages, toutes les commodités des maisons de tolérance, sans en présenter les ennuis ni les inconvénients. Les filles trouvent là, qui les y attirent, un logement, des aliments, des vêtements à crédit, comme dans les maisons de prostitution ; mais, de plus, elles y jouissent d'une liberté absolue. Elles n'ont que la peine de changer de nom pour se dispenser de se présenter aux visites sanitaires et recouvrer leur indépendance. Leurs amants, avec lesquelles elles vivent librement, les protègent dans leurs racolages sur la voie publique. Le lecteur sait maintenant quelle protection elles reçoivent des logeurs dans l'intérieur de ces maisons; quelles difficultés de toute nature rencontrent les agents pour exercer leurs surveillances dans de pareils milieux; à quelles formalités lég... il rendent

ces surveillances presque impossibles, ces agents
sont contraints de se soumettre pour pénétrer dans
ces établissements. Tout cela crée pour les filles
publiques une situation tellement privilégiée, en
comparaison de celle qui leur est faite dans les maisons de tolérance, que toutes celles qui n'ont pas
de domicile à elles se réfugient de préférence dans
ces bouges, où elles redeviennent des prostituées
clandestines. C'est à cette facilité d'échapper aux
recherches et aux autres causes qui viennent d'être
exposées qu'il faut attribuer la décroissance pro-
gressive du nombre des filles en maisons. Au train
où vont les choses, si rien ne les arrête, avant
trente ans, les maisons de tolérance auront toutes,
faute de pensionnaires, cessé d'exister à Paris. Elles
seront remplacées par ces établissements clandestins, réceptacles de voleurs et de filles sans aveu
échappées des maisons de prostitution, ou de mineures détournées de leurs familles, gangrenées par
les maladies contagieuses, et sur lesquelles la police
n'aura aucune action permanente.

Cette prévision n'a rien d'exagéré ; elle est la conséquence forcée des tendances actuelles, favorisées
par la législation en vigueur.

Pour remédier à ce danger, qui menace et la
sécurité et la santé publiques, il suffirait de rendre
applicables aux maisons garnies les dispositions du
décret de 1852 sur les cabarets (1).

(1) Le décret de 1852 sur les cabarets vient d'être abrogé par
une disposition législative (mai 1882).

Antérieurement à ce décret, alors que la pénalité appliquée aux cabaretiers était, comme celle appliquée aux logeurs, une simple amende, les cabarets offraient aux prostituées des facilités analogues à celles qu'elles trouvent aujourd'hui dans les hôtels garnis. Les salles communes de ceux de ces établissements qui favorisaient spécialement la débauche n'étaient peuplées que de prostituées clandestines, qui s'installaient pour attendre la clientèle, comme elles l'auraient fait dans un estaminet de maison de prostitution. Derrière ces salles communes étaient des cabinets noirs, meublés de lits ou de canapés. L'administration, malgré tous ses efforts, n'avait jamais pu obtenir la suppression de ces cabinets noirs. Les nombreuses condamnations à l'amende prononcées par la justice restaient inefficaces. Intervient le décret de 1852, qui soumet l'ouverture des cabarets à l'autorisation préalable du préfet de police, et qui permet la fermeture de ces établissements en cas d'infraction aux règlements de la prostitution. — Les cabaretiers renvoient immédiatement, d'eux-mêmes, les habitués de leurs salles communes, et ferment leurs cabinets noirs. La promulgation d'un décret, dont la pénalité ne fut pourtant que rarement appliquée, fit plus pour la morale publique, en un mois, que n'avaient pu faire, pendant vingt ans, tous les efforts de l'administration et de la justice réunis. A l'heure actuelle (1870), certains cabarets offrent bien encore asile à la débauche; mais cette assistance donnée à la prostitution n'est plus ni ostensible, ni scandaleuse, comme elle l'était autrefois. Bien certainement, l'application des dispositions de ce décret à l'industrie des logeurs ferait immédiatement disparaître les dangers et les scandales que nous venons de signaler.

Loin de nous la pensée de prétendre qu'il soit nécessaire de faire du rigorisme quand même, de fermer toutes les maisons garnies qui donneraient asile à des filles publiques! Il en serait de ces hôtels ce qu'il en a été des cabarets; le pouvoir de fermeture que la loi donnerait au préfet de police serait, sans qu'il soit même nécessaire d'en faire souvent usage, une menace suffisante pour empêcher ces maisons de devenir des repaires de débauche clandestine, des asiles inviolables pour les maladies contagieuses, des refuges pour les souteneurs. Mais la loi est muette sur ce point. Dans l'état actuel de la législation, l'administration de la police ne peut donc qu'empêcher, par tous les moyens en son pouvoir, la prostitution dans les hôtels garnis. Comme elle serait dans l'impossibilité d'y mettre obstacle, si les filles étaient libres de prendre domicile dans ces hôtels, elle leur interdit d'y habiter.

Il y a pourtant certains cas dans lesquels elle se départit de sa sévérité. Une fille qui sort de l'hôpital, dont la santé n'est pas encore assez bien rétablie pour qu'elle puisse se replacer immédiatement en maison de tolérance, obtient une autorisation temporaire d'habiter en maison meublée; une fille difforme, infirme ou d'une laideur tellement re-

poussante qu'aucune maîtresse de maison ne con-
sentirait à la recevoir comme pensionnaire, obtient,
elle, une autorisation définitive, avec défense formelle, pour l'une et l'autre, de se livrer à la prostitution ailleurs que dans les maisons de tolérance
autorisées à recevoir passagèrement les filles isolées;
de sorte que, si la défense pour les filles publiques
d'habiter en garni comporte certaines exceptions,
celle de s'y prostituer est générale et sans aucune
dérogation.

Cette prohibition réglementaire est de toutes la
plus facilement et la plus fréquemment violée. C'est
à son inexécution qu'il faut encore attribuer pour
une bonne part la décroissance constante et pro-
gressive, non seulement dans le nombre des filles
en maison, mais aussi dans celui des filles inscrites.

En examinant le tableau statistique (1) que nous

(1) *Statistique des filles publiques inscrites au 31 décembre.*

Années.	Filles en maisons.	Filles isolées.	Total.
1855	1,652	2,607	4,259
1856	1,978	2,422	4,400
1857	2,002	2,298	4,300
1858	1,714	2,545	4,259
1859	1,912	2,235	4,157
1860	1,930	2,278	4,169
1861	1,819	2,295	4,119
1862	1,607	2,470	4,077
1863	1,741	2,601	4,342
1864	1,689	2,610	4,249
1865	1,619	2,703	4,322
1866	1,443	2,558	4,003
1867	1,422	2,449	3,861
1868	1,341	2,428	3,769
1869	1,200	2,535	3,731

7

donnons ici, on remarquera que, de 1860 à 1870,
le nombre des filles en maison a constamment et
régulièrement décrû. Il était de 1,929 le 1ᵉʳ janvier 1861, il n'était plus que de 1,206 le 1ᵉʳ janvier 1870. Mais, jusqu'au 1ᵉʳ janvier 1863, la diminution dans le chiffre des filles en maison avait plus
que sa compensation dans l'augmentation du chiffre
des filles isolées, de telle sorte que si le chiffre des
filles en maison diminuait, le chiffre total des filles
inscrites s'accroissait chaque année. Au 1ᵉʳ janvier 1861, il était de 4,199, et au 1ᵉʳ janvier 1864,
il était de 4,342; mais, depuis le 1ᵉʳ janvier 1864, le
nombre total des filles inscrites a constamment suivi
la décroissance du chiffre des filles en maison; de
4,342 il est tombé au 1ᵉʳ janvier 1870 à 3,731, de telle
sorte que la prostitution réglementée perd d'année
en année de son importance, tandis que la prostitution clandestine se développe, comme on le verra
plus loin, dans la proportion contraire.

Cette diminution dans le nombre des filles inscrites correspond à l'augmentation du chiffre des
radiations par disparition. En consultant le tableau
statistique des radiations * (voir ci-contre), on remarquera que de 1860 à 1863, laps de temps pendant lequel le nombre des filles inscrites augmente,
les chiffres de la colonne des disparitions vont en
diminuant, tandis qu'ils augmentent de 1864 à 1870,
période pendant laquelle le nombre des filles inscrites
va, au contraire, en diminuant.

Il nous reste, pour compléter le chapitre des filles

inscrites, à étudier cette question des radiations des contrôles de la prostitution.

On dit d'une fille qu'elle est rayée du contrôle de la prostitution lorsque, en vertu d'une décision du préfet de police, elle ne figure plus sur l'état des filles publiques actives, et qu'elle n'est plus obligée par les prescriptions réglementaires.

Nous allons dire ce que sont ces radiations, et comment les filles inscrites les obtiennent ; mais, pour que le lecteur ne se figure pas tout d'abord que toutes ces radiations sont motivées par des ressources assurées pour l'avenir et provenant d'économies, il

Statistique des radiations :

ANNÉES	RADIATIONS PAR MOTIFS			RADIATIONS D'OFFICE					TOTAUX
	par suite de décès	par suite de mariage	par suite d'abandon de la prostitution et justification de moyens d'existence	par suite de départ avec passeport	par suite de disparition relevée à 3 mois	par suite de condamnation	par suite d'affiliation dans les salles hospitalières	de filles devenues restituées de tolérance	
1855	67	91	130	251	403	18	7	8	885
1856	118	97	111	271	501	30	40	12	1,170
1857	90	80	78	213	560	19	4	9	1,004
1858	73	93	93	215	594		40	10	1,013
1859	83	88	190	412	480	13	9	11	814
1860	63	40	47	168	530		8	7	805
1861	80	63	9	181	340		6	3	632
1862	118	90	9	180	433	18	43	4	707
1863	93	93	9	183	488		9	4	741
1864	108	92	9	93	500		9	4	747
1865	140	18	9	75	570	18	31	9	661
1866	123	90	9	97	557		9	9	815
1867	97	19	9	59	607		9	9	790
1868	109	93	9	53	563	9	19	13	781
1869	115	10	9	58	607	13		9	900

nous paraît utile de revenir sur ce fait, déjà avancé par nous, que le métier de fille publique ne produit que la misère.

Cette énonciation est rigoureusement vraie pour 95 filles sur 100. Cinq font exception à cette règle, sur lesquelles quatre appartiennent à la catégorie des filles isolées, et une à celle des filles en maison.

On a vu que, pour les filles de deux ou trois maisons de Paris fréquentées par de riches étrangers, il y avait une véritable pléthore d'argent ; celles-là sont les seules qui puissent accumuler des ressources. Elles n'ont point grand mérite à faire cela, puisqu'elles dépensent sans compter et sans pouvoir néanmoins épuiser la somme des pourboires qu'on leur donne.

Les rares filles isolées, au contraire, qui thésaurisent pour leurs vieux jours n'ont point d'autre objectif que de voir s'augmenter leur pécule ; elles vivent de privations et mettent toute leur joie dans la contemplation de leur trésor, qui s'élève parfois à des sommes relativement considérables. Ces sommes économisées proviennent :

De prêts à usure faits à d'autres filles et à des petits marchands. — Certaines prostituées jouent dans leur entourage le rôle de banquier malhonnête, elles prêtent sur gages, à courte échéance et à cent pour cent.

D'un travail opiniâtre et honnête pendant toute la durée du jour, et de faits de prostitution pendant la soirée. Les filles qui, possédées du désir d'amasser, ont recours à ce double moyen, sont l'exception. Celles-là sont des modèles de conduite régulière et de réserve. Leur situation de filles en carte, soigneusement cachée, n'est connue de personne, ni dans la maison qu'elles habitent, ni dans les ateliers dans lesquels elles travaillent. Pour éviter que cette situation soit divulguée, elles ne se prostituent jamais chez elles, ne reçoivent aucun étranger dans leur logement, et dans le but d'éviter la visite compromettante des inspecteurs, elles exécutent à la lettre les prescriptions réglementaires. Le soir, en sortant de l'atelier, elles vont dans un autre quartier que le leur, exercer leur misérable industrie dans des maisons autorisées à les recevoir, puis rentrent chez elles vers onze heures, comme le feraient d'honnêtes ouvrières qui auraient veillé.

D'une réputation de talents spéciaux dans la débauche, qui amène une clientèle nombreuse et riche. — Ces réputations s'étendent souvent bien au delà des limites de Paris ; elles attirent même du fond de la province ces gens blasés qui recherchent les excitations malsaines, les tortures physiques, les satisfactions contre nature, les plaisirs des yeux.

Cette catégorie de spécialistes est peu nombreuse. Les filles qui la composent récoltent des sommes d'argent importantes. Leur clientèle est d'autant plus étendue qu'elle comprend un certain nombre de provinciaux, près desquels elles se rendent lorsqu'elles sont demandées. C'est, chez certaines de ces filles, qu'on rencontre tout l'arsenal des ins-

truments de torture, les longues aiguilles, les mar-
tinets, les lanières parsemées de pointes d'épingles,
les verges, les cordes à nœuds, etc., etc. Le sang
séché qui recouvre, comme d'un enduit, ces divers
objets, indique qu'ils ne servent pas seulement
à des simulacres, mais qu'ils sont très effective-
ment employés pour la satisfaction de monstrueux caprices.

Voici qui va donner une idée de ce que peuvent
produire en argent de pareilles pratiques.

Trois sœurs, toutes trois spécialistes, avaient
formé une sorte d'association. Elles furent inculpées d'outrage public à la pudeur. Perquisition
fut faite chez chacune d'elles. Chez l'aînée, on
découvrit dans un coffre-fort les livres et le trésor de
la société. Le trésor se composait de bijoux représentant une valeur de plus de 20,000 francs, d'un
capital de 128,000 francs en titres de rentes, et de plus
de cinquante papillotes en papier. Chacune de ces
papillotes, qui portait une date et un numéro
d'ordre, contenait quatre ou cinq cents francs
en or; leur ensemble formait un capital de plus de
20,000 francs. En se reportant à un livre de caisse
parfaitement tenu, on trouvait à la date et au
numéro d'ordre indiqués, des écritures détaillées
qui établissaient que chaque papillote contenait la
recette d'une journée. Ces filles-là recevaient donc
entre 400 et 500 francs par journée. La perquisition établit encore qu'en sus de ces valeurs
mobilières, l'association possédait une maison de

campagne importante achetée à frais communs.

Ces filles économes, ces exceptions, sont presque toutes de vieilles prostituées. Ce n'est qu'avec l'âge qu'elles sont devenues prévoyantes, mais, alors, elles ont poussé la prévoyance jusqu'à l'avarice. Plus de luxe inutile, plus de folles dépenses, plus de gourmandise, plus d'ivresse. A peine consentent-elles à acheter ce qui leur est strictement nécessaire. Par raison d'économie et aussi par crainte d'être volées, elles ont congédié la bonne et le souteneur, elles vivent donc seules dans leur logement en tête à tête avec leur trésor, qu'un sentiment de méfiance les empêche le plus ordinairement de déposer dans une banque publique.

Cette solitude et la présence chez elles de leurs valeurs les exposent aux plus grands dangers; elles provoquent à l'assassinat.

Philippe, de sinistre mémoire, connaissait bien ces habitudes et ne s'y trompait pas. Par l'extérieur, il pressentait, en la rencontrant dans la rue, et la femme seule chez elle et les économies; il savait de plus que ces économies se cachent ordinairement en billets de banque sous des piles de linge. Son crime commis, il allait droit à la commode, ou à l'armoire à glace. Et sans rien déranger dans la chambre, sans rien déplacer même dans l'armoire, il se retirait en laissant comme seul indice que le vol avait été son mobile, la trace de ses doigts ensanglantés que conservaient les piles de linge, qu'il avait soigneusement soulevées.

Les criminels qui, à l'exemple de Philippe,
attaquent de préférence les filles publiques isolées,
sont assez nombreux. Ils ne s'adressent jamais qu'à
celles qui ont acquis de l'aisance, de telle sorte qu'il
est vrai de dire que les habitudes d'économie, qui
ne peuvent existr que chez celles qui habitent
seules, constituent pour les prostituées, qui les ont,
un véritable péril, puisque les malfaiteurs qui
pénètrent librement chez elles, sont toujours certains de les trouver sans défenseurs. Cette crainte
fondée des entreprises criminelles, auxquelles les
exposerait la solitude, est, pour la catégorie des filles
qui ont atteint un certain âge, le grand obstacle aux
économies, et le principal mobile qui attache le
plus grand nombre d'entre elles à leurs souteneurs.

A l'approche de l'âge mûr, elles ont senti la
nécessité de se ménager des ressources; mais le
souteneur n'admet les économies que pour s'en
emparer; elles se seraient volontiers débarrassées
de lui; la peur les en a empêchées, et voilà pourquoi
elles mourront dans la misère.

Maintenant que nous avons fait comprendre
combien petit est le nombre des filles inscrites,
auxquelles leur triste métier assure le pain pour
les vieux jours, arrivons aux radiations.

A fort peu d'exceptions près, car le nombre des
femmes qui restent filles inscrites jusqu'à leur mort
est très peu considérable, toutes les filles publiques
obtiennent, à un moment donné, d'être rayées du
contrôle de la prostitution.

Cela ne veut malheureusement pas dire, que toutes celles qui ont acquis le bénéfice de cette mesure, soient à l'abri du besoin, cessent de se livrer à l'inconduite et ne demandent leurs moyens d'existence pour l'avenir qu'à des économies faites ou à un travail honnête. Cela signifie seulement, pour le plus grand nombre, ou qu'elles quittent Paris pour aller faire de la prostitution en province, ou qu'elles veulent vivre à Paris de galanterie et de prostitution clandestine. Ces radiations, au surplus, ne sont, pour le plus grand nombre, que provisoires, comme nous allons l'indiquer. Elles ne sont, à proprement parler, qu'une interruption dans les obligations, puisqu'en grande majorité, les filles rayées sont par la suite inscrites de nouveau, et que d'autres, devenues vieilles, invoquent leur ancienne inscription sur les contrôles de la prostitution pour être admises, comme domestiques, dans des maisons de tolérance ou comme filles de service auxiliaires, dans les sections de Saint-Lazare.

Ces radiations ont lieu, ou par *décision motivée*, ou d'*office*, mais toujours par ordonnance du préfet de police.

Les radiations par *décision motivée* sont immédiates ou différées.

En cas de décès, de mariage justifié par acte authentique, de maladie organique mettant obstacle aux actes de prostitution et attestée par un certificat de médecin, de preuves de bonne conduite, de retou dans le giron de la famille, lorsque cette famille habite la province, la radiation est immédiate.

La radiation est différée :

Lorsque la prostituée qui la demande, en alléguant la vie régulière qu'elle mène, le travail auquel elle se livre et qui lui fournit des moyens d'existence, habite Paris. En pareil cas, la solliciteuse est officiellement dispensée de venir aux visites sanitaires pendant un délai fixé, le plus ordinairement, à trois mois, pendant lesquels elle est surveillée. A l'expiration de ce délai, si les surveillances n'ont rien révélé à sa charge, si l'enquête faite lui est favorable, si cette enquête fournit la preuve qu'elle demande maintenant ses moyens de vivre à un labeur régulier, qu'elle ne se livre plus à la prostitution publique, elle est définitivement rayée par décision.

Lorsque la demande est basée sur des moyens d'existence fournis par un amant, avec lequel vit la postulante, et qui répond d'elle, le délai d'épreuve est beaucoup plus long. L'enquête, qui porte et sur la fille et sur l'honorabilité de l'amant, est beaucoup plus minutieuse. A l'expiration du temps d'épreuve, dont la durée ordinaire est de six ou huit mois et parfois d'une année entière, si l'amant se présente à la préfecture de police et persiste à se porter garant, le préfet accorde, dans ce cas encore, une radiation définitive, mais les radiations ainsi motivées sont relativement rares, en raison du long temps d'épreuve imposé et des justifications exigées du répondant.

Parmi ces répondants, qui se présentent à l'administration visage découvert, on rencontre des personnalités dont on est fort surpris de voir figurer le nom et les correspondances dans des dossiers de prostituées.

Au nombre des réclamants qui, pendant une période de six années, ont personnellement comparu à la préfecture de police pour demander la radiation de filles publiques, leurs maîtresses, avec lesquelles ils déclaraient vouloir vivre et pour lesquelles ils se portaient garants, Parent-Duchâtelet cite trois colonels commandants de régiments, un amiral russe, sept américains très riches, huit anglais de distinction, cinq riches négociants français et trois personnes haut placées qu'il ne désigne pas plus particulièrement.

Ces années dernières (1860-1870), un duc, un marquis, cinq comtes, quatre gros négociants de province, n'ont point hésité à demander la radiation de filles publiques, desquelles ils répondaient.

Les *radiations d'office* sont la conséquence de la disparition, pendant trois mois consécutifs, des filles qui en sont l'objet. Lorsqu'une prostituée prend un passeport pour la province, ou bien lorsqu'elle se cache à Paris, soit à l'aide d'un faux nom, soit à l'aide de tout autre moyen et que, pendant trois mois, elle n'a pas paru à ses visites sanitaires, lorsque pendant ce même laps de temps elle est parvenue à se soustraire à toutes les recherches des inspecteurs, elle est réputée disparue et, comme telle, rayée d'office. Sont également rayées d'office les filles condamnées à plus d'un an de prison, et celles qui deviennent maîtresses de maison.

Il existe entre la radiation par décision et la radiation d'office une différence capitale. La première est définitive et ne peut perdre ses effets que par une décision contraire du préfet, motivée par de nouveaux faits d'inconduite. La seconde, au contraire, est essentiellement provisoire, si bien que, lorsque les filles qui en sont l'objet viennent à être retrouvées dans Paris, elles peuvent être inscrites de nouveau et d'office, sans autre formalité que la constatation de leur identité. En fait, elles ne subissent cette mesure que lorsqu'il est établi qu'elles continuent à demander leurs moyens d'existence à la débauche clandestine.

La moyenne des radiations par année, de 1855 à 1870, a été (1) :

Radiations par décision, défalcation faite des décès. 60.60
Radiations d'office.................................. 849.26

Les *radiations* par *décisions* motivées, celles qui sont définitives, représentent donc environ la quatorzième partie du total des radiations.

Les *radiations d'office*, celles qui ne sont que provisoires et qui n'impliquent pas un renoncement à la prostitution, sont treize fois plus considérables.

Suivons maintenant dans leur existence les filles

(1) Voir tableau statistique page 98.

rayées du contrôle de la prostitution, et voyons ce qu'elles deviennent.

Parmi celles qui se marient, — et c'est le petit nombre, — quelques-unes font de brillants mariages; leurs maris appartiennent, par leurs fonctions et leurs fortunes, à la plus haute classe de la société. Nous avons présent à la mémoire huit filles inscrites qui sont devenues : l'une, « Madame la Ministre plénipotentiaire de France » dans un pays étranger; deux, « Mesdames les comtesses de ***; » une, « Madame l'Intendante d'une armée étrangère; » la cinquième, la femme d'un des négociants les plus importants de Paris; les trois dernières, trois grandes dames titrées à l'étranger. Les autres épousent des déclassés, des agents d'affaires véreuses, parfois d'honnêtes ouvriers et, le plus souvent, d'anciens souteneurs. Parmi ces dernières, 45 o/o sont inscrites de nouveau dans les six années qui suivent leur radiation.

Ces unions sont rarement heureuses. Les conjoints se séparent bien vite pour vivre chacun de son côté.

Parmi celles qui ont invoqué des moyens d'existence avouables, les unes, en très petit nombre, ont justifié qu'elles disposaient de rentes suffisantes pour vivre. La moyenne de ces rentes représentait une somme annuelle de 800 francs environ. L'origine de ces ressources était, en dehors des économies dont nous avons parlé, les bénéfices d'un petit commerce ou d'un métier exercé dans le jour, tandis

que la soirée était réservée à la prostitution. D'autres
ont établi qu'elles étaient à la tête d'un petit
commerce de parfumerie, de lingerie, de fruiterie,
de marchandes des quatre saisons, de marchandes
à la toilette ou bien qu'elles exerçaient le métier
de balayeuses, de chiffonnières, d'ouvreuses de
loges, qui leur permettait de vivre. Enfin, les plus
nombreuses étaient placées comme domestiques
dans des maisons bourgeoises.

Voilà pour celles qui ont été rayées par décision
motivée.

Presque toutes, pour ne pas dire toutes celles
rayées d'office, continuent à vivre du produit de
leurs charmes. Le plus grand nombre d'entre elles,
cachées sous de faux noms, réfugiées dans des
garnis de bas étage, mènent la vie de prostituées
clandestines; d'autres se placent comme domestiques dans ces mêmes garnis ou dans des cabarets
à soldats. Le titre de domestique qu'elles prennent
n'est qu'une couverture, en réalité toutes celles-là
sont encore des prostituées clandestines. Quelques-
unes s'attachent à de vieux ouvriers, veufs ou célibataires, avec lesquels elles tiennent ménage. Celles-
là exercent ordinairement un petit métier ; elles sont
chiffonnières, balayeuses des rues, elles vendent,
dans les chantiers de construction, du café et de
l'eau-de-vie. Un certain nombre, et ce ne sont pas
les moins jolies, s'affilient à des bandes de malfaiteurs, et vivent maritalement avec des voleurs.
Leur rôle dans ces associations est de servir d'ap-

pât et d'amener la victime dans un traquenard.

Parmi ces filles rayées d'office :

Deux sur trois sont inscrites de nouveau dans les quatre années qui suivent leur radiation;

Une sur vingt en moyenne se fait arrêter pour vol, attaque nocturne ou complicité d'assassinat.

Les plus vieilles, ou s'engagent dans les maisons de tolérance, à titre de marcheuses, de bonnes, ou se présentent d'elles-mêmes à la préfecture de police. Là, elles invoquent leur âge avancé qui les empêche de gagner leur vie, leur misère, leurs antécédents d'anciennes filles inscrites et elles demandent, en grâce, leur admission dans un dépôt de mendicité où elles pourront attendre la mort, sans avoir à se préoccuper des nécessités journalières de la vie, auxquelles elles ne peuvent plus suffire.

Quelques-unes, en très petit nombre, que le repentir a touchées, sont entrées jeunes encore dans des maisons religieuses de refuge. Elles y ont fait pénitence, s'y sont livrées à un travail assidu et aux pratiques religieuses les plus sévères. Après un an ou deux de cette vie nouvelle, celles qui l'ont demandé et qui avaient donné des preuves suffisantes de leur retour au bien ont été placées, soit à Paris, soit en province, par les soins des dames patronnesses de l'œuvre. Les autres, maladives, ruinées de tempérament, sont restées pensionnaires de la maison. Les travaux à l'aiguille et la prière occupent toutes leurs journées. Le mysticisme s'est emparé d'elles, elles n'aspirent plus qu'à mourir pour racheter les fautes de leur jeunesse. Le spectacle de ces filles, jeunes encore, couchées sur leur lit de douleur, épuisées par les excès précoces, le sourire sur les lèvres, appelant à elles la mort comme une délivrance et une expiation, est un des spectacles les plus poignants auquel il nous ait été donné d'assister.

Avant d'en finir avec les filles publiques, il faut dire un mot de celles qui meurent en activité de métier.

Celles-là, pour un huitième seulement, meurent dans leur domicile, et pour deux huitièmes dans les infirmeries de Saint-Lazare, de Saint-Denis ou de Villers-Cotteret. Les cinq huitièmes restants s'éteignent sur un lit d'hôpital dans le plus affreux dénuement.

L'hôpital ou la prison, voilà donc en fin de compte la solution dernière du plus grand nombre de ces existences vouées à la paresse et à l'infamie.

CHAPITRE VI

CONTAGION VÉNÉRIENNE

La prophylaxie vénérienne a toujours été un des côtés le plus dangereux de la prostitution; elle a toujours fait l'objet des préoccupations de l'autorité.

Rappelons l'historique de la question :

L'ordonnance d'Avignon de 1347 commande la

recherche des femmes atteintes du mal de *paillardise*.

L'ordonnance de 1684 prescrit, pour la première fois, l'intervention de l'autorité dans le traitement des maladies vénériennes pour les prostituées détenues.

Pour les prostituées libres, on ouvre quelques années plus tard l'hôpital de Bicêtre, où elles peuvent aller *passer les remèdes*, mais les difficultés dont était entourée l'admission dans cet hôpital, le peu de temps qu'elles y pouvaient rester et qui était fixé à l'avance, rendirent cette mesure illusoire. La contagion vénérienne n'en continua pas moins sa marche en avant. Le lieutenant de police chercha à prendre une mesure utile en punissant les victimes de la contagion; les malades au lieu de se faire soigner se cachèrent au contraire et propagèrent plus que jamais la terrible maladie qu'on voulait combattre par ce moyen.

La première mesure réellement pratique qui fut prise fut l'arrêté du 3 mars 1802 qui créa le dispensaire et prescrivit l'obligation de la visite périodique pour les filles inscrites. Deux officiers de santé sont désignés pour procéder à la visite. On ne tarda pas à s'apercevoir que ces deux médecins étaient insuffisants pour satisfaire à toutes les exigences du service qui leur était confié.

Un arrêté du 21 mai 1805 augmente le nombre des médecins, et crée le dispensaire, sous le nom de Salle de santé. Son siège est établi rue Croix-des-Petits-Champs. Il prescrit aux filles enregistrées

de s'y présenter quatre fois par mois et de payer
une taxe mensuelle de douze livres. Cette taxe
parut lourde aux intéressées; mais ce fut bien autre
chose lorsque les médecins, qui n'étaient pas
surveillés, se mirent à exiger six francs par visite !
Le dispensaire fut déserté, et l'arrêté du 21 mai
allait manquer son but, lorsque Savary, qui venait
de prendre possession de la Préfecture de Police,
défendit aux médecins de percevoir personnellement
la taxe. Il organisa une comptabilité spéciale pour
le recouvrement de cette redevance, et coupa court
ainsi à toutes les exactions, qui duraient depuis
trop longtemps déjà, puisqu'elles avaient, en fait,
dépeuplé le dispensaire et annihilé les effets salutaires qu'on attendait du nouveau règlement.

Les mesures prises par Savary furent réellement
efficaces; · elles firent considérablement diminuer
la contagion répandue par les filles inscrites, mais
elles n'eurent aucun effet sur l'état sanitaire des insoumises, auxquelles elles ne pouvaient être appliquées.

· Les filles inscrites atteintes de la syphilis devenaient
relativement rares. Le nombre des insoumises
frappées par le mal vénérien prenait au contraire,
de jour en jour, des proportions plus considérables.

; Cet état de chose dure encore aujourd'hui, comme
le lecteur va pouvoir s'en rendre compte par la
comparaison des tableaux suivants :

: Voici le tableau exact du nombre de visites
subies par les filles publiques de Paris, de 1855
à 1870, et le résultat de ces visites :

ANNÉES	TOTAL des VISITES.	SYPHILITIQUES		TOTAL.	Ulcérations. Catarrhes. Gale.	OBSERVATIONS.
		Filles de maisons.	Filles isolées.			
1855...	161,634	805	137	942	369	
1856...	163,936	979	130	1,109	381	
1857...	162,705	933	134	1,067	397	
1858...	159,143	694	146	840	355	
1859...	161,497	494	109	603	324	
1860...	139,800	551	97	648	379	
1861...	144,515	421	127	548	244	
1862...	144,321	427	156	583	237	
1863...	140,876	440	163	603	218	
1864...	131,744	280	120	409	135	
1865...	137,198	768	156	424	123	
1866...	135,420	229	112	341	149	
1867...	143,014	235	143	379	153	
1868...	118,536	274	140	413	134	
1869...	108,579	308	211	519	189	

Voyons maintenant le résultat des visites médicales subies par les filles insoumises pendant cette
même période de quinze années :

ANNÉES	NOMBRE des INSOUMISES visitées.	Syphilitiques.	Ulcérations. Catarrhes. Gale.	OBSERVATIONS.
1855...	1,332	405	196	
1856...	1,502	551	150	
1857...	1,405	434	152	
1858...	1,158	316	143	
1859...	1,533	338	144	
1860...	1,660	433	183	
1861...	1,839	543	153	
1862...	1,967	583	214	
1863...	2,194	425	177	
1864...	1,449	280	118	
1865...	2,223	459	205	
1866...	1,988	439	169	
1867...	2,012	557	182	
1868...	2,077	651	217	
1869...	1,900	640	84	

De ces deux tableaux ressortent les résultats comparatifs suivants :

ANNÉES.	FILLES INSCRITES.	ANNÉES.	FILLES INSOUMISES.
1855....	1 malade sur 43.83 visites.	1855....	1 malade sur 3.02 visites.
1856....	— sur 39.91 —	1856....	— sur 2.80 —
1857....	— sur 40.66 —	1857....	— sur 3.33 —
1858....	— sur 50.57 —	1858....	— sur 3.68 —
1859....	— sur 63.43 —	1859....	— sur 4.26 —
1860....	— sur 63.17 —	1860....	— sur 3.81 —
1861....	— sur 57.17 —	1861....	— sur 4.93 —
1862....	— sur 67.54 —	1862....	— sur 5.10 —
1863....	— sur 73.74 —	1863....	— sur 5.00 —
1864....	— sur 58.25 —	1864....	— sur 5.63 —
1865....	— sur 93.62 —	1865....	— sur 4.82 —
1866....	— sur 57.03 —	1866....	— sur 4.60 —
1867....	— sur 78.43 —	1867....	— sur 3.62 —
1868....	— sur 51.48 —	1868....	— sur 3.49 —
1869....	— sur 59.91 —	1869....	— sur 3.23 —

M. Lecour [1] remarque que les grandes secousses politiques, comme l'invasion de 1815, les révolutions de 1830 et 1848, développent la prostitution, et, par conséquent, la contagion vénérienne. Le manque de travail et la misère momentanée, qui sont les conséquences forcées de ces grands bouleversements, peuvent aider à produire ce résultat ; mais cette augmentation dans le nombre des maladies vénériennes constatées est surtout imputable à la grande agglomération d'hommes qu'attirent à Paris les événements, quels qu'ils soient, politiques ou autres.

Ainsi, à la suite des expositions universelles de 1855 et de 1867, on peut constater des faits analogues à ceux qui se sont produits après 1815, 1830 et 1848.

(1) LECOUR, La prostitution à Paris et à Londres, 1789-1870. Paris, 1870.

Les tableaux ci-dessous donnent pour ces deux époques les résultats suivants :

ANNÉES.	FILLES INSCRITES.	ANNÉES.	FILLES INSOUMISES.
1855...	1 maladie sur 43.33 visites.	1855....	1 maladie sur 3.02 visites.
1856...	1 — sur 36.91 —	1856....	1 — sur 2.89 —
1857...	1 — sur 40.68 —	1857....	1 — sur 3.23 —
1866...	1 — sur 137.08 —	1866....	1 — sur 4.60 —
1867...	1 — sur 78.43 —	1867....	1 — sur 3.62 —
1868...	1 — sur 61.48 —	1868....	1 — sur 3.19 —
1869...	1 — sur 59.91 —	1869....	1 — sur 2.36 —

En 1856 comme en 1868, c'est-à-dire pendant les deux années qui ont suivi les deux grandes expositions, la contagion vénérienne augmente chez les insoumises; et, ce qui prouve que ce n'est pas là une coïncidence fortuite, c'est qu'aux mêmes époques la contagion vénérienne chez les filles soumises subit une augmentation analogue.

Nous n'avons pu nous procurer la statistique complète des maladies vénériennes traitées dans les hôpitaux civils de Paris; mais nous devons à l'obligeance de M. Varnier, chef de division à l'assistance publique, le chiffre des entrées dans les deux hôpitaux spéciaux du Midi et de Lourcine pendant ces dix dernières années.

ÉTAT.

ÉTAT NUMÉRIQUE

des

MALADES ENTRÉS AUX HOPITAUX DU MIDI ET DE LOURCINE

Du 1er Janvier 1860 au 1er Janvier 1870.

ANNÉES.	NOMBRE DE MALADES ENTRÉS	
	AU MIDI.	A LOURCINE.
1860......	3,630	1,081
1861......	3,911	1,245
1862......	3,890	1,291
1863......	3,592	1,213
1864......	3,581	1,258
1865......	4,190	1,310
1866......	4,291	1,586
1867......	3,091	1,749
1868......	3,774	1,659
1869......	3,091	1,583
Total......	38,524	13,958
TOTAL GÉNÉRAL...... 52,482		

Ces chiffres fournissent, au moins pour Lourcine, la même indication que la statistique du dispensaire. De 1860 à 1866, les entrées à l'hôpital de Lourcine ont varié entre 1,000 et 1,600 ; mais, pour les deux années suivantes, elles sont, pour 1867, de 1,749 ; pour 1868, de 1659. Puis, en 1869, elles retombent à 1,583, qui, à trois unités près, est le chiffre de 1866.

On remarquera que la grande augmentation des entrées à Lourcine se produit en 1867, l'année même de l'Exposition, au lieu que l'augmentation des cas vénériens pour les filles insoumises, dans la statistique du dispensaire, ne se produit qu'en 1868, comme elle ne s'était produite qu'en 1856. Cela tient à ce que les malades de Lourcine se présentent librement à l'hôpital, par conséquent aussitôt que leur état de santé les inquiète, tandis que les filles insoumises, reconnues malades, ont vécu sans se faire soigner, pendant six mois ou un an, jusqu'au jour de leur arrestation.

Le chiffre des entrées à l'hôpital du Midi semblerait contredire ces indications; il s'est abaissé pendant les années 1867 et 1868; mais cette contradiction est plus apparente que réelle.

Les femmes infectées sont, pour la presque totalité, des prostituées qui, n'ayant pas le moyen de se faire soigner chez elles, aboutissent toutes à Saint-Lazare ou à Lourcine; tandis que, d'une part, les hommes atteints du mal vénérien se font soigner, pour le plus grand nombre, à domicile; d'autre part, ceux qui furent contaminés en 1867 étaient, pour plus de moitié, des gens dans l'aisance ou étrangers à Paris. Les chiffres de Lourcine, joints à ceux de Saint-Lazare, ont donc une signification certaine que ne peuvent avoir ceux de l'hôpital du Midi, et établissent d'une manière incontestable l'augmentation de la contagion syphilitique à la suite des expositions universelles de 1855 et 1867, avec cette particularité qu'après l'exposition de 1855, l'augmentation s'est arrêtée à la fin de 1856, tandis que pour celle qui s'est manifestée à la suite de 1867, la progression croissante dure encore en 1870, au moins pour les filles publiques et les insoumises visitées au dispensaire.

Nous avons dit qu'au point de vue de la santé publique, les filles insoumises étaient plus corrompues que les filles en carte. Si on résume le tableau comparatif qui vient d'être donné, on trouvera pour résultat de quinze années la moyenne suivante :

Insoumises......... 26.64 cas de maladie sur 100 visites.
Filles publiques.... 1.58 — sur 100 — (1).

(1) Ce résultat comparatif diffère du tout au tout de celui donné par certains auteurs qui prétendent prouver, par des chiffres, que la syphilis se rencontre beaucoup plus communément, toute proportion gardée quant au nombre, chez les filles soumises que chez celles insoumises. Pour arriver à ces résultats, voici comment ces auteurs raisonnent. Ils prennent l'année 1860, par exemple, et ils disent : Au 31 décembre 1860, il existait à Paris, d'après la statistique de la préfecture de police, 4,118 filles inscrites. Pendant le cours de cette année, les médecins du dispensaire ont constaté 648 cas de syphilis chez ces filles; donc, en 1860, il y a eu 1 fille syphilitique sur 6 filles, exactement sur 6.35. 100 syphilitiques sur 635 filles.

Cette même année 1860, ces mêmes médecins ont constaté 432 cas syphilitiques chez des filles insoumises. Ces insoumises étant, au bas mot, au nombre de trente mille (30,000), cela fait donc 1 insoumise syphilitique sur 69, exactement sur 69.44; 100 syphilitiques sur 6,944 insoumises. Donc il y avait, en 1860, sur 6 filles publiques 1 fille atteinte de la syphilis, tandis qu'il fallait visiter 69 insoumises pour en trouver 1 seule atteinte de cette même maladie.

Cette manière de raisonner et les résultats qu'elle donne sont absolument faux.

D'abord, pourquoi 30,000 insoumises plutôt que 20,000, plutôt que 40,000? Nous savons bien que ceux qui ont écrit sur la prostitution, Parent-Duchâtelet entre autres, évaluent à 30,000, à 40,000 et même à 50,000 les filles insoumises qui vivent de prostitution clandestine à Paris, mais ces chiffres ne sont que le résultat d'une appréciation tout à fait personnelle, ils n'ont rien d'authentique, ils ne reposent sur aucun fait probant, sur aucune donnée cer-

La fréquentation des insoumises est donc considérablement plus dangereuse que ne l'est celle des
filles publiques. Cette constatation est d'autant plus
importante à faire que, comme nous l'avons dit
plus haut, pour satisfaire des passions brutales, on
ne va plus aujourd'hui dans les maisons de prostitution et très peu chez les filles isolées; on recherche
l'insoumise ; or, qu'arrive-t-il ?

L'autorité militaire signale le grand nombre des
cas de maladies vénériennes contractés par les

taine; comment, dès lors, peut-on s'en servir comme base d'un
calcul proportionnel?

Mais supposons que ce nombre 30,000 soit exact. Il y a réellement à Paris 30,000 insoumises qui se livrent à la prostitution.

Est-ce que les 432 cas de syphilis constatés portent sur les
30,000 insoumises? Évidemment non. Ils portent seulement sur
l'ensemble des insoumises arrêtées pendant l'année, les seules qui
aient été visitées. Or, cet ensemble d'arrestations est représenté
par le nombre 1,650. En 1860, 1,650 insoumises ont été arrêtées
et visitées; sur ces 1,650 insoumises, 432 étaient syphilitiques,
ce qui donne une moyenne de 1 insoumise syphilitique sur 3,
exactement sur 3.81; 100 syphilitiques sur 381 insoumises.

Voilà l'exacte vérité.

Nous voilà déjà bien loin du premier résultat indiqué : 100 syphilitiques sur 6,944 insoumises.

De quel droit, en effet, affirmerait-on que, lorsque 1,650 insoumises prises au hasard présentent à la visite 432 cas de maladie,
les 28,350 insoumises qui n'ont point été ni arrêtées, ni visitées,
sur lesquelles on n'a aucun renseignement et qui complètent le
chiffre fantaisiste de 30,000, n'auraient pas présenté un seul cas
de maladie, si elles avaient été soumises à la visite?

Que penserait-on du raisonnement et du calcul suivant: Sur
40,000 hommes dont se compose la garnison de Paris, il a été
constaté, dans le courant de cette année, 400 cas de phtisie pulmonaire, ce qui donne 1 soldat phtisique sur 100. La révision des
conscrits de Paris a amené, cette année, la réforme de 70 jeunes
gens pour phtisie pulmonaire; le chiffre de la population mâle
étant au moins de 1 million d'hommes à Paris, cela donne 1 phtisique sur 14,285 civils. De cette statistique il résulte la preuve
que la phtisie frappe à Paris 142 soldats contre 1 civil.

C'est par un raisonnement identique qu'on arrive à démontrer soldats de la garnison de Paris, dans les cabarets et les maisons garnies qui avoisinent les casernes.

Le corps médical est tellement préoccupé du développement qu'a pris cette cruelle maladie, qu'il avait, dans ces dernières années (1867), pris l'initiative d'un congrès international; d'une espèce de coalition scientifique européenne, ayant pour but de proposer aux divers gouvernements les meilleures

que l'infection syphilitique est beaucoup plus commune chez les filles publiques que chez les prostituées insoumises.

Pour être vrai, il convient donc de rétablir les chiffres concernant la syphilis de la manière suivante :

Filles publiques. 100 cas de syphilis sur 635 filles.
Insoumises ..... 100 cas de syphilis sur 381 insoumises.

C'est-à-dire approximativement, 2 insoumises syphilitiques contre 1 fille publique atteinte de la même maladie. Résultat diamétralement opposé à celui indiqué par les auteurs auxquels nous faisons allusion.

Mais cette manière de calculer est encore inexacte et tout à l'avantage des insoumises. Les 648 cas de syphilis ne portent, en effet, que sur 497 filles différentes; plusieurs d'entre elles ont donc été reconnues malades deux, trois, quatre et même cinq fois dans la même année.

Ces 648 cas de syphilis constatés sur les filles publiques ne représentent donc pas 648 filles malades, mais sont, ce qui est bien différent, le résultat de 139,800 visites subies par 4,118 filles, chacune d'elles ayant été visitée, en moyenne, 33 fois; exactement 33.94 dans le cours de l'année. Les 432 cas de syphilis constatés sur les insoumises sont le résultat de 1,650 visites seulement, chaque insoumise n'ayant été, au contraire, visitée qu'une seule fois. Par conséquent, pour que la proportion soit exacte, pour que la comparaison entre les filles publiques et les insoumises soit rigoureusement vraie, il faut, ou diviser 648 par 33.94 et comparer le quotient à 432, ou multiplier 432 par 33.94 et mettre le produit en comparaison avec 648; en un mot, il faut établir la proportion non pas entre le nombre de cas syphilitiques et le nombre de filles ou d'insoumises visitées, mais bien entre le nombre de cas syphilitiques et le nombre des visites subies. Toute autre manière de procéder ne serait pas équitable et ne pourrait donner que de faux résultats.

mesures à prendre pour arrêter les progrès du fléau (1).

Une pareille question était bien digne des préoccupations d'un congrès scientifique.

La syphilis n'est pas, en effet, une maladie ordinaire. Non seulement elle ruine, souvent pour toujours, la santé de celui qui en est affecté, mais elle se transmet surtout de père en fils et compromet ainsi les générations futures. A ce point de vue, elle mérite l'attention des gouvernements, parce qu'elle est un véritable danger public. Aussi la prophylaxie vénérienne a-t-elle été la grande préoccupation de ce congrès. Après avoir constaté que dans tous les pays la prostitution clandestine était le grand véhicule de la contagion, ceux qui prirent la parole émirent le vœu que les gouvernements prissent des mesures pour que le commerce des prostituées clandestines fût soumis aux mêmes règles, aux mêmes

(1) Ce congrès eut lieu en 1867. Il faut regretter qu'au point de vue pratique, ses travaux n'aient pas obtenu un meilleur résultat; qu'ils n'aient point été le point de départ de mesures préventives acceptées par les divers pays d'Europe, qui en sentiraient aujourd'hui tous les bienfaits.

Ses organisateurs n'ont pas réfléchi qu'en matière de propagation de maladies contagieuses, la science est presque impuissante si elle n'est secondée par des mesures administratives. En même temps qu'ils convoquaient les spécialistes de tous les pays, ils eussent dû faire appel aux hommes qui, dans ces mêmes pays, s'occupent exclusivement d'administrer la prostitution.

Les discussions eussent été moins brillantes peut-être, mais au lieu de rester dans le domaine purement médical et scientifique, elles eussent provoqué le concours direct de toutes les administrations européennes, qui, en mettant leurs connaissances pratiques au service de la science, auraient du même coup engagé leur responsabilité pour l'exécution des mesures adoptées.

précautions que celui des filles publiques. C'était demander en fait l'inscription sur les registres des dispensaires de toutes les prostituées insoumises. Ce vœu était irréalisable, pour Paris tout au moins.

Les délibérations du Congrès restèrent donc sans résultat, le commerce des insoumises continua a être aussi dangereux que par le passé et la contagion vénérienne se répandit tout aussi librement qu'elle l'avait toujours fait.

CHAPITRE VII

MAISONS DE TOLÉRANCE

A Paris, les maisons de prostitution ne peuvent exister qu'en vertu d'une tolérance du préfet de police, de là leur nom de *tolérances*. Dans le langage populaire on les désigne aussi sous le nom de

maisons.à gros numéros. Les femmes sont seules
admises à les tenir. Leur ouverture, et on entend
par ouverture tout aussi bien le changement de
titulaire d'une maison qui existe depuis longtemps
déjà que la création d'une nouvelle maison, leur
ouverture, disons-nous, nécessite l'accomplissement
de formalités préalables. Une fois ouvertes, elles
sont soumises à une réglementation protectrice de la
morale, de la santé et de la sécurité publiques.

Avant de tolérer l'exploitation d'une de ces maisons, le préfet de police exige la justification écrite
du consentement du mari de la postulante, si elle
est mariée ; il exige aussi l'autorisation écrite du
propriétaire foncier. La signature du principal locataire, lorsqu'il y en a un, est insuffisante. Ces con-
sentements produits, le préfet prescrit une enquête
sur la situation de l'immeuble, sur son état de salubrité, sur les antécédents et la conduite de la deman-
deresse. Si cet immeuble est situé à proximité d'un
temple (à quelque culte qu'il appartienne), d'une
école de filles ou de garçons, d'un collège, d'un
pensionnat, d'un palais, résidence du chef de l'État,
l'ouverture est rigoureusement refusée. S'il présente des causes de trop grande insalubrité, les travaux qui devront remédier à cet état de choses sont
immédiatement prescrits. Lorsque l'enquête n'a
révélé ni empêchements réglementaires, ni opposition fondée de la part des voisins, lorsqu'elle a
été favorable à la postulante, l'ouverture de la
maison est tolérée, et cette tolérance est constatée

par la délivrance d'un livre (1). Sur ce livre devront être inscrites les entrées et les sorties de toutes les filles qui, dans l'avenir, seront attachées à cette maison, ne fût-ce que pendant une journée.

Ces inscriptions seront faites par le bureau administratif du dispensaire, auquel le livre sera apporté dans les vingt-quatre heures qui suivront l'entrée ou la sortie.

Pour qu'une fille publique puisse se livrer à la prostitution dans une maison, il est nécessaire qu'elle soit enregistrée sur ce livre, c'est-à-dire qu'elle soit pensionnaire de l'établissement.

Cette prescription comporte pourtant de nombreuses exceptions.

Certaines filles isolées sont autorisées à conduire dans des maisons de tolérance, spécialement désignées pour cela, les hommes qui les accompagnent, et à s'y prostituer. Les maisons auxquelles est laissée cette faculté de donner momentanément asile aux filles isolées sont dites *Maisons de passes*.

Deux est le nombre minimum de filles qui doivent être attachées à une tolérance pour qu'elle puisse réglementairement exister. Il n'y a pas de nombre maximum fixé. La règle est qu'une maison publique peut avoir autant de pensionnaires qu'elle contient de chambres garnies d'un lit.

(1) Cette enquête, aussi bien que l'accomplissement des formalités matérielles, sauf le consentement écrit du propriétaire, qui, une fois donné, est considéré comme suffisant pour aussi longtemps qu'existera la tolérance, se renouvellent à chaque changement de titulaire.

9

Les maisons de prostitution ne doivent avoir aucun autre signe extérieur qu'un gros numéro, qui indique au public leur destination, d'où cette désignation populaire de *Maison à gros numéro*. Les chiffres qui composent ces numéros peuvent avoir une hauteur de 60 centimètres. Ce gros numéro a une signification suffisamment connue du public pour prévenir toute méprise.

Les maîtresses de maisons ne peuvent recevoir ni un mineur, ni un élève en uniforme d'une école du gouvernement. Il leur est prescrit de se faire justifier, par les militaires en tenue qui veulent passer la nuit, d'une autorisation en règle.

Elles doivent donner immédiatement avis au préfet de police de tout fait anormal qui se produirait dans leurs établissements. Elles doivent également lui signaler la présence des gens qui se livrent à des dépenses exagérées ou qu'une circonstance quelconque leur rend suspects.

Elles sont tenues d'amener immédiatement à la visite du dispensaire toute fille pensionnaire chez laquelle elles remarqueraient, dans l'intervalle qui sépare deux visites, des symptômes de maladie contagieuse.

Elles sont responsables de tout scandale qu'elles laissent se produire.

L'inexécution d'une seule de ces prescriptions entraîne la fermeture momentanée et même définitive, dans les cas graves, de la maison dans laquelle l'infraction a été commise.

Y a-t-il intérêt pour l'ordre public à ce que toutes les maisons de prostitution soient agglomérées dans une même rue ou tout au moins dans un même quartier, ou bien est-il préférable de les disséminer par toute la ville ?

Si toutes les tolérances étaient réunies sur un même point, la surveillance nécessiterait un moins grand nombre d'agents, mais elle serait moins efficace et plus difficile. Le scandale serait moindre, en ce sens que les personnes pudiques, qui fuiraient ces parages, n'auraient pas, lorsqu'elles sortent le soir, le regard offusqué par les allures excentriques d'une femme dont les allées et venues obstruent le trottoir devant une maison à persiennes fermées et à immense numéro ; mais un tel quartier serait d'autant plus inhabitable par la population honnête, qu'il serait bien difficile d'y maintenir le bon ordre. La proximité de toutes ces tolérances exciterait la rivalité, la jalousie des dames de maison. Ce serait entre elles disputes continuelles, et souvent batailles en règle.

Dans les villes de province, où le nombre des maisons et des filles est relativement restreint, l'agglomération peut présenter des avantages. Mais à Paris, en raison de sa grande étendue, de ses nombreuses maisons tolérées, la concentration serait impossible et dangereuse. Ce serait ressusciter le Glatigny et le Hueleu. La préfecture de police, au surplus, expérimenta de nos jours le système des agglomérations, alors qu'existaient sur l'emplacement actuel de l'hôtel et des magasins du Louvre, les rues Froidmanteau, Pierre-Lescot, du Chantre et de la Bibliothèque. — Cette expérience a été décisive. Ces quatre rues ne contenaient que des cabarets mal famés, des maisons tolérées de bas étage et des hôtels garnis, véritables bouges. Un pareil ensemble ne pouvait attirer que des filles, des souteneurs et des voleurs. C'est là que se montaient toutes les grandes affaires de vols. La place du Chantre, qui formait le centre de ces quatre rues, servait de champ de bataille pour la liquidation de toutes les querelles qui naissaient à chaque instant dans ces repaires. La police, fort peu nombreuse à cette époque, ne pouvait exercer là que des surveillances insuffisantes. L'administration, qui, à juste titre, attribuait cet état de choses dangereux à l'agglomération des maisons publiques, s'apprêtait à les fermer, lorsque fut décidé le prolongement de la rue de Rivoli, qui nécessita la démolition de tout ce quartier.

Les inconvénients de l'agglomération se font encore journellement sentir, quoique d'une façon moins sensible. Plusieurs groupes de quatre ou cinq maisons, voisines les unes des autres, existent toujours dans certaines rues du Paris annexé en 1860. Ces rues et celles qui les avoisinent nécessitent une surveillance toute spéciale, qui est souvent impuissante à assurer et l'ordre extérieur et la sûreté de la circulation sur ces voies publiques.

Lorsqu'une fille fait recette dans une de ces maisons, les maîtresses des autres maisons cherchent chacune à l'attirer à elle ; de là des querelles qui se terminent le plus ordinairement par des bris de carreaux, par des scènes de désordre. Il n'est pas rare de voir une bande de mauvais sujets embrigadés et payés par la titulaire d'une maison faire irruption dans la tolérance voisine et tout saccager.

Un autre inconvénient de l'agglomération, c'est le rassemblement sur un même point de tous les souteneurs. Ils occupent tous les cabarets du voisinage, envahissent les rues, s'y disputent, s'y battent, et présentent un danger réel pour la sécurité des passants attardés.

L'opinion publique, qui ne se rend pas compte de ces désordres, de ces dangers, préconise souvent cette agglomération comme un remède aux scandales de la prostitution ; elle va plus loin, elle demande que toutes les prostituées, sans exception, entrent en maison. Les préfets de police ont reçu de nombreux mémoires qui cherchaient à établir l'utilité de ces mesures. Parmi ces mémoires, deux méritent d'être cités, en raison de leur originalité.

L'un proposait l'acquisition *par le gouvernement* du Palais-Royal, de ses galeries et de son jardin, pour y créer un grand bazar européen, qui offrirait au public tous les plaisirs connus, tout le bien-être imaginable. Des restaurants, des cafés, des pâtisseries, des confiseries, des bals, des concerts, des établissements de bains, des magasins d'articles de

Paris, de modes, de ganterie, etc., s'y trouveraient réunis; et tous ces établissements seraient tenus par des filles publiques. Il croyait qu'un privilège en faveur de cet Éden était nécessaire à la réussite de son plan, et il demandait la suppression de toutes les maisons tolérées de Paris.

Ce projet, qui date de la fin de la Restauration, n'était pas autrement scandaleux pour l'époque. Les galeries de bois, dont presque toutes les boutiques étaient alors tenues par des filles en carte, représentaient assez exactement ce bazar. D'autres filles peuplaient divers points du Palais qu'elles remplissaient chaque soir. Le seul mérite inventif de l'auteur de ce projet était de vouloir assimiler la prostitution à un service public gouvernemental, et de substituer, en pareille matière, l'action de l'État à celle de l'initiative privée.

L'autre voulait agglomérer les maisons de prostitution sur trois points différents de la ville. Pour chacune de ces agglomérations, l'administration créait un jardin public, autour duquel seraient situées toutes les maisons, qui n'auraient d'issues que sur ce jardin, fermé par une grille. Seuls, les hommes pourraient franchir cette grille, dont la porte serait gardée par un portier-consigne. Le bon ordre serait maintenu dans les diverses maisons par des surveillants hiérarchiquement gradés.

L'auteur de ce projet ajoutait que, pour sa pleine réussite, il était nécessaire, d'abord, de fermer toutes les maisons existantes; mais surtout de contraindre toutes les prostituées, sans exception, à entrer dans ces nouvelles maisons, sans qu'elles en puissent sortir.

Celui-là voulait faire marcher l'amour au pas : il créait trois régiments de prostituées et les logeait en caserne.

Cette idée d'enfermer toutes les prostituées dans des tolérances est on ne peut plus heureuse, mais elle est impraticable, au moins à Paris.

M. Debelleyme, qui a laissé, comme préfet de police, une réputation d'énergie indomptable, avait ordonné l'exécution rigoureuse du règlement qui prescrit l'entrée en maison de toutes les filles qui n'ont pas de domicile fixe. Ces filles engagèrent avec lui une lutte par l'inertie ; toutes refusèrent d'entrer en tolérance. Il les fit arrêter ; en sortant de Saint-Lazare, elles se dispersèrent de tous côtés, se cachèrent sous de faux noms. Le plus grand nombre cessèrent de venir aux visites médicales. L'énorme développement que prirent alors et la contagion vénérienne et la prostitution clandestine le contraignit à céder. Il ne s'adressait pourtant qu'aux filles sans asile fixe. Qu'eût-ce été si la mesure avait porté sur les filles logées dans leurs meubles ?

C'est une utopie de vouloir renfermer toute la prostitution, à Paris, dans les maisons et dans un même quartier. Le tenter seulement aurait pour résultat de faire disparaître de leurs visites un grand nombre de filles inscrites, et par conséquent de donner un nouvel essor à la prostitution clandestine, en en décuplant les dangers et les scandales. L'administration l'a tellement compris qu'elle n'a jamais tenu compte des pétitions qui lui étaient adressées en ce sens.

Arrivons maintenant à l'étude du régime intérieur des maisons de prostitution.

On a vu qu'avant de tolérer une ouverture, le préfet de police, lorsque l'insalubrité de l'immeuble était par trop grande, prescrivait les travaux susceptibles de remédier à cet état de choses. Cette question de salubrité, fort importante pourtant, est souvent traitée un peu trop à la légère. On n'y porte attention qu'en cas de danger immédiat, mais on ne se préoccupe pas assez des points secondaires, de ceux qui ne deviennent nuisibles à la santé que par suite d'un long séjour. On les considère comme de simples désagréments, sans conséquences fâcheuses.

Il est des maisons de tolérance dans lesquelles les chambres des filles, par trop exiguës, reçoivent à peine le jour, et jamais les rayons du soleil. Il en est d'autres, insuffisamment aérées, dans lesquelles les miasmes s'exhalant des fosses remplissent les couloirs et les chambres d'une odeur tellement puante, qu'elle donne des nausées. Enfin, nous avons constaté que dans toutes, lorsqu'on pénètre dans les salles communes, vers dix heures du soir, alors que toutes les lampes sont allumées, que toutes les tables sont souillées de boissons répandues, que la tabagie est complète, que l'amalgame humain qui se vautre sur les banquettes a produit toutes ses émanations, l'air y est irrespirable. Pour les filles qui sont enfermées dans ces maisons pendant toute l'année, et même pour les visiteurs qui ne les habitent que momentanément, ce sont là, on l'avouera, d'exécrables conditions hygiéniques, que l'administration laisse subsister parce qu'elles ne lui sont pas signalées par des hommes compétents. La salubrité des maisons devrait, ce nous semble, être l'objet d'une inspection toute spéciale, qui rentrerait naturellement et d'autant mieux dans les attributions des médecins du dispensaire, que ces messieurs sont déjà contraints par leurs fonctions de pénétrer chaque semaine dans toutes les tolérances pour y visiter les pensionnaires.

Cette question de salubrité, à laquelle on ne paraît pas s'attacher particulièrement aujourd'hui, avait vivement préoccupé M. le baron Pasquier. Avant lui, des maisons tolérées, en grand nombre, étaient de véritables chenils, dans lesquels huit ou dix créatures humaines, couvertes de vermine, car elles ne se lavaient jamais, étaient parquées la nuit dans une sorte de dortoir, couchées, selon leur caprice, dans un même lit, souvent même sur une botte de paille étendue à terre.

Par ordonnance du 26 juillet 1811, il prescrivit une visite générale de toutes les maisons de prostitution et la fermeture de toutes celles qui se trouveraient dans des conditions insalubres.

A la même époque, il défendait aux *Dames de maisons* de caserner leurs filles, la nuit, dans une salle commune, de les faire coucher deux par deux. Il exigeait que chaque pensionnaire eût sa chambre et son lit particulier ; que chacune d'elles prît au moins un bain par semaine, et se fît de fréquentes ablutions. Toutes ces sages prescriptions hygiéniques et morales produisirent immédiatement d'excellents résultats. Elles sont toujours en vigueur, mais on tient moins rigoureusement la main à leur exécution. Ainsi la défense de faire coucher les pensionnaires deux par deux et en dortoir est malheureusement tombée en désuétude dans certains établissements des grands quartiers.

Cette infraction au règlement est motivée par ce fait que toutes les chambres de ces maisons sont aménagées avec luxe pour recevoir les visiteurs. Les donner pour logements particuliers aux filles, ce serait exposer les mobiliers à une détérioration certaine ; les maîtresses de maison sont trop soucieuses de leur intérêt pour le sacrifier ainsi ; elles préfèrent violer le règlement, et l'administration a le tort de fermer les yeux.

Antérieurement à 1840, les maisons de tolérance étaient des endroits réservés exclusivement à la prostitution, on n'y autorisait aucun débit de vin, aucune salle publique de consommation. Il faut ajouter qu'avant cette époque l'administration n'avait jamais voulu tolérer l'ouverture de maisons de prostitution en dehors des barrières. Ces mai-

sons n'existaient que dans l'enceinte de Paris.
On prétendait qu'aussi éloignées de la préfecture
de police elles présenteraient des difficultés de surveillance insurmontables; qu'elles nécessiteraient
une augmentation considérable du nombre des
agents de la brigade des mœurs. Bien que, maintes
fois, on ait constaté le mauvais côté de cet état de
choses pour la morale et la sécurité publiques,
notamment pour la santé des soldats qui fréquentaient tout spécialement les maisons clandestines
de la banlieue où se réfugiaient celles qu'on appelait
alors les filles à soldats, cette constatation était
toujours restée platonique. On reculait devant les
difficultés et la dépense.

Vint, en 1840, la construction des forts et des
fortifications de Paris. Ces travaux amenèrent dans
les communes une grande affluence de militaires
et d'ouvriers. Les prostituées clandestines, qui se
portent toujours là où se trouvent des agglomérations d'hommes, augmentèrent considérablement
en nombre. Elles prirent donc asile dans tous les
cabarets qui avoisinaient les chantiers. Ces cabarets
devinrent des maisons de débauche, dans lesquelles
la prostitution était libre. Le scandale était à son
comble. Les brigades de travailleurs étaient déci-
mées par la contagion; il fallut aviser.

Une commission, nommée par M. Delessert pour
étudier le remède à apporter à cette situation,
conclut à la création de maisons tolérées en dehors
des murs d'enceinte. Ces conclusions furent adop-

tées. Les propriétaires qui en firent la demande
virent leurs cabarets et leurs garnis convertis en
maisons de tolérance, et, chose remarquable, tel
bouge, rendez-vous de prostituées, dans lequel
l'ordre était troublé chaque soir et la sécurité de
ceux qui le fréquentaient compromise, se changea
immédiatement en un endroit relativement tranquille et sûr, par ce seul fait qu'il était devenu une
maison tolérée.

Pour que ces nouvelles maisons, créées dans des
conditions spéciales, dans un but de sécurité et de
santé publiques, produisissent les effets qu'on en
attendait, il était indispensable de leur accorder
certains privilèges. Il s'agissait de n'en point chasser
ceux qui avaient pris l'habitude de les fréquenter,
alors qu'elles étaient maisons clandestines. Si ces
gens-là n'avaient plus trouvé à leur disposition,
réunis dans le même local, et le vin, et la fille, ils
seraient allés les chercher ailleurs, et la mesure eût
été illusoire; on se résigna donc à autoriser chacune de ces nouvelles maisons à s'annexer un
estaminet, avec cette restriction, pourtant, que cet
estaminet ne serait indiqué par aucune enseigne
extérieure, pas même par des bouteilles de liqueurs
étagées aux fenêtres pour qu'on les aperçoive du
dehors.

L'existence de ces estaminets provoqua l'envie
des maîtresses des maisons borgnes qui existaient
alors dans l'enceinte de Paris. L'administration
résista d'abord aux réclamations qu'elle reçut à ce

sujet ; puis elle se laissa fléchir, et bientôt la tolérance avec estaminet fut presque de droit, dans
Paris comme à la banlieue, pour toutes les maisons
de bas étage.

La généralisation de cette mesure fut chose
fâcheuse, parce qu'elle entraîna des abus. D'abord,
les maisons des grands quartiers, qui ne pouvaient
obtenir de débit de boisson, s'autorisèrent de cette
concession faite aux autres pour servir clandestinement des consommations à leurs visiteurs ; puis
certaines maisons à estaminet, dans le but d'attirer
la clientèle, devinrent des cafés luxueux. C'est ainsi
que les maisons de tolérance cessèrent d'être ce
qu'on les avait toujours contraint de rester jusque-là,
des endroits honteux, spécialement et exclusivement destinés à la prostitution, pour se transformer
en cabarets à la mode, dans lesquels on entre par
désœuvrement.

La présence des filles dans un café est pour les
désœuvrés une puissante excitation à l'ivresse
d'abord, puis une provocation à la débauche, à
laquelle, une fois ivres, ils ne peuvent résister. Il
n'est pas rare de voir, les jours de paye notamment,
des ouvriers rangés, pères de famille, qui, en compagnie de camarades d'atelier, n'étaient entrés dans
ces débits de boisson que par curiosité, en sortir à
moitié et même complètement dépouillés du gain
de leur quinzaine.

Ces cabarets, annexés à des maisons de prostituées, paraissent dangereux à beaucoup de bons esprits.

Dans les mains des maîtresses de maisons, ces salles de café deviennent un moyen odieux d'excitation à des dépenses qui prennent parfois les proportions de véritables spoliations.

Ces griefs sont fondés. La morale publique et le bon ordre exigent que l'administration réagisse vigoureusement contre tous ces abus. Il faut à tout prix empêcher ces excitations coupables à l'ivresse, aux dépenses exagérées, qui ne sont, en réalité, que des vols déguisés. Il faut interdire aux pensionnaires de ces estaminets de venir d'elles-mêmes provoquer ceux qui, attablés devant une bouteille de vin, ne les appellent pas. Il faut, avant tout, protéger ces pauvres filles contre leurs habitudes d'ivrognerie, qui ne sont que la conséquence des ordres qu'elles reçoivent, dans le seul intérêt de la maison. Faire monter le chiffre des recettes en se faisant servir, aux frais des visiteurs, la plus grande quantité possible de boissons, voilà la consigne; consigne immorale, s'il en fut, puisqu'elle a pour but d'abrutir par l'ivresse pensionnaires et visiteurs, pour la seule satisfaction d'un ignoble instinct de lucre. Il faut encore rigoureusement défendre ces décorations luxueuses des salles d'estaminet, ces illuminations qui rayonnent sur la voie publique pour exciter la curiosité malsaine des flâneurs et de toute une ca-tégorie d'individus qui entrent là sans aucun besoin sensuel, et chez lesquels les désirs ne naissent qu'en raison des boissons qu'on arrive à leur faire absor-ber, et des obsessions répétées dont ils sont l'objet.

Ces lumières, ce luxe, devraient être d'autant plus proscrits qu'ils sont contraires et à l'esprit et à la lettre du règlement. Ce règlement a défendu l'exhibition d'aucun signe extérieur indiquant qu'on vend à boire, pour que le passant ne fût pas attiré par le simple appât de l'estaminet; il a ordonné le gros numéro au-dessus de la porte d'entrée, pour que ceux qui pénétreraient dans ces cabarets sachent bien qu'ils entraient dans une maison de débauche; il a donc, par conséquent, proscrit l'emploi de toute réclame faite de l'intérieur et visible de la voie publique; il a donc, par conséquent, voulu que ces établissements ne soient fréquentés que par des gens qui y entrent en pleine connaissance de cause, sans y avoir été excités par un sentiment de simple curiosité. Ce luxe, ces illuminations, auxquels on a recours pour se faire une réclame, sont donc une violation formelle et de l'esprit et de la lettre du règlement.

Est-ce à dire que ces nombreux abus démontrent la nécessité de fermer les cabarets annexés aux maisons de tolérance? Non. Une pareille mesure aurait des effets déplorables. Toutes les maîtresses de maisons qui jouissent de cette faveur renonceraient immédiatement à tenir maison tolérée, pour convertir leurs établissements, sous le couvert d'un hôtel garni, en maisons clandestines de débauche dans lesquelles elles pourraient continuer à loger des prostituées et à débiter des boissons. Les dangers, les scandales, auxquels a mis fin la mesure

prise en 1840, reparaîtraient aussitôt. Un grand
nombre de filles publiques se soustrairaient à leurs
visites et redeviendraient prostituées clandestines.
La contagion vénérienne n'aurait pas d'auxiliaire
plus puissant que ces établissements. L'ordre public
serait à tout instant compromis par les querelles,
les batailles, les luttes entre militaires et civils, dont
seraient journellement le théâtre ces lupanars clandestins. Le bon ordre, la santé et la sûreté publiques
exigent donc, en principe, le maintien de ce qui
est ; mais la morale et l'honnêteté demandent impérieusement la réforme des abus qui dénaturent
complètement les effets de cette bonne mesure. Elles
demandent notamment que ces débits, au lieu de
prendre les apparences luxueuses de cafés à la mode,
redeviennent ce qu'ils étaient à l'origine, de simples
cabarets, accessoires cachés de maisons tolérées.
L'administration, qui, en se départissant peu à peu
de sa sévérité première, avait laissé s'établir un
pareil état de choses, est entrée depuis quelques
années dans la voie de la sévérité et des réformes.
Elle réussira certainement, avant peu, à donner
pleine satisfaction à toutes les récriminations fondées
de l'opinion publique (1870).

Une autre raison qui milite encore en faveur du
maintien de ces maisons à estaminet, c'est l'ordre
relatif qui y règne. Ceux qui ne les connaissent que
de réputation croient que la tranquillité publique y
est à tout instant compromise; que la sûreté personnelle des visiteurs y est en danger, qu'enfin des

querelles et des rixes s'y produisent chaque soir.
C'est là une erreur qu'il importe de rectifier. Si
l'administration de la police a parfois fermé les
yeux sur les abus que nous venons d'indiquer, elle
a toujours fait rigoureusement exécuter les prescriptions réglementaires qui garantissent le maintien de
la tranquillité et de la sécurité publiques. Aussi
l'ordre matériel règne-t-il là, beaucoup plus complet que dans les cabarets ordinaires. Les dames de
maisons, qui verraient leurs établissements fermés
en punition des désordres qu'elles y laisseraient se
produire, prennent toutes les mesures nécessaires
pour maintenir chez elles la tranquillité intérieure.
Leurs domestiques suffisent le plus ordinairement
à expulser les tapageurs. Les circonstances dans lesquelles l'intervention de la police devient nécessaire
sont très rares. Même les samedis de paye, l'ordre
n'est que rarement troublé.

C'est ce calme, cette tranquillité qu'on chercherait
en vain dans les maisons de débauche clandestine;
c'est la supériorité des filles de maisons sur les filles
isolées, au point de vue de l'exécution du règlement;
ce sont les immenses avantages que présentent les
maisons tolérées, pour la santé et la sécurité publiques, qui font que, malgré les nombreux abus
commis par les maîtresses de maisons, la préfecture de police cherche à maintenir ouvertes le plus
grand nombre possible de maisons de tolérance.

Ses efforts dans ce but sont malheureusement
vains, elle ne parvient même pas à maintenir

10

ouvertes les maisons existantes. Depuis longtemps
déjà, cette décroissance est manifeste, mais c'est
dans ces dix dernières années qu'elle s'est particulièrement accentuée.

Au 1er janvier 1843, la statistique indiquait 235
maisons de tolérance dans le département de la
Seine; au 1er janvier 1850, ce nombre était tombé
à 212; au 1er janvier 1860, il n'était plus que de 194;
au 1er janvier 1861, il remontait à 196, puis il
allait en décroissant jusqu'au 31 décembre 1869,
époque à laquelle il n'était plus que de 152, se
décomposant ainsi : 125 maisons enfermées dans
l'enceinte de Paris, et 27 réparties dans le restant
du département de la Seine.

Cette diminution dans le nombre des établissements tolérés tient à plusieurs causes.

Tout d'abord, les démolitions ont renversé
un grand nombre de maisons. Comme il faut à
cette industrie, pour qu'elle puisse se soutenir, et
la notoriété et une rue un peu écartée dans un
quartier très peuplé et très fréquenté, les établissements expropriés n'ont donc pas été remplacés.
Pour le plus grand nombre, leurs anciens propriétaires n'ont pu trouver dans ces quartiers somptueusement reconstruits des locaux propres à un pareil
commerce. D'un autre côté, s'établir dans le Paris
annexé était perdre son ancienne clientèle et équiva-
lait à la ruine. On trouvera surtout l'explication de
cette diminution dans une modification complète
des habitudes et du sentiment public en ce qui

concerne l'existence et la fréquentation de ces sortes de maisons. Plusieurs d'entre elles, qui, lors de leur ouverture, avaient été favorablement accueillies par le petit commerce du quartier, sont aujourd'hui de la part des voisins, qui les voudraient voir disparaître, l'objet de récriminations telles, que l'administration ne peut pas toujours les maintenir ouvertes. S'agit-il d'une création nouvelle, même dans un vilain quartier, on se trouve le plus souvent en présence d'une opposition si violente, qu'il est impossible de passer outre et de consentir à l'ouverture demandée.

Cette modification du sentiment public est bien plus sensible encore en ce qui concerne la fréquentation de ces sortes de maisons. A l'exception de quelques établissements de barrières, achalandés par des classes spéciales d'ouvriers ou par des militaires, et dans lesquels on vient encore passer la nuit avec une fille, les autres tendent à perdre presque complètement leur caractère essentiel. Le plus grand nombre de ceux situés dans l'intérieur de l'ancien Paris, comme la presque généralité de ceux à estaminet des anciennes barrières et de la banlieue, voient de jour en jour diminuer l'importance de leur clientèle. Cela est si vrai, que dans les nombreuses rondes de nuit qui y sont faites, trois ou quatre fois par mois, on constate depuis quelques années — (1870) — une diminution considérable dans le nombre des individus qu'on y rencontre. Il n'est même pas rare d'y trouver toutes les filles absolument seules. Aussi les maîtresses de tolérances ne recueillent-elles plus qu'un bénéfice fort restreint de la prostitution de leurs pensionnaires.

Il en est qui, pour suppléer à ce défaut de recettes, avaient su se procurer des ressources importantes, en créant chez elles des spécialités de débauche qui leur avaient fait un renom.

Les unes donnaient des représentations auxquelles le public était admis, comme au théâtre, en payant sa place. Au milieu d'un grand salon dont les murailles et le plafond étaient garnis de glaces, on plaçait un grand tapis noir sur lequel un groupe de femmes nues se livrait, en présence de nombreux spectateurs, aux pratiques les plus lascives, les plus obscènes.

Les autres organisaient des représentations de même nature, mais d'un autre genre, et à l'insu des acteurs eux-mêmes. Tel qui, se croyant seul avec la femme qu'il avait choisie, se livrait, dans une chambre luxueuse, brillamment éclairée, à toutes les exigences d'une lubricité effrénée, avait pour témoins de ses ébats, dans une pièce voisine tenue dans une obscurité complète, des spectateurs des deux sexes confortablement assis dans des fauteuils, à proximité de petits tubes traversant la muraille et garnis de verres grossissants.

Cinq ou six avaient fait de leurs tolérances des maisons de débauche à l'usage des femmes entretenues et de femmes du monde, Messalines modernes, qui s'en allaient là, mystérieusement, le soir, dans le plus strict incognito, pour y trouver des satisfactions sensuelles qu'elles ne pouvaient se procurer ailleurs. Les unes, en se livrant au premier venu, y faisaient, pendant une heure ou deux, métier de filles publiques ; les autres prenaient part à des orgies collectives, pour lesquelles le concours de plusieurs filles leur était nécessaire.

Toutes ces spécialités, défendues par le règlement, étaient exploitées aussi discrètement que faire se pouvait. L'appât des redevances importantes que payaient ceux ou celles qui venaient chercher là un assouvissement à leurs passions érotiques faisait braver par les maîtresses de maisons les peines sé vères qui les menaçaient.

Il se produisit d'énormes scandales.

Un riche négociant qui venait, de temps à autre, dans une de ces maisons, assister, invisible, à des représentations lubriques, voit son gendre se livrer à des actes de sodomie. Il tombe évanoui ; on l'emporte chez lui ; le lendemain il meurt des suites d'une attaque d'apoplexie.

Un membre haut placé du corps diplomatique étranger compromit sa dignité personnelle à la suite d'un rôle grotesque joué par lui dans une représentation qu'on lui faisait donner à son insu, et qui avait eu pour spectateurs plusieurs membres du club auquel il appartenait.

Des femmes du monde furent reconnues.

Une d'elles se trouva un soir en présence de son mari, venu pour son propre compte.

Les punitions qui frappaient les maîtresses de maisons étaient inefficaces en présence des bénéfices qu'elles récoltaient. Le mal empirait. Certaines maisons de tolérance devenaient des officines d'outrages publics à la pudeur; l'administration sentit la nécessité d'une intervention vigoureuse. Des dames du monde furent arrêtées; des maisons définitivement fermées. Ainsi prirent fin ces scandaleuses orgies, qui ne se sont plus reproduites depuis (1).

C'est encore là une des conséquences de cette transformation dans les mœurs publiques dont nous parlions plus haut. Anciennement on allait, en se cachant, dans une maison de prostitution pour y satisfaire une passion brutale; aujourd'hui que les passions brutales trouvent partout moyen de se satisfaire, on ne va plus dans certaines tolérances que par dévergondage.

On y va aussi par monomanie. Témoin ce vieillard, officier supérieur d'une armée étrangère, qui s'installait chaque matin dans une maison, toujours la même, pour y remplir le rôle de valet de chambre. Il revêtait le grand tablier bleu, faisait les lits, cirait les bottines, ne parlait à personne, ne voulait pas être vu, même par les pensionnaires, et se retirait vers onze heures, son ouvrage terminé, en

(1) 1882. L'administration actuelle paraît s'être départie d'une aussi grande sévérité, bien nécessaire et bien justifiée cependant. Il existe actuellement à Paris des maisons de tolérance qui se sont fait une réputation universelle. Elles ne reçoivent pas que des filles publiques. Le Paris viveur, les étrangers de distinction, avant de quitter leur pays, s'y donnent rendez-vous, à date et à heure fixes, dans le salon turc ou dans la grotte égyptienne.

remettant quinze francs à la maîtresse de maison.

Ce monomane a eu de nombreux confrères, dont il serait scabreux de raconter les manies.

La maison de tolérance, n'étant plus exclusivement une maison de prostitution, cherche à prendre les allures luxueuses d'une maison de débauche ou d'un café à la mode.

Pour atteindre un pareil but, elle a dû changer ses apparences et rechercher l'éclat des ornementations, souvent au détriment de la salubrité. Il faut, dans les salons et les estaminets, des dorures, des glaces, des meubles fastueux, des flots de lumière. Chaque dame de maison veut éclipser sa voisine. Pour faire face à ce surcroît de dépenses, elle rançonne plus que jamais ses filles, elle économise sur l'ameublement de leurs chambres, qui manquent souvent des objets les plus nécessaires, et qu'on laisse presque partout dans un trop grand délabrement. Or, tout cela a pour résultats : la prise en dégoût, par les pensionnaires, d'un long séjour dans les maisons; des prix excessifs de vente des fonds, hors de proportions avec les recettes; des dépenses exagérées; des découverts considérables, sous lesquels les maîtresses de maisons finissent par succomber; des réclamations de la part des voisins, que ces transformations offusquent, et comme conséquence dernière, la ruine et la fermeture définitive.

Cependant l'administration de la préfecture de police donne gratuitement les autorisations de tenir maison. Elle ne s'occupe qu'incidemment des prix

de vente, réduite qu'elle est, par les précautions
prises pour lui cacher la vérité, à accepter le plus
ordinairement sur ce point les déclarations qui.lui
sont faites. Elle réserve toujours son entière liberté
d'action; elle admet ou refuse le successeur qui lui
est présenté par la titulaire, sans tenir compte des
conventions verbales, ni même des contrats qui peuvent exister entre les parties, ni des dédits stipulés.

Dans les cessions qui ont eu lieu de 1860 à 1870,
les prix déclarés ont varié de 1,500 à 300,000 francs;
nous nous empressons d'ajouter qu'une seule vente
a atteint ce chiffre; — une autre a été consentie
moyennant 260,000 francs; — deux autres ont
approché de la somme de 150,000 francs; mais le
chiffre moyen a été de 10,000 francs environ.

Jusqu'en 1863, les conditions de ces sortes de
marchés s'exécutaient sans trop de difficultés. Les
actes qui les consacraient portaient toujours: *Vente
d'un fonds d'hôtel garni*, et les tribunaux en faisaient
respecter les clauses. Depuis 1864, le Tribunal civil
de Paris déclare ces contrats nuls, comme entachés
d'immoralité, et refuse de juger les contestations que
soulève leur exécution. La Cour a confirmé cette
décision.

Cette nouvelle jurisprudence a complètement
modifié les transactions en matière de cession de
maison de prostitution, sans diminuer en rien leur
immoralité. Anciennement, les prix de vente se
réglaient à crédit; aujourd'hui, que la justice refuse
de reconnaître la légalité de ces sortes de dettes, ce

prix est reporté, partie en augmentation du pot-de-vin, qui se paye comptant le jour de la signature du contrat, et partie en augmentation du prix du loyer pendant toute la durée du bail.

En fait, les propriétaires ou principaux locataires à longs baux des immeubles occupés par des maisons de tolérance sont les véritables exploiteurs de la prostitution et de la débauche publiques. Nous entrerons plus loin dans de longs détails à ce sujet.

Ces gens-là, au surplus, sont tous des spéculateurs éhontés qui trafiquent sans vergogne sur la destination de leurs immeubles.

Voici comment se décompose (1870), au point de vue des professions, le tableau des propriétaires de ces immeubles :

Agents d'affaires	2
Agent de change en province	1
Avocats	3
Avoué	1
Bijoutier	1
Chapelier	1
Commissionnaire de roulage	1
Entrepreneur de maçonnerie	2
Filateur	2
Graveur	1
Horloger	1
Logeur	1
Magistrat	1
Maîtresses de tolérances	23
Marchand de chevaux	2
— épicier	1
— d'habits	1
— de literie	1
Notaire (à titre de gérant d'une succession)	1
Rentiers	97
Restaurateur	1
Syndic de vente	1
Vannier	1
Total	143

L'opinion publique s'exagère singulièrement le revenu que peut donner aujourd'hui une maison de prostitution à celui qui l'exploite. On croit, en général, que les gens qui tiennent ces sortes de maisons font tous d'énormes fortunes en quelques années. Cela a été vrai pour presque toutes les maîtresses de maisons jusque vers 1850, mais ne l'est plus aujourd'hui que pour quelques-unes, dont les établissements sont encore fréquentés par la classe riche de la population parisienne.

Malgré les difficultés qu'on rencontre pour être renseigné d'une façon précise sur une pareille matière; malgré les dissimulations constantes des intéressés, nous croyons pouvoir, grâce à de nombreuses indications, recueillies pendant dix années, donner les chiffres approximatifs suivants. De 1860 à 1870, 32 exploitations ont été suivies de faillites ou de liquidations par suite de mauvaises affaires; le plus grand nombre des autres n'a procuré que des bénéfices insignifiants; quelques-unes seulement ont donné des produits véritablement importants. Une seule a rapporté en moyenne, tous frais faits, 56,000 francs par an; cinq ont produit près de 30,000 francs; douze ont produit de 10 à 15,000 francs; vingt-deux ont donné entre 4 et 8,000 francs de bénéfices; le produit des cent douze autres a été de moins de 4,000 francs.

CHAPITRE VIII

MAITRES ET MAITRESSES DE MAISONS

Baillives. — Abbesses. — Maquerelles. — Supérieures. — Maîtresses de maisons. — Maman. — Madame. — Maquasse. — Origines et antécédents des maîtresses de maisons. — Immoralité incroyable de certaines. — Immoralité héréditaire. — Le plus grand nombre a le sentiment de l'amour maternel très développé. — Elles doivent avoir au moins vingt-cinq ans. — Il leur est défendu de prendre part aux orgies qui se passent dans leurs maisons. — Défense d'avoir auprès d'elles un concubinaire. — Le besoin de mentir est inhérent à la prostitution. — Cupidité rapace des maîtresses de maisons. — Mont-de-piété de l'amour. — Dissipation et avarice. — Les maîtresses de maisons se croient d'une classe bien supérieure à celle de leurs pensionnaires. — Elles travaillent honnêtement. — Concurrence déloyale des marchands de vin. — Le mari de la maîtresse de maison est presque toujours un souteneur. — Il se fait un homme important. — Entrepreneur de succès. — Chineur. — Association des maîtres de maisons de Paris — de la province — de l'étranger. — Spéculations sur les maisons de tolérance. — Hommes d'affaires spéciaux pour ces sortes de transactions. — Mise en actions des maisons de tolérance.

Le lecteur sait que dans le département de la Seine les femmes seules peuvent diriger une maison de prostitution, et que, lorsqu'elles sont mariées, elles doivent joindre à la demande de tolérance qu'elles adressent au préfet de police le consentement écrit de leur mari. Ce consentement constaté, la préfecture de police ne se préoccupe plus de cet homme, auquel elle n'a jamais affaire. Le règlement n'a pas voulu que, dans un pareil milieu, un homme, ordinairement cupide, brutal et fort, devînt l'arbitre des exigences qui peuvent se produire de la part des filles sur leurs visiteurs, le pacificateur des querelles dont l'ivresse est souvent la cause. Il n'a pas voulu, surtout, qu'un pareil homme agît dans sa·maison comme un sultan dans son harem. Donc, au contraire de ce qui se passe dans les autres industries, le mari, son consentement donné, n'est plus rien administrativement, et la femme devient·tout.

On a désigné sous différents noms les femmes qui tiennent des maisons tolérées.

On les a appelées successivement : *Baillives*, *Abbesses*, *Maquerelles*, *Supérieures*, *Maîtresses de Maisons*, *Dames de Maisons*. Les pensionnaires d'une tolérance, en parlant de la maîtresse de cette maison, disent : *Maman*, *Madame*, ou la *Maquasse*.

Les dames de maisons sortent, pour le plus grand nombre, de la classe des femmes entretenues, de celle des filles publiques ou de celle des domestiques et femmes de confiance des maisons de prostitution.

Il en est qui, sans avoir jamais appartenu personnellement au monde des prostituées, succèdent à leur mère ou à tout autre membre de leur famille.

Quelques-unes prennent maison après avoir tenu cabaret borgne ou boutique de marchande à la toilette, deux industries qui les ont mises depuis longtemps en rapports avec la débauche publique.

Enfin, quelques autres — et c'est le très petit nombre — arrivent de la province, où elles avaient exercé jusque-là une industrie honnête, mais peu lucrative.

Pour ces dernières, les charges de famille quelquefois, souvent l'amour du lucre, les ont poussées à venir tenir maison à Paris, dans la conviction qu'elles y feront fortune en peu de temps et qu'elles pourront retourner dans leur pays sans que l'origine de leurs revenus y soit soupçonnée. N'allez pas chercher à leur démontrer leur erreur, à leur objecter leur inexpérience, elles sont tellement certaines de la réussite, qu'elles ne tiendraient aucun compte de vos observations. Que de désillusions ! Que de ruines de petits avoirs, laborieusement amassés, qui sont venus ainsi s'engloutir dans le gouffre de la prostitution parisienne !

Celles-là sont des déclassées. Le désenchantement qu'elles éprouvent, la perte de leur petit capital, dont elles voient l'importance diminuer chaque jour, les poussent à tous les excès. Elles deviennent des types d'indélicatesse et de corruption tels, qu'elles scandalisent, et à juste titre, les plus vieilles matrones, celles qui n'ont jamais vécu qu'au milieu des prostituées. Personne n'exploiterait le public aussi odieusement qu'elles le feraient, si on le leur permettait. Dans un but d'économie, elles associeraient volontiers, à titre de domestiques, leurs enfants tout jeunes à leur industrie. Pour celles-là, qui deviennent promptement les plus immorales de toutes, l'administration ne saurait apporter trop de rigidité dans ses surveillances.

Dans un but facile à comprendre, le règlement interdit aux enfants d'habiter dans ces sortes de maisons avec leurs parents. Malgré cette précaution, certaines familles, en petit nombre, il est vrai, semblent vouées à l'immoralité. Tandis qu'une fille prend la place de sa mère ou lui fait concurrence, ses frères et ses oncles exploitent en province des établissements de même nature.

Le monstrueux du genre est cette demande d'une femme qui voulait se retirer, mais à la condition que sa fille serait acceptée pour lui succéder. Comme on lui faisait observer que cette enfant n'avait que quinze ans et demi, elle s'empressait d'ajouter : « Je la marierai. »

Voici sa demande :

« Monsieur le Préfet,

« Je sui obligé de passe la nuit pour mes intérêts et ceux de ma maison, je san bien que j'y peu plus tenir à moin de tombé malade ou de me fair volé, si vous voulié otorisé ma fille Marie Caroline à prendre mon live, je vous en serai bien reconnaissant. Elle ora bientôt 15 ans 1/2, elle connait bien le métier pour lequel elle a bocoup de goût, elle est bien sérieuse à son âge et on peu s'en rapporter pour la conduite d'une maison, que vous n'orez jamais de regret si vous l'otorisé, de plus je la marirai avec mon garçon de sal, qui connaît bien son affaire.

« Croiez, Monsieur le Préfet, etc... »

Cette immoralité héréditaire est heureusement une exception. Une des rares qualités, au contraire, que possède la généralité des dames de maisons, est de remplir honnêtement les devoirs de la maternité.

Il est des mères qui ont conservé intact le sentiment de l'amour maternel ; qui prennent toutes les précautions imaginables et s'imposent des sacrifices, souvent au-dessus de leurs moyens, pour laisser ignorer à leurs enfants le métier qu'elles exercent. Elles les font élever en dehors de chez elles, soit dans leurs familles, soit par des étrangers. A l'âge où les établissements d'instruction consentent à les recevoir, elles mettent les garçons au collège, les jeunes filles au couvent, d'où ils ne sortent, les uns que pour prendre un état, les autres que pour se marier.

La profession honteuse exercée par la mère, lorsqu'elle a été lucrative, n'a pas toujours fait obstacle à un établissement sortable, même brillant, pour les enfants. Toutes les écoles du gouvernement ont vu s'asseoir sur leurs bancs des jeunes gens qui n'auraient jamais osé avouer leur origine. Voilà pour les garçons. Quant aux filles, il en est qui, grâce à l'importance de leurs dots, ont trouvé de très beaux partis. On pourrait citer des notaires, des ingénieurs, de gros négociants — l'un d'eux a même été juge au tribunal de commerce de Paris — qui, en présence des avantages pécuniaires qu'ils trouvaient, n'avaient pas reculé devant l'indignité des familles.

Le règlement ne fixe pas de limite d'âge pour l'obtention d'un livre ; légalement, la seule condition exigible à ce point de vue, est que la postulante soit majeure ; mais il n'y a que de très rares exemples de livres octroyés, surtout à des célibataires, avant l'âge de 25 ans. Ce même règlement veut aussi que les maîtresses de maisons se fassent respecter de leurs pensionnaires ; la discipline et le bon ordre en dépendent. Pour atteindre ce but, il est nécessaire que ces maîtresses se respectent elles-mêmes, en n'acceptant pas les propositions galantes qui peuvent leur être faites, en ne prenant aucune part aux orgies qui peuvent se passer chez elles, en un mot en renonçant, pour certaines, à toutes leurs anciennes habitudes de débauche. Ce n'est donc pas sans raison que l'administration attendra ordinairement que l'âge ait un peu calmé la violence des premières passions.

Si l'autorité ne reconnaît aucun droit de gestion aux maris des maîtresses de maisons, à plus forte raison ne peut-elle tolérer la présence d'un concubinaire près de celles qui ne sont pas mariées. L'article du règlement qui porte cette prohibition est un des plus facilement et — grâce au goût tout particulier de ces dames pour leurs domestiques — des plus fréquemment éludés. Ce goût paraît, en quelque sorte, inhérent à la profession même. On le constate presque aussi fréquemment, malgré les précautions qu'elles prennent pour le dissimuler, chez les femmes mariées, que chez celles qui sont restées célibataires.

La dissimulation, le mensonge sont les défauts caractéristiques de la profession. Ils existent si bien chez toutes, qu'on croirait à une maladie mentale, inhérente au métier ; c'est, au moral, quelque chose comme cette constatation de la médecine, que certaines maladies sont la conséquence forcée de l'exercice habituel de certaines professions.

Les maîtresses de maisons mentent quand même et toujours, souvent sans but, sans motifs appréciables et parfois à l'encontre de tous leurs intérêts. Elles ont au surplus ce défaut commun avec toutes les prostituées, qui, elles aussi, croient qu'il est de leur devoir de débuter toujours par un mensonge, en réponse aux questions qu'on leur adresse.

Dans le monde de la prostitution, on nie tout d'abord le fait matériel avec le même aplomb que le fait le plus conjectural. Plus tard, pressé par l'évidence, on finit par revenir à la vérité, mais on a commencé par mentir. Quelques-unes poussent si loin l'habitude, qu'il semble impossible de pouvoir les ramener à reconnaître même l'évidence.

Une vieille femme a tenu, pendant vingt ans, maison dans un des grands quartiers de Paris. Toute aussi perverse que ses compagnes, elle avait pourtant conservé le sentiment religieux dans toute sa

force. Sa dévotion n'avait pas d'ostentation ; elle ne
prêchait la morale à personne et n'osait pas fréquenter les églises de son quartier ; mais elle faisait
parfois de longues courses pour aller s'agenouiller
dans une paroisse où elle n'était pas connue. Elle
n'aurait jamais manqué un dimanche de s'enfermer
dans sa chambre, pour y lire ses offices ; cette
chambre, dans laquelle ses pensionnaires ne péné-
traient pas, avait pour seul ornement un petit
crucifix. Jamais elle ne se serait couchée, jamais
elle ne se serait levée, sans faire sa prière ; elle
faisait tout cela, il faut le répéter, sans ostentation,
pour sa satisfaction personnelle, sans que personne
dans sa maison s'en fût jamais douté. Avec elle, il y
avait un moyen infaillible de savoir la vérité, c'était
de lui faire jurer sur le Christ, qu'elle n'avait pas
menti. Ce serment prêté, la vérité eût-elle dû lui
faire porter sa tête sur l'échafaud, elle l'aurait dite
tout entière. Et bien, malgré toute son intelligence,
quoiqu'elle sût qu'on aurait toujours recours à ce
moyen, quand l'enquête en vaudrait la peine, elle
commençait toujours par mentir et par mentir avec
l'accent de la vérité, puis, la narration terminée,
elle ajoutait : « Mais vous allez me faire jurer sur
le Christ, j'aurais mieux fait de vous dire la vérité
tout de suite. » Et d'elle-même elle rectifiait, du tout
au tout, sa première déclaration.

Une orpheline qui avait quitté son village depuis
quinze ans, sans y avoir jamais reparu, était inscrite
à Paris, comme fille publique, depuis dix ans sous

un faux nom. En demandant sa mise en carte, elle avait pris l'état civil d'une cousine, qui avait quitté le village quelques mois avant elle. En réponse à la demande du préfet de police, le maire de la localité avait transmis un acte de naissance et fourni des renseignements qui corroboraient tous les dires de cette fille, dont l'identité paraissait ainsi établie. Sa famille la rechercha un jour. Sa présence était rendue nécessaire par l'ouverture d'une succession, dans laquelle douze ou quinze mille francs lui revenaient. Les investigations faites par la préfecture de police étaient restées sans résultat, lorsque quelques indices firent soupçonner qu'il pourrait bien y avoir identité entre la fille publique X... et la personne recherchée. Le signalement portait heureusement un signe particulier, auquel il eût été difficile de se méprendre. Mandée à la préfecture de police, la fille X... nie énergiquement être la personne recherchée. Vérification faite, elle porte le signe indiqué; elle nie quand même; on lui explique avec toute la bienveillance possible qu'il ne s'agit pas de prendre à son égard une mesure de rigueur; que c'est au contraire en vue de la mettre à même de toucher une somme importante, qu'on cherche à établir son identité; qu'en son absence, ses frères et ses sœurs ne peuvent prendre possession de leur part dans la succession du grand-père. On lui promet, si la honte la retient, de ne pas faire connaître aux siens sa position de fille prostituée; enfin on cherche à la tenter par l'appât de douze à quinze mille francs à

toucher immédiatement et dont elle disposera à son
gré, si elle est la personne qu'on suppose ; rien n'y
fait, elle nie toujours. On acquiert bientôt la preuve
que le nom qu'elle s'est donné est faux, que l'acte
de naissance fourni par le maire, sur ses indications,
appartenait à une sienne cousine, morte depuis
longtemps, elle nie toujours. Envoyée administrativement à Saint-Lazare, en raison du faux nom
qu'elle avait pris et jusqu'à ce que cette question
d'identité fût complètement élucidée, on la prévient qu'on va inviter un membre de la famille,
qu'on croit être la sienne, à venir à Paris pour une
confrontation avec elle, elle persiste à nier. Enfin
son frère arrive; lui qui ne l'a pas vue depuis quinze
ans hésite à la reconnaître, mais elle, aussitôt qu'elle
l'aperçoit, lui saute au cou, avoue d'elle-même
qu'elle a menti, et ne peut donner d'autre motif
à sa conduite que : « Je ne voulais pas le dire. »

Cette habitude invétérée de mensonge, qui arrive
à l'état de monomanie, a son explication dans l'es-
sence même de la prostitution. Dans ses rapports
avec le monde, la prostitution n'est que le mensonge
de l'amour; dans ses rapports avec l'autorité, elle
n'est qu'une lutte permanente de la ruse contre la
loyauté. La dissimulation est donc pour elle un
besoin permanent, une de ses conditions vitales!
Quoi d'étonnant alors, que chez celles qui ont eu,
pendant toute leur vie, pour unique préoccupation
le soin de torturer leur conscience et d'éteindre en
elles les sentiments de justice et d'honnêteté, le

sens moral se soit oblitéré au point que l'instinct du mensonge ait étouffé l'instinct de la sincérité.

On trouve aussi, dans le monde des dames de maison, un autre mauvais instinct presque à l'état endémique; c'est celui de la cupidité, mais de la cupidité poussée à l'excès. La maîtresse de maison a, en matière de probité, deux morales bien distinctes: celle qui préside à ses rapports avec le monde extérieur et celle qu'elle réserve pour l'intérieur de sa maison.

Dans ses rapports avec les personnes de la ville, elle fait ordinairement honneur à sa signature, elle est ce que l'on appelle large en affaires, elle paye sans trop contester les dettes qu'elle a contractées; parfois même, elle est généreuse et va d'elle-même, mais avec ostentation, au secours d'une infortune qui attire sa compassion.

Rentrée chez elle, elle devient rapace. Elle semble faire résider la probité dans une série de précautions assez bien prises, pour que ses indélicatesses ne soient pas découvertes. La possession de l'argent devient son seul objectif; il lui semble que tout ce qui entre chez elle, dans la poche d'autrui, doit de plein droit passer dans la sienne. Lorsqu'elle a devant elle un homme à moitié ivre, porteur d'une bourse bien garnie, elle met en œuvre tous les stratagèmes possibles pour le retenir. Aidée de son personnel, elle sait bien s'arranger de façon à ce qu'il ne sorte que le lendemain matin, le porte-monnaie complètement vide. Il ne faudrait pas

croire que, pour atteindre ce but, elle lui a pris son
argent dans la poche, fi donc! une maîtresse de
maison n'a jamais recours à un pareil moyen; elle
considérerait cela comme un vol et elle a la prétention d'être, avant tout, une femme probe et honnête;
mais elle fera servir à cet homme, gris, au point
d'avoir perdu complètement la raison, un souper et
des boissons, dont le prix atteindra une somme de
150 à 200 francs. On lui comptera trente ou quarante bouteilles de vin, quinze ou vingt canettes de
bière et le tout à l'avenant. Le plus extraordinaire
est que toutes ces consommations, portées sur la
note, auront réellement été servies. Elles n'auront
été consommées qu'en faible partie, cela est vrai,
mais enfin elles auront toutes passé sur la table
avant d'être redescendues à la cave. Cette précaution
enfantine suffit pour satisfaire la conscience de la
maîtresse de maison, à laquelle vous procurez le
plus grand étonnement, lorsque vous lui reprochez
son indélicatesse et que vous assimilez sa conduite
à un vol. « Je vous assure que je n'ai rien exagéré,
tout ce que j'ai compté a été servi, s'il ne l'a pas
consommé, ce n'est pas ma faute, c'est qu'il ne l'a
pas voulu (1). »

(1) 1882. Il y a progrès. Il existe aujourd'hui, dans certaines
maisons, des tables à double fond qui contiennent un récipient
intérieur. Au lieu de se borner à faire figurer les bouteilles sur
la table et à les redescendre à la cave avant qu'elles aient été vi-
dées, on les vide réellement dans les verres; les filles, lorsqu'elles
sont saturées, renversent le contenu du verre sur la table; plus
tard, on remet en bouteille, pour le resservir à d'autres, tout le
contenu du récipient.

Les spoliations les plus révoltantes se produisent surtout dans les quartiers ouvriers. C'est un père de famille qui se laisse entraîner un jour de paye et qui dissipe, en une nuit, le pain nécessaire à la vie de ses enfants pour toute une semaine. C'est un soldat réengagé auquel on a extorqué, en deux jours, le prix des sept années de service qui lui restent à faire; c'est un ouvrier qui, sous l'influence de l'ivresse, a dissipé presque à son insu le montant d'un recouvrement dont il avait été chargé par son patron. Ces gens-là, qui ne sont pas des habitués de débauche, se contentent difficilement, lorsque la raison leur est revenue, des explications qu'on oppose à leurs réclamations. On ne parvient pas à les persuader qu'ils ont pu boire trente ou quarante bouteilles de vin et d'alcool dans une seule nuit. Ils racontent leur mésaventure à des compagnons de travail et soit par eux, soit par leurs confidents, l'administration est presque toujours informée. Elle donne immédiatement à ces réclamations qui, par respect humain, ne veulent ordinairement pas se produire en justice, toutes les satisfactions désirables. Indépendamment de la punition qu'elle inflige à la maîtresse de maison, elle fait toujours rembourser à la famille ou au patron la somme inconsciemment dissipée par le mari ou par l'ouvrier.

C'est grâce à la sévérité avec laquelle sont réprimés de pareils abus, qu'on les voit ne se produire que de temps à autre. Cette sévérité est telle, qu'elle devrait empêcher à tout jamais le retour de sembla-

bles spoliations. Mais l'empire exercé par la cupidité
sur les dames de maison, l'espoir que ces indélicatesses ne seront point découvertes, l'emportent souvent sur la crainte du châtiment. Il est heureusement bien rare qu'un fait de ce genre échappe pour
toujours à la connaissance de l'autorité. Pour compléter ces indications, il faut citer l'industrie de deux
ou trois, qui, pour attirer la clientèle, livraient
leurs pensionnaires à crédit, mais sur dépôt d'objets mobiliers. Elles acceptaient des gages en garantie de payement. Des montres, des cannes, des
parapluies, une médaille de commissionnaire, un
sabre de fantaisie, un brevet de pension, un anneau
nuptial; on trouvait tout cela dans ces monts-de-
piété de l'amour. L'idée promettait d'être lucrative,
mais l'administration, au grand désappointement
des inventeurs, s'empressa de fermer ces établissements.

Le désir de pouvoir subvenir aux exigences
immodérées d'habitudes luxueuses chez les unes,
la passion de s'enrichir chez les autres, entretiennent
cet amour effréné de lucre.

Tandis qu'on voit les premières s'afficher, sous des
toilettes brillantes, dans les endroits publics; qu'on
les entend faire parade de l'argent qu'elles prétendent gagner; qu'elles saisissent toutes les occasions
de s'absenter pour aller aux bains de mer et dans les
lieux de plaisir; on constate chez les autres une
réserve absolue dans le choix de leurs costumes, qui
parfois simulent la misère. Celles-ci se plaignent

continuellement de leur manque de ressources ;
elles sont toujours présentes dans leur maison ; leur
assiduité tient presque de l'esclavage. Tout, dans
leur habillement, dans leurs allures et dans leur
façon de vivre, fait croire au plus complet dénuement.
Elles sont les Harpagons du métier, elles entassent
sou à sou et finissent par se constituer un avoir qui,
en province, passera pour une fortune. Les femmes
de cette catégorie sont à peu près les seules qui
s'enrichissent, maintenant, dans cette exploitation
du vice.

Dans leur perversion morale, elles se croient
d'une classe bien supérieure à celle de leurs
pensionnaires; aussi exigent-elles, avec morgue,
obéissance et respect. Lorsque *Madame* vient à
table, toutes doivent se tenir debout et personne ne
peut s'asseoir que *Madame* ne se soit assise. Elles
ont des prétentions à la considération publique, et,
ces prétentions, elles les conservent parfois jusque
dans les bureaux de la préfecture de police, où elles
se plaignent de n'être pas toujours traitées, avec
tous les égards dus à des *femmes honnêtes*. Toutes
considèrent leur métier comme l'exercice d'une
industrie aussi honorable qu'une autre, et presque
toutes croient sérieusement à l'honnêteté de leur
commerce : « J'ai réfléchi — écrivait une dame de
maison (à l'homme qu'elle avait voulu épouser et
qui l'avait abandonnée) — à mon avenir qui certes est
plus beau que le vôtre et au moins aussi honorable.
Quand, comme moi, on fréquente les gens honnêtes,

on ne peut manquer de trouver un mariage aussi
avantageux que le vôtre. Les personnes estimables
auxquelles je vous ai présenté comme mon futur, et
auxquelles j'ai raconté votre histoire, en sont honteuses et en rougissent pour vous. Je puis me flatter
que, depuis neuf ans que j'exerce dans le quartier,
j'ai toujours passé pour une honnête femme, et qui
toujours a eu beaucoup de mal à le gagner. Les
préjugés pour moi ne sont rien. Je sais ce que je suis
et comment je gagne cet argent, c'est à force de
travail et d'économie; je n'ai jamais eu aucun
reproche à ce sujet. »

Pour elles, les visiteurs sont des *clients;* elles
vous donnent pour preuve de leur bonne gestion,
qu'elles ont pu s'attacher une clientèle *honorable.*
Cette clientèle, elles la font entrer en ligne de compte
lorsqu'elles cèdent leur fonds. Comme elles *travaillent honnêtement* en vertu d'une autorisation, elles
se plaignent, à l'administration, de la *concurrence
déloyale* que leur font le logeur ou le marchand de
vin voisin qui *s'abaisse et se dégrade* jusqu'à
recevoir clandestinement des prostituées dans son
établissement ; et, chose incroyable, ces plaintes sont
parfois appuyées par des signatures d'honorables
commerçants.

La bonne opinion qu'elles ont de leur honorabilité sera d'autant plus grande qu'elles seront mariées. Et, Dieu sait, quelle moralité préside parfois
à ces sortes de mariages.

Une maîtresse de tolérance était décédée. Aux

termes du règlement, le veuf devait, dans un délai déterminé, ou céder sa maison, ou justifier qu'il avait contracté un nouveau mariage avec une femme qui demanderait que le livre de tolérance fût transféré en son nom.

Le délai, d'abord accordé, avait été plusieurs fois renouvelé. Cet homme ne se pressait pas de prendre un parti; on dut le mettre en demeure de se décider au plus vite, s'il ne voulait pas voir fermer sa maison.

« J'ai cherché à vendre, répondait-il, mais je n'ai pu réussir; j'ai voulu me marier, je n'avais jusqu'ici trouvé rien qui me plût, mais on m'a parlé hier dans la journée d'une fille du quartier Bréda qui pourrait me convenir; je me suis présenté chez elle, hier soir à neuf heures. La concierge m'a dit qu'elle était sortie, mais que je pourrais la trouver vers la fontaine Saint-Georges, où elle fait habituellement son commerce. Je m'y suis rendu, et, grâce à son signalement, qu'on m'avait donné, et surtout à un costume qui m'avait été fidèlement dépeint, je l'ai reconnue sans peine. Je l'ai observée pendant plus d'une demi-heure, sans que ma présence ait été remarquée par elle; je l'ai vue aller et venir et j'ai été enchanté de son activité. J'allais l'aborder, lorsqu'elle a pris le chemin de son domicile en compagnie d'un monsieur, qui la suivait à quelques pas. J'ai marché derrière eux, j'ai attendu devant sa porte, pendant une demi-heure, que ce monsieur fût parti. Lorsqu'elle est redescendue seule, je l'ai

accostée en *michet* sérieux (1). Elle m'a fait monter
chez elle. J'eus bientôt acquis la certitude que sa
figure et sa conversation me plairaient, je lui deman-
dai alors s'il lui conviendrait de tenir une maison de
filles. Comme la proposition paraissait lui sourire,
je lui ai dit : Je suis maître de maison, je suis veuf
et j'ai besoin de me remarier pour conserver ma
tolérance, vous pourriez faire mon affaire.

« Elle m'a demandé jusqu'à cette après-midi
pour réfléchir, d'autant mieux qu'elle ne pouvait
pas rester plus longtemps avec moi, parce qu'elle
attendait son amant à dix heures, et qu'elle voulait
le consulter à ce sujet.

« Je dois retourner aujourd'hui à deux heures et
je crois bien que l'affaire s'arrangera. Pour mon
compte, je le désire vivement, parce qu'elle m'a
paru très modeste et comme il faut. Je voudrais
donc qu'on m'accordât un nouveau délai d'un mois
seulement, à l'expiration duquel je me serai défait
de ma maison, si je ne suis pas marié. »

Ce mariage eut lieu.

Qu'attendre d'une pareille union, si ce n'est la
mésintelligence dans le ménage? Et quelle honorabilité, surtout, une pareille femme ou un pareil mari
peut-il bien apporter à son conjoint ?

Ce n'est pas que tous les mariages de maîtresses
de maisons soient calqués sur celui-là, mais tous ne
sont qu'une affaire de spéculation et de bien-être.

(1) Accoster une fille en *michet* sérieux, c'est se présenter à elle
en lui promettant de lui payer généreusement ses faveurs.

C'est presque toujours un souteneur qui, après avoir jeté son dévolu sur une fille ayant quelque argent, en fait d'abord sa maîtresse et finit par l'épouser le jour où elle devient maîtresse de maison.

Une fois mariée, et l'autorisation de tenir maison obtenue, ce souteneur devient ordinairement un monsieur qui s'engraisse à ne rien faire et qui passe sa vie chez des filles plus jeunes que ne l'est sa femme, dans les cabarets, les cafés et les restaurants.

Il fait l'important, il parle sans cesse de gens honorables qu'il n'a jamais connus, mais qu'il dit ses amis et, parfois même, ses obligés, dont il offre la protection ou au nom desquels il menace, selon l'exigence de ses intérêts.

Un fonctionnaire nouvellement installé à la tête du service des mœurs, après avoir inspecté une maison dans laquelle il n'était jamais entré, crut devoir adresser quelques observations à la maîtresse de cette maison. Le mari intervient et déclare : « qu'il défend à sa femme de tenir aucun compte « des recommandations qu'on vient de lui faire. Il « est intimement lié avec X...., le nouveau chef « de service ; ils ont déjeuné ensemble, pas plus tard « que la veille ; X... ne peut rien lui refuser. Dans « ces conditions, il ne souffrira pas que de simples « agents viennent ainsi le tracasser chez lui la « nuit, etc., etc. » Le fonctionnaire, qui est X... en personne, se fait connaître, et l'autre, sans se déconcerter, lui répond : « Je n'avais pas l'honneur

« de vous remettre. Il y a sept ans, alors que vous
« étiez attaché comme secrétaire de commissaire de
« police à un quartier de Paris, la garde m'avait
« conduit devant vous, vous m'aviez relaxé, et j'en
« ai toujours conservé le meilleur souvenir ; je suis
« très heureux d'avoir aujourd'hui renouvelé con-
« naissance avec vous. »

Dans sa nouvelle position, il conserve ses
anciennes habitudes d'amant souteneur. Il continue
à vivre dans l'oisiveté et la débauche. Bien que
marié, il n'a pas moins, comme jadis, une
marmite (1) par laquelle il se fait entretenir. Le
comptoir, dans lequel il peut maintenant prendre à
sa guise l'argent nécessaire à ses plaisirs, lui permet
de fréquenter les restaurants à la mode et les tripots
dans lesquels on joue gros jeu. Le peu d'activité
dont il est capable, il l'emploie à des commerces
interlopes. Il est entrepeneur de succès dans les
concerts et les théâtres. Les agences de courses le
comptent parmi leurs meilleurs clients. Il *chine* (2)
avec succès. Il était marchand d'hommes, lorsque
la loi permettait ce commerce, et, à l'aide d'une
bande de souscripteurs à sa solde, il fait les *unités*

(1) Le souteneur a ordinairement une femme et une ou plusieurs
marmites. Sa femme, c'est la fille qui le nourrit, avec laquelle il
cohabite, avec laquelle il vit. Ses *marmites* sont des maîtresses
par lesquelles il se fait donner le prêt.
Le prêt est la somme journalière qu'il exige.
(2) Le *chinage* est une sorte d'escroquerie ou d'abus de confiance, basé sur l'inexpérience de l'acheteur. Il consiste à vendre,
pour bonnes, des marchandises détériorées, auxquelles il a fait
subir un apprêt quelconque ayant pour but de tromper l'acheteur
sur leur qualité.

dans les grands emprunts. Mais c'est surtout dans
le trafic des maisons de prostitution qu'il cherche
ses plus gros bénéfices.

Les maris des maîtresses de maisons à Paris et
les maîtres des maisons de province forment entre
eux comme une franc-maçonnerie, cimentée par
une ancienne camaraderie, par de nombreux liens
de famille. Cette franc-maçonnerie s'étend sur toute
la France entière, et même sur la Belgique et
certaines villes de la Suisse. Ceux de Paris savent
les maisons à vendre à Marseille ou à Anvers, et
informent Bordeaux et Genève des maisons vacantes
à Paris. Soit qu'ils achètent eux-mêmes et secrètement les maisons pour les revendre immédiatement à des acquéreurs qu'ils connaissent d'avance,
soit qu'ils mettent ces acquisitions sous le nom
d'un tiers, pour les faire exploiter à leur bénéfice,
soit enfin, qu'ils se bornent à mettre le vendeur
en rapport avec l'acheteur, ils se procurent souvent, par ces sortes d'affaires, des sommes importantes.

Livrés à eux-mêmes, ces hommes, si retors qu'ils
soient, n'auraient pas l'habileté nécessaire pour
mener leurs projets à bonne fin.

Ces sortes de transactions se réalisent par des actes
sous seings privés. Ces actes, qui doivent être rédigés
avec un soin d'autant plus grand que l'immoralité
de leur but les met en dehors de la loi, sont l'œuvre
d'hommes d'affaires spéciaux. Ils sont quatre ou
cinq, à Paris, qui s'occupent exclusivement des

affaires de cession des maisons de tolérance, de la
rédaction des baux et, en général, de toutes les
questions contentieuses se référant à la vente et à
la gestion des maisons de prostitution.

Ces hommes d'affaires concentrent, dans leurs
cabinets, tous les renseignements qu'ils sont habiles
à se procurer, sur les maisons de Paris, de la
province et de l'étranger. Pour Paris, ils se bornent
à donner des conseils discrets, sans intervenir,
personnellement, jamais. Pour la province et pour
l'étranger, ils agissent aussi officiellement que
peuvent le faire des officiers ministériels dans des
affaires avouables. Ils savent celles des maisons qui
sont à vendre, l'importance des produits qu'elles
donnent et le dernier prix auquel on les céderait.
Ils indiquent, à ceux qui veulent acquérir une
exploitation de prostitution, les établissements qui
pourraient leur convenir et se chargent d'entamer
les pourparlers. Très au courant de la jurisprudence
administrative de chaque pays, même de chaque
localité, ils étudient les combinaisons à l'aide
desquelles l'acquéreur, qui ne remplit pas toutes les
conditions exigées, pourra éluder les règles adoptées
par l'autorité locale pour la cession et l'exploitation
de ce genre de commerce. Souvent même, lorsque
l'autorisation à obtenir pour la gestion présentera
des difficultés et qu'elle dépendra d'une seule personne, comme cela a lieu en province, il pourra
disposer, grâce à des relations intéressées antérieurement nouées avec ce fonctionnaire, d'une

bienveillance acquise à l'avance à tout candidat patronné par lui.

La complicité de ces spécialistes est récompensée par une participation aux bénéfices que procurent ces transactions malhonnêtes et véreuses, dont le succès revient tout entier à leur habileté. Leur moralité est au niveau de celle de leurs associés, les maris des maîtresses de maisons. Comme eux, ils ne vivent que de spéculations sur la prostitution publique; à ce titre, comme eux ils font partie du monde de la prostitution; ils relevaient donc de notre travail.

A Paris, où ces tripotages sont sévèrement réprimés, où l'autorité interdit toute association, quelle qu'elle soit, toute spéculation ayant pour but une exploitation de tolérance par un fondé de pouvoir, où l'intervention d'un maître de maison dans la cession d'un autre établissement que le sien est un motif suffisant pour faire refuser l'autorisation demandée, ces messieurs sont condamnés aux plus grandes précautions, aux plus habiles stratagèmes pour pouvoir exercer leur industrie. Ils y parviennent parfois, à force de dissimulation et d'adresse. Mais, en province et à l'étranger, la règle est beaucoup moins sévère. Les hommes sont acceptés comme titulaires d'une maison, et comme l'autorité ne se préoccupe guère de ces étranges négoces, l'association fonctionne au grand jour. Il n'est pas rare de voir des gens qui exploitent en leur nom, à l'aide de gérants, quatre ou cinq maisons tolérées dans

12

quatre ou cinq grandes villes différentes; parfois même deux ou trois maisons dans la même ville. Ils deviennent ainsi de véritables chefs d'administration, ayant des représentants, des caissiers et des commis. Une pareille spéculation, publiquement exercée, est une honte aussi grande pour les autorités locales qui la souffrent que pour ceux qui la pratiquent. C'est la reconnaissance légale de l'infamie.

L'administration parisienne a toujours lutté contre de semblables pratiques. Elle a toujours cherché, en principe, à conserver à la maison de filles son véritable rang, celui d'un mauvais lieu imposé par une nécessité sociale et elle a toujours refusé de lui reconnaître officiellement une existence commerciale donnant lieu à des transactions, à des spéculations et à des associations. C'est pour cela qu'elle a toujours dit aux hommes assez dégradés pour vivre dans ce milieu : *Tu ne seras rien que le mari de ta femme, je te défends toute ingérence dans l'exploitation de son commerce ; je te reconnais tout au plus le droit de remplir les fonctions de domestique dans son établissement ; je t'interdis tout trafic sur les choses de la prostitution, et je prends pour garant du respect de mes volontés l'existence même de cette maison à laquelle tu tiens tant, qu'elle a été le seul mobile de ton mariage.*

C'est grâce à cette rigidité dans les principes que Paris n'a point eu à rougir du spectacle de la débauche publique exploitée en société; on eût vu, sans cela, quelques-uns de ces messieurs former une espèce de syndicat sur les tolérances et créer une compagnie financière pour l'achat, l'exploitation et la vente des maisons de prostitution.

Cette supposition est loin d'être gratuite.

Ce syndicat a existé ces temps derniers (1870), mais pour la province seulement et n'a dû le peu d'extension de ses affaires qu'à la gêne qu'imposait à son fonctionnement la surveillance active dont il était l'objet à Paris. Il avait déjà été projeté au commencement du règne de Louis-Philippe.

A cette époque, un financier connu proposait, dans un mémoire qu'il adressait au préfet de police, d'établir, aux frais d'une société qu'il représentait, autant de maisons qu'en nécessiteraient les véritables besoins de la population parisienne. « Ces maisons, soigneusement administrées, convenablement tenues, dit le mémoire, ne peuvent prendre un caractère honnête et moral que par l'esprit d'association. Mes amis et moi sommes prêts à sacrifier à cette entreprise les millions qu'elle nécessitera, à la condition qu'on nous donnera un privilège exclusif, et que toutes les maisons existantes aujourd'hui seront fermées. »

Au tableau, si triste et pourtant si vrai, de la vie et des habitudes des maris des maîtresses de maisons on ne trouverait à opposer que de très rares exceptions.

Quelques-uns s'occupent à des travaux utiles dans des ateliers loués loin des tolérances ; d'autres habitent en ville pour élever leurs enfants, en leur laissant ignorer l'industrie de leur mère. Ils fuient, autant qu'ils le peuvent, tout ce qui touche de près ou de loin au monde de la débauche; ceux-là ne sortent pas de la catégorie des souteneurs, il leur reste encore un souvenir des principes honnêtes dans lesquels ils ont été élevés.

CHAPITRE IX

MAITRES ET MAITRESSES DE MAISONS (*suite*)

La préfecture ne protège pas les maîtresses de maison. — L'inscription des filles mineures et leur admission dans les tolérances constituent-elles le délit prévu par l'article 334 du Code pénal?— Précautions prises pour l'inscription des filles mineures notamment. — Les filles publiques ne sont pas recluses dans les maisons de tolérance. — Exactions exercées sur les filles par les maîtresses de maisons — sur les maîtresses de maisons par les propriétaires d'immeubles. — Les propriétaires d'immeubles exploités en tolérances sont les principaux bénéficiaires de la prostitution. — Remèdes. — Engagement par les propriétaires de ne pas changer les conditions de locations tant que l'immeuble conservera sa destination. — Création d'une caisse de prévoyance pour la prostitution. — Protection des intérêts moraux des prostituées.

On accuse parfois la préfecture de police de protéger les maîtresses de maisons et de leur prêter tout l'appui de son autorité. Si par là on prétend dire qu'elle a pour ces femmes des complaisances rétribuées, qu'il existe entre ces dernières et elle une sorte d'intimité, de complicité, que cimenteraient des bénéfices illicites ; si on veut assimiler ses agents supérieurs à ceux d'un pays voisin, la Belgique, dont les monstrueux agissements sont connus de tous ceux qui s'occupent des questions de prostitution, cette accusation est une infâme calomnie, dont l'organisation en partie double du service des mœurs — le service actif et le service administratif se contrôlant mutuellement — démontrerait l'absurdité, s'il en était besoin. Si cette accusation vise les intentions, elle est injuste ; mais si elle ne porte que sur les principes d'administration, elle a des apparences de raison sur certains points ; sur d'autres, nous la croyons fondée.

Nous rectifions d'abord une erreur : jamais la préfecture de police n'a protégé les maîtresses de maisons ; son bon vouloir n'a jamais été acquis qu'aux maisons elles-mêmes. Il n'est pas douteux, en effet, qu'elle ne fasse tous ses efforts pour conserver le petit nombre de maisons existantes, et même qu'elle se prête à l'augmentation du nombre de ces maisons, lorsqu'elle peut le faire sans violer la règle qui préside à la création de ces sortes d'établissements et sans porter préjudice aux propriétés voisines. Cette protection n'est motivée, est-il besoin de le dire, que par le désir d'affranchir la voie publique des scandales de la prostitution et aussi par celui de protéger la santé publique, les filles de maison ne pouvant pas, lorsqu'elles se sentent malades, se soustraire aux investigations médicales, comme le font les filles isolées, qui disparaissent de leurs visites sans cesser pour cela de se prostituer. Il est donc incontestable qu'en protégeant l'existence des maisons, qui tendent de plus en plus à disparaître, la préfecture de police sert en même temps

l'ordre matériel et la santé publique. Qu'en présence
de l'accroissement de la prostitution clandestine et
de ses scandales publics, de la tendance des filles
inscrites à fuir les tolérances et de la facilité qu'elles
trouvent à se loger clandestinement dans des maisons garnies de bas étage, on prétende que cette
protection soit devenue inefficace; nous le concédons;
mais il n'en est pas moins vrai que de nombreuses
prostituées sans asile trouvent encore un refuge
dans ces maisons, refuge qu'elles iraient, si ces
maisons n'existaient plus, demander à des repaires
clandestins ou à des souteneurs, au grand préjudice
de la sécurité de leurs visiteurs. Lorsqu'une épidémie
fait courir des risques à la société, faut-il, parce que
les moyens de la combattre ne peuvent qu'amoindrir
le danger, mais sont insuffisants pour l'anéantir
complètement, faut-il pour cela lui laisser le champ
libre et renoncer à la lutte? Parce que tous les
voleurs, tous les assassins ne peuvent être découverts, faut-il laisser en liberté ceux qu'on peut
arrêter? Poser la question, c'est la résoudre. L'administration a donc, en principe, pleinement raison
de protéger l'existence des tolérances, et ses bonnes
intentions, en agissant comme elle le fait, ne sont
pas critiquables.

Mais, ajoute-t-on, cette protection se traduit par
l'inscription de filles mineures qu'on envoie dans
les tolérances, ce qui constitue une double violation
de l'article 334 du Code pénal. Examinons.

L'opinion publique croit volontiers qu'une mai-

tresse de maison peut débaucher une jeune fille
mineure, la faire inscrire, avec l'agrément de la
préfecture, comme pensionnaire dans la maison
qu'elle dirige. Si ce fait peut se produire à l'étranger, grâce à la complicité intéressée de l'autorité
locale, il est matériellement impossible qu'on puisse
le constater à Paris.

Dans certains pays voisins de la France, notamment en Belgique, toute femme qui se dit majeure
et qui appuie son dire d'une pièce plus ou moins
authentique, un passeport par exemple, est immédiatement admise comme fille publique, après un
simple examen sommaire de ses papiers. La seule
condition exigée d'elle, c'est qu'elle demande son
inscription ou même simplement qu'elle ne proteste pas contre cette inscription demandée par la
personne qui l'accompagne, cette personne fût-elle
un maître ou une maîtresse de maison. Il résulte
de cette manière de procéder, qu'une jeune fille
honnête et mineure, pourra être inscrite, même sans
son consentement, dans une maison de prostitution.
Trompée par les promesses d'un courtier, elle quit-
tera son pays d'origine, elle fuira même le domicile
paternel à l'insu de sa famille, s'en rapportant à la
bonne foi de celui avec lequel elle aura été mise en
rapport et qui lui aura promis une position lucrative et facile à occuper dans un café ou dans tout
autre établissement public en Belgique. Ce courtier,
sous prétexte de faciliter ce départ et l'obtention de
la place convoitée, lui procurera un passeport fait

à un autre nom que le sien et sur lequel elle sera portée majeure. Arrivés à destination, il la présentera à un prétendu maître de café qui consentira à l'admettre dans son établissement. On lui fera croire que pour être attachée comme dame de comptoir à un établissement public de la ville, il faut se faire inscrire à la police. On la conduira au dispensaire, on exhibera son faux passeport en déclarant qu'elle demande son inscription dans telle maison qui l'accepte. Comme elle protestera d'autant moins, qu'elle ne comprend souvent pas la langue du pays, l'inscription ne souffrira aucune difficulté. Aussi facile aura été son admission, aussi difficile sera pour elle sa libération et son départ de la maison. Grâce aux dettes que les tenanciers, comme on appelle en Belgique les maîtres de ces établissements, auront su lui faire contracter, dettes dans lesquelles figurera toujours la prime payée au courtier qui l'aura amenée en la trompant, on la retiendra malgré elle et avec la complicité de la police locale, jusqu'à ce qu'elle se soit acquittée (1).

(1) 1882. De récents procès suivis à Bruxelles donnent la preuve de l'exactitude de tout ce qu'on vient de lire sur l'administration de la prostitution en Belgique. Ces procès ont mis à jour tout un système de réglementation véritablement abominable, qu'on ne saurait trop réprouver. Les débats ont établi que MM. les tenanciers jouissent d'une liberté de fraude presque illimitée ; qu'à la condition que les apparences soient sauvegardées, la police ferme volontairement les yeux sur leurs agissements ; qu'ils forment une corporation dont tous les membres se coalisent entre eux pour la défense de ce qu'ils appellent *leurs droits* ; qu'enfin ils sont soutenus dans leurs prétentions et leurs entreprises criminelles par la haute administration. Ces débats ont montré des agents supérieurs se rendant matériellement complices, dans un but d'ar-

Bien que rien de comparable ne se puisse rencontrer dans aucune ville de France, il serait pourtant téméraire de prétendre que dans toutes les villes de province, dans celles notamment où la police des mœurs dépend d'un seul homme qui administre pour ainsi dire sans contrôle, les choses se passent toujours avec une régularité parfaite. Nous croyons qu'il peut s'y produire certains abus, certaines complaisances, certaines promiscuités fort regrettables, mais qui, dans aucun cas, n'arrivent à une complicité criminelle dans des détournements de mineures.

Pour Paris, on peut affirmer sans aucune hésitation, que rien de pareil n'est possible aujourd'hui (1870). D'abord, une femme, qui, en dehors de toute arrestation, se présente librement au bureau du dispensaire pour être inscrite, qu'elle soit majeure ou qu'elle soit mineure, ne peut être enregistrée que sur sa demande formelle et personnelle. On ne lui tolère, au moment de son enregistrement, l'assistance de qui que ce soit et la fille publique ou la maîtresse de maison qui l'accompagnerait ou qui lui aurait simplement conseillé cette démarche, payerait, l'une de sa liberté, l'autre de la fermeture momentanée et peut-être même définitive de sa

gent, des crimes de détournement et de séquestration de mineures. Il a été publiquement affirmé, sans que le fait ait été démenti, que des fonctionnaires, dont les noms ont été cités, ayant toute puissance sur la prostitution, avaient des intérêts matériels engagés dans l'exploitation de certaines de ces maisons, dont ils étaient les commanditaires.

maison, son intervention, son conseil coupable ou
simplement imprudent. Celle qui sollicite son inscription est donc soustraite à toute influence extérieure. Cette précaution n'est pas la seule qui soit
prise pour garantir la postulante contre les conséquences d'une détermination irréfléchie. Après
avoir été mise en demeure de déposer ses papiers
d'identité ou de donner les indications nécessaires
pour que l'administration puisse se les procurer,
comme elle est le plus souvent sans moyens d'existence et sans domicile, elle est envoyée en hospitalité au dépôt, notamment lorsqu'elle se dit
mineure. Cette hospitalité dure jusqu'à ce que l'enquête établissant ses antécédents, son identité
réelle, soit complète. Si elle est née à Paris, la préfecture de police convoque ses parents et exerce
une pression sur eux pour qu'ils consentent à la reprendre; si elle se dit originaire de la province,
l'administration se met en rapport avec l'autorité
locale qu'elle charge de prévenir la famille; si elle
se dit étrangère, c'est avec l'ambassadeur que
s'établit la correspondance administrative. Si les
indications qu'elle a données sont fausses, l'administration la met en demeure 'e les rectifier et
attend pour prendre une décision définitive, qu'elle
connaisse la vérité. Si l'enquête établit que la postulante est mineure, comme on est en présence, non
pas d'une arrestation pour fait de débauche, mais
d'une demande d'inscription volontaire, elle est
rendue d'office à sa famille. Si cette mineure est

orpheline, l'administration la recommande aux
sociétés de bienfaisance qui se chargent de trouver
des emplois aux jeunes filles sans ressources. Si
directement, ou par l'intermédiaire du maire, de
l'ambassadeur, les parents protestent contre l'inscription et réclament celle qui la sollicite, celle-là
fût-elle majeure, l'administration refuse de l'inscrire et, sans se préoccuper de son consentement, la
rend immédiatement à ses parents, ou la fait conduire à son ambassade.

Avec de pareilles précautions, quelle maîtresse
de maison pourrait tromper la bonne foi d'une
jeune fille, la faire inscrire comme fille publique et se rendre coupable d'un détournement de
mineure? Quelle complicité, même involontaire,
quelle complaisance l'administration pourrait-elle
avoir à se reprocher? Aucune fille mineure française
ou étrangère, sage ou non, ne peut donc, sur la
demande d'une maîtresse de maison ou de toute
autre personne, être inscrite comme prostituée et
admise dans une maison de prostitution à Paris;
à plus forte raison ne peut-elle être enregistrée à
son insu et à celui de sa famille, par conséquent
malgré elle, comme cela se pratique dans d'autres
pays.

Mais, dira-t-on, il y a pourtant à Paris des filles
publiques qui sont mineures et qui de plus, sont
pensionnaires dans des tolérances! Cela est vrai,
mais cela tient à ce qu'il n'en peut être autrement,
à moins de proclamer la liberté de la prostitution.

Voici une jeune fille mineure, orpheline ou abandonnée de ses parents qui ne veulent plus la recevoir, ou bien même, tolérée, secrètement encouragée dans son inconduite par sa famille elle-même; elle s'est fait arrêter plusieurs fois pour faits de prostitution. Elle a été traitée déjà pour des maladies contagieuses; quatre ou cinq fois elle a été envoyée en correction ou remise à son père, vis-à-vis duquel il a fallu employer des moyens comminatoires pour obtenir qu'il signât une requête de correction ou pour lui faire dire qu'il la réclamait. Placée par les soins des dames patronnesses, elle a quitté sa place. Cette jeune fille qui a déjà été arrêtée cinq ou six fois se fait arrêter de nouveau ou se présente d'elle-même et demande son inscription; elle déclare qu'elle est sans domicile, sans moyens d'existence, qu'elle veut se prostituer, qu'elle se prostituera quoi qu'on fasse, qu'elle ne travaillera jamais. Elle est de plus atteinte d'une maladie vénérienne; son père, cette fois, ne répond pas à la convocation qui lui est adressée, ou déclare qu'il ne veut plus s'occuper d'elle; que, ne pouvant avoir raison de son inconduite, il ne consentira plus à la recevoir chez lui, parce qu'il a d'autres filles auxquelles elle donne le mauvais exemple. Il refuse formellement de s'adresser au président du tribunal pour obtenir une nouvelle ordonnance de correction, parce que, dit-il, les détentions paternelles qu'elle a déjà subies, loin de la corriger, l'ont corrompue davantage. En présence d'une pareille situation, que faire?

La relaxer de nouveau ? Elle n'a ni domicile, ni
moyens d'existence ; elle déclare qu'elle ne changera
pas de manière de vivre ; qu'elle ne veut pas travailler. La rendre simplement à la liberté serait
donc la mettre en état de vagabondage, la pousser
au vol, la faire s'affilier à une association de malfaiteurs, dans tous les cas la livrer à coup sûr à la
prostitution clandestine et à la contagion vénérienne,
dont elle a déjà subi les effets. Le préfet de police,
à bout de temporisation, impuissant à agir sur cette
nature rebelle à tout sentiment honnête, contraint
par ses fonctions de la surveiller en raison des
dangers qu'elle fait courir à la morale et à la santé
publiques, se décide à l'inscrire. On l'en blâme !
Quel autre moyen salutaire pour elle, alors qu'il les
a tous infructueusement tentés, pourrait-il bien
employer ?

Qu'il y ait là, au point de vue légal, une situation
fausse, qu'il y ait même une violation de la lettre
de la loi, cela n'est pas contestable. Mais prétendre
qu'en soumettant, dans un intérêt d'ordre et de
santé publique, à sa surveillance journalière une
prostituée mineure, sans domicile, sans moyens
d'existence et qui déclare ne vouloir vivre que de
prostitution, le préfet de police commet le délit
d'excitation habituelle de mineures à la débauche,
tel qu'a voulu le réprimer l'esprit de la loi, c'est là
une théorie légale qui n'est pas sérieusement soute-
nable.

Mais, objectera-t-on encore, ce n'est pas tant le

fait de lui donner une carte, que celui de la forcer à entrer dans une maison de prostitution, où sa jeunesse sera exploitée par une femme plus âgée qu'elle, qui lui fournira, plusieurs fois par jour, l'occasion de se prostituer, qui constitue le délit d'excitation !

Cet argument est un cercle vicieux. Le préfet de police, contraint par la nécessité, enregistre fille publique une prostituée mineure, il l'enregistre en la laissant libre d'agir dans les limites que trace le règlement, il n'exerce par conséquent aucune pression sur elle pour la contraindre à entrer en maison. En fait, elle y entre le plus ordinairement, pour ne pas dire toujours, parce qu'elle est sans domicile et sans ressources pour s'en procurer un ; si elle pouvait se dispenser d'y entrer, c'est qu'elle aurait un logement et des moyens d'existence, c'est, ou qu'elle vivrait de son travail ou qu'elle habiterait dans sa famille, mais alors l'administration n'aurait certainement pas été dans la douloureuse nécessité de l'inscrire.

Quant aux excitations spéciales qu'elle trouvera dans la tolérance, un examen impartial démontrera bien vite combien cette articulation est encore peu fondée.

Jusqu'ici elle s'est prostituée clandestinement à tout venant. Elle déclare qu'inscrite ou non, elle continuera à le faire. Son inscription comme fille publique, son admission dans un........on tolérée ont donc été sans effet sur sa déte......ion de ne

demander ses moyens d'existence qu'à la prostitution; dès lors qu'elle se livre à l'inconduite, que
ce soit dans une tolérance ou dans une maison clandestine, que peut importer? Voyons au surplus quel
est de ces deux établissements le moins pernicieux,
le moins dangereux pour sa jeunesse? Tous deux
sont gérés par des personnes d'une égale rapacité,
d'une égale perversité, d'un égal déshonneur. La
maison de tolérance est soumise à la surveillance
permanente du préfet de police; la maîtresse de
maison est responsable de toutes les orgies, de tous
les excès qu'elle aura tolérés. La maison clandestine n'est et ne peut être qu'accidentellement et
insuffisamment surveillée; elle jouit du bénéfice de
la loi qui protège l'inviolabilité du domicile et le
préfet de police n'a sur elle qu'une autorité illusoire.
La tolérance n'est habitée que par des filles, toutes
inscrites et auxquelles leur condition de filles soumises impose une certaine retenue; les hommes qui
la fréquentent, s'y tiennent à peu près décents, contraints qu'ils y sont par la maîtresse de maison
dont la responsabilité est en jeu et par la visite
inattendue des agents qui peut se produire à toute
heure de jour et de nuit; les souteneurs n'y sont
pas admis. La maison clandestine est, au contraire,
le refuge de toutes les filles inscrites qui se cachent
et ne viennent plus au dispensaire; des filles, recherchées par la police pour des crimes ou des
délits, qui s'abritent sous de faux noms; des filles
isolées; des filles insoumises du quartier; en un mot

de toutes les prostituées, les plus dévergondées et les plus dangereuses. Toutes y jouissent d'une liberté de débauche absolue. Toutes s'y livrent à l'orgie, incitées qu'elles y sont par les maîtres d'établissements, qui trouvent à cela leur bénéfice. Toutes s'y font protéger par leurs souteneurs. La clientèle mâle des maisons clandestines se compose en grande partie de rôdeurs de barrières et de repris de justice; elle est donc pire que celle des maisons de tolérance même de bas étage, avec la liberté des excès en plus.

Est-ce que, dans ces conditions, les excitations à la débauche ne sont pas moindres et moins dangereuses, dans la maison de tolérance qui a reçu la nouvelle inscrite, qu'elles ne l'auraient été dans la maison clandestine dans laquelle elle se serait inévitablement réfugiée, si, étant laissée libre, elle n'eût pas été enregistrée, ou si, étant enregistrée, elle eût été fille isolée?

Est-ce qu'en la plaçant sous son action directe et constante, en ne s'opposant pas à ce qu'elle soit mise sous la tutelle d'une dame de maison, qui aura le devoir de la surveiller et qui sera responsable des trop grands écarts qu'elle pourrait lui laisser commettre, le préfet de police n'a pas gêné le développement de sa débauche plutôt qu'il ne l'a favorisé? Est-ce que dans tous les cas il n'a pas protégé sa probité contre les dangers auxquels l'auraient exposée une liberté sans contrôle, les mauvais exemples, son inexpérience et sa jeunesse?

13

Que le lecteur ne se méprenne pas sur notre pensée. Nous n'avons pas l'intention de prouver que l'inscription des filles mineures soit, en principe, une mesure légale que le préfet de police puisse prendre à tout propos. Nous croyons, au contraire, qu'il ne peut y avoir recours qu'à la dernière extrémité, alors qu'il a épuisé tous les moyens comminatoires, alors qu'il a devant lui une nature absolument pervertie, pour laquelle la débauche n'a plus de secrets ; alors qu'il lui est irréfutablement démontré que cette mineure fera courir des dangers certains à la morale et à la santé publiques. Mais il nous semble que, lorsqu'une mineure se trouve dans les conditions que nous venons d'indiquer, le préfet, en l'inscrivant, remplit vis-à-vis de la société un devoir impérieux ; qu'il a raison de la laisser entrer dans une maison de tolérance, parce que la loi n'a pas créé pour elle un autre lieu de refuge, parce que, dans son état de dépravation voulue, toute autre maison clandestine lui serait encore plus pernicieuse que ne l'est une maison surveillée, malgré toute l'infamie qu'elle comporte. Entre deux maux, l'administration choisit le moindre. Nous convenons bien que cette mesure nécessaire est immorale, en ce sens qu'elle viole la lettre de l'article 334 du Code pénal, mais ce n'est pas au préfet de police, auquel son devoir professionnel commande d'agir comme il le fait, qu'est imputable cette immoralité ; la responsabilité en revient tout entière au législateur, qui, n'ayant jamais voulu s'occuper des questions de prostitution, a laissé subsister une lacune dans la législation. Jusqu'à ce qu'une loi vienne régler cette délicate matière, jusqu'à ce que la prostituée clandestine soit, tout au moins, justiciable des tribunaux, le préfet de police sera toujours dans cette singulière nécessité de violer la lettre du Code, pour obéir à la loi qui règle ses attributions et crée ses devoirs.

Les filles mineures inscrites entrent donc dans les tolérances, non pas par la volonté du préfet de police, mais par la force des choses et sans qu'il y ait, dans ce fait, aucune intention de la part de l'administration de favoriser les maîtresses de maisons de prostitution qui les reçoivent chez elles.

On reproche encore à l'administration de la police d'autres complaisances pour les dames de maisons. On prétend que c'est elle qui approvisionne de pensionnaires les maisons de prostitution ; que ces pensionnaires sont privées de leur liberté, qu'elles sont soumises, dans l'intérieur de ces maisons, à une sorte de réclusion arbitraire à laquelle elles ne peuvent se soustraire sans s'exposer à des peines administratives ; qu'elles ne peuvent quitter une tolérance avant le parfait payement des dettes qu'elles ont contractées envers les maîtresses de maisons.

Autant d'articulations, autant d'erreurs. Jamais la préfecture de police n'intervient pour désigner à une fille la maison dans laquelle elle doit entrer. Elle pousse si loin le scrupule sur ce point, qu'elle

interdit aux dames de maisons qui voudraient em-
baucher des filles isolées, de venir racoler aux
abords du dispensaire et dans toutes les dépen-
dances de la préfecture, alors qu'elles viennent de
subir la visite du médecin. Elle ne reconnaît pas la
légitimité des dettes contractées dans les maisons de
tolérance. Par conséquent, qu'une fille soit ou ne soit
pas endettée, peu importe ; jamais elle ne l'a contrainte à demeurer malgré elle pendant vingt-quatre
heures dans une maison tolérée. Quant aux prétendues réclusions arbitraires, il suffit de dire que les
filles en maisons ont quatre jours de liberté par mois :
qu'en outre de ces congés, elles sortent chaque fois
qu'un amateur paye pour les emmener avec lui.
Comment pourrait-on soutenir qu'une réclusion
arbitraire fût possible dans de pareilles conditions ?

Tous ces reproches, adressés à l'administration
de la police, seraient graves, s'ils étaient justifiés ;
ils ne tendraient à rien moins qu'à faire du
préfet de police le grand corrupteur de la jeunesse,
le grand pourvoyeur des maisons de débauche. Ils
sont, heureusement, sans fondement, et pourtant
une partie notable de la population, qui, pour s'é-
viter la peine de se renseigner, de réfléchir, préfère
ajouter foi à tout ce qu'elle lit, à tout ce qu'elle
entend dire, les accepte pour vrais. Ces erreurs de
l'opinion publique sont d'autant plus difficiles à
détruire qu'elles sont basées sur des apparences
trompeuses. L'administration de la police inscrit
des mineures, elle consent à ce qu'elles entrent dans

des maisons de prostitution; au lieu de protéger la
morale publique, elle l'outrage donc chaque jour
pour le seul bénéfice des femmes qui tiennent maison!

Nous espérons avoir fait comprendre, combien
sont injustes ces interprétations et les accusations
qui en sont les conséquences, et combien loyales
sont les intentions qui animent l'administration.
Mais si, laissant de côté ces bonnes intentions, nous
arrivons à l'examen des principes administratifs,
l'administration ne nous paraît pas sur ce point à
l'abri de toute critique. Elle reste, à notre sens, trop
indifférente à toutes les ignobles exploitations, à
tous les tripotages à l'aide desquels les dames de
maisons et les propriétaires d'immeubles occupés
par des tolérances cherchent à s'enrichir. Son inac-
tion en pareille matière nous a toujours paru d'autant
plus inexplicable, qu'elle est le résultat d'un système
administratif dont les effets vont, nous l'avons
toujours craint sans pouvoir faire partager notre
appréhension, à l'encontre du but poursuivi.

Nous avons dit que l'administration avait pour
système de faire tous ses efforts, et nous en avons
expliqué le motif plausible, pour maintenir ouvertes
les tolérances existantes et même pour en augmenter le nombre. La liberté laissée aux dames de
maisons de rançonner leurs filles, aux propriétaires
ou principaux locataires d'immeubles, affectés à des
établissements de prostitution, de tripoter sur la
transmission des livres, est la conséquence de ce

système. La clientèle diminue, les recettes baissent, on craint de voir ces établissements se fermer et on n'ouvre pas les yeux sur ces bénéfices illicites. Si c'est là un moyen de maintenir ces maisons ouvertes, c'est aussi un moyen sûr de faire fuir les pensionnaires de ces maisons. Là est la cause principale, à notre sens, de la répulsion de plus en plus prononcée des filles pour un long séjour dans les tolérances et par conséquent du dépeuplement de ces maisons et de la disparition des filles, qui, n'ayant pas l'argent nécessaire pour acheter ou louer des meubles, n'ont pas d'autre moyen d'échapper à la nécessité de rester en tolérance que de disparaître.

L'exploitation des filles par les dames de maisons est, il faut le reconnaître, une chose monstrueuse dans les conditions et les proportions où elle est pratiquée.

En général, et sauf les rares exceptions qui ont été indiquées, les filles en tolérance, nous l'avons déjà dit, qu'elles soient sous le régime des pensionnaires ou sous celui des filles d'amour, ne peuvent faire aucune économie sur l'argent qu'elles reçoivent. Rappelons que la location du linge et des vêtements qu'elles portent, les consommations alcooliques, les dépenses de toute nature, auxquelles on les incite, absorbent toutes leurs ressources au profit des maîtresses de maisons. Ces spéculations déjà révoltantes sont loin de satisfaire la convoitise de ces femmes cupides et insatiables. Tout est prétexte à bénéfices pour elles et à dépenses pour les filles. Au jour de l'an, à la fête de *Madame*, à la fête de *Monsieur*, il faut se cotiser pour offrir un cadeau et un cadeau qui en vaille la peine. *Monsieur* et *Madame* poussent parfois le cynisme jusqu'à faire savoir qu'ils préfèrent une somme d'argent à ce cadeau qui n'aurait aucune utilité pour eux, ils ne manquent de rien et tout ce qu'on pourrait leur offrir ferait double emploi avec ce qu'ils ont déjà; l'argent est donc le plus beau présent qu'on puisse leur faire. *Madame* a le spleen; l'atmosphère de sa maison lui pèse; elle veut prendre l'air; seule elle s'ennuierait par trop. Elle fait à l'une de ses pensionnaires l'honneur insigne de lui permettre de l'accompagner; c'est une grande faveur que celle-là, et qu'on ne refuse jamais, mais qui coûte cher. En dehors de la location de la toilette et des bijoux, car il faut être bien mise pour faire honneur à *Madame*, on prend une voiture qu'on garde une partie de l'après-midi, on dîne dehors, parfois on va au théâtre et soit que la fille ait de l'argent de poche, soit que la maîtresse avance la somme nécessaire, qu'elle se fera rembourser plus tard, c'est toujours la fille qui paye les dépenses. *Monsieur* fume, *Madame* aime les fleurs, la fille qui a pris son jour de congé ne rentrera pas, si elle veut être bien vue, sans un bouquet pour *Madame*, des cigares pour *Monsieur*. On n'en finirait pas si on voulait citer les mille indélicatesses à l'aide desquelles les maîtresses de maisons dépouillent leurs pensionnaires, les

tentations auxquelles elles ont recours, les ruses
qu'elles emploient pour s'emparer de l'argent de ces
pauvres filles et les maintenir dans un état de continuelle misère. Aussi, qu'elles passent un an ou dix
ans dans les maisons de tolérance, les filles, dans la
proportion de quatre-vingt-quinze pour cent, en sortent aussi misérables qu'elles y sont entrées, avec des
goûts de dépense en plus et la jeunesse en moins.

· Ce penchant pour la spoliation, la rapine, est
inhérent au métier de maîtresse de maison, mais
souvent aussi il se développe en raison de nécessités
professionnelles, conséquences de tripotages que
nous allons exposer.

On croit généralement qu'un livre de tolérance
est la propriété exclusive de la personne à laquelle
l'administration l'a accordé; qu'il doit faire la fortune de cette personne.

En fait, rien n'est souvent moins exact.

On sait que d'une part l'administration donne
gratuitement ce livre; qu'en droit il ne peut être
l'objet d'aucune transaction; que, lorsqu'une maîtresse de maison cède son établissement, elle commence par rendre son livre à la préfecture de police
et ne vend à son successeur que le droit au bail et
l'installation commerciale; que ce successeur, s'il
est accepté par le préfet de police, obtient ce livre
gratuitement à son tour. On a vu d'autre part que la
préfecture de police, mue par un sentiment louable,
favorise, autant qu'elle le peut, l'existence et la
réouverture des maisons pour les maisons elles-

mêmes et sans tenir compte des personnes. De cette gratuité et de cette protection résulte ce fait, qu'un livre de tolérance devient, pour ainsi dire, partie intégrante de l'immeuble dans lequel il est exploité; qu'en réalité il devient la chose du propriétaire de cet immeuble et qu'il se négocie en fait avec l'immeuble lui-même.

Du tableau donné page 153, il ressort que vingt-deux maisons seulement sur cent quarante-trois sont la propriété des femmes qui les font valoir. Cent vingt et une maîtresses de maisons sur cent quarante-trois sont donc à la merci de propriétaires ou principaux locataires qui les grugent et les exploitent. Voici en effet ce qui se passe : Une femme veut créer une maison tolérée; elle cherche un local qui remplisse les conditions exigées par les règlements. Ce local trouvé, elle s'adresse au propriétaire. Le propriétaire fait valoir le préjudice qu'une pareille industrie causera à l'avenir de son immeuble; il demande en conséquence un prix de location double de celui qu'il exigerait pour toute autre exploitation. Il consent un bail de trois, six ou neuf années et laisse à la charge de sa locataire tous les frais d'embellissement et d'installation qu'elle voudra faire.

Le préfet de police accorde le livre, la maison est ouverte.

Les affaires sont prospères; vers la sixième année de son exercice, la maîtresse de maison qui n'a plus que trois ans de bail à courir, cherche à obtenir une

prolongation. Le propriétaire qui sait que la préfecture de police apportera toujours le plus grand
bon vouloir à maintenir cette maison ouverte ; que
si sa locataire actuelle se retire à l'expiration de son
bail, une autre viendra qui obtiendra facilement
l'autorisation de réouvrir la maison, fait des conditions en conséquence. C'est d'abord un pot-de-vin
important qu'il se fait remettre immédiatement;
c'est ensuite une augmentation considérable du prix
du loyer, qu'il impose. Cette augmentation, jointe au
pot-de-vin payé, représentera à peu près la valeur
vénale de l'établissement; si bien que pour pouvoir
continuer à gérer, pendant une nouvelle période, la
maison fondée par elle et décorée à ses frais, la
dame de maison est contrainte d'en payer le prix au
propriétaire comme si, étrangère jusqu'ici à son exploitation, elle l'achetait à la première venue. Le bail
est prolongé. Un jour vient où la maîtresse de maison
trouve à vendre avantageusement son droit au bail
et son installation. Le propriétaire, usant d'une
clause de son contrat, s'oppose à cette cession à
moins qu'on ne lui paye un nouveau pot-de-vin.

Si, au lieu de prospérer, la maîtresse de maison
s'endette, si elle ne peut payer son terme de loyer,
le propriétaire l'expulse en faisant vendre le mobilier qu'il rachète. La maison est fermée. L'immeuble
devient vacant. Mais, comme il sait que l'administration autorisera sans difficulté la réouverture d'une
maison de tolérance dans ce même local, le propriétaire spécule sur cette situation. Il cherche un

nouveau locataire vis-à-vis duquel ses exigences seront d'autant plus grandes, que la maison est toute agencée et que la concession d'un bail entraînera presque à coup sûr la délivrance gratuite d'un livre. L'importance du loyer et du pot-de-vin qu'il exige est évaluée de telle sorte, que cet établissement quoique fermé et sans clientèle est payé tout aussi cher que s'il était acheté en pleine prospérité et tout achalandé. C'est encore le propriétaire de l'immeuble qui profite de cette spéculation.

Donc, que les maisons de tolérance soient dans un état précaire ou dans une situation prospère, peu importe aux dispensateurs des baux. Eux seuls tirent parti de l'une ou l'autre situation. Eux seuls sont les vrais bénéficiaires de la gratuité des livres donnés par la préfecture. Les locataires qui ont officiellement sollicité ces livres et qui les ont gratuitement obtenus, n'en sont, eux, en réalité, les titulaires que de nom. Ils portent devant l'opinion tout le poids de l'infamie qui s'attache à l'exploitation de ces livres, tandis que le propriétaire, qui en récolte seul tous les bénéfices, n'a rien à redouter de l'opinion publique qui ne le connaît pas.

Cette ignoble et hypocrite spéculation de la débauche par des gens qui se cachent sous des dehors honorables, ces dégradantes combinaisons, prennent parfois les proportions d'une entreprise d'affaires. Certains, alléchés par ces gains considérables et faciles, exploitent ainsi à titre de propriétaires ou de principaux locataires à longs baux,

trois ou quatre maisons différentes. L'administration qui interdit aux maris des dames de maison de
s'immiscer dans les cessions de tolérance et de spéculer sur les ventes de ces établissements; qui n'autorise jamais une maîtresse de maison à gérer un
établissement sous son nom en même temps qu'elle
en ferait gérer un autre pour son compte; qui ne
tolère même pas qu'une matrone en exercice ait des
intérêts dans une autre maison que la sienne, ferme
les yeux sur cet état de choses, parce qu'elle n'a pas,
prétend-elle, à se préoccuper des propriétaires d'immeubles, qu'elle n'a pas à les connaître. C'est là un
prétexte qu'elle se donne à elle-même. La vérité
vraie est qu'en gênant ces tripotages, elle craindrait
de condamner à la fermeture un certain nombre de
maisons qu'elle tient à laisser ouvertes, pour les
raisons administratives que l'on sait. C'est à notre
sens pousser trop loin le système de la protection
et c'est donner base aux critiques malveillantes
qu'on ne lui épargne pas.

L'utilité de cette protection ainsi entendue nous
semble d'autant plus discutable, qu'en dépassant le
but, elle va à l'encontre du résultat qu'on cherche
à obtenir. Pourquoi l'administration fait-elle tous
ses efforts pour ne point laisser se fermer les tolérances ouvertes? Ce n'est certes pas pour multiplier inutilement le nombre de ces maisons, mais
bien pour offrir un refuge au plus grand nombre
possible de filles en carte. Mais les filles en carte
fuient les tolérances; leur dégoût pour ces mai-

sons a surtout pour cause la révoltante exploitation dont elles sont l'objet de la part des dames de maisons. Cette exploitation est motivée, en partie, par la situation précaire des dames de maisons rançonnées elles-mêmes par leurs propriétaires. Ces derniers exigent souvent pour prix du loyer plus d'argent que le commerce proprement dit n'en peut rapporter; il faut bien trouver cet argent, c'est en spoliant les filles qu'on se le procure. La liberté laissée aux propriétaires est donc encore une des causes de l'abandon des maisons par les filles et de leur disparition.

Ces spéculations sur les maisons de prostitution et ces spoliations des filles par les maîtresses mériteraient, nous croyons, toute l'attention de l'administration. En outre qu'elles révoltent l'honnêteté, elles sont une des plaies vives de la prostitution réglementée et motivent les suppositions les plus calomnieuses.

L'autorité sans contrôle du préfet de police sur la prostitution engage sa responsabilité. C'est avec raison qu'on lui reproche, puisqu'il est le maître absolu, de laisser se produire ces exactions, dont les filles finissent par être toujours les seules victimes, et qui mettent un obstacle à leur retour à la vie régulière, à la vie de travail et de famille. Un certain nombre d'entre elles, après quelques années passées dans la débauche et l'oisiveté, prennent en dégoût la vie crapuleuse qu'elles mènent et voudraient revenir à une existence plus calme, plus rangée; la misère les enchaîne et

paralyse ces bons sentiments. La mesure qui les
protégerait contre la rapacité de leurs matrones,
qui les contraindrait, au besoin malgré elles, à faire
des économies, économies qui leur permettraient
d'abandonner, un jour à venir, leur dégradant
métier, d'entreprendre un travail honnête, qui les
ramènerait forcément à la vie de famille, cette
mesure serait, disons-nous, la plus morale, la plus
efficace, la plus juste qui aurait été jamais prise en
matière de prostitution. Elle serait bien simple à
prescrire, beaucoup plus simple à exécuter.

Il suffirait de décider : 1° Que toute pensionnaire
d'une tolérance a droit à une rétribution journalière
de la part de la maîtresse de la maison à laquelle
elle appartient; que cette rétribution serait versée
à la fin de chaque quinzaine, par la maîtresse elle-
même, dans une caisse municipale spéciale;

2° Qu'il est interdit à toute maîtresse de maison,
sous peine de versement à la même caisse à titre
de remboursement des sommes indûment perçues
ou inutilement dépensées, de spéculer sur ses pensionnaires, en leur fournissant des boissons, en les
excitant à de folles dépenses.

Cette mesure ne profiterait, nous le savons,
qu'aux seules filles en maison; elle servirait néanmoins utilement la morale et l'ordre publics, puisqu'un de ses effets tutélaires serait de ramener dans
les tolérances un grand nombre de misérables sans
asile, abruties par la misère, qui traînent leurs
existences vagabondes de bouge en garni, et qui

n'hésiteraient pas à entrer en maison, si elles étaient certaines d'y amasser un peu d'argent. Elle donnerait en tout cas à l'administration une autorité morale beaucoup plus grande pour faire exécuter le règlement et, par conséquent, pour contraindre celles qui n'ont pas de meubles à elles à entrer en maison.

Cette réglementation prévoyante pourrait également faire profiter les filles isolées de ses bienfaits, en les contraignant à des versements forcés. A Paris, pendant de longues années et jusqu'en 1828, les filles inscrites étaient tenues de payer les visites réglementaires qu'elles subissaient au dispensaire. Le produit de ces visites, qui dépassait de beaucoup la somme des appointements alloués aux médecins, constituait une réserve qu'on appelait la caisse des filles publiques. Sur cette caisse étaient prélevées les gratifications allouées à certains fonctionnaires. L'origine de cet argent donnait à ces gratifications un caractère immoral, odieux, qui déconsidérait et les fonctionnaires et les fonctions. La caisse des filles publiques fut supprimée, et les visites furent gratuitement subies.

Pourquoi ne rétablirait-on pas un droit de visite pour les filles isolées, qui serait intégralement versé, par la préfecture de police, au nom de chacune d'elles? Quel inconvénient cela pourrait-il avoir, surtout en présence de ce fait, que, dans toutes les villes de province, la caisse des filles publiques existe encore? Pourquoi hésiterait-on, à Paris, à

exiger des prostituées un versement fait dans leur
intérêt exclusif, en vue de leur régénération future,
de leur avenir, tandis qu'en province on ne met
aucun scrupule à les contraindre à payer des
sommes à tout jamais perdues pour elles? Ces
sommes ne profiteraient à personne autre qu'à
celles qui les auraient versées, par conséquent dans
ces versements forcés, rien d'immoral, rien qui
puisse donner prise à la moindre critique.

On objectera peut-être qu'une pareille mesure
aurait pour résultat de déterminer un certain nombre de filles isolées à se cacher et à disparaître.
Cette considération ne mérite pas qu'on s'y arrête.
Sans aucun doute, les rôdeuses de barrières, les
filles sans feu ni lieu chercheraient d'autant plus
à se soustraire aux visites médicales, qu'il faudrait
les payer, mais celles-là n'ont pas attendu qu'on
leur demande de l'argent pour fuir le dispensaire.
Elles n'y sont jamais venues que contraintes, que
forcées. Le préfet de police qui aurait certainement,
dans ces conditions, l'opinion publique de son côté,
les ferait rechercher et les contraindrait, au besoin
par la rigueur, à entrer en maison tolérée. Il lui
suffirait, pour réussir, de faire exécuter la lettre
du règlement. Il agirait avec d'autant plus de
sévérité, qu'il serait soutenu par cette pensée d'humanité que cette mesure servirait plus encore les
intérêts des filles elles-mêmes, que ceux de la
société. Quant aux filles isolées qui ont un domicile
à elles, celles-là ne pourraient pas plus se soustraire

à leurs visites sanitaires, qu'elles n'y échappent aujourd'hui. Il est même certain que le plus grand nombre d'entre elles accepterait la mesure avec faveur. Donc, l'objection ne serait pas sérieuse. Non seulement le payement des visites, dans ces conditions, n'éloignerait pas du dispensaire une seule des filles qui y viennent régulièrement, mais il légitimerait la sévérité qu'on déploierait contre celles qui, sans domicile fixe, mènent une vie errante et sont en état de lutte permanente contre le règlement.

Chaque fille, qu'elle soit isolée ou en maison, serait titulaire d'un livret sur lequel seraient inscrites et les sommes versées en son nom, et celles provenant de ses économies, qu'elle aurait la faculté de déposer elle-même. Ces sommes, productives d'intérêts, ne pourraient être retirées partiellement ou totalement qu'en vertu d'une décision soit du préfet de police, soit d'une commission nommée par lui, décision prise sur la demande de la titulaire du livret et après enquête établissant que c'est à un bon et utile usage qu'elle veut employer son argent.

Cette idée d'une sorte de caisse d'épargne de la prostitution n'est pas chose nouvelle. Plusieurs tentatives d'organisation de sociétés philanthropiques ont été faites dans ce but, mais toujours infructueusement.

Ces sociétés en appelaient au bon vouloir des prostituées, elles leur demandaient des cotisations

14

volontaires pour leur assurer des ressources pendant les temps de maladie et notamment à l'âge de la vieillesse.

Un pareil système devait forcément échouer. Il avait contre lui et le peu de confiance qu'inspiraient ses auteurs et l'insouciance des filles qui, pour le plus grand nombre, n'ont même pas l'énergie qui leur serait nécessaire pour se préoccuper de l'avenir. Il échoua plus sûrement encore devant l'intervention de la justice, qui dut demander des comptes à plusieurs de ces philanthropes qui n'étaient que de vulgaires escrocs.

Le seul moyen pratique d'alimenter une caisse de prévoyance pour les prostituées est donc le versement obligatoire, dans une caisse officielle de la ville, au nom de chaque fille, avec ou sans sa participation volontaire, par les soins et sous le contrôle de la préfecture de police.

Pour que les maîtresses de maisons aient toutes la possibilité matérielle de faire ce versement, il faudrait les protéger elles-mêmes contre les spéculations éhontées de leurs propriétaires. Cette protection est encore chose facile. Qu'on contraigne tout propriétaire, qui destine son immeuble à une exploitation de tolérance, à déclarer, par écrit, le prix auquel il veut le louer. Puis, qu'on lui interdise — aussi longtemps qu'il ne changera pas la destination de son immeuble — de jamais augmenter ce prix sous forme de pot-de-vin ou autrement, et les maîtresses de maisons seront suffisamment protégées.

Nous nous attendons bien aux objections qu'on fera à ce système.

Fixer le taux des redevances serait chose délicate. Créer une caisse municipale de la prostitution serait comme une reconnaissance officielle du métier de prostituée, un encouragement à la débauche, une immoralité !

Mettre, comme sous séquestre pendant un temps indéterminé et sans le consentement du propriétaire, des sommes déposées dans une caisse publique; aussi bien qu'empêcher des propriétaires de spéculer, comme ils l'entendent, sur les locations de leurs immeubles, serait porter atteinte au droit sacré de propriété !

Est-ce que l'arrêté, qui prescrit dans quelles conditions une femme pourra exploiter à son profit la débauche d'autres femmes, ne réglemente pas une matière autrement délicate encore, que le serait la fixation d'un taux de redevance? Est-ce que cet arrêté n'est pas une constatation officielle du métier de prostituée? Pourquoi alors ne pas reconnaître pour ce métier la légitimité et la nécessité d'un salaire? Et qu'ajouterait d'officiel à cette reconnaissance la création d'une caisse municipale de la prostitution, institution de protection et de prévoyance la plus morale qu'il fût, en raison du but qu'elle se proposerait d'atteindre? Serait-ce la provenance des sommes versées qui donnerait à cette institution un caractère spécial d'immoralité? Mais est-ce que l'État refuse d'encaisser, pour cause d'immoralité de provenance, les sommes dues par les filles et les maîtresses de maisons : impôts, droits d'enregistrement de baux, etc., etc.? Est-ce qu'il répudie son droit de déshérence sur la succession d'une prostituée ?

La violation du droit de propriété serait encore une mauvaise objection. Quoi de plus sacré pour l'homme que son droit de propriété sur son propre corps? Est-ce que les filles ne sont pas soumises à la visite corporelle, même contre leur gré? D'autre part, ne voit-on pas, chaque jour, l'État ou l'administration concéder un privilège à quelqu'un, en fixant les conditions financières dans lesquelles ce privilège sera exploité? La concession gratuite d'un livre de tolérance n'est-elle pas un privilège qui ajoute à la valeur d'un immeuble? Dès lors, pourquoi l'administration ne pourrait-elle pas imposer ses conditions financières au propriétaire de cet immeuble?

Mais, dira-t-on, ce n'est pas à l'immeuble qu'est attachée l'autorisation; le livre est personnel à la maîtresse de maison qui l'a demandé! Pour que l'administration soit conséquente avec ses principes, c'est le contraire qui devrait exister. En attachant le livre à l'immeuble, elle prendrait une véritable garantie contre les fermetures des maisons; en faisant prendre aux propriétaires l'engagement de ne pas augmenter ses prix de location, elle couperait court à tous les tripotages, à toutes les spéculations honteuses et assurerait ainsi la véritable gratuité des livres de tolérance, dont, par le fait, elle supprimerait la vente. Elle n'en resterait pas moins maîtresse absolue, d'après les résultats de l'enquête, d'accepter ou de refuser les postulantes à la gestion de ces maisons. Ce système ne présenterait que des avantages, sans aucun inconvénient. Il offrirait des garanties de durée pour les maisons ouvertes et d'honnêteté dans les transactions auxquelles donnent lieu leurs transmissions ; il mettrait l'administration à l'abri des suppositions calomnieuses ; mais, par-dessus tout, il permettrait de protéger les filles de maison contre les rapacités dont elles sont les victimes, et leur assurerait ainsi la possibilité de sortir de leur misérable condition. Il développerait en elles le désir de réhabilitation, les sentiments de repentir et d'honnêteté qu'elles ressentent toujours à un certain moment de la vie, mais qu'elles abandonnent aussitôt, en raison de l'impossibilité de pourvoir aux premiers besoins de leur vie matérielle ; impossibilité dans laquelle les met leur état de misère.

La réglementation de la prostitution ne répond, jusqu'ici, qu'à des nécessités de morale, d'ordre, de santé, de sûreté publics ; elle n'a pour les filles que des sévérités. A notre sens, elle est incomplète. A côté des intérêts de la société qu'elle défend, elle devrait se préoccuper du relèvement des prostituées, les encourager lorsqu'elles sont sur la voie du repentir, les rehausser à leurs propres yeux en leur donnant des preuves d'intérêt. La première chose à faire et la plus importante pour atteindre ce but serait de leur assurer des ressources dont elles pourraient disposer le jour où, revenues de leurs erreurs, elles aspirent à vivre de la vie honnête.

La négligence des intérêts matériels et moraux des filles inscrites, est un des principaux arguments de ceux qui attaquent la réglementation actuelle. Ils oublient les services qu'elle rend à la société, pour ne voir qu'une chose : l'exploitation des prostituées par un petit nombre de privilégiés, parmi lesquels certains arrivent à la fortune facilement et vite. Ils feignent de croire que c'est là le seul but que cette réglementation poursuit, et ils la déclarent infâme et criminelle.

En résumé :

La prostitution réglementée, grâce aux sages mesures prises pour la maintenir et la contraindre, ne présente à Paris qu'un danger insignifiant pour la morale et la sûreté publiques. Elle est beaucoup moins scandaleuse que ne l'est la prostitution clandestine.

Au point de vue de la protection qu'elle doit à la population, pour la préserver des scandales et des dangers que pourraient présenter les maisons de tolérance, la préfecture de police lutte sans cesse, et presque toujours victorieusement, contre les mauvais instincts des gens tenant maison. Les dispositions qu'elle prend enchaînent comme dans un cercle d'honnêteté relative, d'où ils ne peuvent que rarement sortir, ceux-là mêmes qui passent leur existence à

chercher les moyens de violer impunément les lois
de la morale et de l'honnêteté.

Au point de vue de la question des maisons de
tolérance et de la moralisation des prostituées, nous
croyons que l'administration aurait des modifications
à apporter à sa jurisprudence administrative et à sa
réglementation. La protection qu'elle donne aux
maisons tolérées n'a rien d'immoral en soi, elle se
justifie pleinement par le but poursuivi. Ses
intentions sont donc irréprochables et dans aucun
pays on ne rencontre une plus grande probité, un
plus grand rigorisme, et surtout un plus grand
respect de soi-même, que n'en apportent, maintenant, dans leurs rapports avec les dames de
maisons et les filles, les agents supérieurs chargés
à Paris de l'administration de la prostitution.
Mais ses préoccupations sont trop exclusivement
répressives, en ce qui concerne les filles, et trop
tolérantes, à un certain point de vue, en ce qui
touche la cession et la gestion des maisons de
prostitution. Les dames de maisons, en effet,
poussées par l'amour du lucre, ont éludé la
réglementation et dénaturé l'effet de cette protection.
Elles ont, par leurs exactions, éloigné les filles des
maisons de tolérance. La réforme de ces abus,
qu'on a laissé insensiblement s'établir, s'impose
au préfet de police. Il ne peut pas, sans compromettre le but moral qu'il poursuit, tolérer plus
longtemps qu'un petit nombre de privilégiés
faussent tout un système administratif, en vue de

bénéfices inavouables. Le plus révoltant de ces abus, celui qui exige les mesures les plus immédiates, c'est le droit de spoliation sur leurs pensionnaires que ces dames ont pris. Si, dans l'intérêt supérieur de la société, le préfet de police a le droit de soumettre les prostituées à un règlement et de les punir, il a aussi le devoir de faire tout le possible pour les amender ; or, ce devoir, il ne peut commencer à le remplir qu'en les protégeant contre les habitudes d'ivresses qu'on leur fait prendre et contre les dépouillements dont elles sont les victimes, de la part, soit des dames de maisons, soit des souteneurs.

Toute modification apportée aux principes administratifs en vue de faciliter aux prostituées leur réhabilitation, toute mesure prise qui mettrait obstacle à la rapacité des dames de maisons, toute disposition légale qui frapperait le souteneur, donneraient satisfaction à la morale et à l'opinion publiques.

CHAPITRE X

DES SOUTENEURS

Le titre de souteneur appartient de droit à tout
individu : qui vit ou qui tire simplement profit de
la prostitution de sa maîtresse, qu'elle soit fille
publique ou fille insoumise ; qui la protège contre
l'intervention répressive des agents et qui la soutient
dans les querelles qu'elle peut avoir, soit avec ses
compagnes, soit avec ceux auxquels elle s'est livrée
et qui refusent de lui payer ses faveurs au prix
auquel elle les estime.

Il y a des souteneurs honteux. Ceux-là forment une catégorie fort peu nombreuse, tout à fait exceptionnelle, dont nous allons dire deux mots.

Le souteneur honteux est un ouvrier laborieux, exact au travail, ne perdant jamais une journée, le modèle de son atelier. Sa passion, à lui, c'est de thésauriser. Jamais il ne fait de dépenses inutiles. Il place le produit de son salaire et les sommes qu'il se fait remettre par sa maîtresse. Il a un domicile particulier, mais sans aucun luxe, dans lequel celle qu'il appelle sa femme n'est jamais admise, si bien qu'aux yeux de son patron et de son propriétaire il passe pour un type de bonne conduite et d'honorabilité.

C'est le soir seulement, sa journée finie, qu'il exerce ses fonctions de souteneur. Il surveille sur la voie publique les allées et venues de sa protégée, principalement pour se faire remettre les sommes qu'elle reçoit, mais il n'intervient personnellement, dans les discussions qu'elle peut avoir, que fort rarement et seulement dans les cas graves. Par crainte de se compromettre, il évite la société de ses congénères. Lorsque sa maîtresse a vieilli, lorsqu'il n'y a plus aucun parti à tirer de ses charmes, il l'épouse, souvent pour exploiter avec elle un petit fonds de commerce acheté sur les économies faites en commun.

Les souteneurs de cette catégorie sont recherchés par les quelques filles tranquilles qui ont des préoccupations d'avenir. On ne peut dire d'eux qu'ils

soient de véritables débauchés et s'ils n'avaient eu
le sens moral perverti par l'amour de l'argent, ils
seraient certainement restés d'honnêtes gens dans
toute l'acception du mot; aussi ne sont-ils que fort
rarement dangereux pour la sûreté publique. Nous
avons cru devoir nous occuper d'eux parce que,
bien qu'à peu près inoffensifs, ils tirent bénéfice de
la prostitution d'une fille publique. Ceci dit, nous
arrivons au bandit dangereux, au véritable souteneur.

Son âge varie entre dix-huit et cinquante ans.

Il n'a pas de profession avouable. Il s'occupe
volontiers du maquignonnage des chevaux et de la
vente des billets de théâtres pour les pièces à succès.
Dans les fêtes publiques et sur les champs de
courses, il tient loteries et jeux de hasard en plein
vent. Il lutte dans les baraques de foires et dans les
assauts. Dans les grands emprunts, il fait l'unité.
Parfois, s'il cherche à faire une nouvelle femme,
il devient momentanément garçon de service ou
coiffeur dans les tolérances.

Jeune ou vieux, il est querelleur, paresseux,
gourmand, voleur, il attaque les passants la nuit
sur les grands chemins. Lorsque l'occasion s'en
présente, il est pédéraste et fait du chantage.

Au physique, il est généralement robuste et bien
pris. Il est d'une coquetterie de mauvais goût.

Son costume, dont chaque pièce a été achetée isolément et à des époques diverses, selon les aubaines
de sa maîtresse, forme un bariolage bizarre d'élé-

gance et de misère. Il pousse à l'excès la passion
des bijoux.

Les querelles et les luttes sont ses plus agréables
occupations ; combats de chiens ou d'hommes, peu
lui importe, pourvu qu'on se batte. Au besoin, il
se battra avec le premier venu, sans savoir pourquoi
et pour passer son temps.

Au moral, il n'a que de mauvais instincts, et
l'état de dégradation dans lequel il vit lui a fait
perdre tout bon sentiment. La jalousie pourtant a
encore prise sur lui, mais sa jalousie elle-même est
la preuve la plus évidente de sa dégradation ; il
n'est jaloux que de ceux qui ne payent pas.

Il a ordinairement plusieurs liaisons ; une fille
isolée ou une fille insoumise avec laquelle il vit,
celle-là, c'est *sa femme*, puis deux ou trois filles en
tolérance — ce sont ses marmites, ses maîtresses, —
par lesquelles il se fait donner chaque matin le plus
d'argent qu'il peut ; ces sommes d'argent remises
chaque jour, en terme d'argot, s'appellent le *prêt*.

L'emploi de sa journée est réglé. Il se lève vers
onze heures. Il fait lever sa femme une heure avant
lui pour préparer son déjeuner. Il sort et va chez
ses diverses maîtresses pour *relever son prêt*.

Il passe ses après-midi dans un de ces établissements, café ou arrière-boutique de marchand de
vin, dans lesquels se réunissent tous ceux de son
espèce ; il joue et vole au jeu chaque fois qu'il le
peut.

A cinq heures, il dîne ; vers sept heures, il suit

sa femme qui descend dans la rue pour y faire son commerce. Comme il n'a pas confiance, il tient à constater par lui-même le nombre d'hommes qu'elle recevra. Immédiatement après le départ de chaque visiteur, il exige d'elle qu'elle lui rende des comptes ; il s'empare de l'argent et la brutalise lorsqu'il juge qu'elle ne s'est pas fait suffisamment payer, ou bien qu'il croit qu'elle lui cache une partie de la somme qui lui a été remise.

La fille publique subit toujours son souteneur et pourtant elle lui est attachée à ce point, qu'elle fait abnégation de tout et qu'elle n'est plus dans sa main qu'une machine qu'il exploite pour se procurer de l'argent.

Plus il la brutalise, plus elle tient à lui et plus elle lui fait de sacrifices.

Pour lui prouver tout son attachement, elle lui abandonne presque toujours son mobilier et fait mettre en son nom la location du logement : c'est là pour lui une ressource assurée. Rencontre-t-il une autre fille plus jeune, plus avenante ou jouissant d'une célébrité de quartier qui lui fasse espérer de plus gros bénéfices, en vertu de son droit nouveau de propriétaire du mobilier, il expulse la première, celle qui a payé les meubles ; il garde ses toilettes, parfois jusqu'à son linge de corps ; puis il met logement et costumes à la disposition de sa nouvelle victime qu'il échangera encore, à la première occasion, contre une autre qui lui rapportera davantage.

Sa femme est-elle arrêtée, il cherche une fille sans asile et la met dans le logement pour le temps d'absence de la titulaire. Cette nouvelle recrue, dont il devient momentanément le souteneur, lui remettra toutes les sommes qu'elle percevra.

Il n'est sorte d'infamies ou de bassesses dont il ne soit capable pour se procurer de l'argent; quelques faits feront connaître jusqu'à quel degré d'ignominie il peut tomber.

L'un d'eux vivait avec une fille qu'un monsieur entretenait et, pour forcer la bourse de cet entreteneur, il écrivait à sa maîtresse des lettres passionnées, dans lesquelles il se posait en rival et offrait toujours une somme supérieure à celle qu'elle recevait. La fille faisait lire la lettre et l'entreteneur augmentait la pension.

Un autre vivait maritalement avec sa sœur qu'il faisait passer pour sa femme légitime dans le logement qu'ils occupaient en commun; il l'escortait le soir sur le boulevard et la battait pour avoir son argent.

Celui-là venait d'épouser légitimement *sa femme* avec laquelle il vivait maritalement depuis un an; après le repas de noces et pendant que les invités restaient à table, la nouvelle mariée, sur un signe de son mari, descendait dans la rue et remontait se prostituer dans un cabinet voisin de la salle à manger.

Cet autre qui, aussitôt son mariage, avait demandé pour la nouvelle épousée la radiation de son nom des contrôles de la prostitution, la forçait bientôt à se faire réinscrire et à entrer dans une maison de tolérance où il allait la battre pour se faire remettre le produit de sa journée.

Le souteneur de sa femme légitime se rencontre assez fréquemment dans les arrestations de prostituées insoumises. Toujours porteur d'une pièce établissant sa qualité d'époux, ce goujat accompagne, à distance, sa femme sur la voie publique. Aussitôt qu'elle est aux prises avec les agents qui la veulent arrêter, il intervient, ameute le public, crie très fort que les inspecteurs se trompent, que sa femme et lui se promènent côte à côte, que, par conséquent, elle n'a racolé personne, qu'elle est honnête, qu'il est son mari légitime et, ce disant, il prouve ce qu'il avance en tirant de sa poche un bulletin de mariage qu'il représente aux agents. Ces derniers, influencés par la production de cette pièce et par les dispositions hostiles que le public, qui les entoure, ne manque jamais de manifester contre eux en pareille circonstance, lâchent presque toujours leur capture et s'esquivent le plus prestement qu'ils peuvent, pour échapper au mauvais parti dont ils sont menacés.

Cette impunité, qu'il parvient presque toujours à assurer à sa femme, n'est pas le seul avantage que ce souteneur retire de son bulletin de mariage. Cette pièce lui sert encore à exercer des chantages sur ceux qui ne payent pas assez généreusement les faveurs qu'ils viennent d'obtenir. Sous le coup d'une menace d'arrestation, ce complice inconscient d'un adultère qu'il ne soupçonnait pas donne tout ce qu'exige de lui ce mari outragé, en réparation de l'accroc fait à son honneur.

A une certaine époque, les domiciles des prostituées étaient, grâce aux souteneurs, plus fréquemment dangereux pour le public qu'ils ne le sont actuellement. Le rôle habituel de ces vauriens consistait à se cacher sous un lit, dans une armoire ou dans un cabinet dépendant de la chambre dans laquelle se prostituaient leurs maîtresses, pour dépouiller l'homme qui refusait la somme qu'on exigeait de lui. Aujourd'hui, la constante surveillance dont les filles sont l'objet, la sévérité des peines qui leur sont infligées, lorsque de pareils faits tentent de se produire, ont fait presque complètement disparaître de semblables guet-apens. On en pourrait à peine citer deux ou trois exemples pendant ces dix dernières années (1860 à 1870). Il y a là une amélioration évidente; mais il n'en faudrait pas conclure que la société n'a plus rien à craindre et qu'elle doive considérer les souteneurs comme des êtres inoffensifs.

S'ils s'abstiennent d'intervenir chez leurs maîtresses, entre elles et le public, il n'en faut savoir gré qu'à la crainte qu'ils ont d'être trop facilement connus et arrêtés. Mais, suivez-les la nuit dans ces quartiers déserts des barrières de Clichy et de Batignolles, vous les verrez se réunir en bandes, s'embusquer derrière des arbres ou se coucher dans les fossés et attaquer bravement, cinq contre un, le passant attardé qui laissera voir une chaîne de montre, ou dont le costume indiquera l'aisance. Vous pouvez les voir également, aux heures avancées de la soirée, s'associer deux ou trois pour suivre à distance la femme de l'un d'eux et fondre à l'improviste sur l'inconnu sans défense, qu'elle aura racolé. Ils l'assommeront d'abord, et le dévaliseront ensuite.

Le plus grand nombre des attaques nocturnes qui se commettent dans la banlieue, aux portes de Paris, ont pour auteurs les souteneurs qui habitent ces quartiers. Cela est si vrai que, de 1860 à 1870, les agents des mœurs, en faisant leur service de répression de la prostitution, ont été amenés par le hasard à mettre sous la main de la justice trente-six auteurs ou complices de ces attentats, qu'on recherchait vainement depuis longtemps et qui tous ont été condamnés, par la cour d'assises de la Seine, à la peine de la réclusion ou des travaux forcés.

Le nombre des souteneurs est considérable dans le département de la Seine ; mais comme leur débauche et leur oisiveté ne tombent sous l'application d'aucun texte de loi, il en résulte que le service des mœurs n'a qu'accidentellement l'occasion de s'occuper d'eux. Néanmoins, en six années de temps, 486 de ces individus ont été arrêtés, soit parce qu'ils résistaient aux agents pour protéger leurs maîtresses, soit encore parce qu'ils s'étaient portés sur ces malheureuses filles à des violences

15.

graves, soit enfin parce qu'ils s'étaient rendus coupables de vols ou d'attaques nocturnes. Dans ce chiffre ne figurent pas ceux, beaucoup plus nombreux, arrêtés par les autres services, notamment par celui de la sûreté.

La brigade des mœurs a eu également l'occasion, pendant la même période de temps, de recueillir des renseignements sur 209 autres souteneurs qui n'ont point été arrêtés. Tout cela forme un total de 695 individus dont elle s'est occupée à des titres divers, et sur lesquels 371 étaient originaires de Paris et 324 de la province et de l'étranger.

Sur ces 695 individus, 39, dont l'état civil n'était qu'imparfaitement connu, n'ont pu être soumis à aucune recherche sur leurs antécédents judiciaires; les 656 autres ont été l'objet de vérifications qui ont donné les résultats suivants :

326 n'avaient jamais été traduits en justice.

330 avaient subi, à eux tous, 575 condamnations; ils avaient de plus bénéficié de 110 acquittements ou ordonnances de non-lieu.

L'examen des motifs qui avaient amené ces condamnations achèvera de faire connaître les mœurs et les habitudes de cette classe d'individus.

Sur 575 condamnations ou poursuites, 38 portaient la peine des travaux forcés ou de la réclusion, pour vols à l'aide de violences, pour attaques nocturnes et autres crimes.

262 avaient eu pour causes des vols simples, des abus de confiance ou des escroqueries.

Enfin 275 portaient sur 95 individus pour coups et blessures envers des particuliers et rébellion envers les agents.

Voilà cette population qui vit au milieu de Paris, d'autant plus dangereuse que l'existence facile qu'elle trouve auprès des prostituées la rend incorrigible. Toujours en lutte avec la société, ces bandits, qui ne vivent que de vols et de rapines, sont les instigateurs de tous les méfaits graves dont peuvent se rendre coupables les filles inscrites.

Ils sont pour ces mêmes filles, qu'ils dépouillent et qu'ils entretiennent ainsi dans la misère, un obstacle permanent à tout retour vers le bien.

Ils ne travaillent jamais ; mais d'anciens souteneurs, actuellement établis, leur donnent des certificats de complaisance attestant un travail régulier et des moyens d'existence honnêtes. Ils n'ont point de domicile à eux ; mais comme ils ne couchent pas dans la rue, comme l'argent ne leur manque pas, ils ne peuvent tomber sous l'application de l'article 271 du Code pénal qui punit le vagabondage.

En présence d'une pareille école de crimes, d'une population aussi dangereuse et aussi menaçante, l'autorité est complètement désarmée.

La sécurité publique est menacée chaque nuit ; le préfet de police sait d'où vient la menace, et, faute d'une loi préventive qui lui permette de protéger efficacement la société, il est obligé d'attendre, pour pouvoir agir, qu'un crime ait été commis. Il y a là une lacune dans la loi pénale, que le législateur ne saurait trop tôt combler.

Nous savons bien que contre les souteneurs
originaires de la province, l'administration peut
se servir de la loi du 9 juillet 1852, et les expulser,
pour deux années, du département de la Seine;
mais cette loi est, pour ainsi dire, sans effet.
D'abord, elle n'est pas applicable aux originaires
du département de la Seine, et, pour que les
provinciaux tombent sous son application, il faut
qu'ils soient sans moyens d'existence ou qu'ils
aient déjà subi une condamnation pour vagabondage
ou pour rébellion. La difficulté d'établir, incontes-
tablement, le défaut de moyens d'existence chez
des individus qui ont de l'argent sur eux et qui
présentent un certificat de travail assidu, bien que
complaisamment donné, rends illusoires les effets de
cette loi.

Et puis, la loi du 9 juillet 1852, à proprement
parler, n'existe même plus. Le Corps législatif l'a
abrogée dans la séance du 24 mars 1870. La
révolution du 4 septembre n'a pas laissé, il est
vrai, au Sénat le temps de discuter cette abrogation
qui n'a, par conséquent, pas été promulguée, mais
la décision du Corps législatif n'en paralyse pas
moins l'action de l'administration et n'a pas moins
fait de cette loi une lettre morte.

Donc, nous le répétons, en présence des souteneurs et de leurs habitudes criminelles, en
présence de ce rassemblement de malfaiteurs
cosmopolites, chassés de leur pays par le mépris

de leurs concitoyens, et qui ne sont venus se fixer à Paris que pour s'y livrer à la débauche, à l'oisiveté et au vol, la législation actuelle est muette.

Dans les temps calmes, alors que les passions politiques, apaisées, ne donnent pas, chaque matin, l'assaut au pouvoir, l'administration de la police exerce sur eux un empire moral qui les retient un peu ; ils ne vivent qu'en se cachant, et l'approche des agents les fait fuir ; mais qu'il survienne un réveil d'opinion, que la presse quotidienne devienne agressive contre l'autorité, qu'elle entreprenne une campagne contre la légalité des actes du préfet de police, immédiatement ces gens-là deviendront arrogants et lèveront la tête. Ils résisteront aux agents et lutteront contre eux ; ils prendront part à toutes les séditions, et, si une mesure les frappe, ils se poseront en victimes politiques.

Leur couardise ou leur audace est en raison directe de la force ou de la faiblesse du pouvoir.

Depuis deux ans (1870), un certain nombre d'entre eux, trouvés chez leurs maîtresses, — dont ils partageaient le logement, — avaient été amenés à la préfecture de police pour fournir des justifications sur leurs moyens d'existence et sur leur identité. Bien que, après un interrogatoire sommaire, ils aient été relaxés, sans avoir même été consignés dans un poste, ils avaient, à l'instigation de l'un d'entre eux (1), porté une plainte collective

(1) Celui-là s'est signalé tout particulièrement pendant la Commune dans un bataillon fédéré.

au parquet du procureur impérial contre les agents
qui avaient violé ce qu'ils appelaient « leur
domicile ». En se cotisant, ils avaient réuni une
certaine somme pour faire face aux frais du procès.
Leur but était de faire consacrer, par la justice,
l'inviolabilité de l'asile que leur donnaient les filles
publiques, chez lesquelles ils avaient été arrêtés.

Pendant ces derniers temps (1870), on les a
trouvés en grand nombre, dans tous les rassemblements, dans tous les mouvements populaires.
Vienne une révolution, eux et leurs maîtresses,
qu'ils entraîneront avec eux, en deviendront les
agents les plus cruels, les plus redoutables.

Les souteneurs, on ne saurait trop le répéter,
forment une classe on ne peut plus dangereuse,
et pour le gouvernement et pour la société elle-
même, dont ils menacent l'avenir. Grâce à la liberté
dont ils jouissent, grâce à l'impuissance du préfet
de police, un jour viendra peut-être où leur nombre
se sera tellement développé, leur audace aura
tellement grandi, qu'il n'y aura plus de sécurité
le soir dans les rues de Paris.

Une pareille perspective est bien digne des
préoccupations du législateur. Puisque le droit
commun est impuissant, il faut faire une loi spéciale. Pour que cette loi soit efficace, il faut qu'elle
autorise l'éloignement de Paris de tous les souteneurs, même de ceux qui sont parisiens d'origine ;
il faut, ensuite, qu'elle les mette dans l'impossibilité
d'y revenir, en les internant dans une de nos

colonies. Ce que nous demandons là se rapproche beaucoup de la peine de la déportation, et nous savons bien que les tendances du moment (1870) ne sont pas favorables aux actes de rigueur; nous n'en persistons pas moins à croire que la déportation est la seule mesure efficace que le législateur puisse prendre à l'égard des souteneurs.

CHAPITRE XI

DU CHANTAGE

Définition de Littré. — Le chantage a pris de telles proportions, un tel développement que le législateur a voté, en 1863, une loi spéciale. — Le chantage a toujours en vue l'exploitation d'une situation immorale. — Les victimes sont, ou des jeunes gens sur le point de se marier, ou des hommes mariés, ou des femmes mariées. — Le chantage ne réussit qu'autant que les victimes le tiennent caché. — Celui qui réussit le plus fréquemment est celui qui appelle le guet-apens à son aide.—Certains chantages sont si habilement conçus qu'ils nécessitent, pour être déjoués, de grands efforts de la part de la police. — Curieux exemple. — Abus des passions et des faiblesses d'un mineur.

« Le *chantage*, dit Littré, est l'action d'extorquer de l'argent à quelqu'un, en le menaçant de révéler quelque chose de scandaleux ou de le diffamer. »

Le chantage a pris, de nos jours, des proportions de gravité telles, il est devenu si fréquent, que le législateur a dû édicter des peines spéciales pour sa répression.

Jusqu'en 1863 il ne tombait sous l'application d'aucune loi; maintes fois les tribunaux l'avaient considéré comme une escroquerie, ils l'assimilaient « *à une manœuvre frauduleuse ayant pour but de faire naître la crainte d'un événement chimérique* » et punissaient ses auteurs des peines portées à l'article 405 du code pénal. Cette jurisprudence fut condamnée par la Cour de cassation, qui décida toujours que le chantage « *faisait naître la crainte d'un danger réel* » et non pas d'un danger « *chimérique* »; que, par conséquent, il ne pouvait être considéré légalement comme une escroquerie et qu'il ne tombait pas sous l'application de l'article 405 du code pénal.

Ces faits délictueux, qui restaient impunis, devinrent si fréquents, que le gouvernement fut contraint de proposer une loi spéciale que le Corps législatif vota, en 1863, comme cinquième paragraphe de l'article 400 du code pénal.

« *Quiconque, à l'aide de la menace écrite ou verbale de révélations ou d'imputations diffamatoires, aura extorqué ou tenté d'extorquer, soit la remise de fonds ou valeurs, soit la signature ou remise d'un écrit, d'un acte, d'un titre, d'une pièce quelconque contenant ou opérant obligations, dispositions ou décharge, sera puni d'un emprisonnement de un à cinq ans, et d'une amende de cinq cents à trois mille francs.* »

Quatre-vingt-dix-neuf fois sur cent, le chantage est motivé par une situation immorale, qu'on cherche à exploiter. On peut donc dire de lui qu'il est un délit presque spécial aux affaires de mœurs. Les filles soumises, en raison de l'état de dépendance dans lequel elles se trouvent vis-à-vis de la préfecture de police, ne s'en rendent que très rarement coupables. Les insoumises et les femmes galantes le commettent plus fréquemment; mais c'est en matière de pédérastie, surtout, que le délit revêt les caractères les plus odieux et prend des proportions inquiétantes.

Nous ne parlerons pas ici des chantages de cette dernière catégorie, ils feront l'objet d'un chapitre spécial dans la seconde partie de ce travail. Ceux dont nous allons nous occuper ont toujours, pour prétexte, des rapports naturels vrais ou faux, entre personnes de sexe différent. Ils sont exercés, le plus ordinairement, en vue de se procurer de l'argent, mais parfois aussi dans un simple but de vengeance.

Ils sont dirigés contre des jeunes gens sur le point de se marier, ou contre des hommes mariés en rupture de fidélité conjugale et qui veulent briser une liaison qui leur pèse. Ce sont des lettres qu'ils ont eu l'imprudence d'écrire, qui servent le plus ordinairement d'instrument de délit. On les invite à les racheter, s'ils ne veulent pas qu'elles soient transmises à la future ou à la femme. Ces sortes d'entreprises aboutissent rarement à des résultats graves. Des amis interviennent, rachètent la correspondance; la préfecture de police exerce au besoin une action comminatoire et les choses s'arrangent le plus souvent, sans autre dommage qu'un petit sacrifice d'argent.

Il est arrivé pourtant, grâce à la mise à exécution des menaces de révélations, que des mariages aient été désunis, que des projets de mariage aient été rompus. Cela tient presque toujours à la timidité des victimes, qui n'osent faire connaître, pas même à des amis, à plus forte raison au préfet de police, la situation menaçante qui leur est faite. Ils veulent traiter l'affaire eux-mêmes, dans l'espoir qu'elle ne sera connue de personne, payent ce qu'on leur demande et ne parviennent jamais à rassasier des exigences d'autant plus répétées, d'autant plus impérieuses que celles qui les produisent savent toute la puissance de l'intimidation sur ces caractères faibles et timorés.

En dehors de ces chantages qui n'aboutissent que très rarement, qui restent le plus souvent à l'état de tentative et qui ne sont ordinairement l'œuvre que d'une seule personne appartenant presque toujours au monde de la galanterie, il en est un qui se pratique à l'aide de guet-apens, dont le succès est fréquent et qui nécessite la complicité d'un homme et d'une femme. Il constitue la principale ressource de certains ménages réguliers ou irréguliers.

Un de ces ménages a jeté son dévolu sur un homme dans l'aisance. La femme attire cet homme à un rendez-vous; le mari, vrai ou prétendu, intervient, il parle de son honneur, le revolver au poing, et contraint l'amant à signer une obligation motivée : *Valeur reçue en marchandises*, ou : *Argent prêté.* Ce genre de chantage prend parfois les proportions d'une industrie.

Celui-ci, en épousant une femme de mœurs légères, n'a eu en vue que de se ménager de nombreuses occasions de ressources, en intervenant la menace aux lèvres, lorsque les anciens clients de sa femme seront en tête-à-tête avec elle.

Cet autre recherche personnellement dans un café ou ailleurs un homme établi avec lequel il se lie, il l'attire chez lui. Un jour qu'il a eu soin d'être absent à l'heure du rendez-vous qu'il a donné à ce nouvel ami, il arrive sans bruit et fait irruption dans la chambre. Il trouve à sa femme des airs provoquants, prétend qu'on le trompe, se fâche, menace et arrive à faire signer l'inévitable billet. A cet ami désabusé, mais discret, succède un autre; c'est une exploitation sans fin. Pour une victime qui dénoncera des faits de cette nature, dix, retenues par une fausse honte, payeront sans souffler mot. Et la justice, dans l'ignorance où elle est de ces agissements, qu'on lui aura intentionnellement cachés, ne pourra intervenir.

En fait, ne réussissent complètement, en matière de chantage, que les entreprises dans lesquelles la préfecture de police n'est pas appelée à intervenir.

Ce n'est pas que son intervention soit toujours chose simple et facile, surtout lorsqu'il s'agit de femmes mariées appartenant à un certain monde, poursuivies par les menaces de maîtres chanteurs,

que le hasard a mis en possession de secrets qu'ils
veulent exploiter.

L'habileté, la prévoyance de ces malfaiteurs
nécessite souvent tout un plan de campagne mûre-
ment combiné à l'avance, que les agents, chargés de
les surveiller, doivent rigoureusement suivre, s'ils
veulent réussir.

Au mois de septembre 186., Mme X..., descendait de voiture à la gare de l'Ouest; elle
portait à la main une petite valise. A son entrée
dans la salle des Pas-Perdus, un homme, tête nue,
court à elle et lui dit : « Madame, prenez bien vite
votre billet, le guichet ferme. Donnez-moi votre
valise, je vais la monter dans la salle d'attente. »
Mme X... croit avoir affaire à un agent de la
Compagnie, elle confie sa valise et se précipite au
guichet. Munie de son billet, elle entre dans la salle
d'attente. Elle n'y trouve pas son complaisant
facteur. Elle revient dans la salle des Pas-Perdus,
dont elle scrute tous les coins et recoins. Ses
recherches restent sans résultat. Son inquiétude est
extrême. Dans sa valise sont renfermées des lettres
on ne peut plus confidentielles. L'heure du départ
arrive, il faut se résigner à monter en wagon sans
le précieux colis; le mari attend à heure fixe à une
station du département de Seine-et-Oise. A quelques
jours de là arrive, par la poste, une lettre au nom de
cette dame, adressée chez une amie qui habite la
même ville qu'elle. Cette adresse, dont elle se servait
pour ses correspondances amoureuses, était celle

que portaient en suscription les lettres qui lui avaient
été dérobées. Cette lettre était ainsi conçue :

« Madame,

« Je vous propose la restitution de votre valise et
son contenu moyennant une somme de 5,000 francs.
Si vous acceptez ma proposition, faites inscrire dans
les annonces du journal *le Siècle* la phrase suivante :

(*Ici une phrase que nous croyons inutile de citer.*)

« Aussitôt l'annonce parue, je vous ferai savoir
comment nous ferons l'échange de la valise contre
l'argent. »

Mᵐᵉ X..., au désespoir, prévient son amant.
Celui-ci arrive à Paris et demande assistance à la
préfecture de police. La valise contient les pièces
les plus compromettantes pour une famille honorable. La brigade des mœurs est chargée de suivre
l'affaire.

L'annonce paraît dans le journal *le Siècle*.

Deux jours après, Mᵐᵉ X... reçoit une nouvelle
lettre ainsi conçue :

« Madame,

« C'est bien convenu, vous acceptez l'échange de
votre valise et de son contenu qui vous seront remis
contre une somme de 5,000 francs. Ne cherchez pas
à ruser avec moi, à me faire arrêter par la police ;

je vous préviens que vous n'y parviendrez pas et que mes précautions sont bien prises. Si vous n'exécutez pas à la lettre toutes les conditions que je vais vous indiquer, si la personne que vous enverrez faire l'échange fait un signe quelconque en dehors de ceux dont nous allons convenir, je ne me présenterai pas à elle et votre mari recevra le lendemain deux des lettres qui sont en ma possession. Lisez-moi donc bien attentivement et surtout faites exécuter rigoureusement mes conditions. Dimanche prochain, vous ferez partir votre femme de chambre par le train de midi, elle arrivera à Paris en gare de Saint-Lazare à 2 heures. Elle viendra immédiatement se placer en haut de l'escalier de la gare, sur la cour Saint-Germain, regardant la rue du Havre. Elle tiendra un mouchoir blanc, de la main droite, et l'enveloppe contenant les 5,000 francs, de la main gauche. Elle ne fera aucun geste et ne parlera à personne. Un individu porteur de votre valise se présentera à elle, la lui remettra contre l'enveloppe aux 5,000 francs. L'échange se fera sans qu'il soit dit un mot de part ni d'autre. Je vous le répète, pas de ruse avec moi, vous en seriez la seule victime. »

Cette lettre fut transmise au préfet de police.

Au premier examen, il était facile de voir qu'elle était l'œuvre d'un homme habile, prudent et sachant son métier, qu'on ne parviendrait à surprendre qu'en prévoyant toutes les ruses qu'il pourrait employer et en les déjouant à l'avance. Les précautions à prendre, dictées par lui, étaient trop minutieuses pour qu'il ne se rendît pas un compte exact du danger de se faire arrêter, que courrait la personne qui se présenterait pour recevoir l'enveloppe. Aussi, d'une part, était-il peu probable qu'il agirait lui-même; d'autre part, il était fort improbable aussi que le personnage envoyé fût porteur de la valise qui le désignerait immédiatement aux agents dans le cas où Mme X... aurait demandé protection à la police. Ce voleur pourtant devait tenir essentiellement à entrer en possession de cette enveloppe. Pour y parvenir avec chance de ne pas se compromettre personnellement, le maître chanteur avait deux moyens : il pouvait se rendre à l'avance dans la ville habitée par Mme X..., y prendre le train de midi, en même temps que la femme de chambre, monter dans le même compartiment qu'elle, se faire connaître chemin faisant, échanger la valise contre le pli cacheté, descendre du train une ou deux stations avant Paris, et disparaître. De cette façon, il déjouait les surveillances pour le cas où le préfet de police prévenu aurait envoyé, à l'heure de l'arrivée du train, ses agents en observation à la gare Saint-Lazare. Il pouvait encore, en lui donnant les indications nécessaires et en lui laissant croire qu'il s'agissait d'un rendez-vous d'amour, charger le premier commissionnaire venu de se trouver à la gare Saint-Lazare à l'heure dite et de prendre l'enveloppe. Si c'était à ce dernier moyen

16

qu'il devait avoir recours, il était évident d'abord qu'il ne donnerait pas son adresse à cet émissaire, et qu'il lui fixerait rendez-vous sur un point quelconque de la voie publique pour lui payer sa course en échange de la remise du pli cacheté. Il était bien probable, ensuite, qu'il se rendrait personnellement à la gare Saint-Lazare derrière son envoyé et à son insu, pour surveiller l'opération, et avant tout pour s'assurer que la police ne l'arrêterait pas en route, ou ne le suivrait pas jusqu'au lieu du rendez-vous. C'était là une précaution qu'un homme aussi prudent devait certainement prendre avant de se décider à se rendre en personne à l'endroit désigné.

Il s'agissait donc de déjouer tous ces calculs et d'organiser la surveillance de telle façon que, quelle que fût la combinaison adoptée, on fût toujours en mesure d'arriver jusqu'à ce maître chanteur et de l'arrêter.

Voici les dispositions qui furent prises :

Le samedi, dans l'après-midi, une femme, sur la discrétion et le dévouement de laquelle on pouvait compter, et qui s'était chargée de jouer le rôle de femme de chambre, partit en compagnie de l'inspecteur K... pour la ville qu'habitait Mᵐᵉ X... Le lendemain dimanche, tous deux devaient prendre le train désigné — celui de midi — pour rentrer à Paris. Il leur avait été prescrit de voyager, à l'aller comme au retour, dans le même compartiment, mais sans se parler et sans laisser deviner qu'ils se connaissaient. Il leur avait été tout particulièrement

recommandé de choisir deux hôtels distincts pour
y passer la nuit. Dans le cas où le maître chanteur
aurait pris le parti d'aller lui-même dans cette ville
pour se renseigner, pour surveiller le départ de la
femme de chambre, pour prendre le même train
qu'elle au retour et traiter l'affaire en route, il ne
fallait pas qu'il pût voir K... et cette femme causer. On risquait, en ce cas, d'exciter sa défiance et
de voir manquer l'affaire. Il ne fallait rien abandonner au hasard. K... avait pour mission spéciale
d'indiquer à l'inspecteur L...., son camarade, qu'il
devait trouver gare de l'Ouest, à l'arrivée du train,
toute personne qui, pendant le trajet, aurait demandé
à la prétendue femme de chambre, soit la remise de
sa lettre, soit son échange contre une valise. Cela
fait, il devait rentrer directement à la Préfecture,
avec tout un attirail de chasse que L... devait lui
remettre. Il avait encore pour consigne de descendre
du train si cette personne en descendait elle-même
avant d'arriver à Paris, et de l'arrêter avant qu'elle
sortît de la gare.

Vers une heure de relevée, l'inspecteur L...., en
costume de chasseur, coiffé d'un chapeau mou, le
fusil sous le bras, le carnier au dos, menant un
chien en laisse, entrait dans la gare de l'Ouest, où
il se promenait, de long en large, dans la salle des
Pas-Perdus. Sa tenue de chasse était de mode à
cette époque de l'année. Un chasseur qui se promène,
en attendant l'heure du départ, n'excite les soupçons
de personne; L... pouvait donc, grâce à ce cos-

tume, surveiller librement la salle des Pas-Perdus. Avec cette précaution, il n'y avait pas à redouter que le maître chanteur, pour le cas possible où il aurait l'idée de venir explorer avant l'heure la gare et ses abords, abandonnât l'entreprise, effrayé par des allures suspectes.

Mais si sa tenue devait aider L... dans cette surveillance, elle appelait trop l'attention sur lui et paralysait ses moyens lorsqu'il serait obligé de suivre, dans la rue, la personne qui partirait avec l'enveloppe. Il fallait, par conséquent, pouvoir dénaturer subitement l'ensemble de ce costume, comme dans une féerie, par un changement à vue.

Sa consigne était donc d'aller et de venir dans la gare, d'examiner attentivement toutes les personnes qui lui paraîtraient suspectes, et, sans les perdre de vue, d'assister à la sortie des voyageurs à l'arrivée du train; de se débarrasser très vivement, entre les mains de son camarade K..., de son fusil, de son carnier, de son chien et de son chapeau mou; de se coiffer immédiatement d'une casquette qu'il aurait dans sa poche; d'arrêter la personne que K... pourrait lui indiquer, et s'il ne recevait pas cette indication, d'accompagner, en se tenant quelques pas en arrière et sans se faire remarquer, la prétendue femme de chambre lorsqu'elle se rendrait sur les premières marches de l'escalier; de bien regarder la personne qui se présenterait à elle pour lui réclamer le pli cacheté; de suivre cette personne dans Paris; de l'arrêter, en se faisant assister au besoin

par des sergents de ville, aussitôt qu'elle aurait
décacheté l'enveloppe, si elle la décachetait elle-
même, ou bien au moment où elle entrerait dans
une maison particulière; enfin d'arrêter, en même
temps qu'elle, tout individu auquel elle remettrait
cette enveloppe.

Dès midi, un troisième inspecteur M..., vêtu en
commissionnaire, pantalon, gilet et veste de velours
bleu, médaille sur la poitrine, était installé sous la
dernière arcade du côté droit de la cour Saint-Germain, au pied de l'escalier de la gare; à côté de lui,
était un crochet et une boîte à décrotter. Ce travestissement devait permettre à M... d'exercer dans la
cour Saint-Germain, sans risque d'être remarqué,
une surveillance préalable de la même nature que
celle exercée par L... dans la salle des Pas-Perdus.
Outre cette surveillance générale, il était chargé
d'une mission spéciale, celle d'assurer les derrières
de L..., pendant que celui-ci suivrait l'individu porteur de la lettre. Il devait, dans ce but, marcher
derrière L..., à vingt-cinq mètres de distance. Avec
cette précaution, toute personne suspecte qui sur-
veillerait L... à son insu serait surveillée elle-même.

Les choses ainsi prévues et combinées, il devenait bien difficile au maître chanteur d'échapper aux
agents. Qu'il se présentât lui-même dans le train ou
à la gare, qu'il envoyât à sa place un émissaire qu'il
attendrait dans un lieu quelconque, ou dont il sur-
veillerait les agissements, il tombait toujours sous
l'œil d'un inspecteur.

Le train arrive à l'heure dite. L... n'a, jusque-là, remarqué aucune figure qui lui parût suspecte. Il assiste à la sortie des voyageurs. Il remet à K..., qui de son côté n'a personne à lui signaler, tous ses instruments de chasse, et accompagne à quelques pas en arrière la prétendue femme de chambre. Celle-ci se présente sur la première marche du grand escalier, un mouchoir blanc dans la main droite, une enveloppe dans la main gauche. Elle regarde dans la direction de la rue du Havre. Immédiatement un commissionnaire se présente à elle et lui dit : « Donnez-moi l'enveloppe, je vais vous apporter la valise, » puis il se sauve en emportant l'enveloppe, et monte précipitamment dans un omnibus.

L..., qui l'a suivi, monte à son tour dans le même omnibus, et tous deux disparaissent.

M..., qui a fait quelques pas dans la cour Saint-Germain pour les suivre, aperçoit un monsieur, convenablement vêtu, qui se tient immobile à l'entrée de la cour, près de la place du Havre. Ce monsieur suit des yeux L... et le commissionnaire; il fait un geste de désappointement en les voyant monter tous deux dans la même voiture, puis il se retourne et regarde la femme de chambre qui se tient toujours en haut de l'escalier. M... appréhende ce monsieur qui, à son approche, avait voulu prendre la fuite; une lutte s'engage entre eux; le public prend parti contre l'agent. Interviennent des sergents de ville qui conduisent les deux champions au poste. Là, pressé de questions, l'individu arrêté avoue être l'auteur du vol de la valise; il ajoute qu'elle est restée chez lui et qu'il n'avait pas l'intention de la restituer, quand bien même l'enveloppe aurait contenu les 5,000 francs demandés.

Amené à la préfecture de police, il persiste dans ses aveux, et ajoute que le commissionnaire, qu'il avait envoyé à la gare, stationnait habituellement sur la place Saint-Sulpice, que c'était là qu'il devait le retrouver. On se rend place Saint-Sulpice, on y trouve en effet le commissionnaire tranquillement assis à sa place, tenu en observation par L... assisté d'un sergent de ville qu'il avait requis. Tous deux attendaient, pour intervenir, qu'on vînt chercher la lettre.

La perquisition faite au domicile du principal inculpé amena la saisie de la valise et de son contenu. Elle fit aussi découvrir un coffret qui contenait de nombreuses bagues, montres, chaînes, épingles de cravate. Tous ces bijoux provenaient de vols dans les bains froids. Ce voleur, maître chanteur, avait déjà subi cinq condamnations pour vols.

Il est un autre délit dont les prostituées et les femmes galantes ont la spécialité. Bien qu'il n'ait avec le chantage que des rapports éloignés, nous voulons en dire ici deux mots. Ce délit, c'est l'abus des passions et des faiblesses d'un mineur.

Les victimes de ces sortes d'entreprises sont, le plus ordinairement, des orphelins devant prendre possession de leur fortune à leur majorité. Celles qui abusent de l'inexpérience de ces mineurs sont, au contraire, des personnes de grande expérience, relativement âgées. Ce n'est jamais une jeune et jolie fille qui a recours à de pareils moyens. La coupable est toujours une femme que le Paris viveur a connu dix ans auparavant, et qu'on ne rencontre plus maintenant qu'au bras de jeunes gens qui pourraient être ses fils, exhibant dans les courses, dans les théâtres, sous des toilettes tapageuses, ses charmes fanés. Dans le monde de la galanterie, on désigne ces femmes sous l'appellation de : *vieilles gardes*. On leur donne aussi un nom qui dépeint bien leur industrie : on les appelle *professeurs*.

Grâce à sa longue expérience, nulle ne sait, mieux qu'un professeur, surexciter les ardeurs de la jeunesse, enseigner en peu de temps tous les raffinements de la débauche, et tirer profit de cette innervation cérébrale, voisine de la folie, qu'engendre forcément chez un adolescent la précocité des excès vénériens. La durée de cette éducation n'est pas très longue. Avec l'expérience, la satiété, le dégoût viennent vite; mais, avant d'être assez instruit, l'élève subit une période d'anéantissement, de perte de volonté pendant laquelle il n'y a plus pour lui, ni amis, ni famille, ni rien autre chose au monde que l'amour aveugle qu'il ressent pour son professeur. C'est là le moment psychologique que ce dernier attend pour se faire payer ses leçons. Il met son élève en rapport avec des marchandes à la toilette, des marchands de chevaux, des bijoutiers, des usuriers. Tous ces gens-là, après renseignements pris sur l'importance de la succession à toucher bientôt, consentent à entrer en relations d'affaires. Tout d'abord, il faut liquider le passé, on règle toutes les anciennes dettes. Pour le présent, on achète des chevaux, des voitures, des pierreries, des bijoux; pour l'avenir, des titres de rente ou des propriétés. Tout cela se solde par des effets datés du lendemain de la majorité. Mais tous ces honnêtes commerçants courent des risques qui méritent indemnité; les marchands se contentent, pour cette indemnité, d'une augmentation de vingt-cinq pour cent sur la valeur vénale de la marchandise livrée; l'usurier qui a donné de l'argent comptant exige, lui, cent pour cent. Encore est-il relativement honnête, celui qui se contente du double de la somme prêtée.

Dans un procès qui a fait du bruit en son temps, n'a-t-on pas vu un juif qui avait acheté à un héritier mineur, moyennant 50,000 francs comptant, son droit à une succession s'élevant à près de 2 millions.

Si, par extraordinaire, quelqu'un discute l'exagération de ces courtages, ce sera le professeur; l'élève, lui, n'a pas l'esprit aux affaires de ce monde. Pour l'amour de son maître et sous son regard fascinateur, il signera sans lire tout ce qu'on lui présentera. A l'heure de la désillusion, les regrets, les remords viendront, mais il sera trop tard, la ruine sera consommée, à moins que le tuteur, mis au courant de la situation, ne saisisse la justice et ne.

demande l'annulation des engagements souscrits.

Bien que l'inexpérience de jeunes fils de famille soit souvent exploitée à Paris, les poursuites pour abus des passions et des faiblesses d'un mineur sont rares. Les familles, les tuteurs, qui redoutent presque toujours les scandales d'audience, se gardent de porter plainte. C'est grâce à cette impunité qu'on voit se multiplier les criminelles spéculations qui mettent aux mains d'usuriers et de prostituées les fortunes patrimoniales les plus honorablement acquises.

CHAPITRE XII

CONCLUSIONS DE LA PREMIÈRE PARTIE

Il ne peut être question de supprimer la prostitution. — Il faut
chercher le moyen de la rendre le moins possible nuisible à la
morale et à la santé publiques. — Les filles de maisons restent
étrangères aux scandales. — Les filles isolées y prennent une
part plus active. — Il faudrait diminuer le nombre de ces dernières en augmentant celui des filles de maisons. — Pour cela,
rendre les maisons plus supportables en les rendant plus saines.
— En améliorant la nourriture des filles. — En créant une caisse
de prévoyance et en les protégeant contre les exactions et les
excitations à l'ivresse. — Certains spécialistes critiquent l'organisation du service médical du dispensaire. — Ils trouvent trop
long l'espace entre deux visites. — Ils craignent que les mises
en liberté après guérison soient décidées sans sérieux examens.
— Que les visites, aussi bien dans l'intérieur des maisons qu'au
dispensaire, ne présentent pas toutes les garanties désirables.
— Certaines de ces appréhensions sont fondées, mais le préfet
de police n'est pas seul le maître d'y apporter remède. — La
seule mesure qu'il pourrait prendre serait de fixer une limite
d'âge pour les médecins du dispensaire et de Saint-Lazare, et
d'établir le concours pour l'obtention des places. — Le grand
ennemi, c'est la prostitution clandestine. — Trois industries à
Paris aident à son développement. — Les logeurs en garni. —
Les marchands de vins et restaurateurs. — Les teneurs de bals
et d'écoles de danse. — L'industrie des logeurs est libre, il
faudrait la soumettre aux prescriptions du décret du 29 décembre 1851. — C'est ce décret qui régit les marchands de vins
et les restaurateurs. — Il faudrait l'appliquer, et l'appliquer rigoureusement à tous les contrevenants, quels qu'ils soient.

Ce travail a eu pour but de montrer la situation
réelle de la prostitution à Paris. Il nous reste à

chercher quelles mesures pourraient être prises pour diminuer ses dangers et ses scandales.

La prostitution, on l'a souvent dit, est dans les grandes villes un mal nécessaire. Les pays comme l'Angleterre et la Prusse, qui avaient longtemps refusé de la réglementer, y ont été contraints par le danger que présentait le système du *laisser faire*. il ne peut donc être question ici d'indiquer les moyens de la faire disparaître, il faut se contenter de rechercher les mesures à prendre qui la rendraient le moins possible nuisible à la morale et à la santé publiques. A plus compétent que nous le soin de scruter son origine et ses causes, et de trouver l'obstacle moral qui pourrait retenir les jeunes filles sur la pente de l'inconduite. Nous ne voulons nous occuper que de son côté matériel.

Nous croyons avoir démontré par des chiffres que, grâce à la réglementation qui les régit, les filles de maisons restent, pour ainsi dire, étrangères aux scandales de la prostitution. Pour les filles isolées, la promiscuité qui existe sur la voie publique entre elles et les insoumises est un moyen facile d'éluder les prescriptions réglementaires ; elles prennent à ces scandales une part beaucoup plus grande.

Réduire autant que possible le nombre des filles isolées en favorisant l'accroissement de celui des filles de maisons serait donc, à notre sens, le résultat le plus efficace qu'on pût désirer pour l'ordre public. Pour l'obtenir, il faudrait d'abord

imposer aux tenants maisons l'obligation rigoureuse de loger, de nourrir leurs pensionnaires plus
sainement qu'un grand nombre d'entre eux ne le font
habituellement; de rétribuer ces mêmes pensionnaires et de verser cette rétribution dans une caisse
de prévoyance. Il faudrait ensuite protéger ces filles,
par des mesures efficaces, contre les excitations à
l'ivresse, les spoliations dont elles sont l'objet de la
part de leurs maîtresses de maisons et de leurs souteneurs. Il faudrait encore continuer à favoriser,
comme on l'a fait jusqu'ici, la création de nouvelles
maisons qui répondraient à un besoin, partout où
le sentiment public n'y mettrait pas obstacle. De
plus, on empêcherait les propriétaires de spéculer
sur la destination de leurs immeubles, on proscrirait
formellement pour ces sortes d'établissements toute
décoration extérieure, aussi bien que toute somp-
tuosité d'installation. Non seulement ce luxe de
fraîche date est la cause ordinaire des faillites et,
par contre, de la diminution du nombre des tolérances, mais il est une des grandes raisons de
récriminations des propriétaires ou locataires
voisins.

Les maisons rendues aussi tolérables qu'elles
peuvent l'être pour la morale publique et pour les
prostituées qui doivent les habiter, il resterait à contraindre rigoureusement à entrer en tolérance toutes
les filles inscrites qui logent en garni, et celles qui
ne sont pas sérieusement propriétaires des meubles
qui garnissent leurs logements.

En sus des avantages qu'elles présenteraient pour l'ordre public, ces mesures auraient encore pour effet de faire naître chez celles qui voudraient sortir de maison des principes d'ordre et d'économie, indices certains d'une vie moins déréglée pour l'avenir.

Nous croyons avoir montré que la santé publique avait tout à redouter de la prostitution clandestine, et n'avait que fort peu à craindre la prostitution réglementée; sur ce dernier point pourtant, il y aurait peut-être un progrès à réaliser.

Des hommes compétents soutiennent qu'avec les filles inscrites, c'est-à-dire périodiquement visitées, l'innocuité devrait être sinon complète, au moins presque complète. Leurs critiques portent sur l'organisation défectueuse du service médical du dispensaire. Ils trouvent trop long l'intervalle qui sépare deux visites. Ils disent que ce long intervalle permet à une femme dont l'infection naissante aura passé inaperçue, ou bien chez laquelle la maladie ne se sera déclarée que le lendemain du jour où elle aura été visitée, de propager tout autour d'elle, pendant une semaine ou deux, et souvent à son insu, la contagion vénérienne.

Ils craignent que les mises en liberté de Saint-Lazare, après guérison, ne soient souvent par trop précipitées; que, dans les cas d'accidents secondaires, notamment, ces guérisons ne soient plus apparentes que réelles. Ils voudraient qu'une fille ne fût jamais relaxée avant que la maladie ait disparu jusque dans ses dernières traces, dût la malade subir, malgré elle, un traitement et, par suite, une détention de six mois ou d'un an.

Ils se demandent si les visites faites dans l'intérieur des maisons de tolérance présentent autant de garanties que celles faites au dispensaire.

Enfin, pour le dispensaire, ils doutent qu'en raison du grand nombre de femmes à visiter dans une journée, les médecins aient le temps matériel nécessaire pour se livrer sur chacune d'elles à un examen sérieux.

Toutes ces appréhensions, qui peuvent être exagérées, sont fondées; mais les améliorations à apporter ne sont pas, pour le plus grand nombre, de la compétence du préfet de police.

Dans l'état actuel des choses, les filles publiques en maisons sont visitées une fois par semaine; les filles publiques isolées, une fois par quinzaine. Le motif de cette inégalité dans les obligations sanitaires tient à ce que les filles de maisons étaient, à une certaine époque, plus achalandées que les filles isolées; que leur position de filles de tolérance ne leur permet pas le choix des hommes qu'elles reçoivent; qu'enfin n'ayant qu'une clientèle passagère, elles sont moins soigneuses de leur corps et moins scrupuleuses pour la santé de leurs visiteurs. De là l'obligation pour elles de visites plus fréquentes que pour les filles isolées.

Nous avons montré, dans le cours de ce travail, que les maisons de tolérance n'étaient plus fréquentées; que le chiffre de leurs pensionnaires diminuait chaque jour; que, par contre, les filles isolées étaient surtout recherchées.

Cette modification dans les habitudes de la prostitution nécessiterait certainement le doublement du nombre de visites imposées aux filles isolées. Cette mesure produirait, sans aucun doute, l'effet de toutes celles qui sont une aggravation des prescriptions réglementaires; elle augmenterait le nombre des disparitions, puis elle soulèverait une question de local et de budget dont la solution ne dépend pas du préfet de police.

Le public se plaint, à bon droit, du scandale occasionné sur certains points de la voie publique par les allées et venues des filles se rendant au dispensaire. Si ces allées et venues étaient doublées, ce scandale deviendrait intolérable sur les quais, notamment aux alentours de la préfecture de police. Il faudrait de toute nécessité transporter le dispensaire dans un quartier excentrique et inhabité; mais la pratique démontre qu'il est impossible de séparer le dispensaire de la maison de dépôt et des archives du bureau des mœurs, qui doivent forcément rester au siège de l'administration centrale. Nous allons montrer que le nombre des médecins est déjà insuffisant pour satisfaire aux nécessités du service tel qu'il existe. Il faudrait donc plus que doubler le personnel médical; et, si chaque fille était tenue de se faire visiter deux fois par semaine, comme le croient nécessaire certains spécialistes, on arriverait à quintupler le nombre des médecins.

Ces améliorations entraîneraient la ville à des dépenses tellement énormes, qu'il est à craindre que le conseil municipal ne veuille jamais les autoriser.

Certaines personnes croient que, pour couvrir ces dépenses, on pourrait revenir à l'ancien système: celui qui consistait à faire payer aux filles le prix des visites que le règlement leur impose de subir et à les frapper d'une forte amende chaque fois qu'elles se déroberaient aux obligations sanitaires (1). Ce régime, encore en vigueur dans toutes les grandes villes, a été pendant longtemps appliqué à Paris. Il a donné lieu à tant de critiques, à tant de suppositions malveillantes pour l'administration, que son rétablissement serait un mal bien plutôt qu'un progrès.

Cette perception ne pourrait être rétablie sans inconvénient que pour l'alimentation d'une caisse de prévoyance.

Il ne dépend donc pas du préfet de police d'augmenter comme il le voudrait les garanties sanitaires de la prostitution. En imposant aux filles l'obligation, *sous peine de détention à Saint-Lazare*, de se présenter d'elles-mêmes au dispensaire, en dehors de leurs jours de visite, aussitôt qu'elles se sentent atteintes d'une maladie contagieuse, il a pris la seule

----

(1) JEANNEL, *De la prostitution dans les grandes villes au dix-neuvième siècle*. Paris, 1869.

mesure que les circonstances lui permettaient de
prendre.

La libération des malades détenues à Saint-Lazare
dépend exclusivement du corps médical attaché à
cet établissement.

En matière de diagnostic, le médecin est tout-
puissant; lui seul, sans que l'administration inter-
vienne jamais, décide à quelle époque les vénériennes
peuvent, sans inconvénient, recouvrer leur liberté.
Pour mettre sa responsabilité à couvert des erreurs
que pourraient commettre les médecins de l'infirmerie, le préfet de police a pris le soin d'exiger que
les filles libérées par eux soient ramenées de Saint-
Lazare à la préfecture, d'où elles ne sont relaxées
qu'après avoir subi une nouvelle visite contradictoire
par les médecins du dispensaire, et avoir obtenu
d'eux un nouveau certificat de santé. Lorsque, par
hasard, l'avis des médecins du dispensaire n'est pas
conforme à celui de leurs confrères, la malade est
renvoyée à l'infirmerie, pour qu'elle soit plus attentivement examinée par ceux qui l'avaient d'abord
crue en état de quitter l'hôpital. Avec de pareilles
précautions, les mises en liberté avant guérison
doivent être fort rares et ne peuvent être imputées,
dans tous les cas, qu'aux médecins eux-mêmes.

De toutes ces craintes exprimées, celles qui signalent le plus ou moins de soins avec lequel sont
faites les visites, tant au dispensaire que dans les
maisons de tolérance, nous paraissent les plus fondées. Ces visites laissent certainement à désirer.

Pour ne parler que de celles subies au dispensaire, elles s'élèvent, au bas mot, à 5,050 par mois. Ces 5,050 visites doivent être faites par un seul médecin (1), dans l'espace de vingt-six jours, à raison de six heures d'occupation par jour, ce qui donne en moyenne 32 visites par heure, ou un peu moins de deux minutes par visite.

Cette moyenne de 32 visites par heure est parfois bien dépassée, notamment pendant les trois ou quatre derniers jours de chaque quinzaine. Pendant ces journées, elles peuvent monter à 50, même à 60 visites par heure. Cela tient à ce qu'un nombre assez considérable de filles, tout en apportant une certaine négligence à se rendre au dispensaire, ne veulent point cependant se faire mettre en recherche; elles ont ajourné leur course pendant les dix ou douze premiers jours de la quinzaine; elles se présentent toutes pendant les trois ou quatre derniers jours. C'est donc à peine une minute que le médecin peut consacrer à chaque visite pendant ces journées-là.

Il nous paraît difficile qu'ainsi pressé par le temps, le praticien, même le plus habile, puisse donner à un pareil examen tous les soins qu'il mérite. A cette cause d'erreur, il faut en ajouter une autre beaucoup plus grave, parce qu'elle tient à l'organisation défectueuse du service lui-même.

(1) Deux médecins sont toujours en même temps de service au dispensaire, mais l'un des deux tient la plume pour enregistrer le résultat de l'examen; un seul tient le spéculum; les visites corporelles ne sont donc faites, en réalité, que par un seul médecin.

L'arrêté qui organise le service médical du dispensaire n'a malheureusement pas prévu la limite
d'âge; il en résulte que beaucoup de médecins
s'éternisent dans une place que leurs facultés physiques ne leur permettent plus de remplir.

On a pu voir, jusqu'à ces années dernières (1870),
un vieillard des plus respectables, conduit par un
de ses confrères ou par un domestique, venir journellement et régulièrement occuper son poste; il se
sentait incapable de se conduire seul dans la rue,
mais il se croyait toujours infaillible dans ses fonctions.

La longue pratique est la meilleure garantie que
puisse offrir un médecin du dispensaire, mais à la
condition que sa vue lui permettra de regarder, et
de regarder vite, puisqu'il n'a qu'une ou deux minutes pour voir, et qu'une erreur de sa part peut
avoir les plus terribles conséquences pour la santé
publique. C'est donc surtout dans de pareilles fonctions que la limite d'âge devrait être imposée.

Vivement préoccupé de ces inconvénients, M. le
préfet de police a, depuis trois ans, augmenté et
en partie rajeuni le corps médical du dispensaire;
mais cette espèce de réorganisation, si elle donne
un commencement de satisfaction, sera toujours
insuffisante pour l'avenir, tant qu'un arrêté ne
viendra pas fixer par avance l'âge de la retraite
pour le médecin.

Cet arrêté pourrait réaliser deux autres améliorations, au moins aussi importantes. D'abord, il

prescrirait au médecin d'inspecter, au point de vue hygiénique, les locaux des tolérances et notamment les chambres habitées par les filles, lors des visites hebdomadaires qu'il fait dans ces maisons. Puis, il déciderait que, pour l'avenir, au lieu d'être réservées à la faveur, comme cela a eu lieu jusqu'ici, les fonctions de médecin du dispensaire et de Saint-Lazare seraient le prix d'un concours, et par conséquent du mérite.

Le diagnostic et le traitement des maladies vénériennes exigent impérieusement des études, une expérience, une habitude particulières, qui constituent le spécialiste. Aussi les places de médecins dans les hôpitaux spéciaux de Lourcine et du Midi ont-elles toujours été recherchées par les *Ricord*, les *Cullerier*, les *Fournier*, les *Mauriac*, dont les noms font autorité dans la science. Pourquoi, lorsqu'il s'agit d'un intérêt aussi capital que celui de la santé publique, n'avoir pas recours, pour le recrutement du corps médical de Saint-Lazare et du dispensaire, à un moyen aussi efficace que celui du concours? Pourquoi réserver ces fonctions au népotisme, et parfois même aux convenances de la politique? Loin de nous la pensée de vouloir amoindrir la valeur des hommes qui occupent aujourd'hui ces postes; presque tous mettent au service de leurs fonctions un zèle et un dévoûment que chacun reconnaît; mais enfin, il faut bien l'avouer, tous ne s'y étaient point préparés par des études spéciales; plusieurs

ne doivent ces places qu'à la faveur ; tous, par
conséquent, n'apportent pas la même passion scientifique, le même talent, à l'accomplissement de
leurs devoirs. Il est vrai qu'après trois ou quatre
années de pratique, l'expérience est venue à ceux
qui ne l'avaient pas au début; mais ce n'en est pas
moins une école qu'il a fallu faire, et peut-être au
détriment de la santé publique. Le concours aurait
donc cet immense avantage, de ne faire arriver que
des spécialistes, des hommes qui s'imposeraient par
leur science seulement.

Mais laissons là la prostitution réglementée, qui
est le petit côté de la question, pour attaquer en
face le véritable ennemi, la prostitution clandestine.

On a vu que tous les scandales et presque tous
les dangers sanitaires découlaient d'elle; toute
mesure qui aurait pour résultat de gêner son
développement, et pour conséquence de faire diminuer le nombre des filles insoumises, serait donc
œuvre utile à la morale et à la santé publiques.

Trois industries à Paris aident surtout à son
développement. Je veux parler des logeurs en
garni, d'un grand nombre de marchands de vin
et de restaurateurs, des teneurs de bals et écoles
de danse.

Parmi ces industriels, les maîtres d'hôtels garnis
sont ceux qui échappent le plus à l'action de
l'autorité et de la loi.

Leur industrie est libre, elle n'est soumise à

aucune autorisation, mais à une simple déclaration. Il en résulte que, dans aucun cas, les établissements qu'ils dirigent ne peuvent être fermés, ni par l'autorité judiciaire, ni par l'autorité administrative.

La seule prescription légale qui concerne ce genre de commerce a toujours été sans grande portée, mais elle est devenue tout à fait illusoire, depuis la suppression des passeports.

Les logeurs doivent tenir un livre sur lequel ils doivent inscrire jour par jour, de suite sans aucun blanc ni interligne, les noms, prénoms, âge, profession, domicile habituel et dernière demeure de tous ceux qui couchent chez eux, même une seule nuit. Le registre doit indiquer, s'ils sont porteurs de passeport ou de papiers de sûreté, et quelle autorité les a délivrés.

D'un commun accord entre le locataire et le logeur, l'inscription est faite, sur le livre, sous un faux nom, une fausse indication d'âge, un faux lieu de naissance et avec cette mention : *sans papiers*.

La loi qui paraît satisfaite est audacieusement violée, sans que l'autorité ait ordinairement le moyen d'établir la fraude. Et puis, l'établirait-elle que, sauf les cas très rares où elle pourra relever le délit d'excitation habituelle de mineures à la débauche à la charge du logeur, ce dernier en sera toujours quitte en payant une amende de simple police, dont le maximum ne peut dépasser quinze francs ; amende qu'il ne payera même pas de ses deniers, parce qu'il la prélèvera sur la somme qu'il

détient comme prix de location de la chambre que
sa locataire est tenue de lui payer à l'avance.

Les prescriptions de la loi sur la matière sont
tellement impuissantes en face du bénéfice que
procure une pareille industrie, que certains quartiers
de Paris, comme la barrière de l'École par exemple,
comptent presque autant d'établissements de ce
genre qu'il y a d'immeubles.

Le jour où le législateur s'occupera sérieusement
des questions de moralité publique, le jour où il
voudra apporter un obstacle réel à la corruption
de la jeunesse, la première question qui devra
s'imposer à lui sera celle des maisons garnies. « Il
pourra » comme le propose M. Leçour dans son
livre « imposer aux logeurs, l'obligation, sous des
peines sévères, de ne recevoir d'autres mineurs des
deux sexes, que ceux qui produiraient un certificat
délivré *ad hoc* par leurs parents ou tuteurs. A défaut
de ce certificat, ils devraient faire à l'autorité publique, qui procéderait aux vérifications nécessaires,
une déclaration spéciale pour chaque mineur qu'il
logerait. » Mais cette mesure ne sera pas suffisante,
il devra, pour la compléter, apporter une restriction
à la liberté illimitée de l'industrie du logeur. S'il ne
veut pas donner à l'autorité administrative un
pouvoir sur les maisons meublées équivalent à celui
qu'elle tient du décret du 29 décembre 1851 sur
les cafés, cabarets et débits de boissons, il pronon-
cera au moins la fermeture, de droit, de tout
établissement dans lequel auraient été constatées,

par jugement, pendant le cours d'une même année, un certain nombre de contraventions aux lois de la morale publique.

Sans aucun doute, la mesure proposée par M. Lecour aurait pour résultat d'apporter un obstacle à la libre pratique de la prostitution clandestine des jeunes mineures, qui toutes ou presque toutes, habitent en garni ; mais outre que cette mesure n'aurait d'effet que pour les mineures ; qu'il y aurait toujours pour les logeurs un moyen presque certain d'éluder la loi, en falsifiant l'âge des locataires, la pénalité si sévère qu'elle fût — en amende ou en détention — ne produirait pas l'effet qu'on attend d'elle. Nous en attestons quelques condamnations prononcées contre les logeurs en vertu de l'article 334 du Code pénal, qui n'ont jamais empêché ni le voisin, ni le condamné lui-même à sa sortie de prison, de rechercher les énormes bénéfices que procure la prostitution clandestine.

La fermeture de ces établissements, si elle était écrite dans la loi, aurait une toute autre influence qu'une peine corporelle ; elle donnerait des résultats analogues à ceux que produisit le décret du 29 décembre 1851, résultats que nous avons déjà signalés.

Ce décret du 29 décembre 1851 dispose, dans son second article, que la fermeture des établissements désignés à l'article 1er — cafés, cabarets et débits de boissons—qui existent actuellement ou qui seront autorisés à l'avenir, pourra être ordonnée, soit par arrêté du préfet, soit après condamnation pour contravention aux lois et règlements qui concernent ces professions, soit par mesure de sûreté publique.

Cette disposition, si elle était plus rigoureusement et plus fréquemment appliquée, dégoûterait à tout jamais les marchands de vin de donner asile à la débauche. Mais comment prendre une mesure aussi radicale? Comment se résigner à compromettre la fortune de toute une famille, en expiation d'un fait que le logeur voisin commettra impunément? En présence d'une pareille inégalité dans la loi, l'article 2 du décret de 1851 n'a pas été aussi souvent appliqué qu'il aurait dû l'être. L'autorité a souvent reculé devant cette injustice légale, qui n'aurait eu pour résultat que de déplacer le mal sans y apporter un remède efficace. La prostitution, chassée des cabarets, se retirait en effet presque impunément dans les garnis. Et les marchands de vin eux-mêmes, pour échapper aux pénalités du décret, convertissaient leurs débits en maisons meublées, ou réunissaient les deux industries dans la même maison, comme cela existe déjà chez un grand nombre, notamment dans les quartiers à soldats.

L'hôtel garni et les débits de vin sont en résumé les deux auxiliaires les plus utiles au développement de la prostitution clandestine, mais, sur ce terrain, pas d'amélioration possible tant que le législateur n'aura pas réglementé les maisons garnies et qu'il laissera subsister l'inégalité dans la loi (1).

Le décret de 1851 ne s'applique pas plus à l'industrie des restaurateurs qu'à celle des logeurs. Cependant parmi eux, et il en est de fort renommés, combien se préoccupent peu de l'immoralité de la fortune qu'ils acquièrent ! Leurs établissements, brillamment éclairés, deviennent, à partir de onze heures du soir, le théâtre de vraies orgies. Salon d'exposition pour ces dames, cabinets particuliers capitonnés et meublés comme boudoirs de petites maîtresses, cabinets de toilette avec vases commodes et liquides parfumés, rien ne manque que le respect de soi-même. Là, mignons et courtisanes se coudoient et s'estiment; on se croirait en Orient.

L'amour du lucre fait braver l'infamie du métier, et ceux qui bénéficient de toutes ces turpitudes sont protégés par de nombreuses influences contre les mesures administratives qui pourraient les frapper à défaut de la loi. Au point de vue du monde qui ne peut scruter toutes ces turpitudes, ces entrepreneurs de plaisirs, devenus millionnaires en quelques années, sont gens d'honneur ! Toute une génération se démoralise, s'abâtardit, se ruine chez eux, mais qui s'en préoccupe? Ils sont honnêtes, puisqu'ils ont fait fortune. A ce compte, l'ancien

(1) 1882. Cette inégalité n'existe plus; le décret du 29 décembre 1851 vient d'être abrogé par une loi. Cette abrogation aura pour résultat, au point de vue de la prostitution, de donner coudées franches à la débauche publique et notamment à celle des mineures.

souteneur de filles, celui dont la femme a tenu
maison et a réussi dans ses affaires, mérite au
même titre l'estime publique, car lui aussi vit de
ses rentes et les deux fortunes ont pareille origine.

Mais le remède? dira-t-on. Le remède est encore
ici dans l'égalité devant la loi. Tous ces scandales
ne se produisent que la nuit, à la faveur d'une permission sollicitée sous des prétextes honnêtes, mais
qui n'a ordinairement pour but qu'une spéculation
sur la débauche publique. Point de privilèges pour
les établissements des quartiers qu'on appelle les
grands quartiers! Que l'heure réglementaire de fermeture soit la même à la Madeleine qu'à la Bastille,
ou bien que les établissements de la Bastille jouissent
de la même liberté que ceux de la Madeleine! Que
la règle, que la répression surtout soient les mêmes
pour tous les établissements indistinctement! La
justice et la morale y trouveront leur compte. La
justice, en ce qu'elle aura vu cesser une inégalité
choquante dans la distribution des faveurs et dans
l'application des pénalités aux représentants d'une
même industrie, payant les mêmes impôts. La morale, parce qu'elle aura vu disparaître un scandale
donné par privilège, et parce qu'elle cessera d'être
continuellement outragée par une agglomération de
filles arrivant chaque soir, des quatre coins de la
ville, sur les mêmes points de la voie publique, à
portée des seuls établissements qu'elles savent devoir
leur donner impunément asile à toute heure de la
nuit.

Les bals publics, qu'on les appelle école de danse ou autrement, attirent à eux, à l'aide d'invitations envoyées à domicile, de rafraîchissements offerts gratuitement, quelquefois même du payement des voitures qui les auront amenées, toute une série de filles insoumises et de filles publiques qui ne viennent là que pour faire galerie, attirer les jeunes gens, distribuer leurs adresses, et mendier des bouquets qu'elles recéderont contre argent aux marchandes qui les auront vendus. Au lieu d'être une distraction, un exercice salutaire à la santé, un délassement des préoccupations de la vie, ces bals sont des écoles de corruption de la jeunesse, des bazars de prostituées, une pépinière pour les proxénètes. Que l'administration, qui, en autorisant l'ouverture de ces salles de danse, n'a jamais eu en vue de favoriser une pareille industrie, ferme les établissements les plus compromis, qu'elle reste sourde à toute influence, et qu'elle montre sa volonté bien arrêtée de faire cesser de semblables abus. Alors la morale publique n'aura pas de gardiens plus vigilants que les entrepreneurs de bals publics eux-mêmes.

Accorder aux filles publiques une protection morale et matérielle qui les aide à se réhabiliter un jour ; faire entrer en tolérance le plus grand nombre possible de filles isolées ; maintenir les maîtresses de maisons dans des principes d'honnêteté relative ; faire subir à l'organisation du dispensaire les réformes que nécessitent les exigences de la santé publique ; mettre les logeurs, les cabaretiers, les restaurateurs et les teneurs de bals, dans l'impossibilité de favoriser la débauche et de l'exploiter à leur profit; appliquer les ordonnances et la loi avec une égale sévérité, à tous ces industriels, quels qu'ils soient; voilà les remèdes qui feraient disparaître les excès, les scandales de la prostitution publique. Mais, pour les appliquer, il faudrait le concours du législateur, et celui de l'opinion. Ce double concours a jusqu'ici malheureusement fait défaut au préfet de police.

DEUXIÈME PARTIE

PROSTITUTION ANTIPHYSIQUE

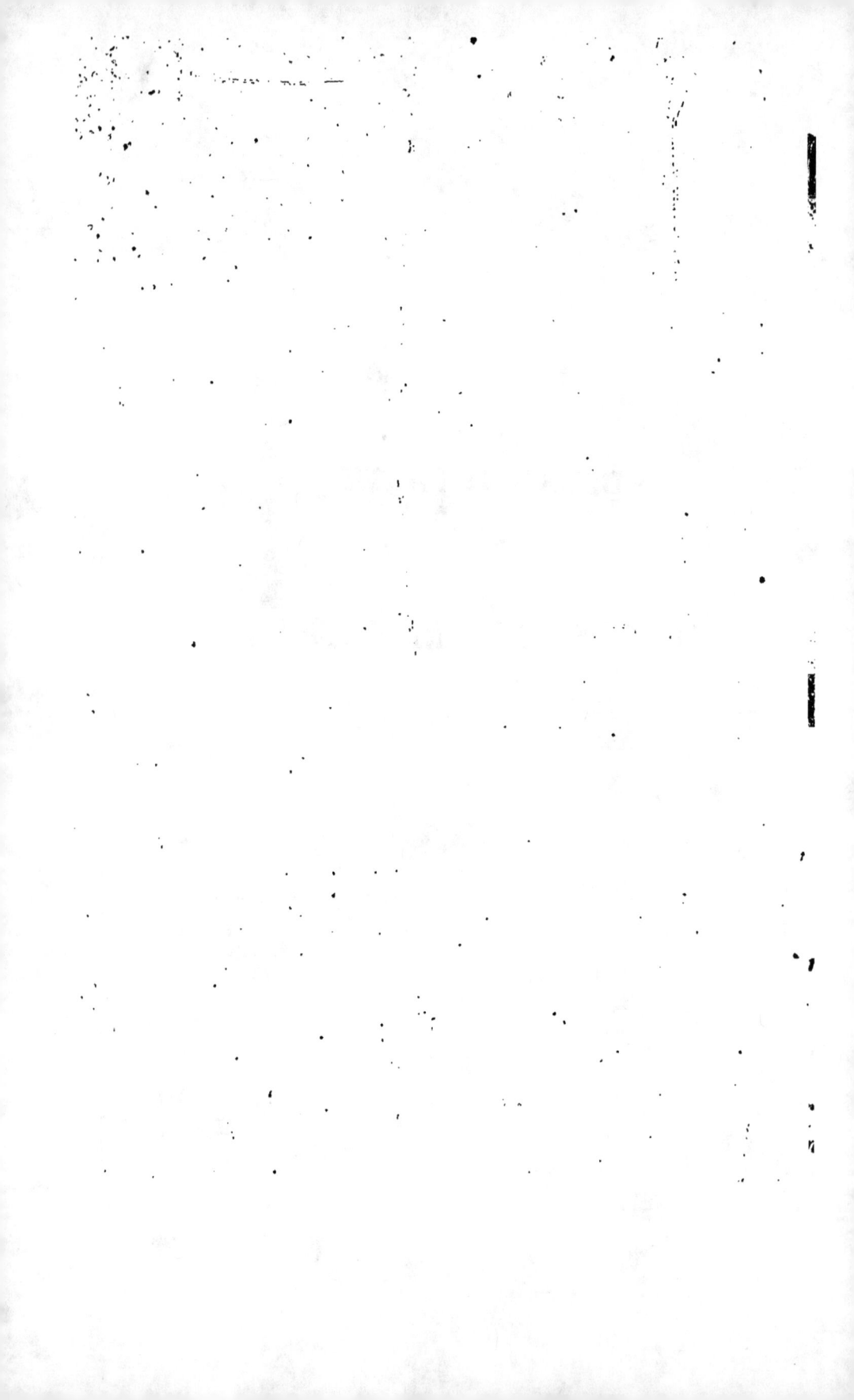

AVANT-PROPOS

Nous avions écrit, en 1870, alors que nous étions en fonctions, les quatre premiers chapitres de cette seconde partie. Nous avons hésité longtemps à continuer cette étude. Dans les nombreux ouvrages qui traitent de la prostitution, les passions antiphysiques ont toujours été intentionnellement omises. Officiellement, l'opinion publique ne les connaît pas, la législation ne veut pas les connaître ; la police se trouve seule pour réagir contre elles, et sa lutte inégale pourrait bien un jour ne plus se poursuivre, car elle ne s'appuie sur aucun texte de loi, sur aucun règlement. Ce jour-là, la pédérastie deviendrait une calamité bien autrement dangereuse, bien autrement scandaleuse que la prostitution féminine, dont, au surplus, elle a toute l'organisation. Un magistrat a dit d'elle : « qu'elle était, à Paris, l'école à laquelle se formaient les plus habiles et les plus audacieux criminels ». *Elle en-*

18

gendre en effet des associations de malfaiteurs spéciaux, qui se servent d'elle comme d'un moyen particulier de commettre des vols au chantage, pour la réussite desquels elles vont jusqu'à l'assassinat. Ces associations paraissent tendre à augmenter en nombre. Il y a donc là un danger réel, qu'il est nécessaire de signaler. Enfin, il existe un tel concert entre la pédérastie et la prostitution, ces deux choses sont tellement deux parties d'un même tout, que souvent les dangers qu'elles offrent, les scandales qu'elles occasionnent, sont le résultat d'une alliance commune.

Une étude sur le monde de la prostitution doit donc forcément porter sur les pédérastes. Bien que personne en France n'ait osé, jusqu'à présent, aborder un pareil thème, et malgré toutes les difficultés qu'il présente pour être décemment traité, nous avons fait violence à notre dégoût, et nous avons achevé notre œuvre dans l'intérêt de la sécurité publique.

CHAPITRE PREMIER

CARACTÈRES GÉNÉRAUX DE LA PÉDÉRASTIE

La pédérastie remonte aux temps les plus reculés. — La loi française ne la punit pas. — Elle est partie intégrante de la prostitution, et a la même organisation qu'elle. — Les actifs et les passifs. — Rapports avec les femmes. — La pédérastie est une franc-maçonnerie du vice. — Elle abâtardit les caractères, tue le courage et l'énergie, oblitère le sens moral. — Elle inspire une jalousie spéciale et des audaces cyniques. — La secte des Renifleurs. — Passion pour les gravures obscènes et l'échange des portraits-cartes. — Goût prononcé pour la musique.

La pédérastie remonte aux temps les plus reculés. Sa répression n'est pas moins ancienne.

La Bible, au chapitre XVIII du Lévitique, défend à un mâle la compagnie d'un autre mâle, aussi bien que l'approche d'aucune bête pour se souiller avec elle.

Au chapitre XX, elle punit ces crimes de mort.

La pédérastie et la bestialité étaient donc déjà pratiquées au temps de Moïse.

Plus tard, la pédérastie prit un tel développement en Grèce, qu'elle fut connue dans tout le monde ancien sous le nom significatif *d'amour grec*.

Ses scandales à Rome ont indigné les poètes Martial et Juvénal.

Pendant tout le moyen âge, la législation la punit des peines les plus sévères, à certaines époques, de la peine de mort.

Au XVIIe siècle, des auteurs, entre autre Zacchias, dans ses études médico-légales, signalent ses excès.

A la fin du XVIe siècle, elle souilla l'un de nos rois. On n'a que trop parlé des mignons d'Henri III.

De nos jours, les peuples d'Orient la pratiquent encore sans vergogne, sans mystère. Si en Allemagne certains auteurs, notamment M. Henri Marx, dans une brochure publiée à Leipzig en 1875, sous le titre d'*Urnings liebe*, prennent ostensiblement la défense de certaines catégories d'antiphysiques, il faut dire, à la louange des hommes de l'extrême Occident, que ce vice, bien qu'il ait conservé parmi eux de nombreux partisans, fuit, maintenant du moins, le grand jour. Il laisse, derrière lui, comme un stigmate de honte pour ceux de ses adeptes qui se laissent deviner. En France notamment, c'est faire un sanglant outrage à quelqu'un que de lui attribuer, même à bon droit, des habitudes antiphysiques. Ce sentiment honorable se manifeste dans toutes les classes de la société, sauf pourtant chez quelques êtres dégradés et pervertis qui font métier de trafiquer de leur corps, et qui affichent cyniquement leur infamie. Ils sont assez peu nombreux, même à Paris, pour que la grande masse de la population les ignore.

Nos lois, qui n'ont pas prévu l'inceste, n'ont pas prévu davantage la pédérastie, ni certains de ses excès démoralisateurs. Légalement, la pédérastie est donc chose impunie, qui ne peut tomber sous l'application du Code qu'en raison des circonstances délictueuses dans lesquelles elle peut être pratiquée. Si des faits se produisent en présence de témoins, ou dans un lieu accessible au regard, il y aura outrage public à la pudeur. Si on attire des mineurs chez soi ou ailleurs, il pourra y avoir excitation habituelle de mineurs à la débauche, détournement de mineurs, et même viol; mais, nous le répétons, ces délits et ces crimes ne seront que la conséquence des circonstances dans lesquelles ils se seront produits. Quant à la pédérastie, elle n'est pas, par elle-même, un acte légalement punissable; elle est simplement un vice dérivant de l'un des sept péchés capitaux, la luxure. Nous n'avons pas la prétention d'analyser à fond la passion qu'elle engendre, aussi insondable du reste que la perversion humaine dont elle émane. Puisque la loi ne s'occupe pas d'elle, nous ferons comme la loi. Nous laisserons de côté tout ce qui est intime, pour ne nous occuper que de ce qui est ostensible, de ce qu'on peut appeler une véritable prostitution.

Cette prostitution a la même organisation que la prostitution féminine, dont elle est le complément. Leurs moyens d'action sont les mêmes; l'une comme l'autre, elles ont leurs insoumises, leurs entreteneurs, leurs entretenues, leurs raccrocheuses, leurs proxénètes, leurs maisons et leurs souteneurs. Ce qui les différencie l'une de l'autre, c'est que l'une est réglementée, et que l'autre ne l'est pas; c'est que la prostitution féminine, à laquelle la réglementation donne une sorte de caractère officiel, s'empare indistinctement de tous les quartiers de Paris, tandis que l'autre se circonscrit d'elle-même dans certains endroits plus spécialement favorables aux conditions nécessaires à son existence toujours clandestine; mais l'une et l'autre sont sœurs jumelles. Le pédéraste qui cherche aventure la trouve tout aussi facilement sur la voie publique que le viveur y rencontre une compagne à laquelle il voudrait faire partager un souper.

Les pédérastes, qu'on désigne, dans le langage ordinaire, sous les noms génériques de *tantes* et de *tapettes* (1), peuvent être classés en deux catégories bien nettement tranchées, qui se distinguent l'une de l'autre par leurs habitudes, leur manière d'être et leur tenue extérieure.

Ceux qui ne recherchent qu'une satisfaction personnelle pour leur passion antiphysique, et qui payent les services qu'on leur rend, forment la première catégorie. Ce sont, à proprement parler, les vrais pédérastes; on les désigne ordinairement sous le nom d'*amateurs*. On leur donne aussi le nom de *rivettes*.

La seconde se compose de tous ceux qui trafi-

(1) Dans la marine, on leur donne aussi le nom de *corvettes*.

quent de leur corps, ou qui vivent de la pédérastie. Elle comprend donc : 1° *tous les prostitués*, à quelque titre que ce soit; 2° cette classe spéciale d'individus pour lesquels la pédérastie n'est qu'un moyen de chantage, et qui vivent des violences, des rapines et des vols qu'ils exercent sur les amateurs.

La catégorie des prostitués se décompose en *persilleuses*, en *honteuses* et en *travailleuses*. Nous dirons, dans le chapitre suivant, ce qui différencie chacune de ces classes, et nous continuons l'étude des caractères généraux de la pédérastie.

Les prostitués tout jeunes prennent le nom de *petits jésus*. Lorsqu'ils ont vieilli, qu'ils ont gagné de l'audace et de l'expérience, ils deviennent des *jésus* (1).

En se plaçant au point de vue physiologique, on a subdivisé la pédérastie en pédérastes actifs et en pédérastes passifs.

Il n'est pas besoin de définir ces deux termes, pas plus que d'expliquer que les prostitués sont tous indifféremment actifs ou passifs, selon les exigences des amateurs qui les payent.

Avant de nous occuper des habitudes particulières

---

(1) L'âge des pédérastes varie entre 12 et 70 ans; voici la proportion pour cent que donnent les arrestations faites de 1860 à 1870 :

Au-dessous	de 15 ans........	14	o/o
—	de 15 à 25 ans...	38	—
—	de 25 à 35 —	15.50	—
—	de 35 à 45 —	15	—
—	de 45 à 55 —	11	—
—	de 55 à 65 —	3.50	—
—	de 65 à 70 —	3	—

de ce qu'on pourrait appeler la caractéristique de chacune de ces catégories, il nous faut d'abord indiquer les points qui sont communs aux amateurs et aux prostitués.

Tout d'abord, la signification du mot *amateur* doit être bien précisée.

On appelle ainsi ceux qui, vivant au milieu de la société, ayant toutes les facilités de satisfaire naturellement leurs désirs, s'adressent néanmoins à d'autres hommes, parce que la femme ne leur inspire que répulsion et dégoût. A ceux-là seuls, s'applique notre étude.

La passion de la pédérastie, surtout lorsqu'elle a été contractée dès le jeune âge, abâtardit les natures les plus vigoureuses, effémine les caractères les mieux trempés et engendre la lâcheté. Elle éteint, chez ceux qu'elle possède, les sentiments les plus nobles, ceux du patriotisme et de la famille; elle fait d'eux des êtres inutiles à la société. L'amour de la reproduction, cette loi qui commande à toute la nature, n'existe pas pour eux.

Si parfois ils se marient ou prennent une maîtresse, ce n'est là qu'une spéculation d'argent, ou qu'un moyen de cacher leur infamie et de sauvegarder les apparences aux yeux du monde. Ils ne sont, pour leurs compagnes, que des *messieurs de compagnie.*

Voici l'extrait d'une lettre écrite à l'un d'eux, tout jeune homme de vingt ans, par sa maîtresse :

« J'avais toujours espéré qu'à force de soins et de gentillesses, je te ramènerais à de meilleurs sentiments. Tu n'as jamais répondu à mes caresses que par le dédain. Le dégoût que tu m'inspires avait été à un moment plus fort que mon dévouement, je suis partie, tu m'as conjurée de revenir pour ta mère, qui, me sachant avec toi, ne soupçonnait pas ton vice infâme ; j'ai bien hésité, mais enfin je suis revenue pour elle. Tu m'avais promis de te corriger, voilà dix nuits consécutives que tu passes dehors ; ce sale vice, cette passion honteuse est tellement incarnée en toi, que ni mère ni maîtresse ne te ramèneront jamais à des sentiments honorables. Depuis hier soir, ta mère sait tout ; deux de tes amis, deux jaloux sans doute, qui étaient venus te chercher plusieurs fois sans te rencontrer, lui ont tout appris ; la pauvre femme s'est mise à sangloter. « Maria, répétait-elle sans cesse, je n'ai plus « qu'à mourir ; mon fils finira par les galères, « comme son maître de pension. » Par trois fois elle s'est trouvée mal ; revenue à elle, elle voulait se tuer. J'ai dû passer toute la nuit près d'elle pour l'empêcher d'avaler du phosphore, ce qu'elle a tenté de faire par trois fois ; ta sœur, que j'ai envoyé chercher ce matin, est près d'elle en ce moment.

« Maintenant que ta mère sait tout, ma présence ici n'a plus de raison d'être ; adieu donc, je ne puis vivre plus longtemps avec un homme qui ne m'a prise que pour mieux cacher son infamie, et qui m'humilie chaque jour parce qu'il préfère un autre sexe au mien. »

Que de drames intimes sont la conséquence de ces liaisons, de ces mariages; drames que le public ne connaît pas, parce qu'ils ne se dénouent que rarement devant la justice, en raison même de la monstruosité des faits qu'il faudrait divulguer.

Certains prétendent que les habitudes antiphysiques peuvent se concilier avec le goût pour les femmes; c'est là une erreur capitale; les vrais pédérastes éprouvent pour l'amour naturel une sincère répulsion.

Quelques-uns de ceux qui recherchent les plaisirs antinaturels sont pourtant mariés ou ont eu des maîtresses, adorent leurs femmes et ont des enfants. Ceux-là sont simplement des malades. En s'adonnant à la pédérastie, ils obéissent à des désirs effrénés de débauche, aux exigences d'un sensualisme insatiable et blasé toujours à la recherche de plaisirs nouveaux. C'est là une véritable maladie, comme le priapisme ou la nymphomanie. L'alliance chez eux des goûts contre nature avec la passion de l'amour naturel s'explique donc par une sorte de folie érotique dont ils sont atteints.

Nous le répétons, ceux-là sont des malades et ne sont pas de vrais pédérastes.

Ce n'est pas que les pédérastes aient une répulsion instinctive pour la femme elle-même; si le plus grand nombre d'entre elles les laissent froids, ils montrent au contraire un penchant très impérieux, très vif, pour la société des lesbiennes, aux lubricités contre nature. Ils aiment donc chez la femme et sa grâce, et sa gentillesse, et ses minauderies, et sa nature même. Ce qui leur répugne en elle, c'est l'amour naturel dont elle est le symbole.

L'homme qui s'abandonne à cette malheureuse passion entre dans un monde tout à fait à part, qu'on ne saurait mieux comparer qu'à une espèce de franc-maçonnerie du vice, ayant partout des affiliés, qui se reconnaissent entre eux sans s'être jamais vus, qui se comprennent sans parler la même langue, et qui se chargent, notamment, lorsque l'un d'eux arrive dans un pays où il ne connaît personne, de le présenter à des confrères, qui l'accueilleront à bras ouverts dans leurs sociétés, ou qui, en payant ses faveurs, lui procureront le moyen de vivre s'il est sans ressources; c'est leur manière à eux de s'entr'aider.

Le docteur Casper de Berlin, dans son traité de médecine légale, cite cette confidence qui lui a été faite par un pédéraste allemand : « Nous nous reconnaissons de suite, et je ne me suis jamais trompé, en prenant quelques précautions. Sur le Righi, à Palerme, au Louvre, sur les montagnes de l'Écosse, à Saint-Pétersbourg, en débarquant à Barcelone, j'ai reconnu, en une seconde, des pédérastes que je n'avais jamais vus. »

A quels signes certains se reconnaissent-ils entre eux? Il serait bien difficile de le préciser; mais les habitudes antiphysiques suggèrent, à tous ceux qui les pratiquent, une politesse obséquieuse et exagérée, une intonation de voix, un mode de s'habiller, une tenue extérieure, une passion de bijoux voyants (1), des allures, une langueur dans le regard, des mouvements de corps, enfin un *je ne sais quoi*, qui n'a pas de nom dans la langue française. Il ne saurait

(1) Ceux qui jouissent d'une fortune souvent considérable possèdent parfois des bijoux et des pierreries à rendre jalouses les femmes du demi-monde les plus en vogue ; et, lorsqu'ils voyagent pour la satisfaction de leurs goûts contre nature, ils emportent avec eux une véritable boutique de joaillerie.

Voici une liste des bijoux qui avaient été volés à un pédéraste anglais de passage à Paris, par un *jésus* des boulevards, avec lequel il avait passé la nuit dans son hôtel et sur lequel ils ont été saisis :

1° Une chaîne de gilet en or avec clé et barrette ;
2° Une paire de boutons de manchettes, grisaille, montés or ;
3° Deux boutons de manchettes à fleurs, émaillés bleu ;
4° Une paire de boutons de manches en jaspe, incrustés d'or ;
5° Une paire de boutons en or historiés ;
6° Une paire de boutons en or, perles turquoises ;
7° Cinq boutons dont deux de manchettes et trois de devants de chemises en cristal de roche ;
8° Deux boutons en or, forme grillage ;
9° Un baguier contenant douze bagues diverses d'une valeur de 60,000 francs ;
10° Un autre baguier contenant six bagues avec pierres précieuses ;
11° Deux faces à main ;
12° Une bague grenat dit cabochon ;
13° Une cassolette mosaïque et or ;
14° Une montre en or avec chiffre en mosaïque ;
15° Une épingle de cravate corail, une autre en cristal de roche, avec émeraude rubis et roses, une autre en émail noir avec roses en couronne et glands de corail, une autre en or et grisaille, un trousseau de douze branches de corail ;
16° Trois boutons de chemises en or et grisaille avec abeilles ;
17° Une cassolette en or, forme de livre avec écran à six portraits ;
18° Un ratelier de bouche monté en or ;
19° Un porte-crayon en or ;
20° Une tabatière en argent, plaquée de nacre.

être remarqué, à moins qu'il ne soit poussé jusqu'à l'exagération, par ceux qui n'ont jamais connu cette maudite passion, mais ceux qui sont ses esclaves ne s'y trompent jamais.

C'est grâce à lui que deux hommes qui ne se sont jamais vus s'accostent sur une promenade, dans un endroit public, ou se suivent dans la rue, avec autant de confiance que s'ils avaient été présentés l'un à l'autre.

Il y a quelques années, un officier ministériel de province, mandé à Paris pour affaires de sa profession, y était arrivé le matin et devait en partir le soir. Après avoir consacré toute sa journée à son client, chez lequel il avait dîné, il pensa, vers huit heures du soir, à regagner la gare du Nord. Le domestique de la maison alla lui chercher à la station la plus voisine une voiture fermée. Après avoir recommandé au cocher de presser son cheval parce qu'il craignait de manquer le train, notre homme monte dans la voiture qui part à toute vitesse. A dix heures du soir, les agents remarquent, dans une des contre-allées désertes des Champs-Élysées, une voiture qui semble abandonnée ; en s'approchant, ils s'aperçoivent qu'elle doit être intérieurement occupée. Ils ouvrent la portière et surprennent en flagrant délit un cocher et son voyageur. Le voyageur était l'officier ministériel, si pressé de partir par le train du Nord, et le cocher, ce même cocher que le domestique était allé chercher à huit heures du soir sur une station de voitures de place.

Grâce à ce *je ne sais quoi*, une minute avait suffi à ces deux êtres, inconnus l'un de l'autre jusque-là.

Les pédérastes tremblent, en général, devant l'opinion publique. Ils ne sont cyniques qu'entre eux. Dans leurs bals, dans leurs réunions intimes, ils poussent ce cynisme au degré le plus inouï. On se croirait au milieu d'une réunion de filles publiques ivres, pendant une nuit d'orgie. Leur infamie va même, parfois, plus loin. Ils se livrent à des scènes odieuses de bestialité pour lesquelles certains ont des animaux tout dressés.

Autant ils posent entre eux pour fanfarons de vice, autant, dans la vie ordinaire, ils cherchent à donner le change à ceux qui les entourent.

Qu'ils se marient ou qu'ils prennent une maîtresse, c'est comme nous l'avons dit parfois une question d'argent, mais c'est toujours pour abriter leur réputation derrière une femme. Lorsqu'ils habitent deux ensemble, ils se font passer pour frères, et lorsqu'il y a trop grande disproportion d'âge, pour oncle et neveu.

La pudeur n'est pour rien dans ces précautions mensongères, la peur seule les inspire.

La peur du mépris public d'abord.

Ce qui ennoblit l'amour, c'est qu'il est la conséquence d'une loi de nature, la plus impérieuse, la plus instinctive qu'il soit, la loi de reproduction.

Mais, si ce but disparaît, si la reproduction est tellement impossible que les deux amants soient du même sexe, alors ce n'est plus l'amour, c'est, au contraire, sa négation. C'est le néant, c'est un viol commis sur la nature, que la bête elle-même répudie, qui ne laisse après lui que dégoût et mépris de soi-même.

Ce mépris d'eux-mêmes, ils l'ont complet, mais ils voudraient être seuls à l'avoir, parce qu'ils n'ont pas le courage d'affronter l'opinion publique.

Ils ont d'autres craintes encore, celles de l'intervention de la police, des quolibets, et surtout des violences contre lesquelles ils n'auraient pas le courage de se défendre. Lorsque ces gens-là ne sont plus dans leur milieu, lorsqu'ils ne se sentent pas suffisamment soutenus, ils poussent la timidité jusqu'à la lâcheté, eux, dont l'audace à certains moments est sans bornes. Au lieu de se défendre, ils fuient. C'est par la lettre anonyme qu'ils se vengent.

La lettre anonyme est l'expression la plus exacte de leur courage, ils y ont recours en toutes circonstances. Contre cet honnête homme qui leur a reproché, en termes un peu verts, l'ignominie de leur conduite, ou qui a repoussé brutalement leurs propositions, vite une lettre anonyme à la préfecture de police, dans laquelle on le signale comme un pédéraste dangereux! S'agit-il d'une rivalité d'amour, vite une dénonciation anonyme contre le rival, contenant des faits vrais mais exagérés, dans l'espoir qu'une arrestation rendra le dénonciateur maître du terrain. Veut-on séparer un ménage, brouiller deux amants, c'est encore par une lettre

anonyme adressée à l'un qu'on desservira l'autre.
On s'arrangera de façon à ce que cette lettre con-
tienne toujours un indice qui a fasse attribuer à
un autre qu'à son véritable auteur. C'est le plus sûr
moyen d'échapper aux conséquences fâcheuses
qu'elle pourrait avoir. Toujours la lâcheté et la
peur.

La passion inassouvie ou jalouse est seule capable
de leur donner parfois un peu de caractère, et
comme le sens moral leur fait à tous complètement défaut, ils poussent, dans ce cas, l'audace
jusqu'à la folie.

Un jeune étranger de grand nom et de grande
fortune avait reçu plusieurs lettres anonymes, toutes
plus pressantes les unes que les autres, et qui lui
donnaient des rendez-vous le soir, sur des points
désignés de la voie publique. Intrigué par ces lettres, qu'il attribuait à une femme inconnue, l'étranger finit par se rendre au dernier rendez-vous indiqué. Il fut bientôt abordé par un inconnu d'allures
distinguées. Les premiers mots échangés ne lui lais-
sèrent aucun doute sur le but de cette entrevue, il
avait devant lui un pédéraste.

" Offensé dans son honneur, il rêve une vengeance
et voici le moyen qu'il prend. Il écoute les propositions de cet homme et l'invite à venir le rejoindre
le lendemain à une heure du matin, dans une rue
qu'il indique. Là, dans un logement au rez-de-
chaussée, appartenant à l'un d'eux, il réunit plusieurs camarades. A l'heure dite, il est au rendez-

vous ; l'amoureux y arrive de son côté. Il le fait causer et s'arrange de façon à ce que ses amis, embusqués derrière les volets fermés, entendent la conversation. Bientôt tous entrent par la fenêtre, s'emparent du monsieur qu'ils conduisent assez brutalement jusque près d'une fontaine publique dans le bassin de laquelle ils le plongent. Sortie de son bain froid, leur victime se fait connaître et promet de ses nouvelles pour le lendemain. Le lendemain, en effet, il envoie des témoins pour demander réparation par les armes à celui qui s'est si indignement joué de son... honneur. Que penser d'une pareille perversion morale !

Voici un second exemple d'un autre genre et qui montre à quel point d'aberration peut arriver un esprit mal équilibré, qu'une ignoble passion domine.

Ici, c'est un valet de chambre au service d'un grand personnage, qui tombe amoureux du comte X., un ami de son maître. Le comte X... était venu une seule fois en soirée chez son ami ; cela avait suffi pour que le valet de chambre, chargé d'ouvrir les portes des salons aux invités, devînt amoureux de lui et lui écrivît deux lettres dont voici des extraits :

Paris, 15 janvier.

« Cher monsieur,

« Je serais des plus heureux s'il m'était possible de faire votre aimable connaissance. Je le désire,

19

afin de pouvoir vous communiquer de vive voix les sentiments d'une vive amitié dont je suis épris pour votre aimable personne, depuis le soir où j'ai eu le bonheur de vous voir chez mon maître. Depuis, chaque fois que j'ai eu le bonheur de vous voir quelque part, c'est un vrai plaisir pour moi ; aussi, s'il en était de même de votre côté, je serais certainement le plus heureux des hommes, et si vous agréez à mes sentiments, soyez assez bon de me donner un petit rendez-vous dans un lieu sûr et secret ; je pourrais plus à l'aise vous entretenir des sentiments passionnés et respectueux que vous m'avez inspirés,

« Et avec lesquels j'ai l'honneur d'être, etc., etc. »

Ici la signature et l'adresse avec cette indication : « au rez-de-chaussée, sans parler au concierge ».
Puis, ce post-scriptum :

« *P. S.* Monsieur, je vous serais très obligé si vous êtes assez bon de garder le secret de cette lettre, car personne que vous n'a jamais su mes sentiments, et, si vous y adhérez, je vous prie de me faire une réponse le plus tôt possible, car vous pourrez avoir autant de confiance en moi que j'en ai eu en vous. Si votre réponse m'est favorable, je serai heureux et fier de me mettre à votre disposition. »

Cette lettre resta naturellement sans réponse ;

aussi, le 31 janvier, nouvelle épître, celle-là plus pressante :

Paris, le 31 janvier.

Rien de nouveau sous le soleil des amours,
Le beau brun n'a pas répondu.

« Cher monsieur,

« Pardonnez-moi si je viens encore aujourd'hui sans façon vous importuner avec mes lettres d'amour. Je vois bien que vous n'avez jamais aimé, car vous auriez répondu à ma première lettre. Cette nuit encore, j'ai fait un rêve ; mais, hélas ! les rêves n'ont pas de suite ; il faut donc se contenter de ce qu'ils nous donnent, sans trop les poursuivre quand nous sommes éveillés. Je ne crains qu'une chose, c'est que vous y mettiez du mauvais vouloir. Les amoureux de Paris sont si drôles que je ne sais quoi dire de plus.

« Pour l'amour de Dieu, écrivez-moi deux mots, et ensuite nous conviendrons d'un rendez-vous. Monsieur, ne vous offensez pas trop du mot que je vais vous dire ; c'est un mot vieux comme notre première mère, mais, hélas ! que vous ne direz peut-être jamais. Je vous aime : j'en suis même désolé pour vous et pour moi, mais en vérité il y a quelque chose dans votre aimable personne qui me charme. Le mal n'est pas dans la tête, mais le mal est dans le cœur ; un seul mot de vous le guérirait.

Dans mon âme il est un bocage,
Un bocage aux abords touffus,
D'un beau brun c'est la cage,
Et j'écoute son chant confus.

« A bien prendre, je vois que je vous offense par
mes révélations stupides ; je vous trouve encore le
plus heureux de nous deux ; vous devez goûter le
plaisir que je ressens dans mon cœur et qui se ré-
fugie chez vous en vous écrivant ces lignes mal
dictées, car je n'ai que des reproches à me faire sur
l'indigne procédé dont je me sers envers vous.
Mais, je puis le dire, vous êtes le seul, et j'en sens
toute la honte et vous en demande pardon de tout
mon cœur ; mais cependant une chose me rassure,
connaissant la bonté de votre cœur, je suis certain
que vous excuserez celui qui vous témoigne aujour-
d'hui ses sentiments et les plus vifs regrets de sa
faute, mais qui serait bien heureux de recevoir un
petit bout de lettre de votre main.

« En attendant, cher monsieur, j'ai l'honneur
d'être votre très humble et obéissant serviteur.

« Etc., etc.

« P. S. Je suis intime d'un de vos grands amis,
M. de... Soyez assez bon de garder le secret de cette
petite lettre, et je vous prie de me croire un honnête
homme, car je suis connu de la première société
parisienne. »

Le comte X...., exaspéré, se plaignit au préfet de

police; les lettres étaient signées et indiquaient une adresse. Le valet de chambre, questionné, répondit sans autrement s'émouvoir :

« Le comte X..., que j'ai vu dans les salons de mon maître, m'a inspiré une véritable passion, bien qu'il n'ait rien fait pour cela, je le reconnais. N'ayant pas eu l'occasion de lui parler en particulier, j'ai dû lui écrire. Comme il n'avait pas eu la politesse de répondre à ma première lettre, je lui en ai adressé une seconde. Quel mal ai-je fait? Faute de parler, on meurt sans confession ; je ne l'ai ni contraint ni menacé; il est libre d'accepter ou de refuser; de quoi a-t-il à se plaindre? Si chaque fois qu'il a dû écrire des lettres à des dames, qu'il ne connaissait pas plus que je ne le connais, il avait été inquiété par la police, je suppose qu'il serait moins bégueule aujourd'hui; mais c'est un comte, et je ne suis qu'un malheureux valet de chambre. »

Pour ce pédéraste, sa démarche était tout aussi naturelle que celles que d'autres peuvent faire auprès d'une femme. Il n'y eut pas moyen de lui faire comprendre sa folie, l'ignominie de sa conduite; il en revenait toujours à son fameux raisonnement : c'est parce qu'il est comte, et moi valet de chambre. L'absence de sens moral, poussée à ce point, n'est peut-être bien justiciable que des médecins de Charenton.

Un Allemand, se disant baron, vivait en France depuis longtemps déjà. Adonné à la pédérastie, il

avait groupé autour de lui quatre ou cinq jeunes
gens appartenant à la bourgeoisie et qui partageaient
ses goûts. Cette société était connue sous le nom de
la bande du baron. A la même époque, un homme,
jeune encore, jouissant d'une certaine fortune, et
qu'on avait surnommé *le vicomte,* avait, de son côté,
réuni autour de lui cinq ou six amis partageant également ses goûts antiphysiques. Cette réunion portait le nom de *la bande du vicomte.* Les deux bandes,
nous allions dire les deux meutes, qui chassaient
sur le même terrain, ne tardèrent pas à poursuivre
le même lièvre ; de là une guerre, d'abord intestine,
qui prit plus tard de graves proportions. Il suffisait
que les uns aient jeté les yeux sur un *petit jésus* pour
que les autres cherchassent à l'attirer à eux. Les
lettres anonymes jouaient leurs rôles de part et
d'autre. Il y avait chaque soir, entre les deux bandes,
échange de quolibets, d'injures, et parfois de coups
de cannes. Par deux ou trois fois, les foyers de
l'Opéra et de l'Opéra-Comique avaient été le théâtre
des scènes de ce genre.

X..., un jeune homme de vingt ans, appartenant
à une honnête famille d'artisans de province, avait
été placé à Paris par ses parents. Ce jeune homme
était tombé dans les lacs de la bande du baron,
et le baron s'était fait son protecteur ; c'était là une
raison suffisante, pour que le vicomte entrât personnellement en lutte, et qu'aidé des siens, il fît tous
ses efforts pour enlever au baron cette aubaine
à laquelle il tenait tant. Démarches, pièges, cadeaux,

tous les moyens furent employés. L'entreprise allait
réussir, lorsque le baron, voyant sa proie sur le point
de lui échapper, risqua un coup d'audace qu'il crut
un coup de maître. Il fit intervenir directement
le père du jeune homme, voici dans quelles
conditions :

Il écrivit à X... père, qu'il ne connaissait pas,
pour l'inviter à se rendre immédiatement à Paris ;
l'avenir de son fils allait être à tout jamais perdu
et sa présence seule pouvait peut-être encore le
sauver. Sa lettre contenait la somme nécessaire
au voyage. Le lendemain de la réception de cette
lettre, le père arrivait à Paris en toute hâte et se
rendait directement chez le baron. Le baron se fit
passer pour membre d'une société de bienfaisance ;
le hasard l'avait mis au courant d'intrigues, dont
le jeune X... était la victime, de la part d'un vicomte
et de ses amis, qui voulaient assouvir sur lui des
passions infâmes. Le seul moyen de salut était de
faire connaître les faits au préfet de police, et de déposer, entre ses mains, une plainte en détournement
de mineur, contre le vicomte et ses amis. M. X...
père se laissa conduire par le baron à la préfecture ;
une fois dans le cabinet du fonctionnaire, de la
compétence duquel ressortissait une pareille plainte,
le baron, oubliant de se présenter lui-même, présenta seulement M. X... Puis il raconta, dans les
détails les plus minutieux, les tentatives faites sur
le jeune X... par le vicomte et ses amis, dont il
donnait les noms et les adresses ; déclarant que

M. X... arrivait de province tout exprès pour porter plainte contre ces messieurs.

Le fonctionnaire avait écouté, sans mot dire, le récit de toute cette histoire, dont il connaissait, mais de nom seulement, tous les acteurs qu'il faisait surveiller depuis plus d'un mois. Ce qui l'intriguait profondément, c'était le contraste qui existait dans la tenue de ces deux hommes. L'un, M. X... père, gardait un maintien respectueux et un mutisme absolu; l'autre, le baron, qui avec ou sans calcul avait oublié de se faire connaître, apportait à son récit une arrogance, une animation véritablement extraordinaires. Il ne démêlait pas bien quel intérêt pouvait avoir à intervenir aussi passionnément dans une pareille affaire, cet homme du monde à l'accent étranger.

Enhardi par ce silence, le baron le prit alors de très haut. « Vous paraissez, dit-il au fonctionnaire, ignorer qu'il existe des pédérastes à Paris; à plus forte raison ne connaissez-vous aucun des individus dont je viens de vous parler. Mais alors, à quoi sert la police, s'il faut qu'un étranger à la France, comme je le suis, vienne vous apprendre ce qui se passe chez vous? » Il continua longtemps sur ce ton. Le fonctionnaire savait depuis huit jours les aventures du jeune X..., la rivalité du baron et du vicomte; il les faisait surveiller. Personnellement, il ne connaissait de vue aucun de ces messieurs. Comme il lui vint à l'idée qu'il pourrait bien avoir devant lui, non pas un plaignant ordi-

naire, mais le baron lui-même, il coupa court à ce
monologue par ces questions : «Voudriez-vous bien,
monsieur, me dire qui j'ai l'honneur d'écouter;
m'expliquer comment vous, étranger, êtes si bien
renseigné sur ce qui se passe à Paris, dans le monde
de la pédérastie; enfin me faire connaître le mobile
qui vous pousse à intervenir dans une pareille
affaire, car vous m'avez raconté que le jeune X...
n'était pas votre parent, que vous ne connaissiez
M. X... père que depuis une heure à peine, et que,
pourtant, vous lui aviez envoyé, de votre poche,
l'argent nécessaire pour venir de sa ville de province
à Paris ?

— Je suis M. le baron de... Quant à vos autres
questions, je n'ai pas à y répondre. Le fonctionnaire, assuré d'avoir devant lui celui qui le premier avait détourné le jeune X... de ses devoirs,
reprit d'un ton d'autorité: «Je vous demande pardon,
monsieur le baron, j'ai le droit de savoir ce que je
vous demande et je vous déclare que vous ne
sortirez d'ici, que lorsque vous m'aurez donné les
explications que j'attends de vous. » Alors, le baron,
changeant d'allures, reprit de sa voix la plus douce :
« Mon Dieu, monsieur, je suis étranger, célibataire
et riche. Après quelques mois de séjour à Paris,
je me suis aperçu que la corruption y était grande;
que, dans la classe ouvrière surtout, un grand
nombre de ménages étaient irréguliers; je résolus
alors de consacrer mes loisirs et ma fortune à faire
régulariser, par le mariage, la situation de ces

ménages interlopes. Je me suis, dans ce but, affilié à la société de Saint-François-Régis. Pour trouver des bonnes œuvres à faire, j'ai dû fréquenter moi-même les établissements que fréquentaient ces ménages, les bals de barrières notamment ; c'est là que j'ai recueilli mes premiers renseignements sur la pédérastie. Lorsque j'eus compris combien ce vice était répandu, je me suis dit que j'avais le devoir de tourner mes efforts de ce côté, et alors je me suis mis en rapport avec les jeunes pédérastes dont la débauche n'a que la misère pour cause ; je les ai secourus et j'ai eu le bonheur d'en ramener déjà un grand nombre dans le droit chemin. C'est dans l'accomplissement de cette œuvre de bienfaisance que j'ai rencontré le jeune X... ; déjà j'avais pris un certain empire sur lui, j'allais réussir lorsque le vicomte et ses amis sont intervenus et ont compromis, en un jour, tout le bien que j'avais mis un mois à obtenir. Découragé, voulant en finir une bonne fois avec cette bande que j'ai déjà souvent rencontrée sur ma route, et qui met obstacle à mes bonnes œuvres, j'ai pris le parti d'écrire à M. X... père, de lui conseiller de venir à Paris pour déposer une plainte et comme je le savais sans ressources, j'ai joint à ma lettre l'argent nécessaire au voyage. Voici, monsieur, les explications que vous m'avez deman-dées et qui, je l'espère, vous satisferont pleinement. »

Le fonctionnaire reçut la plainte de M. X... qu'il fit également signer, non sans peine, par le baron.

Ce dernier reprit : « Je vous en supplie, monsieur, donnez tous vos soins à cette malheureuse affaire, il y va de l'honneur de ce brave homme, un vieux soldat qui a versé son sang pour la France sur tous les champs de bataille.

— Soyez sans inquiétude, monsieur, tous ceux qui ont participé à la corruption du jeune X..., *tous sans exception*, auront à en rendre compte. Et comme il est de toute justice de commencer par celui qui l'a réellement débauché, par celui qui le premier se l'est fait livrer par une fille publique chez laquelle il avait été attiré, par celui qui, depuis un mois, a loué pour lui un petit appartement et l'a mis dans ses meubles, par le jaloux, enfin, qui, depuis huit jours, le séquestre pour l'empêcher d'aller rejoindre la bande du vicomte, je vous inculpe personnellement, car c'est vous qui avez fait tout cela. Je connais depuis longtemps et votre nom et vos actes. En amenant ici ce vieux soldat, comme vous l'appelez, vous n'avez obéi qu'à un mobile de jalousie, vous avez voulu vous débarrasser de rivaux gênants; c'est une infâme comédie que vous venez de jouer là. »

Le baron eut beau protester. La perquisition faite chez lui amena la preuve matérielle de sa culpabilité. L'affaire eut des suites fort graves que nous n'avons pas à raconter ici, voulant seulement montrer quel degré d'audace la jalousie peut engendrer et jusqu'où peut aller l'absence de sens moral chez un vrai pédéraste.

Cette jalousie est d'une nature toute particulière
et tout aussi inexplicable, au point de vue honnête
et humain, que tous les autres sentiments qui
animent cette classe d'individus. Parfois elle est
poussée jusqu'à ses extrêmes limites, même jusqu'au
crime ; mais aussi parfois elle est tellement tolérante
qu'elle semble ne pas exister. Le sentiment affectueux
déçu, le désir de la possession sans partage y restent
le plus souvent étrangers. Ses mobiles les plus
ordinaires sont : l'amour-propre et l'intérêt froissés ;
aussi les motifs varient-ils, avec les catégories d'individus, comme nous l'indiquerons lorsque nous
nous occuperons de ces diverses catégories. Qu'il
nous suffise de dire, quant à présent, que cette
jalousie est le plus ordinairement une jalousie ré-
fléchie, intéressée, et d'autant moins excusable que
la véritable passion n'y a qu'une part fort res-
treinte.

Il existe pourtant un milieu dans lequel la jalousie
prend un empire terrible et cruel. Nous voulons parler
des prisons dans lesquelles les détenus ne sont pas
soumis au régime cellulaire. Là, malgré toutes les
précautions prises, la pédérastie échappant à toute
surveillance emprunte un caractère sauvage au
milieu dans lequel elle se produit. L'incessante
présence des gardiens, la sévérité des règlements
rendent ces liaisons très difficiles à nouer, très
périlleuses à entretenir. Ceux qui, pour réussir, ont
tout bravé ne sont pas d'humeur à abandonner
facilement leur proie ; la difficulté qu'ils auraient à

la remplacer les rend soupçonneux et les amène à
exercer une véritable tyrannie. A l'atelier, dans les
cours, ils ne se perdent pas de vue un seul instant;
c'est une surveillance réciproque de tous les moments. Malheur à celui qui allumera chez l'autre le
feu de la jalousie; son sang seul pourra l'éteindre.
Un tranchet pris dans l'atelier des cordonniers,
adroitement dissimulé sous les vêtements, manié
d'une main sûre, avec l'énergie du désespoir, par un
gredin fou de jalousie, qui, dans ce moment, ne tient
plus à la vie, dénouera cette liaison qui ne devait
finir qu'avec la détention.

Ici c'est bien la passion qui arme le bras du
meurtrier; mais ce n'est pas un sentiment d'affection
froissé qui inspire ces jalousies, aux effets si terribles.

Les relations contre nature ne procèdent au surplus
ni de l'affection ni de l'amour véritables; elles
naissent exclusivement de l'avidité des plaisirs sen-
suels. Cette concupiscence brutale engendre des
audaces cyniques, des passions d'une violence indi-
cible; ceux qu'elle pousse sont de véritables pos-
sédés, qu'aucune difficulté n'arrête, qu'aucun danger n'effraye.

Les water-closets des Halles furent, à une certaine
époque, un rendez-vous auquel on venait le soir
de tous les quartiers de Paris. C'est par centaines
qu'on pouvait compter les gens qui venaient là pour
chercher aventure. La police avait opéré, en moins
d'un mois, plus de deux cents arrestations pour

outrages publics à la pudeur; toutes avaient été
suivies de condamnations. Loin de tenir mystérieuses
ces arrestations, de vouloir établir une souricière
dans cet endroit, l'administration, dans le but d'effrayer ceux qu'une espèce de folie érotique ramenait
chaque soir au même endroit, au grand scandale
des passants, leur donnait la plus grande publicité
possible. Les arrestations commençaient chaque
soir à 9 heures, et duraient jusqu'à minuit. A minuit,
les pédérastes étaient aussi nombreux qu'à 9 heures
du soir. C'était à désespérer de pouvoir jamais
débarrasser le quartier de cette tourbe hideuse. Les
forts de la Halle se mirent bientôt de la partie.
Chaque soir, vers minuit, à l'heure où ils venaient
prendre leur travail, ils donnaient la chasse à ces
êtres immondes, distribuant de gauche et de droite
des horions dont ils ne mesuraient pas toujours la
gravité. Arrestations et horions, rien n'y faisait. Le
lendemain, tous ceux qui n'avaient point été arrêtés
la veille revenaient avec de nouvelles recrues, de
telle sorte que la foule était toujours aussi nombreuse.

Un garçon de café, en costume de l'emploi, petits
souliers découverts vernis et sans talons, tablier
blanc relevé par un coin, arrivait là chaque soir,
vers minuit un quart. Chaque soir aussitôt qu'il
apparaissait, les gens de la Halle, que ses minauderies exaspéraient, se mettaient à sa poursuite. Il
fuyait à toutes jambes et souvent dans sa course
perdait ses chaussures que ses persécuteurs rappor-

taient comme un trophée. Un soir qu'il avait été
moins leste que d'habitude, il fut rejoint et fit face à
l'ennemi. En voulant parer un coup de poing à son
adresse, il eut le bras cassé. Il reprit immédiatement
sa course en poussant les hauts cris. Il y avait lieu d'espérer qu'il ne reparaîtrait pas au moins de quelques
jours. Sa blessure l'empêchant de travailler le lendemain, il profita de ce congé forcé pour venir au
rendez-vous habituel en costume bourgeois, le bras
dans un appareil et en écharpe, mais ce jour-là ce fut
à neuf heures du soir au lieu de minuit qu'il y vint.
Cette fois, les agents, qui l'avaient surveillé tout spécialement, l'arrêtèrent bientôt en flagrant délit d'outrage public à la pudeur. Il fut traduit devant le
tribunal correctionnel. Il reconnut, comme lui appartenant, cinq souliers ramassés sur la voie publique,
qu'on lui représentait ; il raconta lui-même la scène
dans laquelle il avait été blessé et récrimina contre
des procédés, qu'il qualifiait d'attentatoires à sa
liberté. En avouant hautement le but de ses promenades quotidiennes et nocturnes, il ajoutait
cyniquement : « Il y a bien des maisons de filles,
« pourquoi n'y a-t-il pas des maisons d'hommes ?
« Aussi longtemps que cette injustice subsistera,
« on exposera d'honnêtes garçons comme moi à se
« faire arrêter. »

Malgré ces nombreuses arrestations, malgré la
sévérité déployée par la justice qui sentait bien la
nécessité de mettre fin à ces scandales publics,

malgré l'intervention brutale des gens des Halles écœurés par ce spectacle journalier, la réunion était toujours aussi nombreuse. Ceux qui, condamnés, avaient subi leur peine, revenaient, le soir même du jour de leur mise en liberté, plus enragés que jamais. Cela devenait intolérable, il fallait aviser.

Les water-closets, qui existaient à deux des angles de l'ancien pavillon de la boucherie, étaient, par leur disposition intérieure, la cause de tout ce désordre. Ils avaient été construits sur le même plan. Un vestibule donnait accès dans trois loges, séparées les unes des autres par de minces cloisons en briques et fermées par des portes pleines munies d'un crochet intérieur. Lorsque les pédérastes eurent pris cet endroit pour lieu de rendez-vous, ils percèrent chacune de ces cloisons de petits trous, qui permettaient aux deux voisins de cellules de commettre entre eux, à travers cette cloison, des outrages à la pudeur. Chaque jour, les maçons de la ville bouchaient ces trous; chaque soir, ces trous étaient percés à nouveau. L'administration prit un parti qu'elle crut héroïque; elle remplaça les cloisons par des plaques de blindage en fonte. Le premier soir, ce fut une désolation. Ceux qui constatèrent ce changement sortirent de là, la figure hébétée. Ils allaient à la rencontre des nouveaux arrivants, pour leur apprendre la triste nouvelle. Ceux-ci n'y voulaient croire qu'après avoir vérifié par eux-mêmes. Cette vérification faite, ils avaient des gestes de désespoir qui eussent été du plus

haut comique, s'ils n'avaient eu une signification
aussi répugnante; bref, il fallut bien se résigner. Les
allées et venues durèrent toute la soirée encore, le
lendemain, elles devinrent plus rares et, le troisième
jour, personne ne reparut plus. C'en était donc fini
de ce cloaque immonde. Oui ! Mais pour quelques
jours seulement. Quinze jours plus tard, les plaques
de métal avaient été taraudées, les trous existaient à
nouveau, et la cohue antiphysique y venait plus
nombreuse que jamais.

La fermeture de ces water-closets fut seule capable
de mettre fin à ces scandales.

Cet acharnement à choisir des water-closets
comme point de rendez-vous paraîtrait incroyable,
si nous ne disions tout de suite que l'odeur qu'exha-
lent ces sortes d'endroits est une des conditions
recherchées par une catégorie fort nombreuse de
pédérastes, aux plaisirs desquels elle est indispensable. On verra plus loin que tous les water-closets
publics, notamment ceux construits sur les bords
de la Seine, que tous les recoins malpropres et
puants, servent spécialement de lieux de rendez-
vous. Ceux que leurs goûts pervertis poussent à
rechercher cette singulière condition de bien-être
— et ils sont très nombreux — forment la classe
des *Renifleurs*. L'ironie se devine.

L'absence de sens moral chez tous les vrais pédérastes entraîne avec elle l'oubli de toute dignité
de soi-même.

20

Un vicomte, pourvu d'une grande fortune, occupait ses loisirs journaliers à des courses étranges. — Il avait pour ces promenades une voiture spéciale que tous les *jésus* et *petits jésus* connaissaient sous le nom de coupé-muraille, à cause de sa couleur sombre. Ce coupé était monté par un cocher et un valet de pied tout à fait au courant des habitudes de leur maître. Ils savaient, sans qu'on eût besoin de le leur dire, que dans le jour ils devaient se diriger vers la salle des Ventes, que le soir il fallait suivre les boulevards, lentement, en longeant les trottoirs, et s'arrêter à chaque instant pour permettre au vicomte de mettre la tête à la portière et d'opérer ses racolages. Lorsque le vicomte croyait avoir, à l'aide d'une minauderie, d'un regard, ébauché une conquête, il descendait de voiture et cherchait à lier conversation. Le coupé suivait au pas, le valet de pied à la portière, tout prêt à ouvrir pour le cas où son maître réussirait dans son entreprise. La réussite obtenue, le coupé emportait au grand trot les deux complices vers les Champs-Élysées et le bois de Boulogne. Tout cela se faisait en vertu d'une consigne donnée à l'avance.

La passion est tellement impérieuse pour les véritables adeptes de la pédérastie, qu'elle amène, au point de vue social, les accouplements les plus monstrueux. Le maître et son domestique, le voleur et l'homme sans casier judiciaire, le goujat en guenilles et l'élégant, s'acceptent comme s'ils appartenaient à la même classe de la société. Tel est entretenu aujourd'hui par le maître chez lequel il était entré comme valet.

Dans une perquisition faite dans une maison garnie, habituellement fréquentée par des pédérastes, un homme paraissant appartenir au meilleur monde, jeune encore, est trouvé en plein jour, seul dans une chambre; il n'est point locataire de la maison et son nom n'est point inscrit sur le registre de police. A la vue du magistrat ceint de son écharpe, il se trouble et demande à lui parler en particulier. Après bien des résistances, il finit par faire connaître son nom, et il explique qu'il est venu là pour attendre un jeune homme qui s'était offert à lui comme valet de chambre et *qu'il voulait apprécier avant de l'engager*.

Un valet de chambre écrit à un comte en villégiature, une lettre dont voici des extraits :

« Mon cher monsieur le Comte,

« Vous m'excuserez si je n'ai pas répondu à votre lettre d'honnêteté que vous avez eu la bonté de m'écrire . . . .
. . . .

« Je vous dirai que je vais sans doute quitter ma place. . . . .
. . . .

« Mais vous savez, moi, je suis d'un caractère

très doux, et j'ai toujours patienté en pensant à
vous, en disant en moi-même, si monsieur le comte
voulait me prendre chez lui, comme valet de
chambre ou de pied, je serais bien plus heureux et
tranquille; là, du moins, j'aurais un service régulier.

. . . .

« Je ne vous dirai pas à votre retour de me faire
réponse, car je serai sans doute sans place, et je ne
peux pas vous donner mon adresse, alors je vous
demande la permission pour le cas que vous reve-
niez à Paris, par le fait du hasard, comme la fois
que vous m'avez écrit d'aller chez (1)... vous voir,
mais je n'irai pas sans avoir reçu vos ordres par
une lettre qui viendra de vous, car je n'y suis jamais
retourné, puisque vous me l'avez défendu, je ne
vous ai jamais oublié, *j'ai toujours été sage pour
vous et je pense que vous l'avez été, cher monsieur
le comte, aussi pour moi.*

. . . .

« Je vous fais en même temps mes hommages et
une bonne et heureuse année, que vous recevrez
sans doute avec plaisir, si j'avais su votre adresse
de campagne, nous aurions été en correspondance
plus souvent.

« Je suis en attendant votre réponse, etc... »

Combien de gens honorables à tout autre point

(1) Ici le nom du propriétaire d'un hôtel dont nous parlerons
page 429.

de vue se sont vus appelés à fournir des explications dans des instructions de vols par ce seul fait
que leurs relations avec le voleur avaient été établies par les perquisitions ?

Les archives du Palais pourraient seules le dire.

Un jeune homme écrit à un homme du monde
pour lui proposer un rendez-vous. Il termine sa
lettre ainsi : « Déposez votre réponse chez le concierge de la maison, rue ...... n° .... où j'irai
la prendre, car j'habite la campagne, où j'ai le ciel
pour toiture, » et il signe : Votre ami Louise la
misère.

L'homme du monde accepte le rendez-vous, mais
il fait à Louise la recommandation suivante :
« Profite du temps que tu passes à la campagne,
pour prendre un bain en rivière, pour raccommo-
der tes vêtements et les nettoyer un peu; sans cela
je serais obligé de ne plus te revoir, tu es véritablement trop compromettant. »

Voici dans quels termes un vicomte écrit à son
ancien cocher.

« Mon bon petit chéri,

« J'étais de retour à Paris depuis plusieurs jours,
lorsque hier j'ai reçu ta lettre ; elle m'a fait plaisir,
comme tu le penses bien; tu n'es vraiment pas raisonnable de t'occuper de P. . . . il n'est pas venu
à Paris, on vous le jure, vieux jaloux. . . . : . .
. . . .

« Reviens-moi le plus tôt possible, écris-moi
de B... le jour et l'heure de ton arrivée, pour que
je puisse aller te chercher à la gare.

« A bientôt, ma petite bibiche, je t'aime et t'embrasse de tout mon cœur. »

Ces lettres contiennent souvent des dessins à la
plume représentant des idées ou des désirs qu'ils
n'osent exprimer par des mots.

Ils ont tous, au surplus, la passion des gravures
obscènes. Chacun a, chez soi, un véritable musée
composé de photographies les plus ordurières, et
des portraits de tous ceux auxquels leurs mœurs
sans nom ont fait une réputation. — C'est une manie
pour eux que l'échange de leurs portraits-cartes.

Le seul goût avouable qu'on puisse constater chez
la généralité d'entre eux, c'est la passion de la musique. On les rencontre en grand nombre, l'été, aux
abords des concerts en plein air. Nous savons bien
qu'ils ne viennent pas là pour le seul amour de la
mélodie. Comme les voleurs à la tire, ils recherchent les agglomérations en plein air, qui leur fournissent des occasions faciles; mais en dehors de là
nécessité, que nous appellerons professionnelle, de
rechercher les rassemblements, la musique, par
elle-même, a pour eux une véritable attraction et
paraît les absorber. Les concerts, les cafés-concerts
et les théâtres de chant sont pour eux des endroits
de prédilection qu'ils fréquentent aussi souvent

qu'ils le peuvent. Là, ils sont tout oreilles, ils se tiennent recueillis et gardent un maintien décent. Une des attentions les plus délicates, que puisse avoir un poursuivant pour la conquête qu'il poursuit, est de lui offrir un fauteuil, ou mieux une loge à l'Opéra.

« Monsieur, — écrivait le baron allemand dont il a déjà été question à un jeune musicien militaire, — j'ai un grand désir de faire votre connaissance, et cependant j'ai trop bonne opinion de vous pour supposer que vous vous lieriez avec le premier venu. J'ai donc pensé, que pour nous voir une première fois, vous voudrez bien accepter un billet d'Opéra. La musique rend indulgent, et comme je l'aime beaucoup, elle parlera en ma faveur auprès de vous.

« J'ai pris des places pour vendredi... on donnera les *Vêpres siciliennes* de Verdi, opéra chanté et dansé par les meilleurs artistes.

« Mon coupon de places ne pouvant se détacher, il faut que nous y allions ensemble. J'y gagnerai alors le plaisir que vous voudrez bien dîner avec moi.

« J'irais bien vous chercher à votre caserne, mais cela pourrait vous être désagréable. Je vous propose donc de venir après-demain... entre trois heures et demie et quatre heures à . . .

« Ne demandez qu'une permission de théâtre, car, après l'Opéra, je vous accompagnerai en voiture à votre quartier.

« Vous me pardonnerez ce moyen un peu insolite

de me présenter à vous, pour causer un peu
musique et pour nous rapprocher en bonne camaraderie ; je préfère toujours la franchise au moyen
détourné des personnes intermédiaires.

« J'espère que vous ne refuserez pas le plaisir
si élevé d'entendre de la belle musique, et que vous
ne ferez pas attendre en vain votre tout dévoué. »

Cette lettre, écrite le mercredi, n'avait pas encore
eu de réponse le vendredi. Le baron revint à la
charge.

« Monsieur, avez-vous oublié ma prière ou
refusez-vous mon invitation ? Il n'y a pourtant rien
de blamâble à vous offrir, à vous, un jeune musicien,
une représentation à l'Opéra. Voici le double billet
pour ce soir. Si vous ne daignez pas l'accepter,
renvoyez-le moi par le porteur.

« Vous n'avez besoin que de la permission du
théâtre, puisque je vous reconduirai en voiture. »

Il faut remarquer le soin avec lequel le baron
insiste pour la demande d'une permission de théâtre
seulement, et pour le retour en voiture le soir ;
comme il n'est pas certain que ses affaires avancent
assez en une soirée, pour que sa nouvelle conquête
consente à passer la nuit avec lui, il ne veut pas
tirer les marrons du feu, pour que d'autres les
mangent. Il prend donc ses précautions pour que ce
jeune militaire ne puisse disposer de sa nuit, et, pour
plus de tranquillité, il le reconduira lui-même à sa
caserne.

Ainsi, donc, abâtardissement des caractères et des courages, dégoût de l'amour naturel et de celui de la reproduction, perte de tous les sentiments de famille et de toute dignité, oblitération complète de tout sens moral; voilà l'apanage général de la vraie pédérastie.

CHAPITRE II

CLASSIFICATION DES PÉDÉRASTES.

Les rivettes, les amateurs. — Ils s'évitent généralement les uns les autres. — Exceptionnellement ils forment des coteries. — Rivalités et luttes entre les coteries. — Les entreteneurs. — Jalousie spéciale.
Les prostitués. — Ils cherchent en tout à imiter les femmes. — Tenue. — Allures. — Minauderies. — Les noms qu'ils se donnent. — Les métiers qu'ils exercent. — Les toilettes qu'ils préfèrent. — Malpropreté repoussante. — Passion pour les parfums et les bijoux.
Les insoumis ou petits jésus. — Leur origine. — Professeurs de belles manières. — Endroit propice au commerce des insoumis. — Leurs costumes. — Racolages et leurs dangers.
Les entretenus. — Différentes catégories. — Ce qu'on appelle le monde dans ce monde-là. — Réunions intimes. — Soirées dansantes. — Fêtes patronales. — Adieux à la vie de célibataire. — Soirée de mariage. — Bouquet de fleurs d'oranger. — Corbeille. — Voyage de noces.

Arrivons maintenant à la caractéristique de chacune des deux catégories que nous avons indiquées plus haut.

Les rivettes, les amateurs, en un mot les véritables servants de la pédérastie, ceux-là qui, prêts à tous les sacrifices d'argent pour donner satisfaction à leurs désirs dépravés, payent tous les services qu'on leur rend, forment la première catégorie. Ces

hommes, pour la plus grande généralité, ont reçu
une bonne éducation. Ils jouissent d'une certaine
aisance, et parfois d'une grande fortune. Les uns
sont des oisifs que les hasards de la naissance ont
dispensés de tout travail; les autres occupent, ou ont
occupé dans la société, des positions lucratives et
souvent élevées. Ils ont presque tous des dehors
convenables, distingués même, quoiqu'un peu
recherchés, mais pas assez excentriques pour les
trahir aux yeux des profanes. Ils ont tous pourtant
ce *je ne sais quoi* qui les fait se deviner entre eux.

Cette faculté de pouvoir se deviner leur est fort
précieuse. Au lieu de l'employer à se rechercher,
elle leur sert le plus ordinairement à se fuir. Ils
appartiennent à des milieux sociaux dans lesquels
ils sont journellement exposés à se rencontrer. La
moindre imprudence peut provoquer des commen-
taires fâcheux, entraîner des conséquences terribles;
aussi ne nouent-ils jamais entre eux de rapports
amoureux. C'est exclusivement à des prostitués
que chacun isolément s'adresse en catimini. Dans
ces conditions, on comprendra facilement qu'ils
s'évitent le plus qu'ils le peuvent, même dans les
relations ordinaires de la vie, qu'ils se côtoient dans
le monde en feignant de ne se connaître que très
superficiellement. Cette indifférence voulue n'est
qu'une comédie. Ils ont tous, au contraire, une
connaissance parfaite les uns des autres. Comme
tous chassent sur le même terrain, chacun sait à fond
les aventures de son voisin, qu'il a apprises par les

bavardages des *petits jésus;* mais chacun garde ce qu'il sait, comme une menace contre les incontinences de langage des autres. C'est comme une assurance mutuelle contre le danger des indiscrétions.

Cet isolement n'est cependant pas une règle absolue; elle comporte des exceptions.

Il est des gens qui, bien qu'appartenant à la bonne société par leur naissance, par leur éducation, par leurs occupations, se moquent de ce que pourront dire ou penser les gens de leur monde, débauchés comme eux. Ceux-là forment des coteries de six ou huit amis, tous *rivettes,* dans lesquelles une personnalité domine, et que les prostitués désignent par le nom de guerre de cette personnalité; mais chacune de ces coteries, dont tous les membres liés entre eux par une étroite camaraderie mènent la vie de débauche en commun, reste étrangère à sa voisine.

Il est arrivé pourtant que la guerre a éclaté entre deux bandes, guerre d'envie d'un côté, de jalousie de l'autre, ayant toujours pour prétexte un *petit jésus* que l'une voulait détacher de l'autre pour l'attirer à elle. Pour le petit *jésus* convoité, des cadeaux, des invitations au théâtre. Si, au début, il ne répond pas à ces avances, on lui tend des pièges. On le fait inviter par un sien ami à une réunion intime dans laquelle, sans personne pour le

défendre, il se trouve exposé aux entreprises de la
bande qui poursuit sa conquête.

Mais c'est entre les membres des deux coteries
que la lutte prend parfois des proportions scandaleuses. Partout où on se rencontre, on se toise du
regard, on échange des paroles outrageantes, on en
vient même souvent aux coups. Nous avons raconté
plus haut les péripéties de la lutte entre la bande du
baron et celle du vicomte. Ces luttes engendrent
une haine implacable qui survit à l'âge des passions.

Nous avons dit que les coteries entre rivettes
étaient l'exception. Les luttes entre ces coteries sont
plus exceptionnelles encore. Ces associations et ces
luttes sont pourtant dans les besoins, dans les aspi-
rations de la pédérastie. Elles existent entre tous
les prostitués, ceux-là qui n'ont rien à perdre. Les
rivettes ne les évitent qu'en raison de leur position
sociale à sauvegarder; c'est une violence qu'ils font
à leurs penchants naturels, un sacrifice à leurs intérêts matériels, au respect humain. Bien que la règle
générale soit qu'ils vivent isolés les uns des autres,
nous avons dû faire, dans ce travail, une large part
à l'étude de ces exceptions, parce que c'est surtout
dans ces associations, dans ces luttes, dans ces réunions, bals, soirées, etc., que la pédérastie se livre
sans contrainte à ses ébats et donne un libre cours à
ses monstrueux instincts.

C'est, nous n'avons pas besoin de le dire, de la
première catégorie, celle des rivettes, que sortent
les entreteneurs. Et qu'on n'aille pas croire que ce

mot soit employé par assimilation ; il a ici toute sa
signification.

Certains pédérastes soutiennent de leur argent, et
dans les limites de leurs moyens, un *petit jésus*
pour se l'attacher personnellement. Celui-ci donne
juste de quoi vivre dans un hôtel garni; celui-là
subvient à une vie plus large, dans un petit logement ; cet autre donne le luxe et le superflu dans
un somptueux appartement, ou même dans un petit
hôtel. Certains, parmi les plus vieux, cohabitent,
vivent maritalement avec un tout petit jeune homme
qu'ils entretiennent dans l'oisiveté et l'opulence.
D'autres installent plusieurs *petits jésus* dans divers
logements qu'ils visitent à tour de rôle pour varier
leurs plaisirs. C'est dans ces logements, ces appartements que le protecteur, lorsqu'il appartient à une
coterie, offre à dîner à ses amis ; qu'il donne des
soirées auxquelles sont conviés tous les *petits jésus*
affiliés à la bande.

Ces réunions se produisent sans que la jalousie
ait trop à en souffrir, car la jalousie de ces messieurs
est d'une nature toute particulière.

Un entreteneur n'est jaloux de son *petit jésus*
que s'il se donne à un autre entreteneur ; mais, avec
d'autres *petits jésus* comme lui, il lui laisse une
entière liberté.

On va le voir par cette lettre. On y remarquera
le parti pris de donner aux prostitués mâles des
appellations féminines :

« Ma chérie, tu me crois donc le caractère bien

mal fait, que tu me supposes fâché, parce que je ne
t'ai point rencontrée hier soir. Tu sais que je ne t'en
voudrai jamais lorsque tu trouveras l'occasion de
t'amuser avec tes compagnes. Tu avais pris le soin
de me laisser un petit mot pour me dire que tu
passerais la soirée et peut-être la nuit avec l'Eve-
lina et la Patti, et de m'affirmer que leurs amants
ne seraient pas de la partie ; cela me suffisait,
puisque j'ai confiance en toi. Tu vois donc que tu
n'as pas à t'excuser près de moi. Ce soir, j'ai ma
famille à dîner, tu vois comme je vais m'amuser ;
s'ils ne s'éternisent pas chez moi et que je puisse
être chez toi avant minuit, j'irai te dire bonsoir ;
dans tous les cas, tu devras être fatiguée, ne m'attends
pas, couche-toi, j'entrerai avec ma clef. »

Le *petit jésus*, de son côté, n'est jaloux de son
entreteneur que s'il l'abandonne pour en entretenir
un autre ; quant aux connaissances passagères qu'il
peut faire, loin de s'en froisser, il les favorise, et le
plus ordinairement c'est lui qui, dans ces sortes
d'affaires, joue le rôle d'entremetteur et donne souvent les rendez-vous dans le local même qu'il habite.

Une lettre justificative vient encore ici à l'appui :

« Monsieur, vous ete un infâme de m'avoir insi
trompé. Vous m'avé lessé dans la miser pour une
gueunon, pour un salope et dir que ces moi quai
été vou le chercher imbécil j'é cru que vou mémiez.
Fot-il avoir passé deu an de ma jeunes à faire tout
vo caprice pour être trêté insi. J'an sui rédui a allé
le matin ché Vachet pour avoir une soupe mais je

mvangéré je le jure j'écriré à vot onorable per tou
ce que vou ête il ora vo lettes quand à vot salope
je lui caseré les rins et je lui créveré les jeux, si vous
me fetes arêté vou viendré com témoin ça sra
drol. »

Reproduite telle quelle, comme les précédentes,
cette lettre est curieuse à d'autres égards. Elle
montre que ces êtres dégradés se rendent parfaitement compte de l'infamie de leur milieu.

Cette question des entreteneurs reviendra forcément lorsque nous nous occuperons des entretenus ;
quant à présent, nous dirons seulement que les
choses se passent là à peu près comme dans le
monde des femmes galantes, mais avec plus de
cynisme.

La catégorie des *amateurs* est moralement plus
coupable, plus dangereuse et plus répugnante que
ne l'est la seconde. Le plus souvent, ni l'instruction,
ni l'éducation, ne lui ont fait défaut; elle n'a jamais
eu les mauvais conseils de la misère; elle n'a donc
pas d'excuse. Si la pédérastie est scandaleuse, si
certains êtres atteignent un degré de dépravation tel,
qu'ils vivent de ce vice comme les filles publiques,
tout cela est l'œuvre de la catégorie qui paye. C'est
elle surtout qui s'ingénie à cacher son cynisme sous
des dehors honnêtes. Certains des siens affectent des
sentiments religieux et paraissent des pratiquants
fervents; d'autres semblent s'adonner aux œuvres
sociales, humanitaires et philanthropiques, au ser-

vice desquelles ils déploient un zèle et un dévouement qui font l'admiration de tous ceux qui les
approchent sans les bien connaître. Hypocrisie que
tout cela, et d'autant plus dangereuse qu'avec des
précautions infinies, ces gens se servent le plus ordinairement de la confiance qu'ils inspirent comme
d'un moyen d'excitation à la débauche sur les natures faibles, que l'exercice de leurs fonctions charitables met en leur dépendance.

La seconde catégorie comprend ceux qui, faisant
métier et trafic de leur corps, sont des prostitués
dans toute l'acception du mot; et ceux qui, adonnés
ou non aux habitudes de pédérastie, sont, avant tout,
des voleurs qui tirent tous leurs moyens d'existence
des rapines qu'ils exercent sur les amateurs.

Nous ne voulons, quant à présent, nous occuper
que des prostitués; les voleurs feront l'objet d'un
chapitre spécial.

Les prostitués qu'on désigne sous les noms génériques de *petits jésus* ou de *jésus* se décomposent en
trois sous-classes : *les honteuses* — *les travailleuses*
— *les persilleuses*.

Les persilleuses et les travailleuses affichent carrément leur ignominie. Les honteuses, comme leur
nom l'indique, la cachent le plus qu'ils peuvent.

A cette classification tirée de l'argot, adoptée par
le monde des voleurs et par celui de la prostitution,
nous préférons celle-ci : *les insoumis* — *les entretenus*

— *les raccrocheurs* — parce qu'elle se prête mieux au plan de cette étude.

Nous devrions peut-être employer ces trois adjectifs au genre féminin, parce que les individus qu'ils qualifient ont tous pour signes distinctifs une tenue, des allures, des minauderies efféminées qu'ils s'étudient à pousser jusqu'au ridicule.

Entre eux, ils ne se connaissent et ne se désignent que par des appellations féminines.

Ces appellations ont des origines bien différentes. Certaines ont des prétentions à la noblesse : la duchesse de Lamballe, la Marquise, la Baronne, la Maintenon, la margrave de Saint-Léon, la duchesse Zoé, Valentine d'Armentières, Marie Stuart, la princesse Salomé, etc., etc.

D'autres sont tirées de romans ou de pièces de théâtres : Fœdora, la Fleur fauchée, la Bisbérine, Adrienne Lecouvreur, Lodoïska, la Esmeralda, la Fanchonnette.

D'autres appartiennent, ou ont appartenu à la galanterie parisienne : Rigolette, Pomaré, Marguerite Gautier, Cora Pearl, la Schneider.

Enfin les défauts de nature, les habitudes, les lieux d'origine et les professions font donner des sobriquets au plus grand nombre : la femme Colosse, la Déhanchée, la Louchon, la Naimbot, la Délicate, la Roussotte, la Blondinette, la Tabatière, la Poudre de riz, la Salope, la Normande, la belle Allemande, la Brésilienne, la Parfumeuse, l'Institutrice, la Cochère, Louise la Misère, etc., etc.

Dans la conversation, ils se traitent de *ma chère*, de *ma toute belle*. Si un passant, en réponse à des gestes provocateurs, les rudoie un peu, ils disent : « Vous n'êtes pas galant pour les dames, » et si,, écœuré, il les malmène, ils lui répondent : « Vous êtes un lâche de maltraiter une faible fille comme moi. »

Pour exprimer la séduction que peut exercer l'un d'entre eux, ils disent de lui : c'est une chatte. Ils se traitent dans leurs correspondances de : « cher cœur, adorable trésor », et, dans leurs disputes, « de p..., de vache, de salope, de voleuse. »

Tous cherchent à se donner une voix douce, et certains arrivent à des timbres de fausset près desquels les voix de la chapelle Sixtine sont des voix graves.

Lorsqu'ils se trouvent plusieurs réunis dans l'intimité, c'est un caquetage assourdissant entremêlé d'éclats de voix aigres qui pourraient faire douter de leur raison. C'est cet amour immodéré du verbiage qui leur a valu le surnom de *tapettes* (1).

Ils emploient tous les moyens possibles pour se rendre imberbes ; ils cherchent à faire tomber leur barbe à l'aide d'onguents ; certains se la font même arracher brin à brin et se résignent à cette souffrance atroce pour être bien certains qu'elle ne repoussera pas.

(1) En langue verte, on dit d'une personne qui cause beaucoup et à tort et à travers : « A-t-elle une *tapette!* » Tapette, en argot, est synonyme de *bavard.*

Dans les bals masqués, dans leurs soirées intimes, sur la voie publique, où ils se montrent en plein jour pendant les fêtes du Carnaval, c'est toujours en femmes qu'ils s'habillent, et c'est avec des fleurs artificielles, des couronnes et des guirlandes qu'ils se parent; chez eux, où ils se livrent volontiers à des travaux d'aiguilles, c'est encore ce costume qu'ils affectent de porter.

Leurs professions de prédilection, quand ils travaillent, sont encore des professions ordinairement exercées par des femmes. Ils sont fabricants de chapeaux de paille pour les dames, ouvriers en fleurs fines, ouvriers en tapisserie à l'aiguille, modistes, repasseurs chez les blanchisseuses, couturières. L'un d'eux avait acquis dans cette dernière profession un goût et une habileté tels qu'il était engagé à l'année par une des grandes marchandes à la toilette de Paris, pour remettre à neuf les robes de soirées démodées.

Lors d'une perquisition faite chez un jeune homme, on le trouva repassant un bonnet; à ses côtés était assis un autre jeune garçon qui cousait une robe ; enfin un troisième individu, celui-là étranger à la maison, leur faisait voir des échantillons de rubans pour lesquels il faisait la place.

Ils ont, pour les colifichets, les étoffes de soie, les bijoux, les parfumeries, un goût insatiable, désordonné. Le linge de corps les préoccupe beaucoup moins. Ils sont, pour une certaine catégorie, d'une malpropreté repoussante. Souvent couverts

d'habits sordides, de linge dont la seule vue donne
des nausées, ils ne considèrent même pas la chemise comme un vêtement indispensable; ils la rem-
placent volontiers par un faux col fixé à l'aide d'une
épingle au col de leur gilet, et par une loque de
linge blanc étalée sur leur poitrine. La vermine et
la gale, qu'ils propagent partout, sont leurs hôtes
habituels et respectés; mais ils portent tous sur eux
un flacon d'odeur, de la poudre de riz, un pompon
dont ils se servent à chaque instant, même sur la
voie publique. La possession d'un coupon de soie
voyante les transporte de joie; les bijoux surtout
les passionnent outre mesure. Ce sont là les cadeaux qu'ils préfèrent. A défaut de diamants, ils
portent du strass, à défaut d'or ils achètent du dou-
blé, tout ce qui brille leur plaît.

Tout cela leur paraît d'autant plus naturel,
qu'ayant la prétention d'être des femmes, ils cherchent, comme nous l'avons déjà dit, à les imiter en
tout.

L'indélicatesse est dans leurs habitudes à tous.
Ils s'emparent de tout ce qui se trouve à leur portée. Si quelques-uns travaillent encore dans les
magasins, notamment dans les magasins de nou-
veautés, ils volent des soieries et des dentelles dont
ils se font des costumes.

Lorsqu'ils sont emmenés dans des domiciles particuliers, ils les dévalisent autant qu'ils le peuvent :
lettres, papiers de famille, argent, tout leur est bon.

On verra plus loin, lorsque nous nous occuperons des chantages, que tous les prostitués pédérastes sont tous plus ou moins des voleurs.

LES INSOUMIS OU PETITS JÉSUS. — Ce mot *insoumis* est emprunté à la prostitution féminine, qui, dans le langage administratif, se divise en insoumises et en filles publiques. Les insoumises sont les débutantes, les moins expérimentées, celles qui n'ont point encore été mises en carte.

Bien que la prostitution pédérastique ne soit pas réglementée, c'est par analogie qu'on a donné le nom d'insoumis aux timides, aux débutants, à ceux qui, obéissant encore à un sentiment de honte, peut-être même de pudeur, se cachent et fuient le grand jour, contrairement à ce que font les raccrocheurs, qui, eux, recherchent la lumière.

Ces insoumis, qu'on appelle aussi des honteuses, sont de malheureux enfants que la paresse, les habitudes vicieuses de la jeunesse, la promiscuité qui règne dans certains garnis et le peu de surveillance de leurs parents, prédisposaient au vice de la pédérastie. Le soir, à la sortie de l'atelier, au lieu de rentrer dans leur famille, ils ont rôdé dans Paris. Ils ont fait la rencontre de raccrocheurs, de don Juans de latrines publiques, qui, après les avoir grisés au cabaret, ont abusé d'eux, sans aucune résistance de leur part, il faut le reconnaître. A plusieurs reprises, ils sont revenus aux rendez-vous donnés. On leur a enseigné qu'il était facile de vivre sans travailler. Peu de soirées leur ont suffi pour prendre goût à cette vie de luxure. Grâce aux conseils et sous la surveillance de leurs séducteurs, ils ont appris à se maquiller le visage, à minauder, à racoler convenablement. Ces séducteurs, véritables souteneurs, leur ont fait troquer, chaque soir, dans un but d'exploitation, la blouse et la cotte de l'ouvrier contre une petite jaquette en drap, serrée à la taille et un pantalon collant dont ils ont avancé le prix, puis les ont accompagnés sur le terrain pour les surveiller à distance, corriger leurs maladresses, en un mot pour les initier à tous les secrets du métier. Nous avons même connu une sorte de professeur de maintien, qui, moyennant rétribution, enseignait l'emploi des belles manières. Très vieux déjà, la bouche ornée d'un râtelier, et la tête d'une perruque, le visage couvert de fard, vêtu en tout jeune homme, il opérait devant ses élèves et leur faisait répéter ses leçons.

Cette éducation une fois faite, les *petits jésus*, comptant sur les hasards du trottoir pour se procurer chaque soir des moyens d'existence, ne fréquentent plus que fort irrégulièrement l'atelier. Leur jeunesse et leur inexpérience les rendent très timorés. Peu familiarisés avec les dangers et les déboires du métier qu'ils n'exercent que depuis peu de temps, ils redoutent et la police et leur famille, avec laquelle ils habitent encore. Leur clientèle spéciale, composée de gens qui tiennent par-dessus tout à rester inconnus, n'ira pas les trouver dans des endroits bien éclairés; aussi ces circonstances, jointes au peu de respect humain qui leur reste encore, font qu'ils fuient la lumière et ne recherchent que l'ombre et le mystère.

Fort peu d'endroits, dans Paris, réunissent les nombreuses conditions favorables aux entreprises des *petits jésus*.

Il faut un emplacement assez vaste, ni trop éclairé, ni trop obscur, peu fréquenté, à proximité pourtant de promenades recherchées. Il faut encore des accidents de terrain, des arbres, des bosquets derrière lesquels on puisse se dissimuler au besoin, et lorsque les minauderies, les regards langoureux n'ont pas suffi pour séduire immédiatement, qu'il devient nécessaire d'avoir recours aux artifices de la parole, des bancs pour s'asseoir, de petits kiosques de nécessité en plein air et un peu masqués, comme ceux établis dans divers massifs des Champs-Élysées, devant lesquels on puisse se présenter huit ou dix fois par heure. De nombreuses issues, par lesquelles il soit facile de fuir en cas d'alerte, sont aussi indispensables. La réunion de toutes ces conditions sur un même point de Paris est trop rare pour que les *petits jésus* et les messieurs pudibonds qui, le soir, cherchent aventure, ne profitent pas de ces heureuses circonstances lorsqu'ils les rencontrent. Des endroits aussi privilégiés deviennent forcément pour eux des lieux de rendez-vous.

C'est entre onze heures et minuit que l'activité des *petits jésus* est la plus grande. Leur coquetterie atteint l'extrême limite du ridicule. Vêtus de costumes enfantins, parfois même d'un uniforme de collégien, la raie au milieu de la tête, les cheveux luisants et retombant en boucles sur les joues, la figure fardée et maquillée, une cravate à la Colin surmontée d'un col de chemise plat qui s'étale sur les épaules, marchant avec affectation en se dandinant sur les hanches, ils vont et viennent, les yeux langoureux et la bouche en cœur, souriant à tous ceux qu'ils croisent.

Lorsqu'un sourire répond aux leurs, l'affaire est en bonne voie, c'est un client. On fait un petit signe, et si le client suit ou ralentit la marche, on tourne la tête à tout moment pour échanger de nouveaux sourires; on se dirige vers un coin désert et obscur, puis après s'être assuré qu'il n'y a là aucun regard indiscret, on s'aborde; les conventions faites, on se prend par le bras et on disparaît.

Lorsque, moins habituée ou moins cynique, la personne provoquée paraît être indécise ou rêveuse, le *petit jésus* revient sur ses pas, passe et repasse, papillonne vingt fois autour d'elle. Il multiplie ses œillades, ses minauderies, ses agaceries, qu'il accentue de plus en plus, jusqu'à ce qu'il soit bien convaincu qu'elle n'est pas insensible à ses provocations et que la timidité seule la retient; il se hasarde alors à lui adresser la parole. Si elle fume, le prétexte est tout trouvé, il demande la permission d'allumer une cigarette; par une plaisanterie ou un geste risqué, il entre en matière et voilà le plus souvent un client trouvé.

Parfois pourtant, il faut bien le dire, la réponse à cette plaisanterie, à ce geste est une série de coups de poing et de coups de pied, que le *petit jésus* emmagasine, en prenant la fuite. Il fait beau alors le voir courir, cette fois sans retourner la tête, jusqu'à ce qu'il ait mis une distance raisonnable entre son adversaire et lui. Une fois à l'abri des violences, il s'arrête et vomit les injures les plus ordurières de son vocabulaire, puis reprend sa course. Lorsqu'il est hors de danger et complètement rassuré, il tire de sa poche une petite glace, un pompon à poudre de riz, répare les désordres de sa toilette et revient sur son terrain pour chercher de meilleures occasions.

Lorsque l'aventure a réussi, on se rend dans un domicile particulier, dans un hôtel garni et parfois dans une voiture de place. Le choix de la voiture n'est pas chose insignifiante. Avec un cocher qui ne veut pas prêter la main à de pareilles turpitudes, les amoureux courent de très grands risques. Si l'automédon s'aperçoit qu'ils baissent les stores, il quitte son siège, et c'est à l'aide du manche de son fouet, qu'il les fait descendre d'abord, puis avec le fouet lui-même qu'il leur fait la conduite. Parfois aussi, il part sans mot dire, et lorsqu'il arrive dans un endroit bien éclairé, bien fréquenté, il s'arrête, ameute les passants, fait un énorme scandale, et force ses voyageurs à partir à pied au milieu des huées de la foule. Ou plus simplement il se dirige vers un poste, dans lequel il dépose son fardeau.

Tous les cochers n'ont pas une morale aussi rigoureuse. Quelques-uns qui recherchent spécialement cette clientèle, parce qu'elle est généreuse et qu'il est toujours facile de la faire chanter au besoin, maraudent le soir à proximité des lieux de rendez-vous. Avec ceux-là, aucun danger pour les *petits jésus* qui reçoivent même souvent leur part dans les produits du chantage. Mais ces cochers-là sont relativement peu nombreux, et les dangers que peuvent faire courir les autres sont trop grands pour qu'on demande souvent aux voitures l'asile qu'on cherche. Comme nous l'indiquerons plus loin, ce ne sont pas, au surplus, les nids qui manquent à ces dégoûtantes liaisons.

C'est dans la classe des *petits jésus* que se recrutent :

LES ENTRETENUS. — Le but suprême de tout insoumis est d'arriver à se faire entretenir, parce qu'alors, c'est le domicile, les moyens d'existence et souvent le luxe assurés. C'est la possibilité de déserter complètement et la maison paternelle et l'atelier; c'est, avec la liberté absolue, l'espoir d'une vie de plaisirs.

Ces liaisons nouées, soit à la suite d'un racolage sur la voie publique, suivi de plusieurs rendez-vous, soit dans une soirée, soit dans un bal, durent souvent plusieurs années, mais dans des conditions qui varient entre elles, suivant le degré de passion et la position de fortune des entreteneurs.

Celui-ci, qui ne donne à un *petit jésus* qu'une assistance insuffisante, n'a pas le droit d'être exigeant et lui laisse assez de liberté pour qu'il se procure ailleurs la somme complémentaire qu'exigent ses besoins.

— Quelles sont vos ressources ? demandait-on à un nommé L...

— Je suis entretenu, répondait-il, par le capitaine de X... qui m'envoie 200 francs par mois, de Savoie, où il est en garnison.

« Trois provinciaux m'envoient chacun 150 francs par mois pour les services que je leur rends lorsqu'ils viennent à Paris.

« Enfin M. Y... me donne 250 francs par mois, soit pour user de moi, soit pour lui fournir quelqu'un à ma place une fois par semaine, le jour qu'il m'indique. »

Un autre, qui ne peut fournir qu'au strict nécessaire, demande, par raison d'économie, que le *petit jésus* fasse la cuisine. Chaque soir il vient prendre son repas avec lui ; ce qu'il dépenserait au restaurant, pour lui seul, leur suffit pour vivre à deux.

Cet autre, plus économe encore, ou plus amoureux et plus jaloux, cohabite avec son *petit jésus*, et tient complètement ménage avec lui.

Tout cela, c'est ce que les filles appellent *la popotte, le pot-au-feu*. C'est un pis-aller, c'est une attente dans l'espoir de mieux trouver. Mais voici venir un heureux du jour, un de ceux qui excitent les convoitises de toute la cohue.

Celui-là habite un appartement luxueusement meublé, parfois un petit hôtel. Il a une maison de ville pour l'hiver, de campagne pour la belle saison. L'été, il va aux eaux. Sa chambre à coucher, capitonnée en soie couleur tendre, est un véritable boudoir. Il porte aux mains de magnifiques bijoux avec de vraies pierres fines. Sa toilette est ridiculement irréprochable. Il est coiffé, frisé, pommadé, maquillé selon toutes les règles de l'art. Toute sa précieuse personne, qui laisse derrière elle une traînée de parfums, a les allures efféminées qui constituent le suprême bon ton dans le monde de la pédérastie.

Comme les femmes à la mode, il déjeune au lit et se lève vers midi. Un vieux raccrocheur, que son âge avancé a mis en réforme, lui sert de femme de chambre. Ses après-midi sont consacrées à la promenade. Vers six heures, il rentre, fait une nouvelle toilette, va dîner le plus ordinairement au restaurant. Lorsqu'il attend la visite de son entreteneur, il revient chez lui; lorsqu'il est libre, il court les spectacles, les bals, les lieux de plaisir, retourne de temps à autre aux Champs-Élysées, théâtre de ses premiers exploits, où il s'encanaille (comme il dit) en menant une aventure avec un *petit jésus*. Pendant

les soirées d'hiver, il reçoit souvent chez lui, ou va
dans le monde.

On devine ce qu'est ce monde dans lequel il va.

Le *petit jesus*, lorsqu'il a réussi à se faire richement entretenir, affiche un dédain humiliant pour
cette tourbe dont, la veille encore, il partageait la
misère. Lorsqu'une fantaisie lubrique le ramène au
milieu d'elle, il prend ses précautions et cherche à
conserver le plus strict incognito — telle une
femme à la mode, rassasiée de luxe, se déguise en
grisette pour retrouver, dans les bals de barrière, un
regain de ses premières amours; — mais sa dignité
le contraint à ne plus fréquenter que des amis de
son rang, entretenus comme lui, les seuls avec
lesquels il puisse se lier sans déroger et dont
l'ensemble compose ce qu'il appelle : *le monde*.

L'existence des sentiments hautains, de la fierté
méprisante, qui sont le propre de cette aristocratie
de vice, de ces va-nu-pieds déclassés, ressort non
seulement de l'étude de leurs habitudes, mais
même de leurs nombreuses correspondances.

Voici une lettre adressée par un valet de chambre
en exercice à un ex-valet de chambre élevé par
son maître à la dignité d'entretenu.

« Depuis longtemps déjà, j'avais compris qu'une
trop grande distance, existant entre votre position et la mienne, empêchait toutes relations
entre nous, et pourtant je n'avais pas le courage de
rompre le premier; mais la rencontre de l'autre
jour a tout décidé. Je le regrette vivement et sincè-

rement, mais je ne puis penser que vous et surtout
monsieur le vicomte... vous vous abaissiez jusqu'à
accorder votre amitié à un valet de chambre ; re-
tirez-la-moi ainsi que votre estime, mais pourtant
ne me méprisez pas, je ne le mérite pas ; vous savez,
ou du moins je vous ai dit, que pendant trois ans
j'avais eu un ami ; c'est vrai, et trop vrai, car c'est
précisément ce premier *attachement* qui est la cause
que je suis descendu à cette humble, mais honnête
condition, que j'ai préférée à ce honteux *métier*
qu'exercent bon nombre de gens. Mes parents, qui
habitent Paris, étant parvenus à connaître la nature
de mes relations avec mon *ami*, me mirent à la porte
de chez eux, sans pour cela cesser de veiller sur
moi. Eh bien ! que fallait-il que je fasse ? Vivre
comme je vous le disais tout à l'heure ou bien vivre
de mon travail, je préférai cette dernière perspective, mais que faire ? Jusqu'à l'âge de quinze ans
que j'étais resté en pension, je n'avais guère idée du
travail et pendant trois ans que je restai avec lui, je
n'en avais guère pu prendre le goût ; apprendre un
état, j'étais trop âgé ; d'ailleurs, je n'avais aucune
ressource pour vivre pendant la durée de mon ap-
prentissage, car *il* m'avait abandonné sans retour,
sous l'influence de la peur d'être inquiété par mes
parents. Pensez-vous maintenant que je mérite le
mépris que ne manqueront pas de me jeter à la
face ceux qui tôt ou tard apprendront jusqu'à
quelle condition je suis descendu ? Ne croyez pas
que ce soit le plaisir de faire du sentiment qui me

fait écrire cette lettre, non, c'est seulement pour me réhabiliter dans l'opinion que vous avez pu prendre de moi, depuis le jour où vous m'avez rencontré.

« Adieu, monsieur (vous le voyez, je n'ose déjà plus vous appeler de ce nom si doux d'ami), croyez bien que lorsque vous m'aurez déjà oublié, je me souviendrai encore de l'amitié que vous avez bien voulu me témoigner pendant la durée de nos relations si promptement interrompues. Et je ne vous demande qu'une seule chose, c'est de garder le secret sur ma décadence.

« Daignez agréer l'hommage du respectueux souvenir que je conserverai toujours de vous. »

C'est dans leurs réunions mondaines qu'il faut surtout étudier les entreteneurs et les entretenus pour se rendre compte de la passion qu'ils ont, les uns de copier les habitudes du monde, les autres de singer les femmes galantes et même les femmes honnêtes. Cette étude est nécessaire pour qu'on puisse attribuer aux uns et aux autres le degré d'infamie qui leur appartient.

Il y a des réunions intimes et des soirées dansantes. Les réunions intimes ne se composent que d'entretenus. On y admet parfois un *petit jésus* qui appartient encore à la catégorie des *honteuses*. Elles sont journalières, tantôt chez l'un, tantôt chez l'autre, car chacun a son jour de réception.

Elles ont lieu notamment le soir; on apporte son ouvrage. On chante, on brode, on tapisse, on fait

des fleurs, mais surtout on babille. C'est là que se
racontent toutes les nouvelles qui peuvent intéresser
la corporation. Les exploits de la police, les scènes
de jalousie, les réconciliations, les nouveaux ménages, la tenue de tel ou tel à la dernière fête, tout
est passé en revue, commenté, amplifié, avec un
esprit de dénigrement jaloux qu'on ne rencontre
que chez certaines vieilles filles. Ce qui préoccupe
surtout, ce sont les questions de toilette. La des-
cription, dans un article de journal, des costumes
portés dans une soirée du grand monde, à une première représentation, donne lieu à des discussions
interminables.

Puis vient le tour de la médisance. Chacun y
passe à son tour, on se grise en parlant et on en dit
plus qu'on n'en voudrait dire; mais le lendemain
tous ces caquetages sont répétés aux intéressés et
occasionnent des scènes et des correspondances curieuses.

Celui-ci, qui s'est laissé aller à donner des détails
intimes sur une notoriété de la corporation, qu'il a
pourtant intérêt à ménager, prend les devants et lui
écrit dès le lendemain.

« On vous dira peut-être que chez moi, où toutes
mes amies se sont réunies hier au soir, j'ai dit sur
vous des choses désavantageuses et déplacées, n'en
croyez rien, ce seraient des propos de femmes
jalouses des bontés que vous avez pour moi. »

Un vieil entreteneur avait cru pouvoir dire dans

l'intimité ce qu'il pensait d'un nommé S... Il reçut
le lendemain la lettre suivante :

« Je viens d'apprendre que la mère D... avait dit
hier que M. S... était un garçon qui n'était plus
à *frécanté* vu qu'il était bien méchant. Que la
vieille tante D... s'occupe donc d'elle et des potins
des demoiselles qui vont en soirée chez elle, plus
taux que de *s'occupé* de M. S... Cette vieille
truye a dit que M. S... avait donné une blague
appartenant à cette vieille dernière. *San* doute
M. S... a trouvé une blague *qui* s'est empressé de
faire cadeau à quelqu'un, du reste rien ne prouve
qu'une aussi *villeine* tête *ai* une aussi jolie blague
que celle qu'a trouvée M. S... La mère D... est une
vieille méchante car elle a dit aussi qu'elle dépensait
tout son argent pour Mlle Fanchonnette et qu'elle ne
gardait rien pour elle, vous voyez bien que votre
soirée n'est rien autre chose qu'une boîte à can-
cans, » etc., etc.

Nous citons ces lettres parce qu'elles indiquent
bien à quel genre de causeries sont employées ces
réunions intimes.

Les soirées dansantes ont un tout autre caractère,
elles sont données par les entreteneurs. Ces fêtes
sont motivées par des événements importants,
comme une fête patronale, des adieux à la vie de
garçon, une présentation, une soirée de fiançailles.

Les fêtes patronales sont en honneur dans tous
les rangs de la pédérastie. Jamais un entreteneur ne

laissera passer la fête de son *petit jésus* sans lui offrir un cadeau, et parmi les prostitués, ceux-là même qui sont sans ressources, et sans domicile à eux, trouvent encore le moyen de réunir leurs amis ce jour-là.

La fleur fauchée, qui est sans asile, convoque tous ses amis pour prendre le thé chez sa mère, concierge avec laquelle il s'est raccommodé tout exprès pour la circonstance. On chante une partie de la nuit, malgré le propriétaire que ce tapage offusque, qui intervient, et qui doit se retirer devant les mauvais propos qui lui sont adressés.

Un valet de chambre au service d'un officier ministériel de Paris profite de l'absence de ses maîtres pour réunir dans leurs salons, à l'occasion de sa fête, la fine fleur des *jésus*. On se pare des costumes du maître et surtout de ceux de la maîtresse de la maison, aussi bien que des bijoux qu'on peut trouver sous sa main; puis on danse, on soupe, on se couche même dans le lit conjugal. Bref, on convertit l'appartement en véritable lupanar. Le lendemain matin, avant de quitter la maison, certains oublient d'y laisser les objets dont ils s'étaient servi la veille, notamment un paletot, une montre et sa chaîne en or. Deux jours plus tard, le valet de chambre assiste à une réunion intime chez un de ses invités de l'avant-veille. Il raconte les vols qui ont été commis. Il est triste, morose, rien ne peut l'égayer. Avant de quitter la réunion, il embrasse tendrement tous ses amis. Quinze jours plus tard, on retire de la Seine un cadavre en pleine décomposition, c'est le

sien. La peur des conséquences qu'auraient eues
pour lui ces détournements, lorsqu'ils seraient connus de son maître, l'avait conduit au suicide.

Revenons aux soirées dansantes.

Un entreteneur qui fait partie d'une coterie ne
peut s'attacher définitivement un *petit jésus*, sans
que cet heureux événement ne soit l'occasion de
réjouissances.

D'abord il y aura les adieux à la vie de garçon.
Il autorisera sa nouvelle conquête à réunir dans une
orgie dansante, à laquelle, il est vrai, il n'assistera
pas personnellement, tous ses anciens compagnons,
les insoumis avec lesquels il racolait la veille encore.
Puis viendra la soirée de fiançailles pendant laquelle
il présentera son *petit jésus* à ses amis et à leurs
entretenus.

Ces soirées se composent ordinairement de vingt-
cinq à trente personnes.

On n'y est admis que sur lettres d'invitation, et
ces lettres ne sont pas envoyées à la légère. Il faut,
pour être porté sur la liste, ou faire partie de la
bande, ou être présenté par quelqu'un qui en fasse
partie, et qui réponde de votre discrétion. Encore
l'amphitryon ne consulte-t-il pas que ses convenances
pour l'envoi des invitations, il prend l'avis préalable
des gros bonnets de la coterie.

Le billet ci-joint témoigne des préoccupations
dont je parle :

« On m'engage à inviter M. X... à ma réunion

de samedi. J'ajournerai cette invitation jusqu'au moment où vous m'aurez assuré que cela ne vous froissera en rien, que vous n'avez rien à redouter de lui.

« Je vous prie, un mot à ce sujet, car je tiens à ne rien faire que pour vous être agréable, et pouvoir me dire votre ami

« X... »

Cette sélection, dans le personnel des invités, fait que les invitations sont recherchées.

Voici encore un billet qui le prouvera :

« Vous avez bien voulu, sur la recommandation de mon ami X..., m'admettre à votre magnifique soirée.

« Je me suis, depuis, présenté plusieurs fois chez vous, pour vous faire une visite de remerciement; il m'a toujours été répondu que vous étiez absent ou occupé; je n'ai pas cru devoir insister par discrétion.

« Recevez donc avec mes remerciements l'assurance que je conserverai toujours le souvenir du grand honneur que vous m'avez fait et pour lequel vous pouvez compter sur toute ma reconnaissance. »

Ces fêtes se donnent le plus souvent dans un salon d'hôtel ou de restaurant, loué à l'avance sous un nom d'emprunt. Là tout est organisé et prévu pour qu'on y jouisse d'une entière liberté, et que des regards indiscrets ne viennent pas jeter le trouble dans la réunion.

D'abord l'établissement dans lequel elles ont lieu est tenu secret jusqu'au dernier moment. Les invitations envoyées à l'avance portent le jour et l'heure, mais le lieu de rendez-vous n'est indiqué que par un petit mot envoyé au domicile de chaque invité dans l'après-midi du jour même. Sans cette précaution, la police serait avertie par ceux-là que la jalousie de n'avoir point été conviés à la fête pousserait à la délation.

Il existe à Paris deux ou trois vieux pédérastes, anciens maîtres d'hôtel. En s'adressant à l'un d'eux, il se charge de trouver des musiciens pour l'orchestre et des garçons pour le service des rafraîchissements et du souper, pédérastes comme lui. Toutes les consommations, commandées et préparées à l'avance, sont déposées dans une pièce voisine où viennent les prendre ces garçons spéciaux qui seuls pénètrent dans la salle de la fête. Grâce à ces minutieuses précautions, on est là comme chez soi, par conséquent aucun ménagement à prendre, aucune retenue à garder.

Voici l'heure. Le vieux pédéraste, maître d'hôtel, organisateur de la fête, fait fonctions d'huissier. En habit noir, en cravate blanche, il se tient extérieurement à la porte d'entrée des salons, et recueille les lettres d'invitation. Les amphitryons sont à leur poste pour recevoir les invités, l'entreteneur en habit noir, le *petit jésus* en robe décolletée. La réunion est au complet. L'huissier ferme les portes et continue sa garde extérieure pour éloigner les indiscrets.

Pendant que l'orchestre donne les préludes du bal, on s'aborde, on se complimente. Les entretenus choisissent leurs places en attendant les invitations. Tous sont en robes de soirée avec fleurs et bijoux au corsage et dans les cheveux ; chacun déploie tout le luxe dont il est capable pour éclipser son voisin. Question d'amour-propre, tout autant pour l'entreteneur que pour l'entretenu. A ne voir que ces toilettes, on se croirait parfois dans une soirée du vrai monde. Chose singulière, certains sont tellement à leur aise sous leurs perruques, dans ces costumes de femmes, ils ont si bien étudié ce rôle féminin, qu'en se plaçant à une certaine distance, pour les voir descendre de voiture, on les prend pour de véritables femmes.

Le propriétaire d'un hôtel en renom avait loué, pour une soirée qu'on y devait donner, un des salons de son établissement. Le prix de cette location ayant été payé par avance, il n'avait eu à prendre aucun renseignement. Soit qu'il ait été officieusement prévenu, soit qu'une circonstance ait éveillé ses soupçons, la conviction lui vint, au dernier moment, que cette soirée devait être un rendez-vous de pédérastes. Furieux de voir ainsi la réputation de sa maison compromise, il s'était adressé au préfet de police pour obtenir qu'une surveillance fût exercée à l'arrivée des invités, et pour que, si ses craintes se justifiaient, un commissaire de police intervînt et empêchât la soirée d'avoir lieu. On était en temps de carnaval, les déguisements étaient par conséquent permis. La police ne pouvait légalement intervenir qu'après avoir constaté que cette réunion était composée de pédérastes, et que, parmi ceux présents, deux au moins étaient mineurs, circonstances qui auraient constitué le délit d'excitation habituelle de mineurs à la débauche. Des agents furent mis en rapport avec le propriétaire de l'hôtel. Il les installa dans une pièce du rez-de-chaussée de son établissement, disposée de telle façon que, sans être remarqués, ces agents pouvaient examiner attentivement l'arrivée des voitures et les personnes qui en descendaient. L'hôtelier exerçait cette surveillance avec eux. Un commissaire de police muni d'un mandat conditionnel était consigné à son bureau pour attendre le moment d'intervenir, s'il y avait lieu. L'entrée faite, les agents et l'hôtelier se rendirent au bureau du commissaire et furent tous d'accord pour déclarer que cette fête était une soirée ordinaire, paraissant composée de femmes entretenues. Peut-être y avait-il quelques jeunes gens travestis en femmes, ce qu'expliquait l'époque du carnaval, mais certainement le plus grand nombre des invitées étaient des dames du demi-monde. La dignité de leurs allures, le luxe de leurs toilettes, les voitures de maîtres escortées par des laquais, desquelles certaines étaient descendues, tout indiquait que le propriétaire de l'hôtel s'était trompé. Le commissaire de police et les agents, convaincus que leur mission avait pris fin, rentrèrent chacun chez soi. L'hôtelier, rassuré, reprit le chemin de sa maison. Il en était à une centaine de mètres, lorsque son attention fut attirée par des cris et des huées poussés par une foule de vauriens assemblés dans la rue, sous les fenêtres de ses salons. Rentré précipitamment chez lui, il sut bientôt le motif de tout ce tapage. C'était bien à des pédérastes qu'il avait donné asile, et le rassemblement bruyant et scandaleux qui stationnait devant chez lui était exclusivement composé de raccrocheurs. Ceux-ci, informés, dans le cours de la soirée, de l'endroit où se donnait la fête, étaient accourus pour faire un charivari aux invités. La sagacité du propriétaire de l'hôtel, aussi bien que celle des agents, avait été mise complétement en défaut par l'aisance avec laquelle ces hommes portaient leurs toilettes de femmes et par la décence de leur maintien à leur arrivée dans l'hôtel.

Mais revenons à notre soirée.

Le bal est ouvert; tout reste à peu près décent pendant les premières heures. Bientôt les têtes s'échauffent. Les plus calmes, les plus réservés quittent la salle. Alors il n'y a plus de retenue, les danses deviennent obscènes; les gestes et les propos, orduriers; c'est une ronde infernale, un véritable sabbat. Puis, vient, pour certains, l'ivresse alcoolique avec toutes ses conséquences, les discussions, les jalousies, les attaques de nerfs. Le scandale atteint de telles proportions que le propriétaire de l'hôtel menace

de faire intervenir les sergents de ville. A ce mot
de police, les plus avinés retrouvent la force nécessaire pour fuir, on prend les voitures d'assaut, chacun se sauve et l'orgie se termine par une véritable
déroute.

Il y a des soirées moins nombreuses, plus intimes,
données, celles-là, dans des domiciles particuliers,
qui, tout en étant aussi ordurières, sont beaucoup
moins bruyantes et par conséquent moins scandaleuses en apparence.

Un homme d'un certain âge et d'une grande fortune, connu sous le nom de *la princesse Salomé*,
recherchait depuis longtemps un homme plus jeune
que lui. Tous deux appartenaient à la classe bour-
geoise de la société. Le plus jeune, après une longue
résistance, finit par céder. Ces accords furent l'occasion d'une fête brillante, à laquelle furent conviés les
intimes seulement. L'un d'eux en rendait compte
en écrivant à un ami dans les termes suivants :

« Ma Bichette chérie,

« Tout ce que tu me demandes de la fête de samedi
est bien exagéré; les invitations étaient fort restrein-
tes. Nous étions seize tout au juste; tous intimes,
pas un étranger. C'est qu'en effet, il s'agissait bien
plus d'une fête de famille que d'une soirée dansante; pourtant, nous avons dansé jusqu'à deux
heures du matin, après quoi on nous a servi un
souper exquis. Mais j'aurais dû commencer par
te dire le motif de cette réunion.

« Tu sais que depuis longtemps la princesse Salomé poursuivait Y... de ses avances sans pouvoir réussir. Enfin Y... après mûres réflexions a consenti à se laisser faire.... la cour, si bien qu'ils sont ensemble maintenant. Il était temps, la princesse devenait folle. C'est pour fêter ce mariage que nous nous sommes réunies samedi. Le baron V... qui avait bien voulu mettre, pour la circonstance, son petit hôtel à la disposition de la princesse, a fait les honneurs de sa maison avec sa bonne grâce habituelle. Il portait une robe vert Metternich, avec péplum de mousseline blanche relevée de roses pompon, tout cela lui allait à ravir. Quant à Y...., il avait une magnifique robe en moire antique blanche, garnie de blonde épinglée de camélias naturels. Sur sa longue chevelure noire, un long voile en point d'Angleterre que retenait une couronne de fleurs d'oranger, fixée avec une aigrette en diamants. Au cou un superbe collier en perles fines avec fermoir en diamants; à la main gauche, une alliance; un énorme solitaire à la main droite; je t'assure que, gentille à croquer dans ce costume, elle aurait .... réveillé un mort.

« La princesse a bien fait les choses; la corbeille, composée avec le meilleur goût, vaut plus de 3o,ooo francs. Elle lui promet 15,000 francs par mois, et, par un excès de délicatesse, elle avait placé, au fond de la corbeille, un petit porte-carte en satin blanc qui contenait en billets de banque les deux premiers mois, c'est-à-dire 3o,ooo francs; oui, ma chère,

tu lis bien : 30,000 francs! Tous deux partent après-
demain en Italie pour leur voyage de noces, tu vois
qu'elle ne sera pas malheureuse. Au surplus, quoiqu'elle ne soit plus de la première jeunesse, la princesse a encore tout ce qu'il faut pour faire le bonheur
d'une femme bien élevée. Je ne te parlerai pas des
autres toilettes bien effacées par celles de l'amphitryon et de la mariée.

« Z..., jalouse comme toujours, a boudé dans son
coin, et comme personne ne semblait y prendre
garde, elle a eu son inévitable attaque de nerfs; il a
fallu la reconduire chez elle. Le baron qui ne pouvait nous laisser là, chez lui, pour l'accompagner,
était au désespoir. Décidément il vaudrait mieux
ne jamais l'inviter.

« A ce petit incident près, la fête a été ce qu'elle
devait être, charmante, et le souper délicieux. Au
dessert, on a un peu chanté; j'ai eu un véritable succès
dans : *Ah! verse encore, vidons l'amphore :* j'en
étais tout émue, et mon bonheur eût été complet
si tu eusses été près de moi.

« A quatre heures du matin, tout était terminé et
chacun rentrait chez soi, moi solitaire, ayant tout
le loisir de songer au bonheur des autres.

« A bientôt, ma bonne Bichette, reviens vite, car
je m'ennuie, et l'ennui, dame, tu sais ?

« Je t'embrasse sur tes deux grosses joues. »

Quelque invraisemblables que puissent paraître
les détails que contient cette lettre, ils ne sont
pourtant que l'expression de la vérité.

D'abord, la fleur d'oranger figure volontiers dans le bagage des pédérastes de tous rangs. Lors des perquisitions, on la trouve assez fréquemment, même dans les logements les plus misérables, enfermée sous un globe.

Les voyages de noces sont également dans les habitudes de ceux auxquels la fortune permet de pareilles fantaisies. Si ceux-là sont allés en Italie, d'autres sont allés en Allemagne et d'autres en Angleterre. Il est même arrivé, dans ce dernier pays, qu'un couple nouvellement débarqué eut affaire à un maître chanteur qui, s'étant fait passer pour constable, exigea 25,000 francs, qui lui furent comptés pour ne pas donner suite au procès dont il le menaçait.

L'importance des cadeaux n'a rien non plus d'extraordinaire ; on pourrait citer tel Anglais qui, pour faire sa cour et avant d'avoir réussi, envoyait une paire de chevaux de 15,000 francs.

Les largesses et les folies de celui qu'on appelait la princesse Salomé l'avaient, au surplus, rendu célèbre.

C'est lui qui, rencontrant dans la rue un *petit jésus* arrivant de sa province, le conduisait dans un magasin d'habillements où il lui faisait troquer ses haillons contre des vêtements élégants, puis l'installait dans une chambre d'hôtel, le temps nécessaire pour qu'on pût lui confectionner un trousseau complet. Ce trousseau fait, il le présentait à sa femme et à ses filles, comme le fils d'un camarade d'enfance établi en province, qui venait un peu tardivement faire ses études à Paris, et dont il avait accepté d'être le correspondant. Il le faisait instruire dans une institution, à ses frais bien entendu, et le recevait chez lui les jours de congé. Deux ans plus tard, bien qu'il sût pertinemment que ce jeune homme eût subi, dans son pays, deux condamnations pour vol, il le prenait pour commis dans son importante maison de commerce. Non content de l'employer dans ses bureaux, il avait persuadé à sa femme, qu'en raison de la vieille amitié qui le liait au père, il ne pouvait moins faire que de loger le fils dans sa maison et de l'admettre à sa table. La vie chez lui était celle de la haute bourgeoisie, il recevait beaucoup. Il entretenait donc ce jeune homme de telle façon qu'il passât, aux yeux de ses familiers, pour l'héritier d'une riche famille de province. C'était un véritable concubinage au domicile conjugal, un adultère permanent que la loi n'a pas prévu.

Il n'y a, dit le proverbe, si bons amis qui ne se quittent; il fallut bien un jour se séparer. Ce jour-là, la princesse remit à son protégé une somme de 20,000 francs, qui fut immédiatement dissipée en orgies. Trois semaines après, le protégé, à bout de ressources, brisait en plein jour la vitrine d'un changeur, et s'emparait d'une liasse de billets de banque. Arrêté pour ce fait, il se réclamait de son bienfaiteur, qui dut venir avouer toutes ses turpitudes devant un juge d'instruction.

Il peut être intéressant de savoir ce que deviennent avec le temps tous ces pédérastes entretenus.

Les uns ont su si bien captiver les bonnes grâces de leurs entreteneurs, déjà vieux, que ces derniers les ont faits leurs héritiers. C'est ainsi que, jeune encore, la princesse Salomé, fils d'un artisan, avait hérité d'une fortune déjà belle et d'une maison de commerce.

Les autres se sont établis grâce aux largesses de leurs protecteurs; ou bien même, après avoir été leurs associés ou simplement leurs commis dans leur industrie, leur ont succédé. On pourrait citer des noms de gens ainsi devenus officiers ministériels.

Ceux-là sont les favorisés de la fortune, ils deviennent entreteneurs à leur tour.

Le plus grand nombre, usés, flétris avant l'âge, abandonnés par ceux qui les avaient soutenus jusque-là, incapables de gagner leur vie par un travail honnête, trop vieux pour jouer encore le rôle de *petit jésus* et chercher à se faire entretenir de nouveau, n'ont d'autres ressources que celles que leur offre le trottoir; ils entrent alors dans la catégorie des *raccrocheurs* ou *jésus*.

CHAPITRE III

UNITÉ DES DEUX PROSTITUTIONS

Les raccrocheurs ou jésus. — Les persilleuses. — Esprit de corporation. — Similitudes entre leurs mœurs et leurs habitudes et celles des filles publiques. — Pédérastes filles galantes vivent en ménage. — Jalousies. — Associations de métier entre eux et les filles publiques. — Modes de racolage appropriés aux circonstances. — Clientèle attitrée. — Singulières manies. — Inconvénients du métier. — Pédérastes pierreuses. — Leurs habitudes. — La Tante proprement dite.

Les pédérastes raccrocheurs, qui prennent aussi le nom de *persilleuses*, représentent tout particulièrement la pédérastie ostensible, celle qui, ne craignant pas de se faire voir, recherche le tapage, affronte la lumière et le grand jour, offusque parfois les regards des passants, et deviendrait promptement un véritable scandale public, si la police n'en réprimait pas les excès.

Avec l'âge, l'expérience, l'audace, le cynisme ont grandi. Les *petits jésus* sont devenus des *jésus*. Ils ont publiquement abjuré leur sexe et sont entrés carrément, enseignes déployées, dans ce milieu qui ne demande ses moyens de vivre qu'à la plus crapuleuse débauche. Là, plus la moindre notion

23

de pudeur ni de respect humain ; on exerce un métier, celui de pédéraste, comme d'autres sont mécaniciens ou bijoutiers. C'est une corporation qui forme une société dans la société, et qui obéit instinctivement à des règles de solidarité spéciales, qu'on chercherait vainement ailleurs. Dans la vie ordinaire, les pédérastes raccrocheurs ne frayent qu'entre eux. La crémerie ou le restaurant dans lequel ils mangent, le débit de boissons dans lequel ils prennent l'absinthe, le garni dans lequel ils couchent à la nuit ou dans lequel ils se réfugient momentanément avec la conquête qu'ils viennent de faire, l'établissement de bains qu'ils fréquentent lorsqu'ils sont en bonne fortune, la boutique de tailleur ou de cordonnier dans laquelle ils se fournissent, sont tous des établissements tenus par d'anciens pédérastes, dont ils composent la clientèle presque exclusive. Toutes ces maisons, les crémeries, les restaurants, les débits de boissons notamment, sont de véritables lieux de réunions, où tous se retrouvent journellement, à toute heure de la journée et de la soirée. C'est de là qu'ils partent pour se répandre sur la voie publique ; c'est là qu'ils reviennent s'abriter lorsque la police cherche à assainir les trottoirs ; c'est encore là qu'ils se rejoignent vers minuit, la soirée terminée.

Les raccrocheurs, les *persilleuses* comme on les appelle, sont de véritables prostitués dans toute l'acceptation du mot. Entre eux et les filles publiques isolées, il y a une identité absolue de sentiments, de

manière d'être et d'instincts. C'est la même perversion morale, le même cynisme; les uns et les autres
parlent la même langue verte. Aussi vivent-ils, et
pour employer le terme consacré, travaillent-ils
côte à côte dans le meilleur accord.

Ces deux catégories de prostitués de sexes différents
sont si sympathiques l'une à l'autre qu'elles s'entr'aident mutuellement. Les raccrocheurs assistent,
c'est le mot dont ils se servent, les filles détenues à
Saint-Lazare, en leur faisant parvenir et des pro-
visions et de l'argent; les filles, de leur côté, viennent
à leurs secours, lorsqu'ils sont détenus en prison ou
malades à l'hôpital.

De même qu'il y a les filles de l'intérieur de la
ville et celles des barrières et des rues borgnes (qui
se différencient les unes des autres par l'âge et surtout
par le costume, toujours en rapport avec le quartier
qu'elles exploitent), de même, il y a les raccrocheurs
déjà vieux, à la tenue sordide et répugnante, qui
opèrent le soir sous les ponts, sur les bords de la
Seine, dans les water-closets publics, dans tous les
endroits obscurs et déserts, et ceux qui, excentrique-
ment coquets et moins âgés, mais tout aussi sales,
persillent, pour emprunter une expression du métier,
dans les endroits bien éclairés et bien fréquentés,
comme le bois de Boulogne pendant le jour, les
passages et les grands boulevards, le soir.

Pour se distinguer entre eux, ils ont pris les
mêmes appellations que celles employées par les
filles publiques. Ceux qui exercent en pleine lumière,

se comparant aux filles des grands quartiers, se disent des *filles galantes;* ceux qui n'exploitent que l'obscurité, comme les dessous des ponts et les bords de la Seine, ont pris le même nom que les dites filles de barrière: ce sont les *pierreuses.*

Les pédérastes filles galantes, qu'ils habitent un petit logement particulier ou une chambre garnie, tiennent ordinairement ménage deux par deux, l'un ayant empire sur l'autre, et jouant le rôle de chef de maison ou plutôt de souteneur. C'est à celui-là que l'autre rend ses comptes et remet l'argent qu'il a reçu. Ils n'ont, bien entendu, l'un et l'autre d'autres ressources que le produit de leur prostitution et des chantages auxquels ils peuvent se livrer.

Bien qu'ils ne laissent jamais échapper l'occasion de raccrocher dans quelque endroit qu'elle se présente, leur véritable *travail* (sic), qui nécessite des manœuvres compliquées, ne peut se produire qu'en pleine lumière. Au contraire des *petits jésus,* timides et inexpérimentés, qui recherchent le demi-jour et la solitude relatives, les filles galantes, dont les séductions s'adressent surtout aux yeux, affectionnent le grand jour et choisissent toujours un terrain bien éclairé et fréquenté par de nombreux promeneurs. Une autre condition essentielle à la réussite de leurs projets est que cet endroit soit notoirement connu de tous les intéressés pour un lieu de rendez-vous. Telles sont certaines allées du bois de Boulogne, dans le jour, certaines galeries et certains passages couverts, le soir. A proximité de chacun de ces endroits

spéciaux, existe soit une boutique de marchand de
vin, soit un hôtel garni de bas étage, de la nature
de ceux désignés plus haut, véritables maisons de
passes à l'usage des pédérastes. Dans ces conditions,
les habitudes, la tenue, la manière d'être des *jésus*
doivent forcément différer de celles des *petits jésus*.
Autant ceux-ci se cachent, autant ceux-là cherchent
à se faire remarquer. Ordinairement deux par deux
(c'est le ménage qui persiste jusque sur la voie publique), vêtus de pantalons collants de couleur
voyante, d'une petite jaquette ne dépassant pas les
reins ou d'un vêtement à taille serrée, de façon à
faire saillir les formes, d'une cravate à la Colin,
tout cela d'une propreté douteuse, les oreilles et les
doigts couverts de bijoux faux, frisés, pommadés,
le rouge aux joues, un mouchoir à la main, ils se
promènent nonchalants des heures entières, laissant derrière eux des trainées de musc ou de
patchouli, se tenant par la main, causant à mi-voix,
poussant des petits éclats de rires aigus, s'arrètant
aux devantures des boutiques les mieux éclairées,
lançant de côté et d'autre leurs sourires provocateurs.
Ils évitent avec soin de se laisser aller à des propositions verbales, qui pourraient motiver l'intervention malveillante soit des promeneurs, soit de la
police. Ils comptent surtout pour réussir sur la séduction irrésistible que doit exercer sur les fanatiques
leur toilette, leurs allures et leurs mièvreries efféminées. Lorsqu'ils croient avoir captivé la bienveillante
attention d'un promeneur, ils se dirigent tous deux

vers un recoin obscur et désert; s'ils sont suivis, ils accostent alors leur conquête; celle-ci fait son choix entre les deux. Celui choisi se retire alors dans l'établissement le plus voisin, qui fait des prostitués pédérastes sa clientèle spéciale.

Ce choix n'inspire jamais de jalousie chez celui qui est délaissé, en raison de ce principe admis comme règle dans tous les ménages :

Toute infidélité payée est une bonne œuvre au profit de la communauté.

Les infidélités gratuites sont, au contraire, considérées comme de véritables trahisons, qui engendrent des querelles ; elles ont occasionné parfois des castrations et des meurtres.

Il est un lieu de rendez-vous auquel nous n'avons point encore fait allusion, le plus fréquenté de tous, à certaines heures, pendant les belles soirées, nous voulons parler d'un point spécial des grands boulevards.

Là, les raccrocheurs, presque aussi nombreux que les filles, passent inaperçus des promeneurs honnêtes, grâce aux précautions que nous allons indiquer. Ils circulent au milieu de la foule, de la cohue, dans laquelle ils se perdent. Pour mieux cacher leur jeu, pour donner le change, ils offrent de temps à autre, dans le cours de la soirée, le bras à des filles, publiques ou insoumises, avec lesquelles ils se promènent. Enfin, parfois, plusieurs d'entre eux, habillés en femme, munis d'une carte de fille publique, qu'ils ont empruntée, poussent l'audace jusqu'à racoler dans ce costume. Ce travestissement, qui est dans leur goût, a de plus pour but de tromper la surveillance des agents. Il a pour eux un autre avantage encore, celui de les faire spécialement rechercher par ceux-là qui, voulant dissimuler leur honteuse préférence, n'oseraient les accompagner, s'ils portaient des habits d'homme.

Là, chaque *jésus* a des conventions particulières avec une fille prostituée, dont la demeure est à proximité, et c'est chez elle, dans une chambre de son logement, qu'il conduit ses recrues, moyennant l'abandon à cette fille, d'une somme déterminée pour chaque séjour qu'il fait chez elle. De son côté, lorsqu'elle racole un monsieur qui lui indique sa préférence pour les petits garçons, la fille l'emmène chez elle et fait signe à son *jésus* attitré de les suivre; en son absence, elle s'adresse au premier qu'elle rencontre. C'est elle qui fait le prix, c'est entre ses mains que ce prix est versé, et, dans ce cas particulier, elle garde pour elle la moitié de la somme payée; mais si elle a personnellement pris part à l'orgie, ce sont les deux tiers de la somme qu'elle conserve.

C'est sur ce point spécial de Paris, unique en son genre, qu'on peut apprécier l'assistance mutuelle et active que se donnent les deux prostitutions, l'accord parfait qui existe entre les prostituées et les *jésus* qui, sur ce seul point de la voie publique, raccrochent de la voix et du geste. C'est donc là surtout qu'on peut

acquérir la preuve que filles et jésus sont les deux
parties d'un même tout : la prostitution.

Avec un art infini, le jésus sait discerner le mode
de racolage qui convient le mieux au milieu dans
lequel il opère. On a vu que, dans des endroits bien
en lumière, il n'agit que par séduction corporelle;
que sur certains points des boulevards, où il peut
sans danger prendre plus de licence, il joint, aux séductions corporelles, les provocations verbales;
lorsqu'il se trouve dans des agglomérations station-
naires, il procède par attouchement. Certaines
boutiques, celles des marchands d'estampes, par
exemple, ont le don d'attirer les curieux et de les
retenir devant leurs vitrines. Le jésus se faufile dans
ces rassemblements. Lorsqu'il a cru flairer un des
siens, il le frôle de la main; à cet attouchement
significatif pour un connaisseur, si le courtisé reste
impassible, il y a lieu d'espérer un succès, et les
caresses redoublent. Si au contraire il se retourne
surpris, c'est une maladresse involontaire, pour
laquelle on lui fait toutes sortes d'excuses; puis,
immédiatement le jésus change de place pour aller
exercer ses sondages sur d'autres curieux.

Cette manière de procéder est également mise en
pratique dans tous les endroits où la foule stationne,
comme à la salle des Ventes, aux abords des concerts en plein air, dans les couloirs de l'Opéra, les
soirs de bals masqués.

Puisque nous avons cité les bals masqués de

l'Opéra, il faut que nous en disions deux mots.

Là, ces drôles immondes, les uns en costume d'homme, les autres déguisés en femme dansent entre eux, se caressent, se font publiquement la cour, et se couvrent de baisers répugnants. Tous les bals masqués indistinctement, ceux des villes de province aussi bien que ceux de Paris et ceux de l'Opéra notamment, fournissent à ces infamies l'occasion de se produire. Mais, en dehors de la tourbe qui prend part aux quadrilles, l'Opéra est spécialement le rendez-vous des pédérastes amateurs. Ceux-là ne pourraient, sans se compromettre, se mêler aux danses et participer à une pareille bacchanale, aussi se tiennent-ils dans les loges, au foyer et dans les couloirs.

Les uns intriguent ou font intriguer d'une façon âpre et désagréable les rivaux qu'ils peuvent rencontrer : « Êtes-vous toujours danseur passionné? écrivait le baron à une ancienne conquête; « je me réjouis d'avance de vous voir cet hiver au bal de l'Opéra; il faudra vous déguiser pour intriguer les vicomtes; je vous en raconterai de drôles sur eux et nous verrons bien si les rieurs seront de leur côté. »

Ces intrigues déplaisantes amènent souvent des violences, des discussions injurieuses et des attaques de nerfs.

Les autres marivaudent avec de prétendues dames en dominos et en loups, qui n'empruntent ces déguisements que pour tromper sur leur véritable sexe, que pour pouvoir se faire courtiser et embrasser sans se signaler au dégoût public.

Ce qui se passe dans les couloirs n'est rien en comparaison des privautés prises dans les loges, dans les loges à salon notamment, où ces pédérastes, avec la complicité de certaines ouvreuses qui jouent aux portes le rôle de cerbères pour prévenir toute surprise, se livrent, aussi librement qu'ils le feraient chez eux, à des ébats qui dégénèrent habituellement en outrages publics à la pudeur.

Mais revenons aux raccrocheurs dits « filles galantes ».

Nous avons dit qu'ils tenaient ordinairement ménage deux par deux; aussi ne se prostituent-ils presque jamais chez eux. Ils ne font d'exception à cette règle qu'en faveur des clients attitrés qui viennent les voir à domicile, des clients de province notamment, qui font, de temps à autre, le voyage de Paris tout exprès pour leur rendre visite.

Parmi ces clients, il en est dont les exigences paraissent être du domaine de la folie. En voici un qui occupe une position sociale élevée; son premier soin lorsqu'il rend visite à un *jésus* est de le faire se déchausser et de lui lécher les pieds.

En voilà un autre qui, deux fois par semaine, se rend à jour et à heure fixes dans un domicile convenu; en arrivant, il se revêt d'un surplis qu'il a apporté avec lui, puis s'assied. Le *jésus* se met à genoux et lui raconte, sous forme de confession, toutes les turpitudes qu'il est censé avoir commises

depuis la dernière entrevue. Ces aveux entendus,
il paye et se retire sans demander aucune autre complaisance, aucun autre service.

Cette manie peut s'expliquer, jusqu'à un certain
point, par une satisfaction des sens provoquée par
l'imagination, mais en voici une autre qui dépasse
les bornes de l'entendement humain.

La princesse Salomé déjà cité, n'était connu sous
ce nom aristocratique que dans le monde des entretenus et des entreteneurs ; dans celui des *jésus*, on le
désignait sous celui de « l'homme à la *ringué*. » —
L'homme à la ringué, en terme d'argot, veut dire :
L'homme battu. — Voici d'où lui venait ce nom :

Amoureux des formes athlétiques, il était d'abord
le client d'un *jésus* qui avait pour métier de lutter
dans les baraques de foires. Lorsque l'homme à la
ringué se rendait chez lui, ce qui avait lieu une ou
deux fois par mois, il n'en sortait jamais qu'après
s'être fait maltraiter et complètement dépouiller de
tout l'argent qu'il pouvait avoir sur lui. Alors il
pleurait et appelait au secours. Ces violences dont il
était victime, ces appels désespérés qu'il faisait
entendre étaient partie intégrante du plaisir qu'il
recherchait. Un jour que ces plaintes étaient plus
bruyantes que d'habitude, les voisins durent intervenir. Pour éviter dans l'avenir un pareil ennui, il
donna ses rendez-vous, le soir, dans des endroits
obscurs et déserts de la voie publique. Là, au
moins, il pourrait pleurer et se plaindre à son aise,

sans avoir à redouter une intervention inopportune.

Cette passion de se faire battre, de se faire voler, fut bientôt connue; il n'eut plus même le droit de choisir celui par qui il lui était agréable de se faire rosser.

Passionné pour tous les gars bien découplés, bien taillés, il allait volontiers les chercher dans les soirées de lutteurs ou dans les bals de barrières.

A son entrée dans une salle, il se formait immédiatement un groupe de cinq ou six individus qui ne le perdaient pas de vue; l'un d'eux, le mieux bâti, se détachait pour le séduire. Bientôt tous deux, sortis de la salle, disparaissaient dans l'obscurité d'une ruelle de barrière. Après quelques caresses échangées, on entendait des sanglots étouffés et des appels au secours poussés à demi-voix ; c'était la conquête qui commençait à rudoyer et à dévaliser son amoureux. Les camarades qui avaient suivi à distance, intervenaient alors, entouraient le vieux, et le bousculaient de la belle manière, puis lui laissaient un moment de répit. Ce maniaque qui, pour faire durer le plus longtemps possible ce singulier plaisir, avait eu le soin de partager son argent entre toutes ses poches, profitait de ce moment de répit pour frapper du plat de sa main sur un de ses goussets auquel il faisait rendre le son argentin du sac d'écus des filles de marbre. C'était une invitation que la bande ne se faisait pas répéter deux fois. Une bousculade recommençait, pendant laquelle la poche se trouvait mise à sec. Il jurait alors qu'il ne lui restait plus d'argent. Ses agresseurs faisaient mine de se retirer, mais il courait après eux et, comme pour les inviter à recommencer, frappait avec sa main sur un autre gousset. La bousculade reprenait de plus belle. Cette nouvelle poche vidée, il pleurait et jurait de nouveau ; de nouveau, la bande faisait mine de partir, et de nouveau il courait après elle pour la provoquer.

Ce manège durait jusqu'à ce qu'il fût véritablement, complètement dépouillé ; alors, retournant toutes ses poches pour montrer qu'elles étaient réellement vides, il suppliait à mains jointes qu'on lui rendît l'argent qui lui était nécessaire pour prendre une voiture. Puis, avec les marques de la plus sincère désolation, il s'en allait, et d'une voix entrecoupée par les sanglots, il disait : « Quelle fâcheuse position pour un homme comme moi qui appartient à une si bonne famille. »

Quelle satisfaction cet homme, qui jouissait dans ses affaires d'une réputation d'intelligence et d'honnêteté telles, qu'il était l'un des premiers de sa corporation, pouvait-il bien trouver à un si singulier divertissement ? Nul probablement ne le saurait dire. Quant à lui, dont la fortune était suffisante pour lui permettre de se passer tous ces caprices, il trouvait dans le jeu de ces scènes dégradantes et grotesques assez d'attraits pour le recommencer souvent.

Si les raccrocheurs qui tiennent ménage ne se

prostituent que rarement chez eux, ils découchent plus rarement encore. Ils apportent une certaine régularité dans leurs habitudes journalières.

Chaque soir, ils explorent la voie publique. Lorsque la soirée s'avance, ils se dirigent vers une des crèmeries, vers un des débits de boissons dont il a été parlé plus haut. Ils se retrouvent là en nombreuse compagnie; on s'installe, on bavarde des incidents, des aubaines et des mécomptes de la journée. Lorsqu'un couple a été séparé, le premier arrivé attend là le retour du conjoint que les hasards de la voie publique ont emmené il ne sait où. Quand sonne l'heure de la fermeture de la boutique, ils se retirent tous sans faire de difficultés, il ne faut pas donner à la police prétexte à intervenir dans la maison. Chaque ménage regagne son chez soi. Ceux qui, sans ressources, sont sans gîte pour la nuit, trouvent souvent asile chez ceux qui ont un domicile. Dans les perquisitions matinales, il n'est pas rare de rencontrer deux ou trois ménages couchés dans une même chambre, à terre, sur des matelas.

Les fatigues de la soirée font qu'on ne se lève le lendemain que très tard. Pendant que l'un fait le ménage, l'autre s'occupe du déjeuner. Comme on n'a pas de linge de rechange, dans la journée, on lave dans une cuvette, lorsqu'il est trop sali, celui qu'on porte sur soi, puis on le repasse. Vers cinq heures, on s'habille; chacun à tour de rôle sert de coiffeur à l'autre, puis on va prendre l'absinthe, on dîne, et le *travail* de la soirée commence.

Si ce travail est parfois lucratif, il a bien aussi ses inconvénients. Sans parler des violences que les raccrocheurs ont à endurer, (conséquences des provocations mal adressées), des chasses que leur donnent parfois des jeunes gens qu'un bon dîner a mis en belle humeur, ils ont à compter avec la police qui, bien que souvent désarmée, faute de dispositions légales, les tracasse pourtant le plus qu'elle le peut. Elle les arrête pour outrage public à la pudeur lorsqu'il lui a été possible de constater le flagrant délit, mais le plus ordinairement pour avoir occasionné du scandale sur la voie publique, soit parce qu'ils ont été la cause d'un rassemblement, soit parce qu'ils ont été trouvés travestis en femme.

Déposés dans les postes, ils y passent la nuit, en attendant leur comparution devant un commissaire de police. Ce séjour au violon leur est particulièrement pénible. Trahis par leur timbre de voix, ils sont reconnus pour des antiphysiques par leurs codétenus qui les injurient, les soumettent à toutes les vexations imaginables et les accablent parfois de mauvais traitements tels, que l'intervention des agents devient nécessaire pour les protéger. Il est une circonstance dans laquelle ces mauvais procédés prennent un caractère tout à fait baroque. Un pédéraste est arrêté; il est habillé en femme. Malgré son costume, on l'enferme tout naturellement dans le violon des hommes. Cet accoutrement féminin l'expose à de bien pénibles et singulières épreuves. Un pochard à demi endormi et qui cuve

son vin, surexcité par le frou-frou d'une robe de
soie, se livre, grâce à un malentendu bien compré-
hensible et qu'entretient l'obscurité, à des entreprises dont il n'est pas besoin d'expliquer la nature.
La résistance qu'il éprouve l'irrite. Une lutte s'engage, qui laisse des marques sur la peau du pauvre
raccrocheur et détériore sa toilette, au point qu'elle
est parfois mise en loques. Rien de grotesque et de
hideux comme l'aspect de cet individu, le matin, à
l'heure de la conduite au commissariat de police.
Coiffé d'un chapeau de femme fripé et déchiré, la
figure égratignée, il sort du violon ayant pour tout
costume des bottines et une chemise, sous un
corsage de robe dont la jupe n'existe plus qu'à
l'état d'une longue guenille dont il cherche à s'enve-
lopper.

Les ennuis d'une première nuit de détention ne
sont rien auprès de ceux qui les attendent à leur
arrivée à la prison du dépôt. Ceux-là, pour être
d'une tout autre nature, n'en sont pas moins les
plus redoutables pour eux. C'est d'abord la visite
médicale à laquelle ils peuvent être soumis en
vertu d'un ordre judiciaire et dont le résultat sera
un des éléments de leur condamnation; mais c'est
surtout la justification de leurs moyens d'existence, et les indications à fournir pour une enquête.
Comme, de cette enquête, dépendra leur sort; que,
selon ses résultats, ils seront, à l'expiration de leur
peine, remis en liberté ou expulsés de Paris, non

pas en raison de leurs habitudes contre nature, que
la loi de 1852 n'a pas prévues dans les cas pouvant
entraîner l'interdiction de séjour dans le département de la Seine, mais parce qu'ils sont sans domicile certain et qu'ils n'ont pas de moyens d'existence
avouables ; comme de plus, par leurs aveux ou par
les perquisitions faites chez eux, leurs clients, c'est-
à-dire leur gagne-pain, et leurs conjoints, pourront
être compromis, ils se mettent l'esprit à la torture
pour trouver le moyen de tromper, d'égarer l'enquête, précautions presque toujours inutiles, puisque
la lettre anonyme délatrice met le plus ordinairement immédiatement sur la bonne piste.

Lorsqu'ils voient toutes leurs ruses éventées, leurs
mensonges dévoilés, lorsqu'on les met en présence
d'une partie de leur histoire vraie, ils n'hésitent plus
alors à inventer les scènes les plus scandaleuses et à
revendiquer la responsabilité du rôle qu'ils prétendent y avoir joué; mais ils ont bien soin d'indiquer, comme étant leurs complices, des personnages
considérables et parfois officiels. Pour donner
créance à leurs accusations, ils remettent ou indiquent l'endroit où on pourra trouver chez eux les
photographies de ces personnages, photographies
qui leur ont été données, disent-ils, comme souvenir, avec une dédicace. On trouve, en effet, aux
endroits indiqués, ces photographies dédiées, mais,
en remontant à la source, on constate que le plus
ordinairement ces dédicaces n'ont jamais été écrites
par les personnages que représentent ces portraits;

24

quant aux portraits eux-mêmes, ils ont été tout simplement achetés chez un marchand de photographies. En s'abritant ainsi derrière un nom honorable, qu'ils compromettent gratuitement, ils
espèrent intimider l'administration et la contraindre, par la peur du scandale, à s'arrêter dans
des recherches des suites desquelles ils ont tout à
craindre.

Cette monomanie de la dénonciation calomnieuse,
et de ce qu'on pourrait appeler la tentative de chantage au portrait sur l'administration, est commune
à tous les petits jésus et jésus en général, mais elle
est l'arme favorite surtout des pédérastes filles galantes.

Arrivons aux *pédérastes pierreuses.*

Les pierreuses, ordinairement plus âgées que les
filles galantes, la figure décrépite, crapuleuse, vêtues de haillons malpropres et repoussants, chaus-
sées de bottines dépareillées, recherchent, eux,
l'obscurité. Leur tenue dépenaillée, la saleté qui les
couvre ne sauraient leur permettre d'affronter la
lumière. Tous, ou presque tous, font partie de la
secte des *renifleurs;* aussi les berges de la Seine, le
dessous des ponts sont-ils leurs galeries de chaque
soir, et les water-closets publics du bord de l'eau
leur buen-retiro, lorsqu'ils ont trouvé chaland. La
profonde misère dans laquelle ils vivent ne leur permet pas le luxe d'un domicile. L'été, ils couchent à
la belle étoile, sur les tas de sable, dans les petits

bateaux amarrés au bord de la Seine, sur l'herbe dans les fossés des fortifications. L'hiver, ils se réunissent deux ou trois pour une même chambre, qu'ils prennent à la nuit, dans les garnis les plus infimes. Cette absence de logement particulier, comme aussi les exigences de leur clientèle spéciale, les amènent à commettre de nombreux outrages publics à la pudeur. Lorsqu'ils n'ont pas de wâter-closets publics à leur portée, c'est toujours en plein air qu'ils se prostituent, sans autre abri que l'obscurité ou la voûte d'un pont.

La clientèle des pierreuses n'est pas, comme on pourrait le supposer, exclusivement composée de gens sans ressources, sans aveu, n'ayant que quelques sous à consacrer à la satisfaction de leurs immondes désirs. En dehors de ces pauvres, il y a les amateurs, qui appartiennent à la catégorie des *renifleurs*, qui ne peuvent trouver que là les odeurs qu'ils recherchent; il y a encore les honteux et les prudents qui viennent de préférence sur les bords de la Seine, là où le défaut de lumière n'est pas assez grand pour ne pas permettre de distinguer une forme humaine, mais est suffisant pour empêcher de reconnaître les traits du visage. L'imagination aidant, ils trouvent une satisfaction immédiate à la passion brutale qui les tyrannise. En recherchant l'obscurité, ils se privent, il est vrai, des jouissances que peut donner la vue, mais ils ont l'espoir de n'être pas connus et de voir diminuer ainsi pour eux les chances de chantages dont sont victimes tous ceux qui, adonnés à ce vice honteux, se sont laissé deviner.

Ces chantages sont l'œuvre de *voleurs* spéciaux, dont nous allons nous occuper lorsque nous aurons dit quelques mots des *tantes* proprement dites.

Le lecteur sait que le mot *tante* est, dans le langage ordinaire, un mot générique s'appliquant indistinctement à toutes les classes d'antiphysiques. Dans la langue spéciale des pédérastes, le mot tante désigne une classe à part dans la corporation.

Ils appellent tante un produit hybride de l'amour naturel et de la pédérastie.

Celui qu'ils désignent par ce nom recherche tout autant l'approche des femmes que celle des hommes avec lesquels il joue exclusivement le rôle passif. Son seul amour, son seul objectif, c'est l'argent. Ignorant tout scrupule, il se vend à l'un et l'autre sexe. Ses moyens d'action sur les hommes sont : le vol au chantage et le vol avec violences; il ne recule même pas devant l'assassinat. C'est un malfaiteur de la classe la plus dangereuse; pour lui, la pédérastie à laquelle il se livre n'est ni un besoin ni un plaisir, mais un moyen qui doit infailliblement mettre en son pouvoir des victimes dont il aura facilement raison. C'est sur la voie publique, dans les lieux de rendez-vous, qu'il cherche et trouve sa proie. Presque toujours souteneur d'une fille publique, il la charge de racoler pour lui à l'occasion, elle lui ramène alors, ou chez elle ou dans un endroit convenu, l'amateur qu'elle a dépisté.

Il n'y a point d'immoralité qui le puisse rebuter. Il sert parfois de trait d'union dans un ménage, dans un véritable ménage consacré par la loi. Le mari et la femme, tout en menant la vie commune, restent étrangers l'un à l'autre en raison d'une incompatibilité de goûts ; il met à profit la faculté qu'il a de pouvoir contenter les goûts de l'un et de l'autre ; on le paye des deux côtés, et tout le monde est satisfait. Ce ménage à trois n'est pas une fiction ; le docteur Tardieu en cite un exemple dans son *Traité des attentats aux mœurs ;* nous en avons connu quatre à Paris et un en province.

De tous les malfaiteurs qu'engendre la prostitution en général, la tante est le plus perverti, le plus redoutable.

CHAPITRE IV

LE CHANTAGE

Dangers auxquels sont exposés les amateurs de pédérastie. — Maîtres chanteurs et voleurs. — Chantages exercés par une seule personne. — Par des associations. — Chantage au saute-dessus. — Au faux agent. — A l'aide de menaces. — De violences. — Assassinats. — Combinaisons machiavéliques. — Certains chantages se sont chiffrés par plus de 100,000 francs.

La pédérastie a ceci de particulier, que, dans tous les pays où elle est réduite à l'état de vice honteux, elle excite les appétits de tous les malfaiteurs. On dirait qu'elle provoque au crime. Le maître chanteur, dont toutes les entreprises n'ont qu'un but, celui de se procurer de l'argent, est son ennemi le plus acharné. Escroqueries, vols, vols à l'aide de violences, meurtre même, il ne recule devant aucun de ces moyens.

Que de gens rejetteraient bien loin les premières sollicitations de la pédérastie, s'ils savaient, au début, à quels tourments inévitables, à quels dangers, à quels périls ils s'exposent en y cédant.

C'est qu'en effet les amateurs, les rivettes, comme on les appelle, sont guettés par toute une collection de malfaiteurs qui savent tirer parti de la position honteuse et fausse dans laquelle ils se trouvent.

Ces malfaiteurs, ces maîtres chanteurs, appartiennent à deux catégories d'individus bien distinctes.

Les uns, rôdeurs de barrière, souteneurs de filles, n'ont aucune habitude contre nature, et sont de simples voleurs.

Les autres, adonnés aux habitudes antiphysiques, sont pédérastes et voleurs tout à la fois.

Sauf le chantage dit au saute-dessus, dont nous parlerons dans un instant, tous les genres de chantage sont exploités indistinctement par les deux catégories de maîtres chanteurs, et à l'aide des mêmes moyens.

Tantôt ils travaillent seuls; — voler, dans la langue qu'ils parlent, s'appelle travailler. — Tantôt ils ont recours à l'assistance d'un complice.

Lorsqu'ils sont seuls, ils surveillent tout spécialement les endroits de rendez-vous. Embusqués derrière un arbre, un pli de terrain ou bien aux abords des hôtels garnis qui servent de refuges, ils interviennent au moment qu'ils jugent opportun. Après avoir intimidé par les menaces qu'ils font entendre, par le faux titre ou la fausse qualité qu'ils prennent, ils exploitent, aussi bien sur la rivette que sua·le petit jésus qui l'accompagne, la frayeur qu'ils ont su inspirer.

Lorsqu'ils croient l'assistance d'un complice nécessaire, c'est ordinairement un *petit jésus* qu'ils s'adjoignent. Sa mission à lui est de *lever* — c'est le mot consacré — la victime que le maître chanteur rançonnera au moment favorable.

Les choses ne se passent pas toujours aussi simplement, aussi précipitamment. Il y a des affaires qui leur paraissent bonnes à *nourrir*, et pour lesquelles il leur faut, avant d'agir, sous peine de voir se tarir une source qui peut devenir abondante, se procurer des documents, des renseignements préalables. C'est encore à des petits jésus qu'ils ont recours dans ce cas. Ils leur font racoler les amateurs sur la position desquels ils se sont préalablement renseignés. Lorsque, grâce à l'habile direction occulte qu'ils ont su donner à l'affaire, ils ont réussi à faire naître de ces racolages des relations durables, ils se font remettre par leurs jeunes complices des lettres, des pièces compromettantes, que ces derniers dérobent et qui servent à organiser plus tard de fructueuses escroqueries.

Le chantage au *saute-dessus*, que nous n'avons fait qu'indiquer, est spécial aux maîtres chanteurs pédérastes. Il est de tous le plus facile à pratiquer, et ne demande que de l'audace. Il ne comporte ordinairement pas de complices. Il consiste à inspirer subitement, à celui qui en est l'objet, une crainte, un effroi irrésistible, puis, sans donner à la victime le temps de se reconnaître, à profiter de cette situation pour la dépouiller de toutes les valeurs qu'elle a sur elle.

Un jésus provoque à des actes immondes un

homme d'un âge avancé ou qu'il juge d'un caractère timoré. Ses propositions acceptées, il le conduit
dans un endroit retiré, désert. Là, il change d'allures : de doucereux, de câlin, il devient menaçant.
Il exige qu'on lui paye d'avance sa rémunération,
qu'il fixe à un chiffre important; il menace d'arrestation, ou bien il appuie sa demande par l'exhibition
du poignard qu'il porte toujours dans sa poche. Le
poltron, tout tremblant, se laisse le plus ordinairement dépouiller sans mot dire et prend la fuite.

Les chantages, les escroqueries plus ou moins
compliquées, constituent le danger auquel les amateurs de pédérastie sont le plus fréquemment exposés; mais ce danger n'est ni le seul, ni le plus redoutable qui les menace. Leur vie est souvent en péril.
Il arrive de temps à autre qu'une tentative de chantage devienne une attaque nocturne. Un individu se
présente devant une rivette, se dit inspecteur et la
menace de l'arrêter, si elle ne lui donne une certaine
somme d'argent. La victime ne se laisse pas intimider, elle pressent qu'elle n'a pas devant elle un
véritable agent, elle résiste. Le voleur alors jette son
masque et emploie les mêmes moyens que ceux dont
il se sert contre toute autre personne qu'il attaque
la nuit sur la voie publique. Il lutte au besoin avec
le couteau, et ne se retire que lorsqu'il a pu dévaliser
sa victime, dût-il, pour cela, la laisser morte sur
le terrain.

Ces périls existent pour les malheureux antiphy-

siques jusque dans leur propre domicile. Nous
pourrions citer de nombreux exemples, mais un
seul suffira; c'est un cas tout récent qui a été soumis au jury de la Seine.

Un jeune homme de vingt ans, porteur d'une
lettre, se présente, en plein jour, au domicile d'un
vieillard de soixante-six ans, avec lequel il avait lié
connaissance la veille dans une des colonnes vespa-
siennes des boulevards. Pendant que cet homme
parcourt sans défiance la lettre qui vient de lui
être remise, l'autre lui saute à la gorge et cherche
à l'étrangler; puis, comme il sent qu'il n'est pas assez fort, que sa victime lui échappe, il s'arme d'un
couteau à découper qu'il tient caché sous ses vêtements, et en porte plusieurs coups. Le vieillard crie
au secours; l'assassin, qui a manqué son coup,
prend peur et s'enfuit; il est arrêté au moment où il
va sortir de la maison. Il avoue son crime et raconte que son but était d'assassiner, pour voler
après. Il avait deux associés, pédérastes comme lui,
auxquels il avait confié son projet, et qui lui avaient
procuré le couteau, instrument du crime.

De tous ces malfaiteurs, qui sont comme l'escorte
obligatoire de la pédérastie, ceux qui appartiennent
à la classe des *tantes* sont les plus cruels et les plus
implacables. Nous avons dit que, pour ceux-là, les
habitudes contre nature n'étaient ni un besoin ni
un plaisir, mais un moyen, plus infaillible qu'un
autre, d'attirer des victimes à soi et de les dépouiller à coup sûr. La passion du vol est tellement vio-

lente chez eux, que pour la satisfaire pleinement, pour ne rien oublier de ce qui peut avoir une valeur quelconque, pour avoir le loisir de perquisitionner partout dans le logement sans être dérangés, ils vont jusqu'à assassiner, de propos délibéré, celui qui a eu l'imprudence de les recevoir chez lui.

Les circonstances facilitent ce crime. L'assassin et la victime sont couchés dans le même lit ; à un moment où celle-ci est hors d'état de se défendre, la tante se retourne brusquement, d'une main lui serre le cou, et de l'autre l'égorge avec un instrument tranchant. C'est ainsi que périrent *Tessie*, *Ward*, *Benoît*, *Bérard*, *Bival*, *Letellier*, dont les noms ont été publiés dans les journaux judiciaires, avec tant d'autres que nous pourrions citer.

Nous n'avons pas l'intention de faire un traité didactique du chantage, mais en raison de la fréquence de son emploi comme moyen de vol, des formes imprévues qu'il prend, des conséquences terribles qu'il peut avoir pour la sécurité des personnes et le repos des familles, nous croyons devoir, dans un intérêt de sûreté publique, entrer dans des détails précis; indiquer les ruses les plus fréquemment employées par les maîtres chanteurs, l'audace qui leur est nécessaire, et les combinaisons machiavéliques auxquelles il leur faut, de temps à autre, avoir recours pour réussir à s'emparer de la fortune de ceux qui ont un nom, une famille, une position à défendre, et qui sont décidés par conséquent à tous les sacrifices pour éviter le scandale.

Pour ces derniers, la vie se consume dans les embarras et dans les transes que leur créent les entreprises dont ils sont les victimes permanentes.

Ils ont bien quelque part un père, une mère, une femme, des enfants peut-être, une famille enfin qui porte un nom respecté dans le monde. Ils occupent personnellement une position sociale restée jusqu'ici à l'abri de toute atteinte. Leur infamie mise à jour romprait tout lien de parenté et compromettrait l'avenir. C'est le nom patronymique de la famille déshonorée, les successions des collatéraux qui peuvent échapper, la séparation de corps probable, les intérêts compromis, la position perdue, la ruine commerciale presque assurée.

Les gredins qui les surveillent depuis longtemps, et qui ont su se procurer des preuves écrites et matérielles de leurs turpitudes, ont su également se renseigner sur ces situations pour les exploiter. Ils menacent de leurs révélations, si on n'achète leur silence par une somme suffisante. Quelque cynique, quelque stoïque qu'on soit, on n'ose braver un pareil danger. On pourrait bien porter plainte contre les coupables, mais, retenu par la honte, on préfère se taire et payer.

La situation de ces malheureux amateurs est véritablement effroyable. Plus ils payent, plus s'accroît le nombre de leurs persécuteurs; plus ils sont menacés, plus on exige d'eux. Toute leur fortune

y passera en détail, sans qu'ils puissent jamais
acheter la tranquillité, quelques sacrifices qu'ils
fassent pour y parvenir. Que de positions perdues,
que de faillites, qui à notre connaissance n'ont pas
eu d'autres causes !

Si encore ils avaient la possibilité de rompre avec
leurs infâmes habitudes, ils parviendraient peut-être
à enrayer le danger ? Mais non ! Le vice les tient,
le vice les garde. Ils ne peuvent plus se dépêtrer,
et s'ils ont l'air de vouloir fausser compagnie à leurs
amis d'autrefois, ceux-ci sauront bien les ramener
à eux. La condition mise hier au repos de la famille,
à l'honneur du nom, c'était une somme d'argent
à verser; celle imposée aujourd'hui, c'est de se
trouver à un rendez-vous donné. S'abstenir, serait
compromettre le bénéfice de tous les sacrifices faits
jusque là, courir après le danger qu'on veut éviter
à tout prix; ils céderont donc, et présenteront ce
singulier spectacle de gens renouant des rapports
qu'ils voulaient interrompre, et donnant malgré eux
des gages d'amour à ceux qu'ils savent être leurs
ennemis les plus intraitables.

Les moyens de chantage employés varient selon
le caractère, la situation sociale de famille et de
fortune des victimes visées. Avec une habileté et un
discernement diaboliques, les maîtres chanteurs
savent toujours découvrir le point sensible par
lequel ils devront attaquer.

Contre ceux-ci, dont la famille porte un nom

connu dans le monde, et jouit d'une influence dans
certains milieux, c'est cette situation de famille
qu'on menacera ; pour ceux-là, dont la fonction, le
ministère exige une réputation intacte de moralité
scrupuleuse, c'est sur la position sociale que
portera l'attaque ; pour ces autres qui, tout à fait
indépendants, n'ont ni un grand nom, ni une
position à défendre, mais dont la timidité ou la pusillanimité constitue le fond du caractère, c'est par
l'intimidation et la menace qu'on agira sur eux.

Un jeune homme de grande naissance, au pouvoir
d'un pédéraste sans scrupule, avait cru pouvoir
acheter sa tranquillité à prix d'argent. Officier dans
l'armée, il avait payé chaque fois que son persécuteur
l'avait menacé d'une lettre à son colonel. Déjà,
à l'occasion de son mariage, il avait dû verser une
somme de 10,000 francs pour éviter le scandale
dont on le menaçait pour le jour de ses noces.
Les sommes versées jusqu'ici montaient déjà à plus
de 30,000 francs, tous ces sacrifices ne lui donnaient
qu'une tranquillité de quelques jours, bien vite
troublée par de nouvelles exigences. Bien décidé
à ne plus verser aucune somme, il crut acheter
la paix définitive en s'éloignant le plus loin possible
de Paris et, dans ce but, il obtint d'être envoyé dans
un régiment en garnison au fond de la province.
Sa famille habitait l'été dans un château du midi
de la France. Le maître chanteur, accompagné de
deux acolytes, alla s'installer dans les environs de

ce château; puis, il écrivit de là à sa victime pour
la prévenir que, s'il ne recevait pas 2,000 francs
par retour du courrier, il irait les demander à sa
mère. La réponse n'étant pas venue dans le délai fixé,
tous trois se présentèrent à la mère, se disant les
amis du fils. La châtelaine, qui trouvait à ces
messieurs de singulières allures et qui ne démêlait
pas bien le but de leur visite, ne les invita pas à
revenir. Ils se présentèrent néanmoins de nouveau le
lendemain, et insistèrent pour être reçus. L'un d'eux
réclama, brutalement, une somme de 2,000 francs
qui lui était due, disait-il, par le fils de la maison.
Sur le refus de la mère de verser cette somme
avant de savoir si elle était réellement due, les
trois gredins devinrent tellement grossiers, qu'il
fallut les faire mettre violemment à la porte par
les gens du château. Ils se répandirent alors dans
la campagne, recherchant la société des paysans
auxquels ils racontèrent les histoires les plus infâmes
sur le compte des habitants du château. Le scandale
fut tel dans le pays, que la gendarmerie du chef-lieu
dut intervenir et les mettre en état d'arrestation;
mais le chef de la bande trouva, dans son audace,
un moyen de se tirer d'embarras. Il se dit attaché
à l'ambassade de Russie, et le prit de si haut, que
les gendarmes effrayés les remirent tous en liberté,
en leur faisant presque des excuses. — Une fois
libres, ils reprirent bien vite la route de Paris, d'où
ils se rendirent près du malheureux officier, dans
sa nouvelle garnison. Ils firent si bien, qu'il fut obligé

de quitter son régiment, et bientôt d'abandonner la carrière militaire.

Voici un malheureux prêtre âgé déjà, sans fortune personnelle, sans autre ressource que celle que lui procure sa place d'attaché à une petite paroisse. Il est au pouvoir d'un mauvais drôle, qui s'empare de toutes ses ressources, et finit, en raison du scandale, par le faire interdire par l'évêché. Ce pauvre diable, qui prétendait justifier sa honteuse passion à l'aide d'un certificat de médecin, s'était laissé voler tout ce qu'il possédait, sa montre, sa chaîne, les deux seuls couverts d'argent qu'il eût, son linge de corps, même son surplis. Non satisfait de cette aubaine, son persécuteur l'assaillait de demandes d'argent par des lettres dont voici des extraits.

« Si demain je n'ai pas les 100 francs que je demande, je vous jure que, foi de *tante* que je suis et que vous êtes, j'irai les demander en votre nom à monsieur le curé. »

Dans une lettre, le chanteur ajoutait : « Je voulais vous voir ce matin à tout prix, aussi il m'arrive des désagréments parce que je ne vous ai pas vu ; il faut que vous m'envoyiez 40 francs immédiatement, où sans quoi j'irai les chercher de bon gré ou de force. Tâchez de les avoir tout prêts, pour ne pas me faire aller, car c'est sérieux, et je suis furieux déjà de ne pas les avoir eus ce matin. Arrangez-vous comme vous voudrez. Il me les faut, et si vous

ne les avez pas, j'écrirai à monsieur le curé pour les
lui emprunter à votre nom. »

Troisième lettre, toujours au même : « Il me faut
20 francs, vous savez que je tiens v   e vie et votre
honneur; j'attends l'argent poste pour poste, ou
sans cela je suis chez vous demain soir et je dis
tout à votre femme (*celle qu'il appelait sa femme,
c'était sa vieille bonne*), et si cela ne suffit pas,
j'irai faire du scandale à l'église pendant que vous
direz votre messe; vous savez bien que j'ai assez
de toupet pour cela. »

Quatrième missive : « Il me faut 60 francs tout
de suite; inutile de vous cacher, car j'irai vous
chercher là où vous serez, même dans l'église,
où j'ai des gens qui me sont tout dévoués... »

Nous avons donné ces quatre extraits comme un
aperçu de la filière par laquelle on fait passer les
victimes.

En effet, lorsque ce malheureux homme n'avait
pas à sa disposition la somme qu'on lui demandait,
il restait caché des journées entières dans l'église,
sans oser en sortir. On voyait alors un individu
à mine patibulaire, se promener partout, chercher
jusque dans le confessionnal, se livrer, en un mot,
à une véritable perquisition. Continuellement sous
le coup d'un scandale qu'il redoutait, ce malheureux
prêtre donnait le peu d'argent qu'il pouvait se procurer, et, dénué de tout, sans linge, parfois sans
pain, il menait une vie misérable, qui pourtant ne
désarmait point son exploiteur. Un jour qu'il ne

put se procurer la somme exigée, il fut publiquement injurié, pendant que, revêtu de ses habits sacerdotaux, il traversait l'église pour se rendre à la sacristie. L'insulteur fut arrêté; mais l'évêché prononça l'interdit contre ce vieillard, qui s'en alla mourir de misère au fond d'une province.

Les maîtres chanteurs ne sont pas toujours favorisés par des situations aussi faciles à exploiter. Tous les amants de la pédérastie n'ont pas un grand nom ou n'exercent pas une profession que le moindre soupçon d'immoralité peut compromettre. Un grand nombre sont célibataires et indépendants. Sur ceux-ci, il semblerait que le chantage soit plus difficile à exercer, mais il n'en est rien.

Le vice de la pédérastie, qui détruit l'énergie du caractère, a cela de terrible, qu'il porte avec lui une honte, un déshonneur, qui lui sont spéciaux et d'une nature telle, que ses victimes, pourvu qu'elles aient encore au cœur quelques sentiments généreux, retenues par le respect humain, préfèrent tout endurer plutôt que d'avouer leur erreur, fût-elle même d'un seul jour, plutôt que de la voir divulguer. Les sens assouvis, il ne leur reste que pusillanimité et mépris d'eux-mêmes. Dans de pareilles conditions d'esprit, ils sont une proie facile pour le premier audacieux qui voudra les menacer.

Et qu'on n'aille pas croire que les supplices du chantage n'attendent que ceux qui, par une longue pratique, ont acquis une notoriété dans la corporation.

Les tout nouveaux venus, en raison de leur inexpérience, y sont plus exposés que les autres.

Aussi les *jésus*, qui ne demandent leurs moyens
de vivre qu'à la pédérastie, sont-ils à l'affût de ces
débutants, qu'une curiosité malsaine, qu'un moment
d'oubli, bien plus qu'une passion réelle, ont attiré
vers eux.

Tel personnage que des bandits ont exploité pendant dix ans, n'avait été qu'une seule fois un vicieux,
et encore par occasion.

Un négociant, à la suite d'un bon dîner où le vin
avait coulé plus que de raison, est conduit par sa
mauvaise étoile dans l'avenue Gabriel, aux Champs-
Élysées. C'est l'été ; il s'asseoit sur un banc et ne
tarde pas à s'endormir. Lorsqu'il se réveille, il trouve
à ses côtés un jeune garçon à l'air doucereux, qui,
après quelques minutes de conversation, devient
entreprenant à l'excès. Encore sous l'empire d'une
ivresse mal dissipée, il ne repousse pas ce tout jeune
homme, et écoute ses sollicitations sans trop savoir
ce qu'il entend. Survient alors un individu qui se dit
le frère de cet inconnu, et qui menace notre homme
de le faire arrêter parce qu'il a déshonoré son jeune
frère. Dégrisé par cette intervention inattendue, il
demande grâce ; il a une femme et des enfants ; il
offre ce qu'il a d'argent sur lui pour qu'on le laisse
partir. L'argent est accepté ; il se sauve au plus vite,
jurant bien qu'on ne l'y reprendra plus. Il n'est com-

plètement rassuré qu'une fois rentré chez lui. Mais
le malheureux n'a pas remarqué deux choses :
d'abord, qu'un médaillon, qui contient le portrait de
sa femme, lui a été volé pendant son sommeil ;
ensuite, qu'il a été suivi. Dix jours plus tard, il est
dans son magasin, sa femme est assise à la caisse,
lorsqu'il voit entrer le frère de sa prétendue victime.
Il ne sait quelle contenance prendre. Tout son corps
est agité par un tremblement nerveux. L'autre, qui
s'aperçoit de son émotion, le tire d'embarras en lui
demandant de lui faire voir une pièce de passemen-
terie. La pièce est déployée ; le frère, tout en feignant
de l'examiner, glisse dans la main du marchand un
petit papier plié, puis se retire sans rien acheter ; le
tissu ne lui convient pas.

Voici ce que contenait le petit papier :

« Mon frère est au lit, dangereusement malade
depuis huit jours, par suite de votre infâme conduite
à son égard. J'exige que vous veniez lui rendre visite
ce soir, rue..., n°... J'attends, d'ici une heure, un
mot signé de vous que vous m'adresserez au nom de
M. Jules, au café M..., dans lequel vous me direz si
oui ou non nous pouvons compter sur vous. Dans
le cas où vous ne me répondriez pas, ou bien ou
vous refuseriez la visite que je vous demande de
faire, je vous préviens que je retournerais dans votre
magasin, et que cette fois c'est à votre caissière que
j'adresserais ma demande en la priant de vous la
transmettre. »

Terrifié par cette menace, il écrit :

« Comptez sur moi, j'irai aussitôt la fermeture de mon magasin. » Et il a l'imprudence de signer.

Le soir, il est exact au rendez-vous. Les deux frères l'attendent, bien portants tous deux, et l'aîné lui tient cyniquement ce langage :

« Vous avez une femme et deux enfants, vous avez pour beau-père M. X..., qui ne badine pas et qui vous tuerait s'il savait votre conduite ; je me suis renseigné, comme vous pouvez voir ; vous allez prendre par écrit l'engagement de nous donner cent francs par mois, où j'écrirai à votre femme et à M. X..., et pour que mes lettres aient créance, je joindrai à la lettre de votre femme le petit mot signé que vous m'avez écrit aujourd'hui au café, et à celle de votre beau-père, le portrait-médaillon de sa fille, que vous avez donné au petit, l'autre jour, circonstance que vous aviez peut-être oubliée. Inutile, n'est-ce pas, de vous dire que nous ne sommes pas frères, mais seulement deux amis. »

Le marchand n'en pouvait croire ses oreilles. L'idée que le portrait de sa femme, qu'il croyait avoir perdu, était en la possession de ces gredins, l'effrayait par-dessus tout ; il redoutait déjà une séparation de corps, se voyait privé de ses enfants et ruiné dans son commerce. La peur le prit, il signa. Il exécuta religieusement ses engagements. Parfois même on le contraignit à faire plus qu'il n'avait promis ; il s'y résigna. Les choses allèrent ainsi pendant dix ans, jusque après la mort de son beau-père et de sa femme. N'ayant plus alors à redouter, pour celle qu'il adorait, les conséquences du chagrin que lui aurait causé la révélation d'un pareil secret, il se dit qu'il n'avait pas le droit, pour s'éviter à lui-même un moment de misérable honte, de dissiper ainsi le patrimoine de ses enfants; il refusa un beau jour de servir la pension. On vint faire du scandale dans son magasin; mais il fit immédiatement arrêter les tapageurs. Il se rendit chez le commissaire de police de son quartier, raconta ses malheurs et déposa une plainte contre ses exploiteurs. Ils furent poursuivis et condamnés.

Cet honnête homme, qui paya si cher un moment d'ivresse, dont la vie, pendant dix ans, fut empoisonnée par les remords et la crainte, n'est point une exception.

Ils sont au contraire nombreux, ceux qui, à la suite d'une première faute ou seulement d'une imprudence, sont devenus la proie de maîtres chanteurs, et qui ont vu ainsi leur existence troublée pour n'avoir jamais osé révéler le secret qui les opprimait.

Les effets de cette honte sont si redoutables pour certaines natures faibles, qu'elles subissent des chantages pour éviter le scandale d'une accusation même sans fondement.

Un vieillard paraissant dans l'aisance, d'un certain âge, passe le soir dans un lieu peu fréquenté; il est accosté par un tout jeune homme qui entame avec lui une conversation oiseuse, à laquelle il ne com-

prend pas grand'chose. Avant qu'il ait eu le temps
de démêler ce que ce jeune garçon peut lui vouloir,
intervient un individu plus âgé, qui, se disant agent
des mœurs, déclare le mettre en état d'arrestation,
pour avoir fait des attouchements honteux à un
jeune mineur. Cet agent le prend sur un ton d'autorité tel que notre homme, abasourdi par ce qui lui
arrive, ose à peine balbutier une protestation timide.
Le jeune homme, bien entendu, confirme le fait.
Tous deux sont emmenés dans la direction de la
préfecture de police. Le vieillard obtient, à titre de
concession et comme une grande faveur, pour s'éviter de traverser Paris à pied, escorté d'un agent, la
permission de prendre une voiture.

Une fois installés tous trois dans le premier fiacre
qui passe, le prétendu agent semble vouloir s'huma-
niser. Il regrette la rigidité du devoir qui le contraint
à conduire à la prison du dépôt un homme qui a l'air
si honorable; mais le devoir avant tout, d'autant
plus que son pain et celui de sa famille en dépendent.
Le vieux monsieur proteste bien de son innocence;
mais le *petit jésus* est toujours là, qui déclare qu'il
passait tranquillement son chemin, lorsqu'il a reçu
des propositions honteuses, appuyées par des caresses
indécentes. C'est malheureux pour vous, reprend le
faux agent; mais, en présence d'une déclaration
aussi précise et de mon témoignage, à moi, qui suis
forcé de dire ce que j'ai vu, vous serez certainement
condamné. La voiture approche de la préfecture de
police; le vieux monsieur, atterré, se voit déjà dans

sa prison, devant les juges, avec la publicité de l'audience; il niera; mais le croira-t-on, devant l'affir-
mation d'un agent? Sa famille, ses amis connaîtront
l'imputation odieuse qu'on fait peser sur lui; il perd
la tête, prie et supplie qu'on le laisse partir; il donnera tout ce dont il dispose, sa montre, sa chaîne,
son porte-monnaie; au besoin même, on ira chez
lui, avec lui, et il remettra encore de l'argent. Enfin,
après s'être bien fait prier, le faux agent accepte
tout ce qu'il lui offre, et le relâche par pure humanité. Ce faux agent était un souteneur de filles, et le
petit jésus était son complice.

Un maître chanteur du nom de H..., maintenant
en Nouvelle-Calédonie, où il subit la peine des travaux forcés à perpétuité, exerçait habituellement ce
genre de chantage, mais avec plus d'habileté, plus
d'audace, et d'une façon beaucoup plus lucrative.
Un petit jésus et deux jésus composaient sa bande.
Le petit jésus racolait dans le bois de Boulogne et
faisait tout au monde pour que sa conquête le con-
duisît chez elle. Un quart d'heure après leur arrivée,
H..., ceint d'une écharpe et accompagné de ses deux
jésus, jouant le rôle d'agents, sonnait à la porte et
sommait d'ouvrir au nom de la loi. Devant un refus,
il poussait l'audace jusqu'à envoyer chercher un
serrurier. Une fois dans l'appartement, il constatait
la présence du petit jésus et inculpait le maître de
l'appartement d'outrage public à la pudeur et de
détournement de mineur, puis se livrait à une minu-

tieuse perquisition, pendant le cours de laquelle il
s'emparait, sous prétexte de les saisir, de tous les
bijoux, de toutes les valeurs et de toutes les pièces
compromettantes qu'il pouvait trouver. Le propriétaire et le petit jésus imploraient sa miséricorde ; il
finissait par se laisser attendrir, mais à la condition
qu'on lui remettrait une somme importante pour les
pauvres, et qu'il se chargeait de porter lui-même au
bureau de bienfaisance de l'arrondissement. Cette
somme en sa possession, il se retirait en emportant
toutes les valeurs, toutes les pièces compromettantes
saisies, qu'il avait, disait-il, besoin d'examiner avant
de les restituer à leur propriétaire. Il gardait, bien
entendu, pour lui et sa bande, tous les bijoux, toutes
les valeurs, et se servait des pièces pour faire chanter
plus tard à nouveau sa victime.

Le chantage au faux agent s'exerce avec succès
sur les vieillards, sur les caractères faibles et sur les
étrangers. S'il réussit lors même qu'il ne s'appuie
sur aucun fait blâmable, à plus forte raison a-t-il un
plein succès lorsqu'il s'adresse à des malheureux
qui se sont réellement compromis, ne fût-ce qu'une
seule fois.

Ce moyen est le plus simple qu'il y ait, il n'exige
pour réussir ni efforts d'intelligence, ni combinaisons habiles. On a dans sa poche une carte imitant
plus ou moins grossièrement celle dont est porteur
chaque agent de l'autorité, ou bien une ceinture
tricolore; on l'exhibe devant un homme troublé, qui

n'a pas même le courage de la regarder, et le tour est joué. Puis, on réussit presque à coup sûr, et on se fait remettre des sommes assez importantes. Voici trois repris de justice associés pour jouer ce rôle de faux agent qui, bien qu'aucun d'eux ne fût pédéraste, se sont partagé en six mois de temps une somme de 13,750 francs escroqués à onze personnes différentes.

Lorsque ces misérables abordent leur victime, ils savent immédiatement, à la façon dont elle accueille leur intervention, à quelle nature ils ont affaire. Si, contre toute prévision, la victime se révolte, et qu'ils ne soient pas disposés à avoir recours à la violence, ils prennent aussitôt la fuite. Si, au contraire, elle est timorée; si elle demande grâce, ils mènent l'aventure jusqu'au bout. Enfin, si la comédie jouée dans l'intérieur de la voiture est sans effet; si le malheureux se résigne à subir les conséquences d'une arrestation, à un moment donné ses agresseurs sautent en bas du fiacre et fuient à toutes jambes, en abandonnant leur proie.

Cette simplicité dans l'action, cette réussite presque assurée, sans aucun danger sérieux à courir, font que l'usurpation du titre d'agent est le moyen de chantage le plus fréquemment employé.

Et comment ce moyen ne réussirait-il pas sur des gens timides et inexpérimentés, lorsque les maîtres chanteurs s'y laissent prendre eux-mêmes, et chantent à leur tour devant d'autres maîtres chanteurs plus rusés et plus audacieux qu'eux ?

Il arrive assez fréquemment qu'au moment où deux voleurs pédérastes (un ménage) se retirent avec la somme qu'ils viennent d'extorquer, survient le troisième larron de la fable, sous la figure d'un maître chanteur qui se dit, celui-là, non pas agent de l'autorité, mais agent secret, c'est-à-dire indicateur du service de la sûreté ou de celui des mœurs. — Il les menace de les dénoncer s'ils ne partagent avec lui. Les voleurs, à leur tour, tout aussi effrayés que l'était leur victime l'instant d'auparavant, s'empressent de remettre la part qu'on exige d'eux. C'est le chantage par faux agents secrets sur de faux agents.

Ce rôle de faux agent secret est on ne peut plus profitable à ceux qui le savent jouer. Nous avons dit plus haut que la dénonciation était une infamie inhérente à la pédérastie. Un maître chanteur qui veut s'adonner à la spécialité de faire chanter d'autres maîtres chanteurs moins astucieux que lui écrit à la préfecture de police, pour offrir la révélation d'un fait qu'il ne fait qu'exposer sans l'expliquer. Bien entendu, il indique une adresse à laquelle lui parviendra la convocation qu'on lui adressera pour obtenir les éclaircissements que nécessite le laconisme de sa lettre. Il se rend à la convocation; mais comme ses explications sont intentionnellement embrouillées, on accepte, en fin de compte, son offre d'accompagner les agents sur la voie publique, pour leur expliquer sur place les faits qu'il dénonce. C'est là tout ce qu'il veut. Il a soin de se faire voir en compagnie de ces agents par un certain nombre de maîtres chanteurs. Puis, lorsque ces indications, toujours vraies, ont donné lieu à des constatations de faits délictueux et à des arrestations, il a le cynisme de faire savoir dans tout son monde que c'est lui qui a provoqué ces arrestations. La réputation d'agent secret qu'il s'est faite, ainsi étayée, devient pour lui un véritable Pactole. Il surveille les maîtres chanteurs, intervient lorsqu'ils ont réussi un chantage, et, à force d'audace, parvient à se faire donner une part.

Les divers chantages que nous venons d'exposer n'exigent de la part de leurs auteurs qu'une grande audace, qu'un cynisme absolu. Il en est d'autres pour la réussite desquels l'audace seule ne suffirait pas, et qui nécessitent des efforts considérables d'intelligence et d'invention. Ce sont de grandes escroqueries habilement conçues, habilement combinées, habilement exécutées, qui, si elles présentent de grandes difficultés à vaincre pour aboutir, procurent des bénéfices considérables. Les maîtres chanteurs qui se sentent capables de mener à bonne fin de pareilles entreprises ne se mettent jamais à l'œuvre avant d'avoir en main les éléments qui leur assurent une réussite à peu près certaine. Lorsqu'ils ont jeté leur dévolu sur un individu, avec une persistance qui ne se démentira plus un seul instant, ils mettront parfois des années entières à recueillir les renseignements et à se procurer les instruments nécessaires à l'exécution de leur plan.

Pour réunir ces éléments de succès, ils auront recours à tous les moyens. Le vol, l'intimidation, rien ne les arrêtera. De même, l'opération une fois commencée, il n'y aura ni prières, ni considérations de famille qui puissent les faire reculer.

Leur principal moyen d'approvisionnement, c'est la soustraction frauduleuse. En règle générale, un *petit jésus* ou un *jésus*, lorsqu'il est en présence d'un amoureux qui paye, fait main basse sur tout ce qu'il peut attraper sans être vu : bijoux, argent, papiers de famille, tout lui est bon. Les papiers de famille, il les conserve avec soin en y joignant les lettres compromettantes qu'il a pu recevoir ou qu'il peut se procurer. Comme presque tous agissent avec la même prévoyance, comme chacun d'eux a sa victime désignée, qu'il s'apprête à exploiter un jour, ils font des échanges entre eux; si bien que toutes les lettres écrites par une même personne, à huit ou dix destinataires différents, finissent par se trouver à peu près toutes réunies dans une même main.

Le dossier ainsi constitué, il faut, pour en tirer le meilleur parti, connaître exactement la situation et les relations de famille, la position sociale. C'est là le but d'enquêtes longues et minutieuses, toujours menées avec le plus grand discernement. Ce n'est pas évidemment le premier venu qui peut organiser une pareille entreprise et la mener à bien; il faut pour cela des spécialistes doués de l'intelligence et de l'expérience des choses, que ne peuvent avoir tous les vauriens de la corporation.

Ces spécialistes existent ; ils examinent et complètent les dossiers que leur soumettent les voleurs de pièces ; ils estiment le parti qu'on peut en tirer, cherchent les voies et moyens, dirigent tout, et, au besoin, donnent de leur personne. Ils s'attribuent, bien entendu, la plus forte part sur les produits de l'opération.

Un de ces désœuvrés, favorisé par la fortune, dont la jeunesse s'écoule dans l'oisiveté, avait cherché des distractions dans des habitudes contre nature contractées en Afrique. Retenu pourtant par le respect humain, il avait pris à cœur de ne point s'afficher, de ne jamais se montrer en public avec des individus d'allures compromettantes ; c'était par lettres qu'il convoquait, chez lui, dans son appartement, ceux qu'il voulait recevoir ; aussi n'était-il connu que de deux ou trois *petits jésus.*

L'idée du mariage lui étant venue, il fut accueilli par une des familles les plus aristocratiques de Paris. Les choses marchèrent rondement, et bientôt les deux promis échangèrent par la poste de ces correspondances amoureuses qui s'envoient avec l'agrément des parents.

Il eut l'insanité, pendant qu'il faisait la cour à sa fiancée, de continuer à recevoir, de temps à autre, chez lui, un *petit jésus* qu'il connaissait depuis longtemps.

Les journaux annoncèrent ses fiançailles avec un certain luxe de détails ; il n'en fallut pas davantage pour exciter la cupidité prévoyante de ce *petit jésus*.

Il s'empara de deux lettres adressées par la fiancée au jeune homme, sans que ce dernier en eut remarqué la disparition. Les noces se passèrent sans encombre, la lune de miel suivit ; mais au bout de deux ans, le jeune marié demanda de nouveau des satisfactions à la pédérastie. Lorsque sa femme s'absentait, il faisait revenir chez lui son préféré d'autrefois ; ce dernier, guidé par un maître chanteur qui n'était pas un pédéraste et avec lequel il s'était associé, mettait à profit ses nouvelles visites pour compléter sa collection d'autographes. C'est ainsi qu'il joignit aux deux lettres anciennes deux ou trois nouvelles lettres écrites des bains de mer, où elle se trouvait, par la jeune femme à son mari.

Le maître chanteur, qui avait pressenti là une affaire à nourrir, chercha à se créer des accointances dans la maison ; il y parvint par la femme de chambre, qu'il poursuivit pendant plus de six mois de ses galanteries, et dont il finit par obtenir les faveurs. Renseigné par elle, il sut que si monsieur avait des caprices qu'il aimait à satisfaire, madame, de son côté, par trop délaissée pendant la saison des bains de mer, n'avait que trop de bienveillance pour un ami de son mari ; que le hasard, sans doute, ramenait chaque année sur la même plage qu'elle. Son

plan fut bien vite arrêté. L'été suivant, sous prétexte
de ne pas quitter la femme de chambre sa maîtresse,
il la suivait aux bains de mer, et se plaçait comme
garçon dans un hôtel de la ville. Puis il parvenait à
se faire admettre, comme valet de chambre, dans
l'hôtel habité par l'amoureux de madame. Une fois
là, il s'emparait d'un petit billet doux des plus compromettants. La saison d'eaux, au surplus, se passa
sans encombre.

Un mois après sa rentrée à Paris, madame recevait une lettre ainsi conçue :

« Madame,

« Monsieur m'avait promis une place de valet de
chambre dans votre maison ; je comptais sur la
promesse de monsieur, mais il paraît que madame
ne veut pas m'accepter. Je supplie madame de ne
pas ajouter foi aux calomnies qu'on a pu lui faire
sur moi ; je suis un honnête garçon, et j'ose affirmer
à madame qu'elle n'aura jamais eu un serviteur
plus fidèle que moi.

« J'ose me dire, de madame, le très zélé serviteur. »

(*Ici une signature.*)

Rue..... numéro.....

Madame, qui n'a jamais entendu parler de cette
affaire de valet de chambre, ne comprenant pas un
mot à la lettre qu'elle a reçue, la remet à son mari.

Lui, craint de comprendre davantage. Il n'a
promis de place de valet de chambre à personne,

mais la lettre est signée du nom de son petit jésus,
et l'adresse indiquée est la sienne; pourtant la lettre
n'est pas de lui, ce n'est pas son écriture.

Il écrit alors, pour savoir ce que cela veut dire.
On lui répond par un rendez-vous, auquel il se
rend; mais le *petit jésus* n'y est pas seul, il est accompagné d'un individu plus âgé, qui prend la
parole et dit : « Mon neveu m'a avoué les relations
honteuses qu'il entretient avec vous depuis quatre
ans; vous devez comprendre, n'est-ce pas, qu'il ne
s'agit pas pour lui d'obtenir une place de domestique; ce qu'il lui faut, c'est de l'argent pour s'établir; vous êtes riche, vous payerez son déshonneur.
Il m'a remis toutes les lettres de rendez-vous que
vous lui avez écrites et celles provenant de votre
femme que vous lui avez données; vous ne les
aurez que contre remise d'argent. Mais entendons-
nous bien. J'ai dix-huit lettres déposées en lieux
sûrs, je ne les vends que l'une après l'autre, et je vous
préviens que, si vous refusez de les acheter, je sais
le moyen de les faire parvenir, sans que vous puis-
siez les arrêter en route, dans les mains de votre
femme d'abord, puis dans celles de votre père et de
votre beau-père. Que s'il vous prenait la fantaisie,
après avoir consenti au rachat, de me faire arrêter
lorsque je viendrai chercher mon argent, cela ne
vous avancerait pas, puisqu'on ne trouverait qu'une
seule lettre sur moi, et que mes dispositions sont
prises pour que, dès le lendemain de mon arrestation, les autres lettres parviennent, avec des explica-

tions écrites, aux destinataires que je viens de vous indiquer.

Ainsi pris au trébuchet, le mari chanta ; il chanta non seulement pour ses lettres de rendez-vous, mais aussi et surtout pour celles émanant de sa fiancée, puis plus tard de sa femme, lettres qu'il avait eu l'imprudence de se laisser voler sans s'en apercevoir.

Mais ce ne fut pas tout ; le compte de monsieur réglé, ce fut au tour de madame, qui reçut, à quelque temps de là, une nouvelle lettre ainsi conçue :

♪ Madame,

« J'ai eu l'honneur d'écrire à madame, il y a six semaines, pour lui parler d'une place de valet de chambre. J'avais espéré que madame aurait eu la curiosité de faire venir, pour le voir, l'auteur de la lettre. Madame aurait certainement reconnu tout de suite le valet de chambre de l'hôtel... qui a eu plusieurs fois l'honneur de lui porter des lettres de monsieur X... Puisque madame a eu l'imprudence de remettre ma lettre à son mari, je suis obligé d'insister et de préciser ; j'ai retrouvé dans une de mes poches une petite lettre adressée à monsieur X... et cette lettre, je ne voudrais la remettre qu'à madame elle-même, qui, j'en suis certain, jugera que le service que je lui rends mérite une petite récompense. Madame voudra bien reconnaître que je ne suis pas un homme d'argent, car si j'avais profité de l'entrevue que j'ai eue avec monsieur, pour lui remettre cette lettre, il l'aurait certainement payée beaucoup plus cher que ce que pourra me donner madame.

« Je suis, de madame, etc., etc. »

(*Ici la signature.*)

Rue..... numéro.....

Madame, effrayée, court chez monsieur X... et le tient au courant de la situation. Ce dernier se met en rapport avec le maître chanteur et rachète la lettre.

Ce double chantage si patiemment monté rapporta, en résumé, à ses deux auteurs plus de 60,000 francs.

Comme on peut le voir par les faits que nous venons de citer, c'est surtout au chantage qu'est applicable la devise de Danton : *De l'audace, toujours de l'audace.* Dans le plus grand nombre de cas, l'audace est en effet le seul élément de succès ; et lorsque la difficulté de l'entreprise nécessite l'emploi d'une certaine dose d'intelligence, c'est encore à l'audace qu'il faut demander les moyens d'action.

Les maîtres chanteurs comptent tellement sur les effets irrésistibles de leurs menaces et sur l'intimidation qu'elles produisent, que parfois ils ne gardent plus de mesure et se perdent par un excès de témérité.

Un médecin d'une commune suburbaine de Paris est accosté un soir sur le boulevard par un gamin de quinze ans qui lui dépeint sa misère, sollicite un secours et le supplie de s'intéresser à lui pour lui trouver un emploi. Le médecin, touché par la jeunesse et la bonne mine du gamin, lui demande son adresse pour pouvoir se procurer des renseignements sur lui. Si les renseignements recueillis sont favorables, il lui promet de s'occuper de sa requête ; puis il tire son porte-monnaie, et va lui faire une aumône, lorsque survient un grand gaillard qui dit : « Vous venez de descendre de voiture avec cet enfant, je vous arrête ; suivez-moi chez le commissaire de police. » Le gamin pleure et dit : « Monsieur l'agent, c'est vrai que nous descendons de voiture, mais laissez-nous libres, nous ne recommencerons plus. » Le médecin, comprenant qu'il est en présence de maîtres chanteurs, feint de les suivre ; bientôt il rencontre deux amis, avec lesquels il s'arrête ; les maîtres chanteurs prennent immédiatement la fuite. Dix jours plus tard, le médecin, qui habite une banlieue de Paris, voit entrer dans son cabinet, à l'heure de sa consultation, un grand gaillard qui lui exhibe un mandat d'amener et qui lui ordonne de le suivre. Il reconnaît immédiatement le faux agent qui l'avait arrêté sur le boulevard. Sans se laisser intimider, il maintient cet individu dans son cabinet jusqu'à l'arrivée des gendarmes, qu'il avait envoyé chercher, et entre les mains desquels il le remet. Le mandat d'amener était bien entendu un faux mandat, parfaitement imité, du reste, et le faux agent était un voleur que la police recherchait.

A une certaine époque, dans chaque poste de Paris, était déposée comme type une carte d'agent. La carte du poste de la rue Rossini disparut un jour, sans qu'on sut ce qu'elle était devenue.

Deux ans plus tard, il se produisit par trois fois, en douze mois de temps, ce fait singulier. Un individu était consigné dans un poste, sous inculpation d'outrage public à la pudeur, à la disposition d'un commissaire de police, et, lorsque cet individu était interrogé par ce commissaire, il répondait invariablement : « Je n'ai pas fait ce qu'on me reproche, et l'agent ne m'a arrêté que parce que j'ai refusé de lui donner de l'argent. » Le commissaire de police envoyait chercher à la préfecture l'agent signataire du rapport pour le confronter avec le détenu et faire une enquête contradictoire; mais, l'agent étant inconnu au service des mœurs aussi bien que dans les autres services, on relâchait le prisonnier. Pourtant l'ordre de consigne, qui portait en tête : *Attribution des mœurs*, était régulièrement fait, et le chef de poste affirmait que la signature qui se trouvait au bas de cet ordre de consigne était bien la même que celle portée au bas de la carte d'agent qui lui avait été présentée pour faire incarcérer le détenu au violon. Les trois ordres de consigne étaient de la même écriture et portaient la même signature. On était évidemment en présence d'un faux agent porteur d'une carte authentique, qu'il avait remplie à son nom, mais qu'il s'était procurée, comment? Ce nom avait été signalé dans tous les postes, pour qu'on mît en état d'arrestation celui qui le prendrait pour signer un ordre de consigne ; on recherchait le coupable par tous les moyens possibles ; toutes ces précautions n'avaient abouti à aucun résultat, lorsqu'un jour le chef du service des mœurs reçut une lettre, que le faux agent avait eu l'audace de lui écrire, dans laquelle il lui offrait ses services comme indicateur. Une heure après, il était arrêté. Il nia d'abord être l'auteur des arrestations illégales faites en son nom. La perquisition opérée chez lui amena la saisie de la fameuse carte d'agent ; il avoua alors qu'il avait soustrait cette carte au poste Rossini, trois ans auparavant, alors qu'étant militaire il était de garde dans ce poste ; quant aux feuilles portant imprimés les mots : *Attribution des mœurs*, il les tenait d'un agent révoqué. Par suite de l'enquête qui fut faite, on retrouva vingt-deux personnes près desquelles, à l'aide de cette carte, il s'était fait passer pour agent et qu'il avait fait chanter pour des faits de pédérastie vrais ou faux.

Les maîtres chanteurs, lorsque leur entreprise a réussi, lorsqu'ils sont en présence d'une personne riche, à laquelle ils ont su s'imposer en pénétrant chez elle contre son gré, ne se contentent pas d'une somme une fois payée. Leurs exigences se renouvellent à tout instant, pendant des séries d'années, parfois jusqu'à la mort. Cette permanence du chantage, cette épée de Damoclès qui les menace et les inquiète continuellement, fait aux malheureuses vic-

times une situation tellement épouvantable, que
plusieurs demandent au suicide la fin de leurs
tourments.

Celui qui est au pouvoir d'un maître chanteur n'a
plus, en effet, de bonheur à espérer. Son domicile
est constamment envahi par le bandit qui le rançonne.
S'il occupe une position sociale, il vit dans une crainte
continuelle que la moindre indiscrétion ne la lui
fasse perdre. Il devient à ce point la chose de son
exploiteur, que parfois ce dernier vendra son secret
à un autre maître chanteur, qui viendra le faire chanter à son tour, sans qu'il puisse se débarrasser de
ce second filou plus facilement que du premier.

Un vieux célibataire passait pour jouir d'une certaine aisance; ses héritiers, après sa mort, trouvèrent
dans sa succession de nombreux manuscrits; mais
des valeurs mobilières, point! Dans l'inventaire qui
fut fait des papiers laissés, ils trouvèrent un cahier
portant pour épigraphe sur sa couverture: *Mes
tourments et ma tranquillité.*

Ce singulier cahier, fort régulièrement tenu, ren-
fermait cinq cent seize mentions de sommes versées,
avec la date du jour du versement. Parmi ces mentions on en relevait un grand nombre conçues dans
le genre de celle ci-dessous, que nous citons textuel-
lement.

« A un individu qui prétend me connaître, mais
que je ne connais pas, et qui s'engage à ne plus
m'importuner, ci . . . . 300 fr. »

Ce cahier établissait que, pendant quinze ans, la vie de cet homme bien élevé n'avait été qu'un tourment perpétuel, et que ce qu'il appelait sa tranquillité lui avait coûté trois cent dix mille francs d'achat, c'est-à-dire toute sa fortune. Ce vieux célibataire était en même temps une vieille *rivette* qu'avaient exploitée plusieurs générations de maîtres chanteurs. Ils se l'étaient vendue les uns aux autres comme un négociant cède sa clientèle.

On se souvient peut-être d'un procès scandaleux, auquel fut mêlé le nom d'un homme de science haut placé dans l'estime des savants. Cet homme avait été exploité, d'une façon odieuse, par les maîtres chanteurs de l'époque, et voici ce que disait de lui l'un d'eux, poursuivi devant le tribunal correctionnel, dans ses réponses au président.

« Ce n'est pas cinquante mille francs, c'est plus de cent mille francs qu'il a donnés; ça dure depuis trente ans, on se le repassait. Il a donné ainsi à des individus qui sont morts et à d'autres qui se sont retirés des affaires. »

Les amateurs riches, qui ont eu l'imprudence de laisser connaître leur domicile, sont particulièrement exposés à cette permanence du chantage. Il leur est presque impossible d'y échapper. Ceux-mêmes qui, pris au piège au dehors de chez eux, ont multiplié les précautions pour cacher leur identité, qui se sont exécutés de bonne grâce, en payant, sans opposer de résistance, la somme qu'on exigeait d'eux, dans l'espoir de rester inconnus, ceux-là n'ont presque jamais réussi non plus à préserver leur avenir; ils ont compté sans l'astuce des maîtres chanteurs. Ces derniers, malgré tous les soins pris pour les dépister, sont presque toujours parvenus à suivre leurs victimes jusqu'à la porte de la maison qu'elles habitent. Le domicile une fois connu, il n'est pas bien difficile de se renseigner sur le nom. Alors commence l'exploitation en coupe réglée, si la position sociale le permet.

Un Anglais fort riche, cité comme témoin dans un procès scandaleux, raconte à l'audience qu'il avait toujours la précaution, lorsqu'il courait les aventures le soir, de se vêtir misérablement et de n'avoir sur lui que fort peu d'argent. Grâce à ces précautions, il avait pu, pendant longtemps, se retirer à bon marché des entreprises de chantage dont il avait été l'objet; il vidait ses poches, et tout était dit; mais un soir il fut suivi. Le lendemain, il recevait dans son hôtel la visite inattendue de son maître chanteur de la veille. Il dut payer pour éviter le scandale dont il était menacé; ces visites se multiplièrent. Bientôt son visiteur lui présenta un ami, aux demandes duquel il dut donner satisfaction. Bref, il déclarait au tribunal que, malgré les ennuis qui pouvaient résulter pour lui de voir figurer son nom dans une pareille affaire, il bénissait le procès qu'il n'avait pas cherché, dont la publicité allait le déshonorer, mais le mettrait pour l'avenir à l'abri de toute tentative de chantage.

C'est, comme on peut le voir, un métier assez lucratif parfois que celui de maître chanteur. Il constitue la principale ressource de la tourbe des prostitués pédérastes, surtout de ceux qui sont parvenus à un certain âge. Une perruque et des fausses dents ne constituent pas un charme irrésistible ; il est bien évident que ceux qui en sont réduits à emprunter ces artifices de toilette ne peuvent plus compter pour vivre sur le pouvoir de leurs charmes personnels ; ils deviennent donc maîtres chanteurs pour leur compte, et aussi par procuration et en participation pour le compte d'autrui.

Si certains chantages ne rapportent que des sommes plus ou moins importantes, une fois données, il en est, on l'a vu, qui ont duré des séries d'années, dont le produit s'est chiffré par trois ou quatre cent mille francs, et même plus.

Ces sommes, versées par petites fractions au jour le jour, sont dissipées en folles dépenses et en orgies par ceux qui les reçoivent. En résumé, si elles appauvrissent la victime, elles n'enrichissent pas ordinairement le maître chanteur, qui, ne sachant rien conserver, dissipe tout ce bien mal acquis et finit dans la misère. Il en est pourtant quelques-uns qui vivent de leurs rentes aujourd'hui, et dont la fortune n'a pas d'autre origine.

En multipliant les exemples, nous avons voulu d'abord montrer à quels dangers de tous les instants sont exposés ceux qui sont atteints de cette

honteuse passion; dangers d'autant plus inévitables
que les victimes elles-mêmes, sauf bien entendu dans
les cas d'assassinat, sont les premières à enrayer
l'action de la justice, qui seule pourrait les défendre
et les protéger. Chaque fois, en effet, que la justice
est saisie, elle se montre d'une sévérité exemplaire,
et fait largement son devoir; mais pour un coupable que le hasard l'autorise à poursuivre, cinq
cents lui échappent, en raison du mutisme obstiné-
ment gardé par ceux que la honte retient. Cette
honte assure l'impunité des coupables, et l'impunité
multiplie les vols et les chantages. C'est un cercle
infernal d'où ces damnés de nouvelle espèce ne pourront jamais sortir.

CHAPITRE V

LE PROXÉNÉTISME ET LES MAISONS

Les proxénètes. — A part quelques vieilles filles publiques, le proxénétisme est exercé par des hommes. — Spécialistes. — Pourvoyeurs de militaires. — Pédérastie dans l'armée. — Maisons spéciales destinées à recevoir des soldats. — Passion spéciale inspirée par les militaires. — Pourvoyeur civil. — Maison modèle. — Le souteneur.

En dehors de deux ou trois vieilles filles publiques, qui, pour conserver leur clientèle spéciale d'hommes d'un certain âge, à passions baroques, se chargent de pourvoir à toutes les fantaisies que peut rêver une imagination en délire, le proxénétisme en matière de pédérastie est exclusivement exercé par des hommes. Il emprunte à cette circonstance un caractère répugnant et odieux. Rien n'est plus abject, en effet, que ces courtiers qui, tout en cherchant aventure pour leur propre compte, s'occupent de recruter les sujets nécessaires aux plaisirs des haut barons de la corporation.

Ceux-ci font d'énormes sacrifices pour l'approvisionnement de leur sérail. Chacun d'eux a un et même plusieurs pourvoyeurs attitrés. Un prince

russe en eut à sa solde jusqu'à six en même temps;
il payait une prime par tête amenée et acceptée.

Parmi ces pourvoyeurs, il y a des spécialistes.
Celui-ci ne vend que des militaires; celui-là tient
l'article domestique, valets de chambre ou valets
de pied; cet autre trafique spécialement sur la virginité : il surveille le soir les sorties d'ateliers pour
débaucher les jeunes ouvriers. Nous n'oserions
affirmer que les virginités sont toutes de bon aloi,
mais la passion rend aveugle.

Ces spécialistes sont une nécessité physiologique
de la pédérastie.

Lorsque l'amateur riche a atteint un certain âge,
ses goûts deviennent difficiles à satisfaire, son cerveau
malade s'est fait un idéal hors duquel il n'y a plus
de plaisirs possibles.

En voici un qui ne peut aimer que des domestiques.
En voilà un autre qui ne recherche que des débutants. Ce troisième ne veut que des militaires.

Ainsi enfermés par leurs choix dans un cercle
aussi restreint, nos personnages ne peuvent faire
leurs démarches eux-mêmes sans s'exposer à des
humiliations. C'est pour cela qu'ils ont besoin de
pourvoyeurs spéciaux, qu'ils choisissent, autant que
faire se peut, dans la catégorie même sur laquelle
ces pourvoyeurs auront à mettre en pratique leurs
moyens d'action. Les bons offices de ces intermédiaires leur sont d'autant plus indispensables que le
recrutement est plus difficile à pratiquer, qu'il nécessite plus de précautions et exige une connaissance

plus parfaite des habitudes et des mœurs du milieu dans lequel il s'agit d'opérer.

De toutes les catégories, la plus recherchée est celle des militaires (1).

Ce n'est pas que chez les militaires les goûts antiphysiques soient plus communs que dans n'importe quelle autre classe de la société. Mais un soldat auquel le sens moral fait défaut ne laisse que rarement échapper l'occasion qui se présente à lui de se procurer un peu d'argent. Souvent il ne voit, dans certaines propositions déshonnêtes, qu'un moyen, tout aussi acceptable qu'un autre, de carotter le *pékin*. Le plus souvent il a le talent d'assister à cinq ou six rendez-vous successifs, de se faire payer à boire et d'emporter chaque fois un petit cadeau, sans jamais se livrer; puis, lorsqu'il faudrait s'exécuter, il se libère par un moyen qu'il considère comme une bonne plaisanterie. Il corrige d'importance le suborneur, parfois même le fait arrêter, tout en gardant les sommes qu'il a reçues de lui. Il y a de nombreux exemples de cette manière de faire, mais malheureusement d'autres exemples aussi de soldats qui, après avoir accepté, sans autre préoccupation tout d'abord que celle d'obtenir de l'argent, les premières offres qui leur étaient faites, ont fini

(1) Il est entendu que ce passage ne peut toucher en rien à l'honneur de l'armée. Elle ne saurait être solidaire de faits de corruption exceptionnels qui se retrouvent dans toutes les grandes agglomérations d'hommes, et aussi dans les armées étrangères, comme le montrera notre chapitre VII.

par prendre des habitudes tellement vicieuses qu'ils sont devenus des êtres absolument pervertis.

Ce qui désigne le soldat plus que tout autre à ces entreprises, c'est le costume, c'est notamment la casaque élégante et le court-vêtu des cavaliers. Aussi les grandes villes de garnison sont-elles toutes habitées par des pédérastes d'une catégorie spéciale.

Mais le soldat, qui est justiciable de tous ses supérieurs hiérarchiques, non seulement de ceux de son régiment, mais de tous ceux qu'il peut rencontrer, à quelque corps qu'ils appartiennent, n'a pas toute sa liberté d'allures. Il ne peut, sans s'exposer à de graves punitions, se compromettre dans la rue ou dans un établissement public, comme pourrait le faire un civil. La discipline militaire le contraint à une grande réserve, dont il ne peut se départir sans danger. Il faut donc, pour lui, des locaux spéciaux, des lieux de rendez-vous à l'abri des rencontres inopportunes, des regards indiscrets. Tout cela a été prévu. Il existe deux ou trois établissements composés d'un café au rez-de-chaussée et de chambres garnies dans les étages supérieurs. Ces établissements, gérés par des pédérastes, sont spécialement destinés aux militaires. C'est dans ces cafés que les pourvoyeurs spéciaux assignent le plus ordinairement rendez-vous à ceux qui les veulent accepter, et c'est dans les chambres garnies que les attendent ceux pour lesquels ils ont été racolés. Enfin, il faut soustraire ces soldats aux conséquences qu'aurait pour eux leur présence constatée ou révélée

dans un pareil lieu ; deux ou trois filles prostituées,
logées gratuitement à l'étage supérieur de la maison,
sauvent les apparences. En cas d'enquête, c'est toujours chez l'une d'elles, qui l'affirme du reste, que
s'était rendu l'inculpé.

La princesse Salomé, que le lecteur connaît déjà,
eut à sa solde à Paris un établissement de ce genre,
et un autre dans une ville de garnison de province.
D'autres établissements du même genre ont existé
ou existent peut-être encore, subventionnés par deux
ou trois amis associés. Mais c'est là un luxe qui
coûte fort cher, et que peuvent s'offrir seulement
quelques privilégiés de la fortune.

D'autres moins riches suppléent à ce luxe en faisant de leur logement une sorte de cantine de caserne, mais une cantine gratuite.

Le simple énoncé de tels faits paraît peu croyable ;
nous l'appuyons d'un exemple ; il est des plus caractéristiques que nous connaissions.

X... appartient à une riche famille de l'ouest de la
France. Il est orphelin de père. A 22 ans, il est
admis comme employé en province dans une administration publique. Ses fonctions le mettent en rapport avec certains sous-officiers de l'armée, qui
deviennent, bien vite, les uns après les autres, ses
amis intimes, grâce aux largesses que lui permettent
de faire les subsides, considérables pour un jeune
homme de son âge, que sa mère lui envoie. Cette
intimité n'avait pour cause secrète que ses goûts anti-

physiques. « Chose singulière, — dit-il dans une de ses
« lettres, — un civil ne m'a jamais inspiré que du dé-
« goût, tandis que la vue d'un uniforme militaire me
« transporte et me rend fou. Pour celui qui le porte,
« je suis capable de tous les sacrifices. »

Le régiment d'infanterie qui tient garnison dans
la ville qu'il habite fournit à ses plaisirs journaliers,
mais lorsqu'il a des desseins de changement, il fait
venir, en payant leur voyage, des soldats d'un régiment de grosse cavalerie, en garnison dans une ville
située à quatre-vingt-seize kilomètres de chez lui.
C'est dans cette ville qu'il a fait ses débuts d'employé.

Sa mère meurt. Il devient maître d'une belle fortune. Ses folies ne connaissent plus de bornes. Avec
de pareilles préoccupations, il ne peut être qu'un
fort mauvais agent ; aussi, après deux ans de service, est-il congédié de son administration.

Il vient se fixer à Paris. Il s'installe dans un hôtel
meublé du quartier de la Boule-Rouge, où loge le
chef d'un bataillon de chasseurs à pied, en garnison
dans la capitale. C'est avec préméditation qu'il
choisit cet hôtel habité par un chef de corps. Il
espère, et on va voir que son espoir ne fut pas déçu,
que le voisinage de cet officier supérieur lui fournira
des occasions de lier facilement connaissance avec
des militaires que leurs devoirs professionnels
appellent journellement chez leur commandant.

C'est le soldat de planton qu'il courtise tout
d'abord. Il en fait la conquête et s'en sert plus tard

comme de pourvoyeur pour attirer chez lui d'autres soldats du bataillon. Une pareille existence ne pouvait durer longtemps, dans un hôtel bien tenu, sans exciter la défiance du maître de la maison. X... est obligé de déguerpir sans qu'on lui ait laissé même le temps de chercher un autre local.

Ne voulant plus être exposé à de pareils désagréments, il loue un appartement à proximité de l'École militaire. Avant de s'y installer, il le fait somptueusement orner et meubler. Il profite du temps pendant lequel les ouvriers le nettoient pour faire un voyage à Lyon, d'où il ramène un nommé L.... que lui a procuré un pédéraste lyonnais. Ce L..., ancien soldat, qui prend dès lors le titre de valet de chambre de X..., est engagé à seule fin de racoler des militaires pour son maître, fonction qu'il accepte.

Installés tous deux à Paris, L... ne quitte pas les abords des casernes, les cabarets et les bals publics fréquentés par les soldats. Il ramène souvent de nouvelles recrues.

Les choses ne tournent point, pourtant, toujours à l'entière satisfaction de X... De nombreux militaires veulent bien se rendre chez lui, y boire, y manger, mettre dans leurs poches l'argent qu'on leur donne, mais ils ne veulent consentir à rien autre chose. Au surplus, en les invitant, on ne leur a pas catégoriquement dit ce qu'on attendait d'eux ; de telle sorte que X... est parfois victime de brutalités qui laissent des marques sur sa figure, et qui le

font se repentir d'avoir été trop loin et trop vite.
Un, plus rageur que les autres, non content de la
correction marquante qu'il lui a infligée, le fait
arrêter « pour s'être livré sur lui et sans son consentement à des actes d'impudeur ». Ce sont les termes
de sa plainte.

De pareils ennuis ne peuvent lui convenir, à lui
qui est l'obséquiosité et la douceur même ; aussi
change-t-il sa manière d'opérer. A l'avenir, lorsque
L... ramènera une recrue qu'il ne connaîtra pas, et
des sentiments de laquelle il ne pourra répondre,
on l'invitera simplement ou à dîner, ou à prendre le
thé. La conversation qui s'établira sera d'abord
insignifiante, puis bientôt elle prendra une tournure
grivoise ; interviendra alors l'exhibition de photographies obscènes. Au degré de plaisir que prendra le nouveau venu à cette conversation, à cette
exhibition, il sera facile de prévoir comment serait
acceptée une proposition catégorique.

Cette précaution est encore insuffisante. X... court
de nouveaux dangers. Il trouve un caporal qui
accepte à dîner de grand cœur, qui rit et plaisante
des histoires qu'on lui raconte, des gravures impu-
diques qu'on lui fait voir, mais qui se fâche tout
rouge lorsqu'on veut pousser plus loin l'aventure.
Il administre de main de maître à X... et à L... une
correction exemplaire et part en déclarant qu'il va
les faire arrêter. Tous deux, sans prendre même le
temps d'emporter une malle, quittent précipitamment l'appartement et partent le soir même pour

Lyon, où ils se tiennent cachés. Le caporal n'a pas
tenu sa promesse ; il ne les a pas dénoncés. C'est
seulement au bout d'un mois, alors qu'ils savent
que personne ne s'était présenté chez eux pendant
leur absence pour les arrêter, qu'ils osent rentrer à
Paris. Mais X... qui ne veut plus, à aucun prix,
avoir à redouter d'aussi douloureuses et graves
mésaventures, décide que L... expérimentera personnellement et complètement la docilité de tout
nouveau venu avant de le lui présenter.

La générosité de X... pour tous les soldats qui
viennent le voir est devenue tellement proverbiale
dans la garnison de l'École militaire, que L... n'a
plus à se préoccuper d'aller racoler au dehors. Les
soldats amenés, ou envoyés les uns par les autres, se
présentent d'eux-mêmes chez lui. Pour un qui lui
donne satisfaction, dix-neuf se bornent à de vaines
promesses qu'ils se font nécessairement largement
payer. Son patrimoine, qui diminue à vue d'œil, a
été ébréché de plus de 120,000 francs en moins d'un
an. Pour se soustraire à toutes ces visites ruineuses,
aux exigences desquelles il ne peut plus suffire, il
déménage au plus vite, et dépiste tous ces inconnus
en cachant sa nouvelle adresse. Ce n'est pas que sa
passion soit calmée, mais l'état de sa fortune ne lui
permet plus de se faire exploiter, et dorénavant il
ne veut plus payer que ceux auxquels il aura de
réelles obligations.

X... et L... vont s'installer sur le Cours de Vincennes, où ils sont complètement inconnus. L... re-

prend ses fonctions aux abords du fort, et dans les établissements publics. X... continue à exiger de lui l'accomplissement des précautions de sûreté personnelle qu'il a prescrites. Mais bientôt la notoriété de X... devient aussi légendaire au Cours de Vincennes qu'elle l'avait été dans le quartier de l'École militaire, et les mêmes raisons qui l'avaient forcé à déménager de ce quartier le contraignent à quitter le Cours de Vincennes.

Il songe à vendre son mobilier et à aller s'installer en province, dans un hôtel, à proximité du camp de Châlons ; de cette façon, il pourra continuer à mener sa vie habituelle et disparaître en deux heures le jour où les assauts donnés à sa bourse deviendront trop nombreux. Il se préparait à mettre ce projet à exécution, lorsqu'il fut arrêté.

La perquisition faite chez lui amena les constatations suivantes : la chambre à coucher était littéralement tapissée de dessins obscènes, entremêlés avec des photographies de maréchaux de France, d'officiers, de sous-officiers de tous grades et de soldats ; de trois grands tableaux représentant le corps des officiers de trois régiments de ligne ; de gravures peintes représentant la collection des uniformes de l'armée française. Sur un des murs de la chambre était un trophée composé : d'une croix de la Légion d'honneur, de médailles militaires, de Crimée, d'Italie, du Mexique ; d'autres croix étrangères ; d'une sabretache et d'un uniforme de soldat des guides ; d'une capote de soldat autrichien,

d'une autre de soldat russe; d'une coiffure de
Cosaque du Don, d'un casque prussien et d'un bonnet de police.

Ce n'est point pour le plaisir de raconter une
histoire singulière que nous avons choisi le cas pré-
cité; nous l'avons pris d'abord parce qu'il confirme
tout ce que nous avons annoncé sur la pédérastie
chez certains militaires, mais ensuite, et surtout,
parce qu'il montre comment la corruption peut se
répandre et combien elle est contagieuse.

Les nombreuses correspondances que nous avons
eues l'occasion de lire, et qui sont datées de la salle
de police ou du cachot, le prouvent toutes. Elles
prouvent encore que, dans tout cela, l'oisiveté est la
grande coupable. La contagion ne s'étend pas très
loin, nous le savons, mais elle n'est pas moins
redoutable. Tous ceux qu'elle atteint deviennent
moralement incurables, puisque de ces correspondances résulte encore qu'une fois lancé sur cette
pente vicieuse et malhonnête, le troupier ne peut
plus s'arrêter. Il n'aspire plus qu'au jour de sa
libération. A chaque instant, il enfreint les prescriptions du règlement. Il ne quitte plus la salle de
police. Il n'a plus l'esprit de corps et prend à un
tel point le dégoût de la vie militaire, que souvent il
rumine des plans de désertion, qu'il exécute quelquefois, grâce à la complicité d'un misérable suborneur qui lui fournit le moyen de vivre à l'étranger.
... Nous aurions gardé le silence sur ce point, si

nous n'avions pas cru que nos révélations pouvaient
intéresser les chefs de notre armée; nous nous serions tu aussi, si notre amour-propre national avait
dû en souffrir; mais, nous le répétons, les nations
étrangères n'ont pas à nous critiquer sur ce point.
Leurs soldats casernés dans les grandes villes sont
exposés aux mêmes tentations que les nôtres, et y
succombent au moins dans la même mesure. Dans
toutes les perquisitions faites dans les malles des
pédérastes étrangers, qui viennent se faire arrêter
à Paris, on trouve des correspondances échangées
avec des soldats de leur pays, qui ne peuvent laisser
aucun doute sur l'immoralité de ceux qui les écri-
vent. Ces lettres, pour le plus grand nombre, sont
tellement ordurières par le style, par les idées qu'elles
expriment et surtout par les dessins qui y sont
joints, qu'il serait impossible d'en citer même des
extraits. S'il fallait établir une échelle de perversion
basée sur l'immoralité et le cynisme de ces correspondances, ce n'est certes pas la France qui en oc-
cuperait le sommet.

En dehors des pourvoyeurs spéciaux, la pédérastie a besoin du concours de nombreux proxénètes. Les gens qui occupent un certain rang dans le
monde, ceux qui ont la prétention bien singulière
de se respecter, ne se mettent presque jamais personnellement en campagne. Ils chargent le plus
ordinairement de ce soin des *jésus* qui, tout en
courant pour leur propre compte les lieux de rendez-
vous, s'occupent en même temps des missions

galantes et lucratives qu'on leur confie. Aussi tous
les *jésus* jouent-ils, à l'occasion, le rôle de proxénètes, et nous avons déjà dit que tous les *petits
jésus* entretenus ne refusaient jamais à leurs entreteneurs, qui voulaient satisfaire un caprice pas-
sager, leurs bons offices en pareille matière. Ces
complaisances rapportent, à leurs auteurs, une
somme de dix francs, en moyenne, par rendez-
vous procuré.

Les entremises qui présentent certaines difficultés, qui nécessitent certaines recherches, comportent
une rémunération plus considérable.

Voici la copie d'un engagement signé, trouvé
dans la poche d'un *jésus* arrêté aux Champs-
Élysées:

« Je, soussigné, Marquis de ... donne mission
à X..., porteur du présent, de chercher pour moi
et d'engager à mon service, pour m'accompagner
partout en voyage, un jeune homme âgé de
20 ans au plus, de belle taille, bien pris, plutôt
gros que maigre et ayant des formes agréables,
auquel je donnerai 3,000 francs d'appointements
par an, et au nom duquel je déposerai une
somme de 20,000 francs chez un notaire, pour,
ladite somme, lui appartenir le premier jour de
la onzième année, s'il est resté avec moi pendant
dix ans consécutifs.

« Pour reconnaître les bons offices de X... en
cette circonstance, je m'engage à lui payer une
somme de 2,000 francs, le jour où il me présen-

tera un jeune homme remplissant les conditions indiquées plus haut et qui s'engagera par écrit à rester pendant dix ans au moins à mon service. »

Les proxénètes dont nous nous sommes occupé jusqu'ici ne sont que des courtiers, ils se bornent à faciliter, sur commande, un rapprochement entre deux individus qui vont ensuite cacher leur bonheur où bon leur semble, dans un domicile particulier ou dans un hôtel, dans un établissement de bains ou dans un cabinet particulier. Il en est d'autres qui traitent les affaires sur une plus vaste échelle et qui tiennent de véritables maisons de débauche.

C'est d'abord une maîtresse de maison meublée, qui tenait un assortiment complet de *petits jésus* à la disposition des amateurs. Elle poussait le zèle jusqu'à flatter les manies de sa clientèle. C'est ainsi qu'elle affublait de ses propres vêtements, de son chapeau et de sa voilette, un tout jeune homme auquel elle avait fait ajuster préalablement, par un coiffeur, une perruque de femme. Une fois dans cet équipage, elle le livrait à un vieillard, qui le désirait ainsi attiffé.

Ce sont ensuite deux ou trois vieilles filles publiques que leur âge avancé a condamnées au repos personnel, mais qui exploitent leurs logements à l'aide de la pédérastie. Elles ont des clients attitrés qui les viennent voir, et qu'elles mettent en rapport avec les *jésus* qui composent le personnel de leur

maison et auxquels elles payent une somme convenue à l'avance. C'est un forfait. Ces *jésus* habitent des garnis du voisinage, et ne se présentent
jamais que lorsqu'elles les envoient chercher.

Leurs logements sont, d'autre part, appropriés
de telle façon qu'elles en retirent un bénéfice autrement considérable que celui que leur procure
la fourniture de *jésus*. Les cloisons qui séparent
les pièces sont percées de petits trous qui permettent à des curieux placés dans une chambre de
voir distinctement tout ce qui se passe dans la
chambre voisine. Les amateurs de ces sortes de
spectacles payent leurs places fort cher, ils assistent ainsi à des scènes de tableaux vivants, d'autant plus vrais que les acteurs, ne se sachant pas
épiés, se livrent à tous leurs ébats, sans aucune
contrainte, sans aucune retenue.

C'est une marchande de curiosités, dont le magasin très achalandé est surtout un bazar de chair
humaine. Un monsieur bien mis, qui a toutes les
allures d'un acheteur d'antiquités, pénètre dans
l'intérieur de la boutique. Extérieurement, devant
la devanture, comme s'ils regardaient les marchandises mises en montre, stationnent les *jésus*. Dans
la vitrine se trouvent des étiquettes portant des
chiffres qui semblent indiquer le prix des objets
exposés. Les numéros représentés par ces chiffres
sont, en réalité, des signes de convention: chacun
d'eux désigne un *jésus*, affilié à la maison.

Lorsque de l'intérieur du magasin l'amateur a

contemplé à loisir la marchandise humaine rangée
devant la glace à l'extérieur de la boutique, il
indique à la marchande le sujet qui paraît lui
convenir. Cette dernière retire de la vitrine le
numéro correspondant à ce choix et le *jésus* demandé quitte sa place et disparaît. De son côté,
l'acheteur pénètre dans une arrière-boutique.
Après un laps de temps plus ou moins long, on
le voit sortir de cette arrière-boutique, causer avec
la marchande, lui remettre de l'argent, puis se
retirer. Pour l'observateur le plus minutieux, voilà
un client qui paye une acquisition qu'il vient de
faire! Eh bien, non, ce qu'il paye, c'est une marchandise qu'il vient de consommer, c'est un tête-à-tête
avec le *jésus* qui tout à l'heure avait disparu. L'arrière-boutique est une chambre à coucher; on y
accède, et de l'intérieur du magasin, et par une cour
intérieure, dont l'entrée existe sur la rue voisine.
C'est ce chemin qu'a pris le *jésus*, pour venir se
livrer, et c'est par ce chemin qu'il s'en est allé, le
sacrifice consommé.

Ces maisons de proxénétisme, exploitées par des
femmes, sont des exceptions, et les cas que nous
venons de citer sont les seuls que nous connaissions.
Celles tenues par des hommes sont plus nombreuses, sans que ce nombre soit pourtant bien considérable. Ce sont des hôtels garnis situés dans des
quartiers populeux, gérés par de vieux pédérastes.
Ils ont chacun leur clientèle particulière pour laquelle les gérants s'entremettent. Un mot écrit à

l'avance suffit pour qu'on soit assuré de trouver
en arrivant le ou les sujets demandés.

Ces maisons ne présentent aucune particularité,
aucun signe extérieur remarquable, elles cachent
leur industrie le mieux qu'elles le peuvent et reçoivent au surplus d'autres locataires que des pédérastes. N'était l'entremise de leurs gérants pour le
racolage des *jésus*, elles seraient de simples maisons
de rendez-vous, comme le sont les cabarets et hôtels
dont nous avons parlé plus haut.

Mais voici la véritable maison publique, l'entreprise de débauche par excellence la mieux achalan-
dée qu'il y ait ; celle que connaissent de réputation
tous les pédérastes étrangers, même lorsqu'ils n'ont
jamais mis les pieds en France.

C'est un hôtel garni, d'assez mauvaise apparence,
mais situé dans un des beaux quartiers de Paris. Il
est géré par un nommé E...., âgé de 60 ans environ,
secondé par une vieille femme âgée de plus de 70 ans,
qu'il appelle sa tante. Les garçons de service, le
patron, tout le monde, dans cette maison, est pédéraste. Quant à la vieille, elle n'a plus de sexe, mais
elle aide aux autres par ses propos et ses encourage-
ments orduriers. Elle morigène les tout jeunes qui,
ayant encore quelques scrupules, mettent un sem-
blant de résistance à consentir aux complaisances
qu'on leur demande. L'existence de cet homme de
60 ans, de ce vieux marchand de plaisir, est tout un
roman.

Débauché fort jeune par des monsignors italiens,

E... fut fort à la mode à Paris vers 1835. Très recherché, très choyé, il fut comblé de cadeaux, dont il ne sut pas profiter. La révolution de 1848 le priva de toutes ses ressources ; il se fit admettre comme novice dans une communauté religieuse, d'où il fut expulsé deux mois plus tard. Vers 1855, il était attaché, à titre de valet de chambre, à une famille anglaise qui habitait Londres. Vers 1860, il revenait à Paris, et fondait l'établissement dont nous allons nous occuper.

Très expert en la matière, il organisait sa maison de telle façon qu'elle pouvait convenir aux pédérastes de toutes les fortunes et de tous les rangs. Il avait des chambres à tout prix. Le luxe d'ameublement était proportionné à la somme qu'y voulaient mettre les couples en bonne fortune, en quête d'un nid discret pour s'isoler du monde pendant une heure ou pendant une nuit.

On pouvait retenir sa chambre, par correspondance, pour une heure ou pour un jour déterminé.

« Monsieur, je serai vendredi à Paris, je vous prie de me conserver une chambre pour la soirée, la même que la dernière fois si c'est possible ; mon amie (sic) et moi, l'avons trouvée fort agréable. Je serai chez vous vers 8 heures. Si mon amie arrivait avant moi, je prie votre bonne tante de lui faire prendre patience, en lui disant une de ces histoires qu'elle conte si bien. »

Il se chargeait aussi de ménager des rendez-vous. En lui faisant connaître les préférences qu'on pouvait avoir pour telle ou telle catégorie d'individus, ou pour tel individu déterminé; il amenait à l'heure dite le sujet désiré.

« Mon cher E...,

« Je crois que je pourrai venir vous voir ce soir, je veux un militaire, tâchez de me donner le trompette.

« Tout à vous d'amitié. »

Un autre.

« Mon cher E...,

« Je serai chez vous jeudi à 8 heures, je voudrais bien y rencontrer X..., mon caprice pour lui n'est pas encore éteint; à son défaut, un autre dans son genre.

« Merci et bien à vous. »

A celui qui arrivait seul sans avoir averti, s'il était pressé, s'il n'avait pas de temps à perdre, E..., livrait un des *jésus* du voisinage habitués de la maison, qu'il envoyait chercher à domicile. A défaut d'un *jésus*, s'ils étaient tous absents de chez eux, il proposait un de ses garçons d'hôtel : c'était une des obligations de leur charge.

Si, au contraire, ce client était maître de son temps, il le confiait à la vieille tante, qui savait assez l'intéresser à ses récits pour lui faire prendre patience, péndant que personnellement, E... prenait une voiture et s'en allait au Palais-Royal ou sur les boulevards, racoler le *jésus* qu'on attendait.

Si ce client désirait faire son choix lui-même, il montait en fiacre avec E... Arrivés à l'endroit favorable, tous deux mettaient pied à terre. Aussitôt le sujet choisi et désigné, l'amoureux remontait en voiture pour y attendre E... qui se chargeait du racolage; puis tous trois rentraient au plus vite à l'hôtel.

La gestion de sa maison exigeait de lui une activité surhumaine. Dans la journée, pendant que la vieille tante présidait aux soins de propreté de l'hôtel, qu'elle recevait les visites et les commandes qui pouvaient venir, il s'occupait, lui, des recherches et des démarches nécessitées par les rendez-vous qui lui étaient commandés. Il allait à domicile prévenir ceux qui avaient été spécialement désignés; il courait les devantures de marchands d'estampes, les concerts en plein air. Au début de la soirée, on le rencontrait dans la galerie d'Orléans, sur les boulevards, dans les Champs-Élysées; bref, il ne rentrait jamais chez lui, que lorsqu'il était suffisamment approvisionné pour pouvoir satisfaire tous ses clients.

Sa tâche, il est vrai, lui était rendue facile par la grande notoriété dont il jouissait. Lorsque, sur la voie publique, il s'approchait d'un *jésus*, il lui suffisait le plus ordinairement de dire : « Ce soir à telle heure, » et l'invité était exact au rendez-vous. Mais il avait l'ambition de tenir autre chose que de la marchandise d'occasion, il voulait aussi offrir des primeurs à ceux qui y mettaient le prix.

C'est ordinairement dans le jardin des Tuileries, qu'il les cherchait.

On voit fréquemment pendant les belles après-midi s'organiser, sous les quinconces de ce jardin, des parties de barres ou de ballons, auxquelles prennent part de nombreux jeunes gens âgés de 15 à 18 ans, venus des quatre coins de Paris, pour se livrer à ces joyeux et salutaires exercices. Pour le plus grand nombre, ils ne se connaissent que pour s'être rencontrés plusieurs fois dans une même partie. On trouve là un mélange des diverses classes de la société, depuis le jeune ouvrier sans travail, jusqu'au collégien externe, qui vient mettre à profit son congé du dimanche ou du jeudi.

C'est autour de cette joyeuse réunion que le misérable venait rôder. Il s'asseyait sur un banc et liait conversation avec ceux qui, fatigués, venaient reprendre haleine sur le même banc que lui. Sa voix douce et mielleuse disposait en sa faveur. Avec une bonhomie véritablement odieuse, il questionnait son jeune voisin sur sa situation de famille; lorsqu'il apprenait qu'il était ouvrier sans travail et sans ressources, il feignait de prendre à cette malheureuse position un intérêt compatissant. Il connaissait toujours un monsieur qui pouvait disposer d'une place ou d'un emploi, et qui le mettrait immédiatement à la disposition de celui qui se présenterait, muni de sa recommandation. Le jeune homme se confondait en remerciements, et acceptait l'invitation, qu'il ne manquait jamais de lui adresser,

28

de faire un tour de promenade avec lui. On marchait devant soi ; tout en causant, on arrivait par hasard devant l'hôtel : « C'est ici que j'habite, » disait l'hypocrite bienfaiteur, « je suis le maître de cet hôtel. Vous devez avoir soif, vous avez tellement joué; entrez un moment, le temps de vous rafraîchir. » Une fois dans l'hôtel, le jeune homme était présenté à la vieille tante, avec laquelle E... le laissait seul. La conversation s'engageait, la vieille ne tarissait point d'éloges sur la bienfaisance et la charité de son neveu, sur ses belles et nombreuses relations. L'heure du dîner arrivait, on le retenait, on le grisait, et, le soir venu, il se trouvait, sans trop savoir comment, enfermé dans une chambre, en tête à tête avec un monsieur qu'il ne connaissait pas.

Nous avons rencontré des jeunes gens qui, après s'être d'abord révoltés, ont jugé cette manière de gagner sa vie fort agréable et point fatigante. Ils ne sont plus rentrés à l'atelier, se sont adonnés définitivement à la pédérastie, et sont restés les clients de cet hôtel.

Ce ne sont pas seulement des jeunes ouvriers sans travail que cet ignoble personnage avait su attirer chez lui, à l'aide de promesses mensongères ; c'est un collégien en uniforme, qu'il avait emmené sous prétexte de lui montrer des livres curieux. Et, comme le père de ce jeune homme, qui avait reçu les aveux de son fils, se présentait à l'hôtel pour avoir des explications, la respectable tante, en l'absence de son neveu, poussait le cynisme jusqu'à le menacer de le faire arrêter. Révolté par tant d'audace, le père, qui, tout d'abord, avait décidé de garder le silence pour ne pas compromettre l'avenir de son fils, cédant à un mouvement de colère indignée, porta plainte par une lettre au préfet de police.

La perquisition amena la saisie d'un nombre considérable de lettres; les unes annonçaient des rendez-vous pour lesquels on retenait une chambre; les autres, et en plus grand nombre, demandaient : *une chambre garnie d'un petit jésus*. Plusieurs, venues de l'étranger, sollicitaient des renseignements sur le plus ou moins de sécurité que Paris offrait aux pédérastes; sur les facilités qu'on y pouvait trouver pour *aimer selon son-goût* (sic); sur l'importance de la somme d'argent dont il fallait pouvoir disposer pour y mener *la vie de plaisir pendant un mois, sans rien se refuser.*

Cette perquisition amena également la saisie d'une collection de portraits photographiques de pédérastes parisiens, de notes indiquant les noms et adresses, dans leurs pays, de pédérastes étrangers et les références qu'on pouvait invoquer pour se présenter à eux.

E... avait, on le voit, tout prévu pour faire de sa maison une agence européenne de proxénétisme et de renseignements pour les pédérastes. Quand nous disons européenne, nous pourrions presque dire universelle, car dans ses notes sur les étrangers figuraient des Américains de New-York et de la

Nouvelle-Orléans. Si un pareil établissement était utile aux pédérastes parisiens, il était indispensable à ceux venus de la province et surtout de l'étranger. Ces derniers composaient, au surplus, le meilleur de la clientèle. Aussi sur les cinq chambres occupées lors de la perquisition, l'une l'était par un provincial et trois par des étrangers, parmi lesquels un, arrivé d'Italie la veille, déclarait: « Je ne suis venu en France que pour mon plaisir et ma première visite a été pour la maison de *Monsieur E...* qui m'avait été recommandée à Rome comme le meilleur endroit et le plus connu de Paris. »

Nous en aurions fini avec le proxénétisme, s'il ne nous restait à dire quelques mots du *souteneur*, qui est encore une variété de proxénète.

Toute fille publique a un souteneur ou un amant de cœur, ce qui est tout un; c'est là une règle qui, en prostitution féminine, ne comporte que peu d'exceptions. Chez les *jésus* et les *petits jésus*, cette règle est moins absolue. Le plus grand nombre d'entre eux, il est vrai, vit en ménage et, dans chacun de ces ménages, il y a toujours un chef de la communauté, une espèce de souteneur qui commande, auquel l'autre obéit; mais parmi ceux qui vivent seuls, notamment parmi ceux qui habitent encore avec leurs parents, quelques-uns subissent un protecteur, un maître. Ce maître, ce souteneur, présente cette particularité, qu'il n'appartient pas toujours à la secte des pédérastes. Il en est qui ne demandent jamais à ceux auxquels ils s'imposent la satisfaction de désirs contre nature. Ils se bornent à exiger d'eux leur complicité dans les chantages qu'ils exercent et l'argent que leur procure leur prostitution, en échange de quoi ils les protègent, sur la voie publique, contre l'intervention des agents ou contre les violences, d'où qu'elles viennent, qui pourraient les menacer.

C'est souvent ce souteneur qui débauche le jeune ouvrier, et c'est en le grisant qu'il y parvient.

S'il a des goûts antiphysiques, il le fait d'abord servir pendant quelques jours à ses satisfactions personnelles. Lorsqu'il a pris un certain empire sur lui, il le détourne de l'atelier, et bientôt de sa famille. Alors ils tiennent ménage. Il faut vivre : il le conduit le soir dans un des lieux de rendez-vous et lui donne des leçons de minauderie, de racolage.

S'il n'a pas personnellement de penchant pour la pédérastie, il se borne à lui procurer des vêtements et à faire ou à faire faire son éducation. Lorsque sa jeune recrue sait *travailler*, il n'a plus qu'à la surveiller. Inutile de dire que, paresseux et débauché, il ne se livre à aucun travail, que ses moyens d'existence ne lui viennent que du produit de la prostitution de son *petit jésus* ou des chantages auxquels il se livre. Despote au plus haut point, il commande et veut être obéi, et c'est par la force brutale qu'il impose sa volonté. Il entretient avec les filles publiques des relations de métier, il forme avec deux ou trois d'entre elles une véritable association. Chaque fois que ces filles ont besoin d'un antiphysique pour satisfaire le caprice d'un client, c'est à lui qu'elles s'adressent; il conduit son protégé qu'il attend pour le ramener avec lui, après avoir personnellement touché le prix convenu. Il vit dans la meilleure intelligence avec son congénère, le souteneur de filles; batailleur comme lui, il prend part à ses expéditions nocturnes, et pas plus que lui ne recule devant l'assassinat.

CHAPITRE VI

DE LA PÉDÉRASTIE EN PROVINCE ET A L'ÉTRANGER (1)

La pédérastie existe en province aussi bien qu'à Paris.—Statistique des pédérastes au point de vue de leur lieu d'origine. — La pédérastie n'est l'apanage d'aucune forme de gouvernement. — Elle existe chez tous les peuples. — Dans les pays musulmans. — En Russie. — En Autriche. — En Italie. — En Angleterre. —En Allemagne. — Curieuse brochure de M. H. Marx qui demande une loi autorisant le mariage entre eux d'une certaine catégorie de pédérastes. — Elle forme une sorte de franc-maçonnerie cosmopolite.

Nous croyons avoir démontré que les pédérastes, *jésus* et *petits jésus*, sont des prostitués au même titre que les filles de débauche. Ils ont, de part et d'autre, les mêmes habitudes de paresse, les mêmes goûts efféminés, les mêmes penchants à la rapine, la même dépravation morale. Les uns et les autres racolent publiquement et se font entretenir. Les *jésus* et *petits jésus* sont moins nombreux que les filles, mais toute proportion gardée, quant au nombre, ils sont plus pernicieux qu'elles pour la morale

(1) Les chapitres qui précèdent ont été écrits en 1870, alors que nous étions encore en fonctions. Les chapitres VII et VIII datent de 1883; ce qui explique qu'ils contiennent des allusions à des faits récents.

publique. Les dangers qu'ils font courir à la sûreté générale sont également plus nombreux, puisqu'en dehors des souteneurs dont les mœurs sont les mêmes dans les deux camps, le chantage, que n'exploitent qu'exceptionnellement les filles, est la principale ressource des prostitués pédérastes. Enfin le docteur Tardieu a constaté dans son volume *Des attentats aux mœurs* que la pédérastie et la prostitution vénérienne propageaient les mêmes maladies spéciales contagieuses. Nous avons dit quelle assistance réciproque se donnaient les deux prostitutions, et quel concert existait entre elles. La pédérastie vénale est donc bien véritablement une partie intégrante de la prostitution, et mérite l'attention du législateur, au moins, au même titre que la débauche des femmes publiques.

Nous avons exposé aussi fidèlement, aussi exactement que possible, ce qu'est la pédérastie, notamment à Paris ; nous n'avons point chargé le tableau ; nous ne l'avons point voilé non plus : nous sommes de ceux qui pensent que vaincre ses répugnances pour divulguer de pareilles infamies, c'est appeler l'attention du législateur sur un vice qui devrait être un délit, en raison des dangers auxquels il expose la morale et la sécurité publiques; c'est prémunir les caractères faibles contre des défaillances dont ils ne soupçonnent pas les suites terribles; c'est faire œuvre morale et utile.

Les rigoristes, après avoir lu ce travail, ne vont

pas manquer de jeter la pierre à Paris, de taxer son immoralité de scandaleuse, pour le reste de la France; de conclure à sa dépravation incurable et contagieuse, et de rendre la préfecture de police, qu'ils accuseront d'incurie ou même de tolérance coupable, responsable de tous ces excès. Certains étrangers, tout en continuant à venir demander à la capitale de la France les jouissances que donnent son luxe et ses plaisirs faciles, se croiront plus que jamais obligés de discourir sur l'immoralité de la Babylone moderne.

Les rigoristes et les étrangers auront tort.

Il y a des pédérastes partout en France, dans les villages, dans les villes moyennes, dans les grandes villes, toutes proportions gardées, tout autant qu'à Paris. Nous n'en voudrions pour preuves que les nombreux procès qui se déroulent bruyamment, de temps à autre, devant les tribunaux des départements.

Les journaux du Nord ont publié, en 1856, les débats d'un procès scandaleux qui se plaidait, le 6 janvier, devant la cour d'Amiens. Un goujat attirait habituellement chez lui de tout jeunes enfants, qu'il faisait coucher dans un même lit et qu'il souillait, soit en les faisant se rapprocher les uns des autres, soit en se livrant personnellement devant tous, et sur chacun d'eux, à des actes de débauche. En dehors de ces constatations officielles, nous avons eu en main de nombreuses correspondances qui établissent, qu'au point de vue de l'immoralité,

la province n'a rien à envier à la capitale. Les précautions qu'on y prend sont naturellement très
grandes ; il est plus difficile de cacher les mystères
de son existence dans un endroit où tout le monde
se connaît qu'à Paris, où il suffit de changer de
quartier pour devenir un inconnu dont personne ne
s'occupe ; mais l'immoralité, bien que cachée, n'en
existe pas moins.

La lettre que voici le prouvera :

« Que vous êtes heureux, vous autres, à Paris —
écrivait un habitant d'une petite ville — personne ne
s'occupe de vous ; vous êtes libres comme l'air, et
vous pouvez varier vos plaisirs chaque soir ; nous
autres, nous sommes obligés de nous cacher comme
des malfaiteurs, de n'aller à nos rendez-vous que la
nuit, lorsque toute la ville est couchée. Pourtant, ces
jours derniers, nous avons pu nous réunir chez X...
et y passer une partie de la nuit. Nous étions douze ;
cinq étaient déguisés en femmes ; les voisins ont cru
à une soirée, et personne ne s'est aperçu de rien ;
mais, hélas ! le carnaval ne dure pas toujours, et en
voilà pour combien de temps avant qu'on ne se puisse
déguiser ? Notre seule ressource, c'est d'aller passer
vingt-quatre heures à Lyon ; là, tout au moins, nous
n'avons pas à nous gêner ; mais que de précautions
pour en arriver là ! Il faut avoir soin d'abord de
partir les uns après les autres, par des trains différents ; si on nous voyait, deux ou trois fois de suite,
nous embarquer ensemble, toujours les mêmes, nous
serions le lendemain la fable de la ville. D'autre

part, si nos voyages sont trop fréquents, on nous dit:
« Vous allez bien souvent à Lyon, il y a quelque chose
« là-dessous. » On ne sait vraiment comment faire.
B... est des nôtres ; je m'en étais toujours douté, aujourd'hui j'en suis certain. Je l'ai surpris dimanche
soir, à neuf heures, sortant, en compagnie de L...,
d'une petite maison abandonnée, ouverte à tous
vents et située à un kilomètre de la ville, sur la route
de Lyon. Il faisait nuit noire, et je ne suppose pas
que tous deux étaient allés là pour enfiler des perles,
sans lumière. »

Il serait facile de multiplier les citations de ce
genre; mais celle-ci suffit pour démontrer que ce qui
se passe en province ressemble, à s'y méprendre,
à ce qu'on peut voir à Paris.

Lors de la perquisition faite chez E..., dont nous
avons parlé plus haut, de nombreuses lettres saisies
avaient pour but de retenir une chambre pour deux
provinciaux, qui ne venaient à Paris qu'en vue d'y
jouir d'une entière liberté.

Parmi les *jésus* parisiens, certains, et ils sont assez
nombreux, ont pour clients attitrés des amoureux
de province qui les viennent voir chaque semaine ou
chaque mois, selon que le cœur leur en dit et que
leurs moyens le leur permettent.

Au point de vue de la pédérastie, la province n'a
donc rien à reprocher à Paris, d'autant mieux que,
si on veut consulter les documents statistiques, on y
verra que la pédérastie parisienne emprunte aux

départements le plus grand nombre de ses agents.

Ces documents sont malheureusement incomplets : les seuls qu'on possède sont les enquêtes faites par la préfecture de police et les arrestations opérées par elle. Les pédérastes qui ont eu le talent de se cacher soigneusement, la chance de ne pas être dénoncés et la prudence de ne pas se faire arrêter n'y figurent donc pas. Ces données seraient certainement insuffisantes pour établir une statistique rigoureusement exacte ; mais elles suffisent pour montrer dans quelle proportion les départements approvisionnent Paris.

Voici ces documents pour un laps de temps de dix années, de 1860 à 1870 :

Pédérastes dont les noms figurent dans les enquêtes.	Arrêtés à la suite d'enquêtes pour être livrés aux tribunaux. — Originaires de Paris......	100
	— de la province.	217
	— Étrangers.	14
	Expulsés de Paris pour deux ans en vertu de la loi du 9 juillet 1852, parce que, originaires des départements, les enquêtes avaient établi qu'ils étaient à Paris sans moyens d'existence........	681
	Expulsés de France à titre d'étrangers. (Loi du 3 décembre 1849.)............	271
	Contre lesquels aucune mesure coercitive n'a pu être prise parce qu'aucun délit n'a pu être relevé à leur charge et qu'ils avaient des moyens d'existence à Paris ou qu'ils en étaient originaires. — Originaires de Paris	1.441
	— de la province.	1.968
	Étrangers établis depuis longtemps en France....	93
Pédérastes arrêtés en flagrant délit	Originaires de Paris........	412
	— de la province....	949
	Étrangers......	270
	Total.........	6.243

En dix ans de temps, la préfecture de police s'est

donc occupée de 6,342 pédérastes, sur lesquels 2,049 étaient originaires de Paris, 3,709 de la province, et 584 étaient des étrangers.

De ce tableau, il résulte que le nombre de provinciaux l'emporte de 1,660 sur celui des Parisiens.

En présence de ces constatations, il nous semble que les rigoristes seraient bien injustes s'ils faisaient porter leurs critiques exclusivement sur Paris.

L'injustice serait plus grande encore s'ils attribuaient à l'incurie ou à la tolérance de la préfecture de police la responsabilité de l'existence de tous ces excès.

Ces excès, il faut tout d'abord le dire, n'ont jamais, depuis le commencement du siècle, constitué un scandale public. Ils sont fort heureusement, eu égard au chiffre de la population, une exception relativement rare en France. La grande masse des habitants les a toujours si bien ignorés, que l'un des dangers qui menacent ce livre, c'est l'incrédulité de ses lecteurs.

Ce n'est pas qu'à certains moments les mauvaises mœurs que nous avons décrites n'aient tendu à se répandre, mais elles ont toujours été contenues par l'action de la police. C'est grâce à ces luttes incessantes que, dans les temps modernes, la pédérastie n'a jamais eu en France d'allures assez libres, de partisans assez nombreux, pour prendre les proportions d'une notoriété publique, d'un vice national, d'une sorte de plaie sociale ; qu'elle a, au contraire,

toujours gardé le caractère d'une passion honteuse
et cachée, fuyant le grand jour.

Ces luttes ont été vigoureusement soutenues par
tous les préfets qui se sont succédé depuis cinquante ans à la préfecture de police.

C'est ainsi que, de 1830 à 1850, les administrations d'alors ont livré aux tribunaux de nombreux
inculpés de tous rangs arrêtés dans les terrains du
clos Saint-Lazare et dans ceux de l'île Louviers, tous
deux occupés, à cette époque, par des chantiers de
pierres, et qui servaient de lieux de rendez-vous.

Les hommes de soixante-cinq ans aujourd'hui
peuvent se rappeler de nombreux procès dont les
détails scandaleux ont défrayé les journaux du temps,
notamment ceux auxquels ont donné lieu les assassinats Tessié en 1838, Ward en 1844. Ils peuvent surtout avoir gardé le souvenir du procès instruit en
1845, qui fut connu sous le nom de: affaire de la rue
Basse-du-Rempart, et dans lequel étaient compromis 47 accusés. Il s'agissait d'outrages publics à la
pudeur consommés dans les conditions les plus
répugnantes, de détournements de mineurs qu'on
excitait habituellement à la débauche, et de nombreux chantages dont les victimes, entendues comme
témoins, étaient, pour le plus grand nombre, des
gens du monde et de riches étrangers.

De 1850 à 1870, la répression fut tellement sévère
qu'il y eût des moments de véritable panique. La
plus violente de toutes fut celle qui se produisit dans

le cours de l'année 1864, et qui dura pendant toute
l'année 1865. Elle fut la conséquence de mesures
rigoureuses prises contre les membres d'une association qui se réunissait dans un local du quartier
de Grenelle, loué par l'un d'eux. Cette répression
avait été si rigoureuse, que les pédérastes étrangers
regagnaient, tous, leurs pays en même temps que
certains Français, en assez grand nombre, appartenant à la haute société, quittaient la France pour
laisser passer l'orage.

La preuve de ce que nous avançons résulterait
au besoin de nombreuses correspondances saisies.
Voici un Italien qui écrit de Naples à un ami,
alors à Paris, à la date du 29 janvier 1865.

« Merci, chère Hermelinda, de ta réponse qui m'a
fait le plus grand plaisir, quoiqu'elle soit venue un
peu tard. Les choses que tu me dis de Paris nous
ont fait frémir. Ici, du moins, nous jouissons d'une
parfaite sécurité. Les lois contre la chasse n'existent
pas, ou du moins ne sont pas en vigueur. . . . .

. . . .

« Nous attendons avec impatience les chasseurs
illustres dont tu nous annonces l'arrivée. Nous
avons été surpris qu'ils pensent à s'éloigner de Paris,
avant la fin du carnaval. *Il faudrait que la terreur
eût été bien grande.* »

Un Suisse, qui habite Londres, écrit à la date
du 7 février 1865 :

« Ma bien chère Zerline,

« On m'avait écrit que vous étiez partie pour l'Afrique. . . . .

« Mieux vaut le boulevard, les Champs-Élysées *qui pourtant ne sont pas sans danger.*

« Prenez garde, ma gazelle, *il y a eu tant de mésa-ventures chez ces dames depuis six mois.* . . . . . Quant à la margrave de Saint-Léon, *elle a eu de grands chagrins causés par ses opinions* . . . . *politiques* . . . . . *elle a dû, comme bien d'autres, fuir Paris pendant plusieurs mois, je ne sais si elle est rentrée.* . . . . Si vous savez quelque chose sur tout ce cher monde *dispersé aux quatre coins de l'Europe,* ne manquez pas de m'en informer. *Oh! pauvres filles! Quelle lutte avec les préjugés du monde, etc., etc.* »

Les procès tout récents d'Auch, de Bordeaux (1880); ce juge de paix condamné par la cour de Paris; le procès Simonot devant la cour d'assises de la Seine, le 20 janvier 1880; ce magistrat, surpris la nuit dans une salle d'attente d'une des gares du réseau de l'Est, et qui n'échappa que par la fuite au châtiment qu'il avait si bien mérité (1883); les nombreuses arrestations faites de temps à autre aux Champs-Élysées, donnent la preuve, qu'en matière de répression de la pédérastie, la justice et l'administration actuelles marchent sur les traces de leurs devancières.

Ce qu'il faut bien remarquer, c'est que ces campagnes contre la plus ignoble des passions, se per-
pétuent sous les divers régimes politiques; qu'elles
sont toujours menées d'office en dehors de toute pression de l'opinion publique, qui, comme nous l'a-
vons déjà dit, ignore tous ces faits.

Ce n'est pas que l'opinion reste indifférente à toutes
ces turpitudes quand le hasard les lui révèle. Elle
éprouve au contraire un malin plaisir à inventer des
histoires scandaleuses, qu'elle met à la place de la
vérité qu'elle ne connaît pas. Elle compromet ainsi
parfois des noms honorables sur lesquels elle fait
peser un déshonneur tout à fait immérité. Témoin
le grand tapage qu'occasionnèrent les mesures prises
en 1864 contre l'association qui se réunissait dans
une maison de Grenelle, à laquelle nous avons
déjà fait allusion. Ni les nombreux racontars qui
eurent cours à cette époque et dont se délectait la
malignité publique, ni les noms qui furent mis en
avant, un seul excepté, ni même le titre: *Affaire de
la rue Marbeuf*, donné, nous n'avons jamais pu deviner pourquoi, à l'ensemble de toutes ces inventions;
rien de tout cela n'était exact, nous nous faisons un
devoir de l'affirmer ici, dans un intérêt de vérité
et de justice.

En présence d'une répression aussi constante, de
l'impartiale sévérité de certains préfets qui, sans
tenir compte ni de la notoriété, ni de la position
sociale des gens dont l'honorabilité allait être compromise, usaient de leur droit jusqu'au bout, sévis-

29

saient spontanément et bravaient les rancunes, conséquence inévitable de leur rigidité, il nous paraît bien difficile d'incriminer l'incurie ou la tolérance de la police, qui n'a d'action, il ne faut pas l'oublier, que sur les faits qui se produisent dans un lieu public.

Nous arrivons maintenant à l'examen des critiques de certains étrangers.

Paris, par ses arts, son luxe, ses plaisirs variés, exerce une suprématie incontestable sur le monde entier; il excite par cela même de nombreuses jalousies de nations. Certains étrangers, qui viennent lui demander les jouissances qu'il peut leur donner, croient, une fois rentrés chez eux, qu'il est de leur devoir de patriotes, alors qu'après boire ils racontent leurs impressions de voyage, de discourir sur les corruptions de la Babylone moderne. Ils donnent même à ces billevesées la publicité de leurs gazettes. Si ce travail leur tombe sous les yeux, ils ne trouveront plus d'expressions assez fortes pour exprimer leurs répugnances et leurs vertueux dégoûts. La France et Paris surtout seront plus que jamais, au point de vue moral, l'abomination de la désolation. Ces gens-là, pour mieux servir leur haine jalouse et envieuse, feindront d'ignorer ce qui se passe ailleurs et notamment dans leurs propres pays.

Étudions donc, à ce point de vue spécial, les mœurs des autres nations.

En Turquie, dans tous les pays musulmans, la

pédérastie se pratique au grand jour; elle constitue la véritable, nous dirions presque la seule prostitution.

En Russie, elle est, dans le monde de certains viveurs, le passe-temps favori des nombreuses réunions d'hiver.

Dans ces pays-là, l'opinion publique n'attache aucun stigmate de honte à cette infâme passion; on ne prend pas la peine de la cacher; il nous paraît donc inutile d'insister pour en démontrer l'existence.

Ce n'est pas qu'en Autriche l'opinion publique soit beaucoup plus sévère. Nous n'en voulons pour preuve que les annonces publiées dans les journaux. En voici un spécimen, traduit en français et recueilli dans un numéro du *Tagblatt* :

« *Je cherche*, oui, je cherche un ami qui, comme moi, aimerait l'isolement et fuirait la société, surtout celle des femmes. Il est heureux, en effet, celui qui se suffit à lui-même; mais celui-là est plus heureux encore qui possède un ami partageant ses goûts. Que celui qui pourra me comprendre m'écrive sous la devise : « Monsieur l'Ami de la na- « ture, » au Bureau du journal (7253). »

Arrivons à l'Italie.

Revenons sur une lettre datée de Naples, 29 janvier 1865, dont nous avons déjà cité un extrait :

« Ici, du moins, nous jouissons d'une sécurité parfaite! Les lois contre la chasse n'existent pas, ou du moins ne sont pas en vigueur. On abat du gibier de toute espèce, gros ou petit, de la plume ou du poil, il y a même des bêtes féroces pour les nemrods forcenés. On sert ensuite ces grosses bêtes à tous les confrères en saint Hubert qui sont friands de gros morceaux. . . . .

Les chasseurs illustres dont tu nous annonces la visite seront reçus à bras ouverts, nous les introduirons dans les fourrés les plus giboyeux, nous pousserons la complaisance jusqu'à leur fournir des rabatteurs, ils n'ont qu'à venir. On se réunit chaque semaine chez la duchesse d'Angoulême, au-dessus du café de. . . . . mais on a des gants; ça n'empêche pas les combinaisons, les présentations et les apparitions. Il s'en produit d'étonnantes, quelques-unes sous mon patronage. Nous avons affilié une confrérie, qui existait à côté de la nôtre, sans qu'on l'ait jamais su; moi, je les trouve trop moutards, je n'aime pas le lièvre sans moustaches, ni le renard sans queue. J'ai vu, sur le *Journal des Étrangers*, qu'il y avait, à l'hôtel de Rome, un marquis A..., de Milan; si c'est celui que tu connais, l'amateur de sport, j'aimerais à lui être présenté. Penses-y, chère et bonne Hermelinda, et crois-moi ta sincère et dévouée amie. Donne bientôt de tes nouvelles et des nouvelles. Pense à la Sibylle.

« *Signé :* LA SIBYLLE DE CUMES. »

Nous copions, dans une autre lettre datée de Rome, 4 février 1865, adressée par son maître, un prince russe, à Louis B..., valet de chambre, momentanément à Paris chez un comte romain, les passages suivants :

« Ma bien chère Louise,

« La duchesse Zoé est restée ici deux jours, *fiasco* complet avec V... et A... *(Ici une phrase et un dessin obscènes.)* Cette pauvre duchesse est partie pour Naples, très mécontente des Romains et de Rome, comme vous pouvez le penser. . . . .

. . . .

Merci pour vos adresses à Civita-Vecchia, que je compte utiliser en temps et lieu. Je me présenterai de votre part; au surplus, écrivez pour m'annoncer. Mille tendres vœux de la Reine. Brûlez toujours mes lettres. »

La pédérastie jouit d'une telle faveur en Italie, qu'elle fait à la prostitution féminine une concurrence redoutable. Si bien que dans les grandes villes, le même proxénète qui poursuit l'étranger dans la rue lui offre à haute voix et sans vergogne un « *abatina,* » ou bien le choix entre une « *bella ragazza* », ou un « piccolo bambino ».

Passons de l'Italie en Angleterre.

Voici des extraits d'une lettre datée de Londres, du 20 décembre 1864, adressée par un soldat anglais à un riche personnage, son compatriote, de passage à Paris, et dont il avait été le valet de chambre avant d'être soldat :

« Je sais que vous aurez besoin de moi, étant si loin; mais là-bas vous en avez l'occasion, tandis que moi mes mouvements sont surveillés. . . . . . .
Je me suis laissé aller au sommeil, cet après-midi; je me suis réveillé dans un bien terrible état. J'avais fait un rêve. . . . . c'était bien terrible. Je vous assure que cela me tourmente beaucoup depuis votre départ d'Angleterre, et je serai bien content quand vous reviendrez, pour aller le soir avec vous au-dessus de Windsor, dans notre endroit favori. . . . .
Je vois tous mes camarades de caserne avoir sous la main ce qu'ils désirent et aller à Londres en partie avec les amoureux, et moi je me réserverai jusqu'à votre retour, pour que vous ayez beaucoup d'agrément; mais c'est bien pénible à attendre.

« Votre très humble serviteur. »

Il est vrai que la pudibonderie anglaise n'a pas voulu d'un nom spécial pour désigner le vice honteux de la pédérastie; mais il est également vrai que certains Anglais sont très enclins au *nameless crime;* qu'ils ont, dans certains quartiers, des tavernes spécialement affectées à ce crime, bien qu'il soit sans nom, et qu'en réalité, si le mot *pédérastie* n'existe pas dans la langue anglaise, les pédérastes, eux, existent en Angleterre, et sont au moins aussi dépravés qu'en France.

Au tour de l'Allemagne.

Le docteur Casper, de Berlin, dans son ouvrage : *Le Viol et la Pédérastie au point de vue de la médecine légale*, raconte, entre autres choses, qu'il a été chargé de donner son avis sur une société de sept pédérastes, dont le comte Cayus était le chef. Ce comte Cayus avouait que, depuis vingt-six ans, il s'était livré à des hommes deux ou trois fois par semaine. Il avait rédigé, pendant ces vingt-six années, un journal sur lequel il avait consigné ses impressions journalières, ses aventures, ses amours, ses sensations.

Les réunions qui se tenaient chez lui en dernier lieu se composaient d'un personnage appartenant à la noblesse, d'un nommé N..., d'un acteur qui avait eu de grands succès à Berlin dans les rôles de femmes, d'un bourgeois P..., d'un barbier L... et d'un soldat H...

Plus loin, il raconte les aventures de deux tailleurs, R... et F...; puis celles d'un domestique V..., qui, après avoir été pendant longtemps obsédé par les tentatives amoureuses de son maître, avait été violé par lui; puis enfin celle de deux enfants, l'un âgé de huit ans, l'autre de quatorze ans et demi.

La pédérastie, au surplus, a pris un tel développement en Allemagne, que le législateur, pour en arrêter l'expansion, s'est vu contraint d'en faire un délit que punit l'article 175 du code criminel; elle s'est si bien acclimatée dans ce pays, qu'un docteur H. Marx a poussé le cynisme jusqu'à publier à Leipzig, en 1875, une brochure dans laquelle il pro-

teste contre cette répression légale appliquée aux
amours contre nature de certaines catégories d'individus, dont il célèbre la pureté, nous allions presque
dire la chasteté.

Cette brochure nous paraît si extraordinairement
curieuse, elle indique une telle dépravation morale,
que nous ne pouvons nous dispenser d'en donner un
résumé.

Elle a pour titre : *Urnings-Liebe*. Nous l'avons
rappelée au commencement de cette étude.

M. Marx affirme que tous les antiphysiques ne
sont pas des pédérastes; parmi eux il distingue ceux
qui, bien que pourvus d'organes mâles, se rappro-
chent, par leurs apparences extérieures, des formes de
la femme, jouent en amour le rôle exclusivement
passif, mènent une vie régulière avec leurs amants
auxquels ils restent fidèles, et ne cèdent jamais à des
désirs de libertinage ou de débauche. Ces gens-là ne
sont, d'après lui, ni des sodomites, ni des pédérastes; ce sont des êtres d'une nature toute particulière
qui constituent le genre Hommes-Femmes; il les a
baptisé des *Urnings*.

Voici à quels signes, selon lui, on reconnaît les
Urnings. Dès leur enfance, ils recherchent la société
et les jeux des petites filles; adultes, ils se distinguent
par un timbre de voix de femme et une très grande
timidité de caractère. Un rien les trouble, les effraye
et leur fait monter le rouge au visage. L'escrime, la
gymnastique, la lutte, l'équitation, en un mot tous

les exercices violents leur répugnent. Par contre, ils ont un goût prononcé pour les travaux à l'aiguille, une préférence très marquée pour les costumes de jeunes filles, les étoffes bariolées, les bagues, les chaînes, les fleurs, les parfums. Plus vieux, ils manifestent une répugnance persistante pour les femmes, avec lesquelles ils ne veulent jamais avoir de rapports sexuels. *C'est vers l'homme mâle que les attire invinciblement le besoin d'aimer ; c'est dans ses bras que les pousse irrésistiblement la toute-puissance d'un premier amour.* C'est avec lui qu'ils veulent vivre et partager leur fortune, sans jamais le regretter et sans désirs de changement.

Les *Urnings* sont donc, prétend-il, des êtres qui, obéissant aux lois et aux exigences naturelles que Dieu a mises en eux, ont le droit *de vivre, de jouir de la vie, d'être heureux selon leurs instincts, dont ils ne peuvent être rendus responsables, puisque ces instincts sont nés avec eux.* A ce titre, les lois leur doivent protection comme à toutes les femmes, et *c'est une honte que l'article 175 du code criminel allemand, qui punit les rapports contre nature, leur soit appliqué.* Condamner un *Urning* ou l'enfermer dans une maison de fous, parce qu'il poursuit *un but naturel, celui d'aimer comme sa nature l'exige, sans la contrarier (en lui donnant au contraire une satisfaction tellement impérieuse, qu'elle est nécessaire au bon état de sa santé morale et physique), c'est reculer jusqu'à l'époque où la loi condamnait les sorciers et les hérétiques.*

Après avoir fait un tableau touchant des injustices qu'ont à endurer les *Urnings*, M. Marx refute les motifs d'ordre et d'intérêt publics qu'invoque le législateur pour justifier la loi.

On prétend que les rapports antiphysiques oblitèrent l'intelligence, qu'ils amènent des troubles dans l'organisme, comme la faiblesse, l'épuisement et la phthisie ; ce sont là des arguments d'autant plus faux, en ce qui concerne les *Urnings*, *que leur amour étant une manifestation physiologique, ne peut donner lieu à aucune perturbation de la santé.*

Le seul motif qu'on pourrait sérieusement invoquer serait le préjudice porté à l'accroissement de la population ; mais ce préjudice est sans importance, parce que le nombre des *Urnings* est relativement peu considérable.

La seule justification qu'on puisse donner de la loi, c'est la répugnance que manifeste l'opinion publique pour l'amour *Urnien*. Mais cette répugnance tient à un préjugé. *On éprouve autant de répugnance pour un Urning, que parce qu'on s'est habitué à le considérer comme un mâle ; qu'on le considère comme une femelle, et alors tout préjugé disparaîtra. Pourquoi au surplus, le rendre responsable d'une erreur du Créateur, qui a déshonoré son corps en lui donnant un organe tout à fait inutile ?*

Conséquent avec ses principes, M. Marx adresse sa brochure, *Urnings-Liebe*, au peuple allemand, aux hommes de science et aux membres du Parlement, pour obtenir non seulement l'abrogation de l'article 175 du code criminel en ce qui concerne les *Urnings*, mais la reconnaissance légale d'un troisième genre : *le genre Urnien*, et, comme conséquence, l'institution du mariage légal de *l'Urnien* avec l'homme mâle de son choix. M. Marx affirme, au surplus, que ce genre de mariage existe déjà en Albanie et dans la presqu'île des Balkans, où il serait célébré par des religieux devant un autel.

C'est toute une révolution sociale que M. Marx propose. Il veut que la loi, après avoir créé le genre *Urnien*, garantisse à l'*Urning* un état social équivalent à celui de la jeune fille et de la femme. Il impose aux parents ou tuteurs, aussitôt qu'ils auront constaté chez leurs enfants ou pupilles des goûts efféminés, ce qu'il appelle *la manifestation de la nature Urnienne*, l'obligation d'en faire immédiatement la déclaration à l'autorité compétente, qui sera tenue, après avoir fait vérifier l'exactitude de cette déclaration, de modifier l'acte de naissance sur le registre de l'état civil et d'inscrire cet enfant au compte du sexe *Urnien*, avec un nom de femme, le seul qui lui appartiendrait désormais. A compter de ce jour, cet enfant ne revêtirait que des costumes de femme; la loi le protégerait dans ses chastes amours; il ne serait poursuivi pour outrage aux bonnes mœurs que dans les cas où l'amour vénérien serait lui-même punissable; encore le seul témoignage d'un agent de l'autorité ne pourrait-il jamais être admis comme base d'une poursuite. Son mariage légal avec l'homme mâle de son choix produirait tous les effets légaux des mariages ordinaires. Par cette union si *sainte*, si *naturelle*, *l'Urning* prendrait place dans la classe recommandable de la société.

Nous laissons de côté, avec intention, les détails par trop graveleux que contient cette brochure, les amours d'Héliogabale et d'Hiéroklès, ceux d'Harmodius et d'Aristogiton, et le poème qui la termine: Théokritos, ou l'amant infortuné.

Cette brochure, dans l'esprit de son auteur, n'a rien d'immoral, rien de monstrueux; c'est une étude sociale, qui a la prétention d'être sérieusement écrite et de répondre à un besoin de son pays, celui de protéger l'homme-femme. C'est dans un post-scriptum intitulé : *Invitation*, que M. Marx indique les moyens qu'il veut employer pour arriver à cette révolution.

D'abord, il offre ses conseils à tous ceux qui voudraient le consulter. Il répondra même aux lettres anonymes dont l'incognito lui paraîtra justifié.

En second lieu, il fonde une société pour la défense des intérêts *Urniens*. Il invite en conséquence tous les *Urniens* allemands, tous ceux qui sont *honnêtes* et *moraux*, à s'affilier à cette association, qui prendra le titre de : *Société pour la liberté et pour le droit*. Il voudrait voir également se rallier à cette idée tous les philosophes qui s'occupent de questions humanitaires.

En troisième lieu, il demande que des juristes, que des savants étrangers à l'Allemagne veuillent bien se charger de publier dans la langue de leurs pays une étude physico-scientifique sur l'amour *Urnien*.

Enfin il convoque à un congrès les hommes de science, les naturalistes, les médecins, les juristes les membres du clergé de toutes les parties du monde ; il se fera un plaisir de recevoir toutes les adhésions. Ce congrès aurait pour but la recherche et l'adoption des moyens les plus propres à affranchir les *Urnings* du joug légal et des préjugés qui pèsent sur eux depuis tant de siècles.

C'est là, dira-t-on, l'œuvre d'un fou? M. Marx a très certainement une tout autre opinion de lui-même ; il se considère, au contraire, comme un sage, comme un philosophe humanitaire. Mais qu'il soit sage ou fou, peu importe, ce qu'il faut retenir de sa brochure, c'est qu'elle a été librement vendue en Allemagne, et qu'elle constate l'existence, dans ce pays, du vice honteux qui nous occupe, dans des conditions telles, qu'il serait bien difficile à des Allemands de reprocher à une autre nation ses mauvaises mœurs et la contagion de ses mauvais exemples.

Nous nous arrêtons dans ces citations, que nous aurions pu multiplier. Ce que nous avons dit établit suffisamment ce fait que nous voulions prouver, que la pédérastie prend ses ébats tout aussi bien, et même peut-être mieux, à l'étranger qu'en France ; car, à ce point de vue, la Turquie, l'Italie, l'Allemagne, nous paraissent hors de pair ; que là-bas, comme ici, les classes les plus élevées de la société se côtoient dans des orgies avec la classe ouvrière, que les soldats

prennent part à ces orgies, et que certains domestiques servent aux plaisirs de leurs maîtres absolument comme en France.

Laissons donc aux moralistes après boire leurs
indignations calculées, et rappelons-nous que lorsque
l'on entend dans la rue crier : *Au voleur! arrêtez-le!*
c'est souvent le voleur lui-même qui pousse les plus
hauts cris.

Grâce aux efforts soutenus de la police, la pédérastie n'a pas chez nous l'importance d'un scandale
public. Contrairement à ce qui se passe ailleurs, elle
reste un vice honteux et caché. Puisqu'on la retrouve
à l'état de prostitution clandestine et parfois de prostitution publique dans tous les pays de l'Europe,
elle n'est donc pas une passion exclusivement française, ni surtout parisienne ; nous tenions avant tout
à l'établir. Elle n'appartient, par conséquent, en
propre à aucun pays, mais elle s'impose à tous; aussi
avons-nous dit que ses partisans, sans tenir compte
des frontières, formaient entre eux comme une sorte
de franc-maçonnerie du vice ; nous ne saurions mieux
le prouver qu'en citant, dans son entier, une lettre à
laquelle nous avons déjà emprunté un court extrait.

Cette lettre, une des plus curieuses que nous connaissions, est à elle seule tout une peinture des
mœurs que nous venons de décrire. Mais, avant
tout, elle montre bien les relations amicales et autres
qui donnent à l'ensemble de cette catégorie d'individus de toutes nationalités le caractère d'une société

cosmopolite. Son auteur, un Suisse qui fait du négoce
et aussi de la pédérastie à Londres, bien qu'il n'ait
pas mis les pieds sur le continent depuis longtemps,
est exactement renseigné sur tout ce qui s'y passe
dans le monde de la pédérastie ; il connaît chacun
par son nom de guerre, les Français comme les Italiens et les Suisses ; il est au courant des agissements
de la police parisienne et y fait de nombreuses allusions. Chose plus remarquable, il sait exactement
quels sont ceux que la peur de poursuites a fait fuir
à l'étranger ; il connaît leurs retraites ; au besoin, il
donnerait leurs adresses.

Voici cette lettre :

Londres, le 7 février 1865.

« Ma bien chère Zerline,

« Votre lettre m'a fait un plaisir extrême ; on
m'avait écrit que vous étiez partie pour l'Afrique ;
j'avais peur pour vous des lions et des panthères,
sans oser parler des pachas, qui ont la rage des
blondes et la dent si grosse, si incisive.

« Mieux vaut le boulevard et les Champs-Élysées,
qui pourtant ne sont pas sans dangers ; prenez
garde, ma gazelle ; il y a eu tant de mésaventures
chez ces dames depuis six mois qu'on n'ose pas
dire . . . .

« L'histoire de la belle Zoé est considérablement
amplifiée ; celle que vous me racontez doit être la
même que celle que je connais, et je vous assure

que cela a eu bien moins de gravité qu'on ne vous
l'a dit.

« Quant à la margrave de Saint-Léon, elle a eu de
grands chagrins, causés par ses opinions. . . . .
politiques. Elle a dû, comme bien d'autres, quitter
Paris pendant plusieurs mois ; je ne sais si elle est
rentrée.

« Je ne pense pas que Zoé soit à Paris ; voilà six
semaines que je n'ai pas un mot d'elle ; elle doit être
en Italie.

« Si vous savez quelque chose sur tout ce cher
monde, dispersé aux quatre coins de l'Europe, ne
manquez pas de m'en informer. Oh ! pauvres filles !
quelle lutte avec les préjugés du monde ! Est-ce vrai
que la Fortin est morte ? Le bruit en court ici. . . .
. . . . . . Ce serait affreux ; tant de charmes, de
vertus. . . . . à qui vont ces perles ?

« Pas un mot de la princesse Salomé depuis son
arrivée à Rome.

« Elle joue à la belle indifférente dans les bras de
son amant, qui ne tardera pas à la rosser.

« J'ai peur que ça ne finisse bien mal.

« La Corinne m'écrit peu ; il est vrai que nous
nous sommes prises de bec, et que tous les torts sont
de mon côté. Je suis trop vieille pour me corriger de
mes violences et de mes méchancetés.

« La Champlumé est en Suisse, un peu mélanco-
lique, grillant de venir à Paris. Je crains qu'elle ne
soit panée et obligée de faire la Cendrillon dans sa
famille ; sa dernière lettre était déchirante ; elle

manque totalement de ce qui peut faire le bonheur d'une femme voluptueuse.

« Avez-vous une bonne place, chère Zerline ? Dites-moi un peu tout ça. Soyez économe, ma biche, ne fricotez pas votre argent.

« Écrivez-moi, ma rose, et conservez-moi votre amitié.

« Au revoir : JAVOTTE. »

Rien, ce nous semble, ne saurait mieux, que les lignes précédentes, démontrer le cosmopolitisme de la pédérastie.

Cette lettre, écrite, comme nous l'avons dit, d'Angleterre, par un Suisse, était adressée à un Suédois qui habite ordinairement Rome (où il est valet de chambre à tout faire chez un grand seigneur russe) et qui se trouve momentanément à Paris l'hôte d'un comte italien, son amant de cœur et son ancien maître.

En présence d'une pareille situation, il n'y a pas à songer à faire disparaître complètement une dépravation qui, traquée dans un pays, s'abrite provisoirement dans un autre. La seule chose possible est de réagir assez contre elle pour l'empêcher de se généraliser et de devenir ainsi un véritable danger social. Quels moyens employer pour obtenir ce résultat ? C'est ce que nous allons examiner dans le chapitre suivant, qui servira de conclusion à cette seconde partie de notre travail.

CHAPITRE VII

CONCLUSIONS

Comparaison entre les dangers que présentent pour la sécurité publique la prostitution féminine et la pédérastie. — La pédérastie est plus dangereuse, plus scandaleuse. — La police n'a pas d'armes légales pour la combattre. — Une loi serait nécessaire.

La pédérastie et la prostitution féminine sont en fait un même tout ; c'est la prostitution dans la généralité du mot. Les scandales qu'elles peuvent occasionner, les dangers qu'elles font courir à la société, sont de même nature ; mais ils ne sont pas les mêmes, en ce sens que tout ce qui procède de la pédérastie prend un caractère de gravité exceptionnel.

La science médicale n'est pas éloignée de considérer la pédérastie comme une sorte de folie. Sans aller jusqu'à prétendre que ceux qu'elle possède soient tout à fait irresponsables, elle attribue leurs actes et leurs sentiments à une perversion maladive des facultés mentales. Il faut avouer qu'en présence de certains faits, on est tenté d'être de son avis. Nous avons assisté, au temps de notre jeunesse, à un bal de folles à la Salpêtrière ; plus tard, lorsque nous

avons eu à intervenir dans des bals de pédérastes, le
souvenir de la Salpêtrière nous est toujours revenu à
la pensée. Ces hommes, les uns en costume de céré-
monie, les autres habillés en femmes, cherchant par
toutes sortes de minauderies à imiter le cérémonial
des salons, s'invitant gravement à danser, nous rap-
pelaient, malgré nous, ces pauvres folles habillées en
hommes, qui, se croyant des gens du monde, des
personnages, se livraient par galanterie, par conve-
nance pour leurs danseuses, folles comme elles, à
toutes les grimaces, à toutes les contorsions que peut
suggérer un cerveau malade. A première impression,
il nous était impossible d'établir une différence entre
les deux réunions.

Et l'homme à la Ringuet qui, recherchant les
occasions de se faire battre, de se faire voler, partageait son argent entre toutes ses poches pour faire
durer ce singulier plaisir le plus longtemps possible!
Et la princesse Salomé, avec sa soirée de mariage et
son voyage de noces! Et cet autre qui, revêtu d'un
surplis, joue le rôle de confesseur pour se faire
raconter, à titre de confidences, les inventions, les
insanités les plus ordurières! Est-ce qu'il n'est pas
permis de douter de la pleine raison de tous ces
gens-là?

Cette espèce de maladie cérébrale est évidemment
la conséquence d'épuisement, résultat d'habitudes
excessives de débauches. Ce qui l'indiquerait, c'est
qu'on la rencontre chez quelques vieillards coureurs

de filles, dont le tempérament a été ruiné par les fatigues qu'entraîne le désir de satisfaire des passions que l'âge et l'impuissance n'ont pas calmé. Ce qui est l'exception, chez ceux qui s'adonnent aux plaisirs naturels, devient souvent la règle pour ceux qui violent la nature en recherchant des plaisirs monstrueux. Cet état maladif se traduit par une oblitération de sens moral, par une espèce d'inconscience voisine de l'abrutissement, qui laisse libre cours, chez certains, aux penchants sanguinaires ; aussi les agissements du monde de la prostitution pédéraste sont-ils bien autrement redoutables, pour la sécurité publique, que ne le sont ceux du monde de la prostitution féminine.

Dans le monde des filles publiques, le vol au chantage est si rare qu'on peut dire qu'il n'existe pas. Les femmes galantes seules se servent parfois de ce moyen déshonnête ; encore le nombre de celles qui y ont recours est-il insignifiant, si on le compare au chiffre total des femmes entretenues. Ces chantages n'ont même pas tous le caractère odieux d'une spéculation lucrative, d'un vol ; un sur deux a pour mobile une vengeance de femme. Dans aucun cas, ces chantages ne vont jusqu'à l'emploi de la violence matérielle, jusqu'à l'assassinat. Dans le monde de la pédérastie, au contraire, tous les prostitués, sans exception, sont ou seront des voleurs au chantage, que l'appât de l'argent rendra assassins au besoin.

La facilité avec laquelle les pédérastes versent le

sang est véritablement effroyable; ces gens si timides,
si pusillanimes, si doucereux dans la vie ordinaire,
deviennent tout à coup cruels à l'égal des malfaiteurs
les plus endurcis. Ce développement des instincts de
la cruauté est certainement encore une conséquence
cérébrale des habitudes de débauche contre nature ;
sans cela, comment expliquer ces crimes monstrueux
dont la pédérastie est tout au moins la cause, qui, en
dehors des assassinats commis par des maîtres chanteurs ou des tantes, ayant le vol pour mobile, se
produisent de temps à autre sans autre explication
qu'une folie érotique.

Le 1ᵉʳ janvier 1868, en plein jour, un homme déjà
vieux, du nom de Castex, en compagnie d'un tout
jeune homme, âgé de 16 ans, nommé T..., rencontre
sur la route de Saint-Denis, à 5oo mètres des dernières maisons de la Chapelle, un enfant de 5 ans. Il
lui offre un bonbon, l'entraîne dans un des fossés de
la route ; puis, aidé de T..., le tue en lui écrasant
la tête à coups de pierre. Lorsque le malheureux
enfant est bien mort, que sa tête n'est plus qu'une
bouillie sanglante, les deux misérables se livrent sur
lui aux plus répugnants outrages.

Ce n'est pas tout ; Castex, avant d'abandonner le
cadavre, coupe les parties génitales qu'il emporte.

Lintz, qui fut exécuté à Versailles, le 31 mai 1882,
pour crime de parricide, après avoir porté à son vieux
père les premiers coups de couteau, le traîne à terre,
et, avant de l'achever, se rend coupable sur lui du
crime de viol, malgré les supplications de ce vieillard

qui a conservé toute sa connaissance et le supplie de lui épargner un pareil outrage.

Ces deux hommes, au dire de la science, étaient responsables de leurs actes et sont montés sur l'échafaud.

T..., en raison de son jeune âge, échappa à la peine capitale.

Est-il possible d'expliquer de pareilles monstruosités autrement que par des accès de folie érotique ?

Jamais l'amour naturel n'inspira de crimes aussi épouvantables. Jamais l'assassinat ne fut pour lui un besoin passionnel. Le genre de folie érotique qu'engendre l'amour antiphysique est donc bien réellement, pour la société, un danger redoutable à la charge de la pédérastie.

La police, qui n'a aucun moyen légal de réagir contre l'amour antinaturel, cherche pourtant, toutes les occasions de contrarier ses manifestations extérieures. Armée de la loi, elle réprime les flagrants délits d'outrage public à la pudeur, les détournements de mineurs, les excitations habitu'les de mineurs à la débauche et livre leurs auteurs aux tribunaux, comme elle le fait pour les auteurs de tous les autres délits. A cela se borne son pouvoir légal. En dehors de ces faits délictueux, prévus par le code, elle est désarmée. Les racolages sur la voie publique, les orgies dans des domiciles particuliers, qui en sont la conséquence, les scandales qu'occasionnent les ras-

semblements de pédérastes sur certains points de la
ville, la tenue de ces antiphysiques, leur manière
d'être provoquante et efféminée, tout cela échappe
à son action, aussi bien que l'habitude qu'ils ont de
s'habiller en femme à toute époque de l'année. Nous
savons bien que, pour ce dernier fait, l'autorité a la
ressource d'une contravention à l'ordonnance qui
défend les travestissements hors le temps du carnaval,
mais seulement lorsqu'il se produit sur la voie publique. Et encore la pénalité que porte cette ordonnance est tellement insignifiante, qu'elle est sans
effet. La seule barrière que l'administration puisse
opposer à tous ces dévergondages, c'est la loi du
9 juillet 1852, qui autorise l'expulsion pour deux
ans du département de la Seine de tout individu qui
s'y trouve sans asile ou sans moyens d'existence.
Armée de cette loi, elle fait des enquêtes sur tous les
antiphysiques qui lui sont signalés et expulse tous
ceux qui tombent sous son application. C'est grâce
à cette loi qui pourtant n'a jamais visé spécialement
les pédérastes, que la police peut s'occuper d'eux,
leur inspirer une terreur salutaire et empêcher la
pédérastie de devenir un scandale public. Si cette
loi, dont l'abrogation avait été votée par le dernier
Corps législatif de l'Empire sans que le Sénat ait eu
le temps de la discuter à son tour, venait à disparaître définitivement de nos codes, la pédérastie,
favorisée par une liberté illimitée, prendrait des
allures bien autrement scandaleuses que celles de là
prostitution vénérienne, dont les excès sont corrigés

par le pouvoir discrétionnaire du préfet de police.

Cette dernière prostitution a, jusqu'à un certain point, son excuse dans ce fait, qu'elle est un mal nécessaire au repos des familles. Sans elle les viols, les attentats à la pudeur, les détournements de mineures, prendraient les proportions d'un danger public. Son existence reconnue, la tolérance dont elle jouit, sont donc deux choses utiles. Ses excès seuls doivent préoccuper, et c'est pour les restreindre le plus possible qu'a été faite la réglementation.

La pédérastie ne peut, chez nous, invoquer à son bénéfice une pareille utilité. Dans nos pays d'Occident notamment, où les femmes prostituées abondent, il ne peut être question de la tolérer comme une nécessité majeure et de la réglementer. La confondre avec la prostitution féminine, inscrire les prostitués, les enfermer dans des maisons spéciales, les astreindre à une visite médicale périodique, serait une scandaleuse monstruosité, contre laquelle se révolterait l'opinion. Ce serait de plus reconnaître officiellement son existence. La supprimer, si cela était possible, voilà quelle serait la chose préférable; mais une disposition législative est impuissante à supprimer les passions humaines. La seule chose pratique est donc d'en arrêter le plus possible le développement contagieux, d'en empêcher par tous les moyens imaginables les manifestations extérieures et par conséquent les scandales. Une loi remplirait ce but, du moins en partie.

Il nous paraît indispensable que le législateur
protège, tout au moins dans la rue, la décence
publique; qu'il assimile les racolages, les provocations langoureuses, les travestissements en femmes
à un outrage public à la pudeur. Nous voudrions
qu'il allât plus loin encore, qu'il imitât le législateur allemand et qu'il fît de la pédérastie en elle-
même un délit spécial; qu'il édictât une peine corporelle, en prison cellulaire, contre tout individu
convaincu de s'y être livré, aussi bien chez lui que
sur la voie publique, quelques précautions d'ailleurs
qu'il ait prises pour que son action restât cachée;
qu'il décidât en même temps que l'article 463 du Code
pénal, qui permet aux juges d'admettre des circonstances atténuantes, ne serait jamais applicable aux
crimes ni aux délits procédant de la pédérastie;
qu'il édictât, contre les récidivistes, les peines les
plus sévères. Nous voudrions également que, dans
leurs préoccupations, l'administration et la justice
donnassent à cette question toute la place importante qu'elle mérite; que, sans s'effrayer des difficultés nombreuses et pénibles que créerait pour elles
une pareille loi, dont l'action s'étendrait jusqu'au
domicile privé, qui les mettrait parfois aux prises
avec des personnages importants, elles ne recu-
lassent pas devant le scandale, quelque personnalité qu'il menace; qu'elles n'eussent point deux
poids et deux balances, qu'elles n'hésitassent pas à
faire supporter à chacun, riche ou pauvre, noble
ou roturier, ami ou ennemi politique, la responsa-

bilité de ses actes. Et la pédérastie, vice honteux bafoué par l'opinion, alors qu'elle ne serait plus encouragée par le silence de la loi, qu'elle n'aurait pas à compter sur une cécité voulue lorsqu'il s'agit d'amis de gens au pouvoir, alors qu'elle aurait à redouter la publicité des audiences, perdrait le plus grand nombre de ses clients; nous entendons : ceux qui fournissent des moyens d'existence à tous ces *jésus* qui vivent de leur débauche. Ceux-là, qui ont une position à sauvegarder et qui ne pourraient pas compter sur l'impunité reculeraient nécessairement devant la honte publique qui les attendrait. Eux disparus, l'excitation à la débauche exercée par les proxénètes, sur les jeunes ouvriers, cesserait immédiatement; et la tourbe, qui ne trouverait plus le moyen de vivre en se promenant, disparaîtrait à son tour de la voie publique.

C'est pour démontrer la nécessité de cette répression que nous n'avons pas reculé devant l'exposé des hontes et des dangers que signale ce travail (1).

(1) On a pu remarquer dans notre texte une certaine quantité de barons, vicomtes, etc. Il ne s'ensuit pas que toute cette aristocratie soit de bon aloi. Nous avons cité des documents, sans avoir eu à vérifier si les titres pris, étaient vrais ou faux. Le doute est d'autant plus permis, que la secte doit se parer de titres d'emprunt, comme elle se pare de bijoux. Elle adore le luisant et la sonorité.

CHAPITRE VIII

PERSONNEL DE LA POLICE DES MŒURS

Avant de nous occuper du personnel actuel, il est nécessaire de dire ce qu'était l'ancien.

Dès son origine, et cela a duré longtemps, la brigade des mœurs a été mise au ban de l'administration de la police par les chefs de cette administration eux-mêmes.

Tous les agents incapables, violents, débauchés, tous ceux compromettants ou compromis attachés à d'autres services et dont les chefs voulaient se défaire, étaient incorporés à cette brigade. Charger un pareil ramassis d'hommes de veiller sur la morale publique, c'était aller volontairement au-devant des scandales, des compromissions, des concussions, des abus de pouvoir. Aussi ces agents, qui ne s'imposaient aucune retenue, aucune gêne, tiraient-ils de leurs fonctions tous les avantages personnels qu'ils en pouvaient obtenir. Le vin et les filles, comme on pense, ne leur faisaient point défaut; c'est par des complaisances coupables qu'ils reconnaissaient ces bons offices. Ils mettaient à la disposition de celles dont ils étaient les obligés les droits que leur donnait leur titre. Telles qui n'étaient jamais arrêtées, quoi qu'elles pussent faire, et dont le crédit allait jusqu'à couvrir leurs amies de leur protection, tiraient vengeance de leurs rivales en les faisant incarcérer à tous propos. De pareilles habitudes étaient la négation de tout service régulier ; aussi, lorsque venait la fin du mois, fallait-il arrêter à tort et à travers pour faire nombre et laisser croire à l'utilité de la brigade.

C'était sous des noms de guerre grossiers et immoraux que ces agents étaient connus dans le monde des prostituées.

En résumé, l'existence de cette brigade, sans utilité réelle, n'était que scandaleuse ; l'infâme réputation qui lui était faite était justement méritée. Avec le temps, tous ces abus se modifièrent, et les choses allèrent en s'améliorant de jour en jour. La brigade se recrutait bien toujours, en partie, parmi les mauvais agents des autres services ; mais l'administration réprimait sévèrement les scandales qui arrivaient à sa connaissance. La difficulté était de découvrir ces scandales que tout le monde avait intérêt à tenir cachés.

La réorganisation de la police municipale en 1854, en mettant la brigade des mœurs, comme toutes les autres brigades, sous la surveillance du contrôle général, mit un frein à toutes ces compromissions occultes. De nombreuses enquêtes furent faites qui amenèrent des révocations ; mais c'est en 1860 seu-

lement que les dernières traces de tous ces abus disparurent définitivement.

Le service actif des mœurs fut sérieusement réor-
ganisé. Une discipline y fut établie, plus rigoureuse,
plus sévère que dans tous les autres services. Les
immoralités, les abus de pouvoir furent tout particulièrement réprimés avec une rigueur presque exagérée. Son chef fut autorisé à refuser tous les agents
qu'on lui proposait, qui venaient d'autres services et
qu'il ne jugeait pas aptes à remplir les nouvelles
fonctions qu'on voulait leur confier. Les arrestàtions
pour faire nombre furent rigoureusement interdites,
et comme il fallait rompre même avec le souvenir de
toutes les mauvaises habitudes, l'ancien personnel
fut renouvelé, à cinq exceptions près, en moins de
six mois.

Maintenant qu'on sait ce qu'était l'ancien personnel
de la police des mœurs, voyons ce qu'il est aujourd-
d'hui (juillet 1870).

Depuis 1854 (1), les agents de la préfecture sont
tous officiellement commissionnés par le préfet de
police. Presque tous ont servi dans l'armée, le plus
grand nombre à titre de sous-officiers. Qu'ils aient
été militaires ou non, leur demande d'admission
donne lieu à une enquête minutieuse sur leurs anté-

(1) Avant 1854, certains hommes que leurs antécédents judiciaires ou autres, ne permettaient pas de commissionner étaient
attachés aux brigades à titre d'inspecteurs officieux. Cette catégorie d'agents inavoués était ce qui restait de la première organisation des brigades lors de leur création.

L'organisation de 1854, dans un but de moralité publique, sup-
prima tous ces vestiges du passé.

cédents, qui doivent être irréprochables. La moindre condamnation à la prison, prononcée même par un tribunal de simple police, les penchants à l'ivrognerie, à l'inconduite, lorsqu'ils sont découverts, sont autant d'obstacles insurmontables à la nomination. C'est parmi ces hommes commissionnés que se recrute au hasard la brigade des mœurs. L'honorabilité de ces agents semblerait donc ne pouvoir être mise en doute, et cependant on leur fait, dans le public, la réputation la plus odieuse. On prétend qu'ils n'arrêtent une femme que pour gagner une prime; on les dit débauchés et cupides; on leur prête tous les vices. Voyons ce que valent ces accusations.

Les organisateurs du dispensaire, en créant la brigade des mœurs, avaient compris les difficultés inhérentes à ce service difficile. Ils avaient cru nécessaire, pour encourager et exciter le zèle des agents, d'attacher une prime à la réussite de chaque opération. Cette prime prêtait à la critique; on la disait le seul mobile des arrestations. Pour couper court à toutes les récriminations qui se produisaient, parfois même devant la justice, elle fut supprimée dès le commencement de l'année 1862, et depuis lors ne fut pas rétablie. *Aucune des opérations faites par les agents des mœurs ne donnant droit à prime, la première imputation tombe donc d'elle-même.*

Ils sont débauchés et cupides?

Voici un homme, jeune encore, qui, au sortir des rangs de l'armée, se trouve sans transition subitement livré à lui-même, avec un titre et un pouvoir, au milieu de ce monde de la prostitution, monde sans principes, et, dans un moment donné, capable de toutes les lâchetés. Il faut à tout prix profiter de son inexpérience ; il faut qu'il se compromette lui-même pour que sa sévérité à venir soit neutralisée ; il faut, pour employer le terme significatif et consacré, qu'il soit *muselé*. Ses débuts sont donc escortés par des tentations de toute nature. Ses ressources sont modiques ! On lui offrira de l'argent. Il est jeune et célibataire ! On aiguillonnera ses désirs, on mettra tout en œuvre pour exciter ses passions. Pour lever tous ses scrupules, on lui dira confidentiellement qu'on agit de même avec tous ses camarades, et que tous acceptent sans hésitation.

Cet homme succomberait, quoi d'étonnant à cela ? Parmi ceux qui le critiquent le plus amèrement, combien, dans sa situation, auraient la vertu de résister ?

Il a succombé. Sa première faute deviendra vite péché d'habitude ; une fois sur cette pente, il n'est plus maître de s'arrêter. Il a compté sur la discrétion de celles qui l'ont corrompu, mais il ne s'est pas rendu compte que cette discrétion est chose impossible ; que son secret, étant au pouvoir de femmes bavardes et inconséquentes, sera bientôt la fable de toutes les prostituées du quartier. Il n'a pas réfléchi que, par la nature même de ses fonctions, il ne pourra éviter de se créer des inimitiés qui sauront bien découvrir, pour le révéler, le motif de la bien-

veillance évidente qu'il manifeste à la voisine; il ne
s'est pas douté que sa dénonciatrice sera peut-être
bien celle-là même pour laquelle il se sera compromis, parce qu'il n'aura pas eu pour elle toute la
reconnaissance espérée. Quoi qu'il fasse, il n'évitera
pas longtemps que son inconduite soit connue de
ses chefs. Alors, c'est la révocation, et la révocation
immédiate, sur laquelle il y a d'autant moins à
revenir qu'il est agent des mœurs. Qu'on n'aille pas
croire que cette mesure rigoureuse ne soit que rarement appliquée ! Dans ces dix dernières années
(1860-1870), elle a été la cause du départ forcé de
32 agents, et la brigade n'est composée que de
40 hommes. Sur ces 32 révocations, 8 seulement ont
été la conséquence de plaintes adressées au préfet;
les 24 autres, prononcées d'office, ont été motivées
par des enquêtes faites *proprio motu*, qu'aucune
réclamation du public n'avait provoquées. N'est-ce
pas la preuve du soin extrême que met l'administration à rejeter de ce service tout agent qui a failli ?
Une si grande sévérité n'est-elle pas le meilleur
témoin de l'honorabilité de ceux qui restent et qui
ont pu exercer, pendant six à huit ans, leurs fonctions délicates dans un pareil milieu, sans provoquer une seule dénonciation fondée ?

Nous ne parlons pas de dénonciations anonymes
et calomnieuses; celles-là portent presque toujours
sur les bons agents. Il faut se venger de ceux qu'on
n'a pu compromettre et dont on redoute la rigidité.
Le meilleur serait de leur causer assez d'ennuis pour

qu'ils abandonnassent le métier et qu'ils disparussent. On cherchera à atteindre ce but en écrivant à tous ceux qui ont pouvoir sur eux ; on provoquera ainsi des enquêtes, toujours ennuyeuses. Si ce moyen ne suffit pas, on aura le courage de s'adresser à leurs femmes pour troubler leurs ménages. On ira plus loin encore. Celui-ci, qui vous a arrêtée, on l'accusera faussement de brutalités et de violences ; on fera voir, à l'appui de sa plainte, des marques contusionnées qu'on se sera faites à soi-même pour servir sa vengeance. A celui-là, qu'on aura attiré chez soi sous prétexte d'un renseignement à lui fournir, on insinuera un porte-monnaie dans la poche du paletot pour crier au voleur aussitôt son départ et le faire arrêter dans la rue. Mais laissons là toutes ces petites infamies, qui sont les seuls privilèges du métier.

L'exécrable réputation qui poursuit ces hommes est bien un peu un droit de succession dont ils ont hérité de leurs devanciers ; mais elle est principalement l'œuvre, non seulement du monde de la prostitution, qui a tout intérêt à entraver leur action (ce à quoi il réussit en les déconsidérant), mais surtout d'une catégorie spéciale de malfaiteurs pour lesquels le titre usurpé d'agent des mœurs est le principal élément de succès. Les chantages les plus audacieux, nous l'avons dit, sont ordinairement motivés par des faits d'immoralité. On attire la victime à un rendez-vous quelconque, chez soi ou dans un coin obscur d'une promenade publique ; les complices interviennent, ils se disent agents des mœurs, parfois même vont jusqu'à laisser entrevoir une carte qu'ils se sont fabriquée, et qui, par la forme et la couleur, ressemble à celle que portent les vrais agents; puis le tour est fait. Ils emmènent le prétendu coupable qu'ils laissent bientôt libre contre remise d'argent.

Ce sont là les grands chantages; mais il en est d'autres qui se commettent chaque jour et qui, pour être moins préparés, n'en sont pas moins odieux. Ceux-là, par leur répétition journalière, sont plus désastreux encore pour la réputation des agents.

Un de ces vauriens, comme Paris en compte tant, s'approche d'une prostituée, le soir, sur la voie publique; il vient de constater une contravention à sa charge, et, avec une assurance qui ne permet pas de réplique, il lui donne ordre de le suivre au poste. Chemin faisant, il s'humanise; on peut arranger l'affaire; la fille consentira à tout pour éviter Saint-Lazare. Une demi-heure après, il descend de chez elle après avoir obtenu tout ce qu'elle pouvait lui donner.

Le chantage est, de tous les délits, le plus difficile à atteindre. Il a ceci de particulier, que victime et coupable ont un intérêt presque égal à garder le secret. Aussi pour un fait dont les auteurs seront poursuivis devant les tribunaux, combien resteront ignorés et impunis; combien même, s'ils venaient à être connus, seraient déniés par ceux-là mêmes qui en ont été les victimes! Ils ont tous été commis à l'aide du titre d'*agent des mœurs;* ceux qui se sont

laissé prendre au piège ont cru de bonne foi à la
qualité d'agent de celui qui les menaçait; donc, avec
la plus entière bonne foi, ils vont partout répétant,
comme des gens qui en sont certains, que les agents
des mœurs ne vivent que de débauche et de chantage.

Ces faits, il faut le répéter, sont à Paris d'une fréquence journalière; malgré la difficulté qu'on rencontre pour les constater, on pourrait faire un volume
avec le récit de tous ceux qui ont été découverts en
dix ans.

L'audace de ces escrocs est souvent incroyable,
la bêtise de leurs victimes est parfois plus incroyable
encore. J'en veux citer un exemple qui m'est presque
personnel, puisque c'est en mon nom que l'escroquerie a été commise.

Bien que le *Moi* soit haïssable, je suis obligé d'y
avoir recours pour la clarté de mon récit, et j'en
demande pardon au lecteur.

Les époux T..., marchands aux Halles, avaient
réalisé toutes leurs ressources dans l'espoir d'obtenir
l'autorisation de fonder une maison de tolérance.
Avant de faire leur demande, leur premier soin, sans
avoir préalablement consulté une personne compétente, avait été de louer, avec un bail de vingt ans,
une maison dans le quartier Monceau. L'emplacement était mal choisi; il était à proximité d'une
école publique, dans des conditions que prohibe le
règlement, et puis la plaine Monceau commençait, à
cette époque, à se couvrir des magnifiques construc-

tions qui en font aujourd'hui le quartier le plus
luxueux de Paris. Il me semblait que l'administration n'avait pas le droit de frapper de dépréciation
des terrains très chers déjà, pour le simple plaisir de
laisser s'établir une maison tolérée, qui ne répondait,
au surplus, à aucun besoin. Sur ma proposition,
l'autorisation demandée fut refusée.

L'emplacement de la maison étant la seule cause
de mon avis défavorable, je n'avais pas eu à me
mettre en rapport avec la pétitionnaire.

Il y avait six semaines ou deux mois que j'avais
oublié cette affaire, lorsque je reçus un jour la visite
d'un homme d'un certain âge, qui s'était fait annoncer sous le nom de D... Il se disait nécromancien et
venait m'offrir ses bons offices, comme agent secret,
bons offices qui furent refusés. Il sortait de mon
cabinet lorsque, se ravisant, il revint sur ses pas et
me demanda la permission de m'entretenir d'une
affaire qui concernait une femme de sa famille.

— Vous ne voulez pas, me dit-il, de ma cousine
Mme T... comme maîtresse de maison de tolérance;
cela tient évidemment à de faux rapports qui vous
ont été adressés contre elle. C'est la plus honnête
femme du monde, et si vous aviez la bonté de me
dire ce que vous lui reprochez, j'arriverais très probablement à vous démontrer l'injustice des rapports
qui vous ont été faits.

— Je n'ai jamais reçu de rapports contre la
femme T..., *je ne la connais pas*, et par conséquent
je n'ai jamais dit que je ne voulais pas d'elle comme

maîtresse de maison ; j'ai proposé qu'on oppose un refus à sa demande, exclusivement pour ce fait que l'emplacement de la maison était mal choisi.

— Alors monsieur, ce n'est pas contre ma cousine personnellement que vous en avez. Et si elle trouvait un local dans un autre quartier, vous examineriez sa demande?

— Parfaitement.

— Merci, monsieur, je cours bien vite rassurer ma cousine, à laquelle on a dit qu'il était inutile qu'elle cherchât ailleurs, parce que vous lui étiez personnellement hostile.

Sept mois après cette conversation, qui n'avait laissé aucune trace dans ma mémoire, un matin, qu'occupé à un travail attendu, j'avais consigné la porte de mon cabinet, j'entends dans l'antichambre une altercation des plus vives, à laquelle prenait part le planton chargé de la garde de mon bureau. Je prête l'oreille : « Comment, disait-on, il n'est pas visible en ce moment! il ne veut pas nous recevoir? Cette fois cela ne se passera pas ainsi, nous allons aller trouver le préfet de police. » J'ouvre immédiatement la porte et je me trouve en présence d'un homme et d'une femme qui me sont tout à fait inconnus. Je demande le motif de tout ce tapage, et mon planton me dit que ces gens-là font du bruit parce qu'ils prétendent, qu'après les avoir escroqués, je refuse de les recevoir. Je les fais entrer et les prie de s'expliquer catégoriquement. Cet homme et cette femme me dévisagent, puis ils se regardent entre eux d'un air hébété ; plus je les presse de questions, moins ils se pressent de répondre. Enfin la femme me dit :

— Nous sommes les époux T..., et nous demandons à voir M. Carlier, le chef du service actif des mœurs.

— Je suis M. Carlier, que me voulez-vous?

(J'avais tout à fait oublié le nom et la demande des époux T...)

— Mais, il y a un autre M. Carlier que vous?

— Je n'en connais pas à la préfecture, et, dans tous les cas, il n'y en a qu'un à la tête du service actif des mœurs, et celui-là c'est moi; encore une fois que me voulez-vous?

La dame T... tombe en syncope, le mari fond en larmes. Lorsque l'un et l'autre ont repris un peu de sang-froid, la femme se traîne à mes genoux en me demandant pardon. L'homme me dit :

— Monsieur, envoyez-nous en prison, nous sommes de grands coupables de vous avoir outragé.

Je ne comprenais absolument rien à tout ce qui se passait autour de moi, je me demandais si je n'étais pas en présence de deux fous. Enfin je finis par obtenir à grand'peine, de la dame T..., les explications suivantes :

« C'est mon mari et moi qui avions demandé, il y a dix mois, l'autorisation d'ouvrir une maison dans la plaine Monceau, autorisation que vous nous avez fait refuser. Il y a sept mois environ nous avons reçu la visite d'un individu qui a dit se nommer B... et

être votre ami, et qui nous a offert sa protection.
Nous avons naturellement accepté ses offres, et nous
l'avons retenu à dîner. A la fin du repas, nous avons
causé et, sur sa demande, nous lui avons dit que
nous sacrifierions bien volontiers quatre ou cinq
mille francs pour réussir. Il nous a quittés à dix heures
du soir en nous disant : « Je ne puis rien vous pro-
« mettre formellement, mais ayez bon espoir. » Il
est revenu le lendemain dans la journée : « Je viens
« de voir Carlier, vous aurez votre maison, je vous
« en réponds maintenant, mais à une condition, c'est
« que vous me laisserez faire et que vous ne par-
« lerez de rien à personne. D'abord, j'amènerai Car-
« lier dîner ici demain; mais soyez très réservés de-
« vant lui, ne le questionnez pas, tout serait perdu. »
Le lendemain en effet, vers cinq heures du soir, une
voiture s'arrête à notre porte, B... en descend avec
deux messieurs ; tous trois entrent, nous les saluons,
ils nous rendent notre salut et vont s'installer dans
une chambre. B... sort bientôt et nous dit : « Payez
la voiture. » Puis il ajoute : « Le plus grand c'est
« Carlier, et le plus petit c'est son secrétaire; l'affaire
« ne va pas toute seule, mais j'en viendrai à bout.
« Surtout soignez bien le dîner, qu'il n'y ait rien à
« redire; car je vous préviens que ces messieurs sont
« très difficiles. » Comme nous avions peur de ne
pas bien cuisiner, mon mari, au lieu de payer la
voiture, s'est fait conduire chez le père Lathuille et
a commandé un dîner pour trois personnes, tout ce
qu'il y avait de mieux, et il a dit que le garçon,

chargé d'apporter la commande, prenne une voiture
pour arriver plus vite. C'est moi qui ai servi ces messieurs ; ils avaient l'air satisfait, mais chaque fois
que j'entrais, ils interrompaient la conversation. Sur
les dix heures, B... est sorti et nous a dit : « Allez
donc chercher des glaces. » Mon mari a pris une voiture, est allé rue d'Amsterdam et a rapporté trois
glaces. A dix heures et demie, ces trois messieurs
sont partis en nous saluant, et comme mon mari
les escortait jusqu'à la porte, B... s'est retourné et lui
a dit tout bas : « Carlier a été satisfait du dîner, cela
« va bien. » Deux jours après, B... est revenu avec
celui qu'il nous avait dit être votre secrétaire et un
nouvel individu que nous n'avions pas encore vu.
Votre secrétaire nous l'a présenté comme votre agent
principal. Ces trois messieurs ont dîné, mais cette
fois, comme vous n'y étiez pas, nous avons fait le
dîner nous-mêmes. Au dessert, B... nous a fait
venir, et votre secrétaire nous a donné le meilleur
espoir; il nous a dit que vous ne pouviez pas vous
déjuger tout de suite, qu'il faudrait que nous ayons
un peu de patience, mais qu'il nous répondait que
vous nous feriez obtenir l'autorisation. Dans la conversation, il avait ouvert un portefeuille et nous
avait laissé voir une carte d'agent. Le lendemain ces
trois messieurs sont revenus dîner, ils se sont grisés
et ont couché à la maison. A partir de ce jour-là, et
pendant plus de quatre mois, ils ont couché et mangé
chez nous tous les trois. Chaque soir, votre secrétaire racontait, devant nous, des histoires qu'il disait

s'être passées dans votre bureau pendant la journée.

« Dans le cours de ces quatre mois, celui qu'on
nous avait dit être M. Carlier est revenu dîner une
seconde fois à la maison ; ce jour-là, d'après les recommandations de B..., nous avons mis un billet
de mille francs dans un des plis de la serviette. Personnellement, je n'ai jamais vu ce M. Carlier que
lors des deux dîners qu'il a pris chez nous, mais
mon mari l'a rencontré cinq fois au théâtre. Chaque
fois qu'il y avait une première représentation, sur la
demande de B..., nous lui remettions de l'argent
pour louer une loge dans laquelle se trouvaient
réunis le soir : M. Carlier, nos trois pensionnaires et
un ou deux de leurs amis. Mon mari qui prenait une
place de parterre se présentait dans la loge, à chaque
entr'acte, pour faire apporter à ces messieurs ce
qu'ils désiraient, des glaces, de la bière, etc., etc.
Pendant le dernier entr'acte, il retenait deux voitures qui attendaient ces messieurs à la sortie du
théâtre pour les conduire souper. Une fois à la porte
du restaurant, mon mari payait les voitures et rentrait à pied à la maison. C'est B... qui soldait le
souper, avec l'argent que nous lui remettions dans
ce but, sur sa demande. Ces messieurs ont soupé
trois fois chez Vachette, une fois à la maison d'Or
et une fois chez Hill's. Fatigués d'attendre en vain
l'autorisation qu'on nous promettait toujours et
voyant nos ressources diminuer, à ce point que
nous nous demandions comment nous pourrions
faire face aux dépenses qu'exigerait notre instal-

lation lorsque l'autorisation arriverait, nous avons
prié bien poliment ces messieurs d'intervenir auprès
de M. Carlier pour qu'il hâte la délivrance de notre
autorisation; ils se sont fâchés, nous ont traités d'in-
solents et nous ont menacés de ne plus s'occuper de
nous. J'ai dit alors à mon mari : ne disons plus rien,
la permission ne peut tarder à arriver maintenant.
Huit jours plus tard, tous trois quittaient la maison
après déjeuner, comme d'habitude, et nous ne les
avons jamais revus. Voilà trois semaines de cela.
Nous avions réuni vingt mille francs, en vendant
tout ce que nous possédions, pour pouvoir ouvrir une
maison, il ne nous reste plus rien ; ils nous ont complètement ruinés. Vous comprenez notre désespoir.
Aussi nous étions venus, ici, avec l'intention bien
arrêtée où d'emporter notre permission ou de vous
faire un mauvais parti. Nous reconnaissons maintenant notre erreur et nous vous faisons toutes nos
excuses. »

Le récit de cette femme, entrecoupé de sanglots,
était fait avec une telle apparence de sincérité que je
ne doutais pas un instant de l'exactitude des faits
incroyables qu'elle me racontait.

C'était le matin, tous les hommes de ma brigade
étaient là, je les fis mettre sur une seule ligne et priai
les époux T... de les examiner attentivement un par
un. Ils ne reconnurent personne.

En rappelant mes souvenirs, la visite du nécromancien D... me revint en mémoire. Je le fis rechercher. Quarante-huit heures plus tard, il était

découvert dans un garni rue de la Victoire, je le confrontai avec les époux T..., qui le reconnurent immédiatement pour B..., l'ami de Carlier. Il n'opposa au surplus aucune dénégation à cette reconnaissance.

Il fit des aveux.

C'était un employé assez haut placé dans un ministère qui avait joué le rôle de Carlier, ceux du secrétaire et de l'agent principal avaient été remplis par deux pédérastes, deux garçons de café sans place.

Tous furent arrêtés, poursuivis et condamnés.

Faut-il s'étonner, en présence d'entreprises aussi audacieuses et aussi fréquentes, qui restent presque toujours impunies parce qu'elles restent ignorées ou parce que, faute de renseignements, on n'en peut découvrir les auteurs, que les agents dont on usurpe le titre pour réussir soient mis au ban de l'opinion? Faut-il s'étonner davantage des mauvaises dispositions du public qui rend leur mission si difficile, parce qu'il est toujours prêt à prendre, contre eux, parti pour la prostituée qui, femme avant tout, excite sa pitié ?

Cette mission est pourtant essentiellement protectrice des intérêts de la société.

Le devoir des agents des mœurs est:

D'empêcher les scandales publics de la prostitution.

De protéger la santé publique.

De garantir la sûreté de ceux qui dans un

moment d'ivresse ou d'oubli s'égarent dans un mauvais lieu.

De défendre l'honneur des familles contre les pièges que lui tend journellement le proxénétisme.

De préserver la jeunesse de l'entraînement de ses propres passions.

De ramener à la maison paternelle l'enfant mineur que des désirs précoces en avait éloigné.

De poursuivre l'anéantissement de ces ignobles gravures qui ne parlent qu'aux sens.

Enfin de traquer et de combattre le vice infâme de la pédérastie, qui n'inspire que dégoût et qui voudrait s'imposer au même titre que la prostitution.

Quoi de plus utile qu'une pareille tâche honnêtement remplie; quelle fonction mériterait plus d'être encouragée par la sympathie publique? Et pourtant quelles fonctions sont plus discréditées que celles de ces hommes, que le besoin de vivre et leur mauvais génie ont poussés à accepter cette délicate mission?

Traités par leurs supérieurs avec une rigueur exceptionnelle, qui serait souvent inhumaine, si elle n'était commandée par les nécessités du service lui-même; en butte au mauvais vouloir et aux vexations d'une société qu'ils cherchent à servir, ces agents demeurent paralysés par la crainte des difficultés qu'on leur crée à chaque instant et par le dégoût que leur inspire l'ingratitude de leur mission. La prostitution profite de ce découragement pour redoubler d'effronterie, et l'opinion inconsciente s'en prend à l'autorité, d'une plaie sociale qui est son œuvre et qu'elle seule pourrait guérir.

Le reproche le plus fondé, en apparence, qu'on adresse aux agents des mœurs, est celui de ne pas respecter la liberté individuelle, de se tromper dans leurs arrestations, de les motiver par des racolages qui n'ont pas existé et d'arrêter des femmes honnêtes pour des prostituées.

Bien que nous ne connaissions pas d'exemple (1870) applicable à une femme honnête dans toute l'acception du mot, le fait a pu se produire. Il s'est produit, trois ou quatre fois à notre connaissance, pour des femmes du demi-monde qui ne racolaient réellement pas.

Ces erreurs ne sont possibles que sur les boulevards et dans les Champs-Élysées, que dans ces quartiers où l'acte de la prostitution ne suit pas immédiatement le racolage, où la fille en toilette voyante se borne à s'asseoir au café, à aller et venir pour se faire remarquer et à distribuer ses cartes, que dans ces endroits où les surveillances, si prolongées qu'elles soient, ne peuvent amener la constatation que d'allures équivoques, de gestes compromettants, mais jamais de flagrant délit.

Qu'une femme, même honnête, mais aux allures et à la toilette excentriques, qui aura eu l'impru-

dence de se promener seule dans un pareil endroit,
au milieu d'un pareil rassemblement, ait pu être
un instant confondue avec une prostituée, la chose
n'aurait rien d'extraordinaire. Qu'une pareille erreur,
même lorsqu'elle porte sur une femme du demi-
monde, soit chose déplorable, qu'il faille prendre
tous les moyens pour l'éviter, qu'il soit dû à la
victime réparation dans la limite du possible, que
l'auteur soit rendu responsable de sa légèreté, l'administration de la police reconnaît que ce sont là
des nécessités dont elle doit se préoccuper beaucoup
plus encore que le public lui-même. Mais enfin, qui
donc est assez sûr de lui pour répondre qu'il ne se laissera jamais tromper par les apparences, lorsqu'il
n'aura pas d'autres éléments d'appréciation ? La
justice elle-même, malgré ses sages lenteurs, malgré
l'étude des preuves sur lesquelles elle prend ses
déterminations, s'est trompée quelquefois. Pourquoi
vouloir exiger d'un agent subalterne une perfection
qu'il n'est pas donné à l'homme supérieur d'avoir ?
Pourquoi, surtout, lorsque cet agent n'est pas tenu
d'atteindre un chiffre fixe d'arrestations, lorsqu'au
contraire il lui est défendu, sous peine de punition
sévère pouvant aller jusqu'à la révocation, d'arrêter
sans motif suffisant, rien que pour faire du nombre;
lorsqu'il est établi qu'il ne touche aucune prime
pour les arrestations — pourquoi, disons-nous, vouloir soupçonner sa bonne foi et rendre non seulement son honorabilité à lui, mais celle de tous ses
camarades responsable du malheur qui lui est arrivé?

La malignité publique s'est deux ou trois fois emparée d'incidents fâcheux de cette nature, dont elle a exagéré la gravité et les conséquences, pour s'en faire une arme d'opposition contre l'autorité. L'opinion s'est émue. Mais que les femmes honnêtes et même les autres se rassurent. Leur liberté n'a jamais couru les dangers qu'on leur a dits. Elles ont pour garant: les premières, le soin de leur propre dignité qui les tient éloignées des agglomérations de filles; et toutes, la responsabilité des agents qui, pour une erreur désintéressée, s'exposent à perdre leur pain et celui de leur famille.

Nous n'avons point voulu faire ici l'apologie des agents des mœurs, nous avons cherché à démontrer qu'ils étaient des hommes comme d'autres, ni meilleurs ni plus mauvais. Nous avons voulu, par-dessus tout, faire comprendre que le zèle qu'ils peuvent avoir pour le bien succombe sous le poids de leur réputation imméritée, tandis qu'ils devraient rencontrer dans l'estime et la sympathie de la population la force et l'énergie nécessaires à l'accomplissement de leurs devoirs.

— 1881 — La brigade des mœurs a été depuis quatre ans l'objet de nombreuses critiques, de plus nombreuses imputations. Le conseil municipal de Paris, à la suite des journaux qui ont mené la campagne contre elle, poursuit aujourd'hui sa suppression.

M. le préfet de police Andrieux, dans l'espoir de calmer toutes ces ardeurs réformatrices, d'éteindre

tout le bruit fait autour de cette question, a feint de
la supprimer en droit, tout en la laissant subsister
en fait. Après avoir mis son chef à la retraite par
suppression d'emploi, il a fondu la brigade avec
celle du service de sûreté.

Nous serions bien surpris que cette mesure, qui
n'a été qu'un expédient, apportât une amélioration,
si petite qu'elle fût, à l'état de choses qu'elle a eu
pour but de modifier. Il nous parait même impossible, qu'une pareille désorganisation n'ajoutât pas
aux inconvénients qui peuvent réellement exister
et dont les journaux se plaignent, en les exagérant.

L'absorption du service des mœurs par celui de
la sûreté n'est point une idée nouvelle; elle a hanté
l'esprit de tous les chefs de sûreté qui se sont
succédé depuis cinquante ans. Ces messieurs ne
voyaient dans cette fusion des deux attributions
qu'un élément de réussite, qu'un moyen de faciliter
les recherches de la sûreté. La question des mœurs
proprement dite ne les préoccupait pas, ils étaient
même parfaitement décidés à ne jamais s'en occuper d'une façon spéciale. Ce qu'ils voulaient, c'était
tenir sous leur coupe quatre ou cinq mille filles
publiques et leurs souteneurs, deux ou trois cents
maîtres de maisons de tolérance, et de faire, bon
gré mal gré, de tout ce personnel en rapports
constants avec les malfaiteurs de toutes catégories et
de toutes classes, des auxiliaires précieux. Ce que
les anciens chefs du service de la sûreté n'avaient
pu obtenir vient d'être conféré, d'office, au chef

actuel de ce service. A vrai dire cette attribution
paraît ne lui avoir été faite que dans le but d'arrêter
une campagne désagréable et pénible pour la haute
administration. La question de principe semble
être restée tout à fait étrangère à cette détermination.

Même en se plaçant au point de vue exclusif de la
recherche des criminels, l'utilité de cette fusion est
discutable.

Il y a chance, il est vrai, pour que tout ce monde
de la prostitution se fasse à qui mieux mieux déla-
teur; un certain nombre de criminels, des voleurs
surtout, tomberont peut-être plus facilement sous la
main de la justice, mais à quel prix ? Aux dépens de
l'ordre et de la morale publics. En échange des
services qu'ils auront rendus, les prostituées et leurs
souteneurs, les maîtres de maisons jouiront d'une
liberté d'action presque illimitée; on fermera les
yeux sur toutes les contraventions qu'ils auront pu
commettre, ils auront en un mot, pour nous servir
du terme consacré, le *condé*, c'est-à-dire la faculté de
violer impunément toutes les prescriptions réglementaires sur la prostitution. Les mauvais vouloirs,
les refus de renseigner, attireront, au contraire, sur
leurs auteurs toutes les sévérités.

Ce ne sont pas là des suppositions gratuites que
nous faisons. Alors que les deux services étaient distincts et complètement indépendants l'un de l'autre,
les faits tendaient parfois à se passer ainsi. Il n'était
pas rare de voir des agents de la sûreté, à tu et à toi

avec des maîtres de maisons, des souteneurs ou des
filles publiques. Il n'était pas rare, non plus, de voir
ces inspecteurs aider ces gens-là de leurs conseils,
pour mettre en défaut les surveillances des agents
des mœurs. Lorsque ces surveillances avaient abouti
néanmoins et qu'elles avaient eu pour conséquence
des constatations de contraventions entraînant, soit
l'incarcération des filles, soit la punition des maîtresses de maisons, ces mêmes inspecteurs faisaient
intervenir le chef de la sûreté, qui demandait l'annulation de la contravention, en récompense de renseignements utiles fournis à son service. Dans la moitié
des cas, la religion du chef de la sûreté avait été
surprise par ses agents, dont il ne pouvait vérifier
tous les dires. Les prétendus renseignements utiles
qu'on lui disait avoir été fournis ne l'avaient pas été
par ceux-là auxquels on les attribuait. En mentant de
la sorte, les inspecteurs cherchaient à payer une dette
de reconnaissance personnelle ou de camaraderie.
Ces supercheries reconnues et signalées par le service
des mœurs restaient ordinairement sans succès.

Il est juste de dire que cette espèce de complicité,
de camaraderie des inspecteurs de la sûreté avec le
monde de la prostitution, que cette facilité avec
laquelle le chef de la sûreté met son attache à ces
recommandations, est chose naturelle et presque inévitable. Le service de la sûreté et celui des mœurs,
en raison du but spécial poursuivi par chacun d'eux,
ne peuvent être administrés de la même manière.
Les inspecteurs de la sûreté doivent forcément jouir

d'une liberté relative qu'on ne saurait tolérer chez
ceux des mœurs. Les premiers ont pour mission
exclusive de rechercher les malfaiteurs, assassins,
voleurs de toutes catégories, individus en rupture de
ban, etc., etc. ; il est bien évident qu'ils ne peuvent
rencontrer ces individus, ou tout au moins avoir des
renseignements sur eux, qu'en fréquentant les endroits qu'ils fréquentent eux-mêmes. Or, comme ces
malandrins ont le plus ordinairement leurs relations
dans les maisons de tolérance, parmi les filles publiques et leurs souteneurs, c'est dans ce milieu-là,
que les inspecteurs de la sûreté doivent aller les
chercher. On n'attrape pas les mouches avec du
vinaigre, dit le proverbe. Ces inspecteurs, s'ils veulent
réussir, sont donc forcés de faire *les bons garçons*,
de frayer, de boire, de marcher de pair et compagnons avec tout ce monde de maîtres de maisons, de
filles et de souteneurs. Le chef de la sûreté qui les
envoie à la découverte, ne peut pas les blâmer de
pareilles relations, qui sont une nécessité du métier.
Sans aucun doute, au point de vue moral, cette
nécessité est fâcheuse, mais ce qu'elle a de fâcheux
est largement compensé par son incontestable utilité,
à une condition pourtant, c'est que ces inspecteurs
resteront tout à fait étrangers à l'application des règlements sur la prostitution. Il va de soi que celui
qui vient demander à une fille ou à son souteneur
de l'aider dans une recherche, ne peut pas interdire
à ce souteneur de cohabiter avec sa maîtresse, ni
arrêter cette maîtresse, parce qu'elle donne asile à

son souteneur. Il serait monstrueux qu'il eût le droit
d'arrêter cette autre, sous le prétexte qu'elle a racolé,
cachée derrière le rideau de sa fenêtre, un individu
qui passait dans la rue, mais en réalité parce qu'il a
la conviction que son souteneur ou elle a mis du
mauvais vouloir à lui donner l'assistance ou le renseignement qu'il lui demandait. Si donc, dans un
intérêt de sûreté publique, l'inspecteur de la sûreté
peut et doit vivre en bonne intelligence avec le
monde de la prostitution, sans que la morale ait à
s'en offusquer outre mesure, c'est à la seule condition que ces rapports seront maintenus dans des
limites raisonnables, qu'ils n'auront rien de scandaleux, qu'ils ne s'étayeront pas sur des complaisances
ou des abus de pouvoir intéressés. C'est précisément
à ce danger que paraît l'ancienne organisation, qui
avait mis à côté de la brigade de sûreté la brigade
des mœurs. Cette dernière, soumise à une règle de
conduite beaucoup plus rigide, spécialement chargée
de réprimer tous les écarts, tous les scandales de la
prostitution, s'acquittait de sa mission, souvent au
grand déplaisir des agents de la sûreté, dont elle dé-
rangeait les entreprises, contrariait les projets, lorsque
ces entreprises, ces projets n'étaient pas motivés par
les nécessités du service, et par conséquent devenaient
scandaleux et inavouables. C'était presque toujours
par son collègue des mœurs, que le chef de la sûreté
était mis au courant des compromissions auxquelles
pouvaient se laisser aller ses agents. Cette espèce de
contrôle qu'exerçait la brigade des mœurs sur les

relations de la brigade de sûreté avec le personnel de la prostitution, maintenait ces relations dans les limites utiles et permises. Sans gêner en rien les nécessités du service, elle empêchait seulement les excès et les scandales de se produire.

L'absorption du service des mœurs par celui de la sûreté aura certainement pour résultat la désorganisation des deux services. Tout d'abord la rigidité de principes qu'on imposait aux agents des mœurs va forcément disparaître. Agents de la sûreté, ils jouiront de toutes les licences permises aux agents de ce service. Ces licences, n'étant plus contrariées, dégénéreront en abus qui, dans les neuf dizièmes des cas, resteront inconnus et par conséquent impunis. La surveillance de la prostitution étant devenue une attribution accessoire du service de sûreté, ne sera plus considérée, par les agents, que comme un moyen mis à leur disposition pour leur faciliter la recherche des malfaiteurs. Les sévérités des règlements ne seront plus appliquées qu'à ceux ou celles qui leur refuseront leur concours ; ceux, au contraire, qui leur donneront assistance, jouiront de toute liberté. Il y a même lieu de craindre que cette tolérance ne soit pas toujours le prix de services rendus à la chose publique. Il faut le répéter, ce n'est qu'en raison de la suppression du service des mœurs que ces abus se produiront, et prendront un certain développement ; c'est grâce à cette suppression que l'arbitraire et les abus de pouvoir remplaceront la règle, et que la surveil-

lance de la prostitution sera laissée aux caprices
d'agents subalternes, qui la considéreront, non pas
comme une nécessité d'ordre public, mais comme
un simple moyen d'action.

De toutes les brigades de la préfecture de police,
celle des mœurs est la plus difficile, la plus délicate
à conduire. Si les hommes qui la composent ne sont
pas l'objet d'une surveillance incessante, s'ils sont
abandonnés à eux-mêmes, ils succombent bien vite
aux tentations qui les assaillent. Une fois dévoyés,
ils commettent journellement des abus de pouvoir,
déshonorent l'administration, et c'est alors qu'ils peuvent devenir véritablement odieux. Pour un chef de
service des mœurs véritablement soucieux de l'honorabilité de sa brigade, la direction de son personnel est sa grande préoccupation. Cette direction
l'absorbe davantage, lui crée plus de tracas que
toutes les attributions, que tous les devoirs de ses
fonctions. C'est à grand'peine et en y consacrant la
plus grande partie de son temps, qu'il parvient à
maintenir son service dans une voie honnête. Donner
au chef de la sûreté, auquel le temps manque déjà
pour satisfaire à toutes les exigences de sa mission,
l'administration, par surcroît, du service actif des
mœurs, c'est laisser forcément ce service sans la direction toute spéciale qui lui est nécessaire, c'est ouvrir
la porte aux abus les plus révoltants. Fusionner les
deux services, c'est multiplier ces abus, c'est étendre
la désorganisation aux deux brigades ; c'est à un
autre point de vue augmenter les difficultés dans

l'action pour la brigade de sûreté. Au lieu de la bienveillance si précieuse du public qui l'a soutenue jusqu'ici dans ses opérations, elle héritera, grâce à sa nouvelle attribution de brigade des mœurs, de ce mauvais vouloir que la population manifeste tout spécialement à ceux qui sont chargés de surveiller la prostitution. Chose plus grave encore, cette mesure enlèvera au service des mœurs son caractère de service d'ordre public pour en faire un moyen immoral de police, dans le but d'obtenir ou de provoquer des révélations.

Que si le chef de la sûreté veut préserver ses deux brigades de la décomposition et des dangers que nous venons d'indiquer, il n'y parviendra qu'en interdisant à tout son personnel de s'occuper des prostituées. Par conséquent la fusion de la brigade des mœurs avec celle de la sûreté aboutit à ce dilemme: Suppression du service des mœurs ou désorganisation du service de sûreté. Or, ce n'est certainement ni l'un ni l'autre de ces deux buts que le préfet de police s'était proposé d'atteindre.

Nous sommes convaincus qu'on ne tardera pas à regretter cette mesure; qu'on s'apercevra bientôt que loin de donner une force et une impulsion plus grande au service de sûreté, cette fusion n'a d'autre résultat pratique que de l'énerver, de le paralyser et de le compromettre. Viendra un jour qui ne se fera pas attendre bien longtemps, où le chef de la sûreté lui-même demandera instamment à être déchargé du service des mœurs.

La fusion des brigades de la sûreté et des mœurs est, à notre point de vue, nous le répétons, une mesure déplorable, un expédient auquel on a eu recours pour sortir d'embarras. Il y avait autre chose à faire. Trois services, à la préfecture de police, peuvent concourir efficacement à la découverte, à l'arrestation des criminels. Le *service des mœurs* les rencontre fréquemment dans les maisons de prostitution chez les filles qu'il surveille. Grâce à ses relations journalières avec tout ce qui appartient à la prostitution, il peut facilement recueillir sur eux des renseignements précieux. — Le *service des garnis* découvre leurs retraites et les faux noms sous lesquels ils se cachent. — Le *service de la sûreté*, qui connaît leurs antécédents et les recherche tout particulièrement, pourrait donc tirer le plus grand profit des indications et des renseignements que sont à même de lui fournir les mœurs et les garnis. Il est évident que la concentration de ces trois services dans une même main serait un précieux élément de succès pour la recherche des malfaiteurs. Pourquoi, dès lors, ne pas distraire ces trois brigades de la police municipale pour en former une division à part, placée sous la haute direction d'un agent supérieur qui pourrait prendre le titre de chef de la sûreté publique, chacune de ces brigades conservant au surplus son organisation particulière, son chef spécial?

Une pareille organisation rendrait d'immenses services. A ce point de vue, elle n'offrirait que des avantages et ne présenterait aucun des inconvénients, des dangers qu'entraîne la fusion et que nous venons de signaler.

En effet, chacune de ces brigades, en dehors du concours journalier et, pour ainsi dire, indirect qu'elle donnerait à la recherche des auteurs de crimes et de délits (concours qui n'exigerait aucune peine spéciale, aucune perte de temps, puisqu'il serait la conséquence toute naturelle de l'exercice de ses attributions), n'en continuerait pas moins à accomplir, sous la surveillance de son chef direct, sa mission spéciale. Elle n'en resterait pas moins soumise aux règles de discipline qui lui sont particulières et qui la régissent.

Cette nouvelle organisation semble au surplus devoir être la conséquence naturelle de la mesure prise il y a trois ans, qui a donné au chef de la sûreté le titre de commissaire de police. Ce nouveau titre, qui l'affranchit de l'autorité du chef de la police municipale, et qui lui a donné une importance administrative toute particulière, n'a pas de raison d'être, si l'on n'augmente pas ses pouvoirs et ses attributions. Qu'on en fasse donc un chef de la sûreté publique et qu'on mette sous sa haute direction les trois services de la sûreté, des mœurs et des garnis dont les attributions sont, par un certain côté, si intimement liées les unes aux autres; mais qu'on se garde, par-dessus tout, de laisser s'établir une confusion entre ces trois brigades; qu'on maintienne, au contraire, à chacune son caractère distinct et son officier de paix spécial pour la commander et la surveiller.

Autant la fusion est chose déplorable et mauvaise, autant cette agglomération serait utile et féconde en bons résultats.

Il est des organisateurs qui proposent de continuer à surveiller les prostituées, mais de supprimer la brigade spéciale des inspecteurs des mœurs et de confier cette surveillance aux brigades d'arrondissements de gardiens de la paix en uniforme. Que les gardiens de la paix ne se désintéressent plus à l'avenir, comme ils le font maintenant, des désordres occasionnés sur la voie publique par les prostituées; qu'ils ne répondent plus aux plaintes que les passants leur adressent : « Ce sont des filles, cela n'est pas de notre compétence, mais regarde les agents des mœurs; » qu'on leur impose le devoir de disperser dans la rue les rassemblements de prostituées, d'intervenir en cas de rixes, de tapage ou de scandale, en un mot qu'on leur donne la mission d'écouter les plaintes qui leur sont adressées, d'assurer la liberté de la circulation et la tranquillité publiques, rien de plus utile et de mieux justifié; mais les charger spécialement de la surveillance de la prostitution clandestine, des enquêtes à faire et de la recherche des délits contre la morale publique, est un projet irréalisable. Proclamer la liberté de la

prostitution serait de beaucoup préférable à la mise
à exécution d'un pareil projet. Avec la liberté, l'autorité serait tout au moins affranchie de toute responsabilité, tandis qu'avec le système de la répression
par les gardiens de la paix, elle resterait responsable
des maux qu'elle serait dans l'impossibilité d'empêcher. Quel résultat prétend-on obtenir, d'une part,
de surveillances exercées par des hommes que leur
grande taille désigne, d'aussi loin qu'il est possible de
voir, à l'attention des surveillées ? Quelle surveillance,
d'autre part, peuvent exercer ces hommes sur des
prostituées qu'ils ne connaissent pas, qui se dissi-
mulent intentionnellement dans la foule des promeneurs, et qui auront déjà pris la fuite, alors que l'agent
sera encore à plus de cinquante mètres d'elles ? Et
puis si — malgré la rigidité d'un chef de service qui
connaît à fond les qualités et les défauts de ses inspecteurs — un personnel de quarante hommes ne peut
être suffisamment maintenu pour qu'on n'ait jamais
à regretter un acte arbitraire ou un abus de pouvoir,
que sera-ce, lorsque ces quarante inspecteurs seront
remplacés par huit mille gardiens de la paix, plus ou
moins intelligents, appartenant à vingt brigades distinctes les unes des autres, recevant la même consigne, mais expliquée et interprétée de vingt manières
différentes, et dont les actes seront appréciés par
vingt chefs différents ? Ce qui sera toléré ici sera
défendu là, selon le tempérament du chef de brigade.

   Un pareil système ne soutient pas l'examen, et,

nous le répétons, mieux vaudrait cent fois, même dans l'intérêt de la morale publique, proclamer la liberté de la prostitution.

Il y a des moralistes qui prétendent que la réglementation de la prostitution est un outrage à la morale publique et aux bonnes mœurs, une excitation à la débauche et une atteinte gratuitement portée à la liberté individuelle; ils affirment que cette réglementation est la principale cause des désordres et des scandales dont le public se plaint. D'après eux, les visites sanitaires n'offrent aucune garantie à la santé publique et peuvent même la compromettre. Ceux-là demandent la suppression complète du service des mœurs, des visites médicales obligatoires, et l'application du droit commun aux prostituées, c'est-à-dire la liberté de la prostitution. Une campagne qui passionne l'opinion publique a été entreprise en vue de l'application de cette théorie. L'administration de la police s'oppose de toutes ses forces à la réalisation de ce projet; elle n'en est pas moins paralysée dans son action par les difficultés de toute nature que lui crée cette campagne. Les agents effrayés n'osent plus avoir d'initiative; l'administration supérieure est hésitante, et tout naturellement les prostituées s'enhardissent. Somme toute, si on ne vit pas encore sous le régime de la liberté, on n'est plus sous celui de la répression. Cet état de choses ira en s'empirant jusqu'au jour où les préconiseurs du système de la liberté, ceux qui font opposition au système de la répression, obtiendront gain de cause. Ce jour-là viendra probablement, puisqu'en France les oppositions finissent toujours par obtenir le pouvoir. Mais la question ne sera pas tranchée pour cela ; elle subira seulement l'épreuve contraire, et, en fin de compte, l'opinion jugera en dernier ressort et choisira entre les deux systèmes. Pour quiconque a été appelé à recevoir les confidences du public, à écouter ses plaintes et ses doléances sur tout ce qui touche à la prostitution, la préférence définitive de l'opinion ne fait aucun doute ; elle réclamera impérieusement la répression, et la répression d'autant plus vigoureuse que les excès et les scandales dont elle aura eu à se plaindre auront été plus grands.

Il faut encore espérer, dans un intérêt de morale publique, que le bon sens de la population ne permettra pas à cette expérience de se faire complètement ; mais si elle doit avoir lieu, il est à souhaiter qu'elle se fasse immédiatement. Le préfet de police pourrait l'envisager sans crainte ; elle amènerait forcément un mouvement d'opinion qui confirmerait, en leur donnant une plus grande extension, ses pouvoirs sur les prostituées, pouvoirs si contestés aujourd'hui.

En France, où la population a pris l'habitude de s'en rapporter à l'autorité du soin de la sauvegarder dans tous ses intérêts, la prostitution libre, comme la suppression radicale du service des mœurs, sont deux utopies irréalisables. Quoi qu'on fasse, il y aura toujours des prostituées ; ces prostituées exposeront

toujours à des dangers la morale et la santé publiques. Ceux qui auront à se plaindre de leurs
scandaleux exemples, de leurs provocations immorales, ou qui seront les victimes de leurs impuretés,
demanderont toujours protection à l'autorité. Cette
protection, il faudra toujours finir par la donner,
sous une forme ou sous une autre; mais, avant de
donner suite à ces plaintes, il faudra s'assurer qu'elles
sont fondées ; par conséquent, il faudra toujours que
des agents soient chargés de la surveillance et de la
recherche des prostituées. Pourquoi dès lors supprimer le service des mœurs ?

Faites l'agglomération des trois services dont nous
avons parlé plus haut, ou bien réorganisez la brigade des mœurs sur de nouvelles bases, si vous
croyez pouvoir faire mieux que ce qui est; n'acceptez
dans ce service qu'un personnel de choix; n'admettez
jamais que cette brigade soit assimilée à une compagnie de discipline, qu'elle serve de refuge à tous
les mauvais agents des autres services ; soumettez à
des enquêtes minutieuses la vie des hommes qui
demandent à en faire partie ; une fois admis, impo-
sez-leur une discipline de fer; soyez d'une sévérité
inflexible pour toutes les fautes volontaires que ces
agents pourraient commettre dans l'exercice de leurs
fonctions ; modifiez la réglementation, si vous la
jugez mauvaise ; substituez même, pour le prononcé
des peines infligées aux prostituées surprises en contravention, malgré les graves inconvénients que pré-

senterait une audience publique, l'autorité judiciaire
à l'autorité administrative, comme cela se passe déjà
en Belgique. Toutes ces précautions, vous pouvez les
prendre; toutes ces réformes, vous pouvez les tenter,
et la population applaudira à vos efforts; mais ne
désorganisez pas, dans le vain espoir d'échapper à
des embarras que votre désorganisation rendra
insurmontables; ne supprimez pas ce que l'opinion
publique vous contraindrait de rétablir un jour.

Nous voici à la fin de la tâche que nous nous
étions imposée. L'état actuel des deux prostitutions
à Paris nous a paru d'autant plus regrettable qu'à
son contact les masses se démoralisent. Nous
nous sommes rappelé que Montesquieu a dit dans
son *Esprit des lois* : « On peut regarder dans un
État l'incontinence des mœurs comme le dernier
des malheurs. » Et nous avons cru que nous avions
le devoir de dire ce que nous ont appris dix années
de contact journalier avec le monde de la prostitution et de la débauche.

Nous avons la conviction que la répression matérielle, quelque vigoureuse, quelque sévère qu'elle
soit, ne pourra jamais à elle seule, et sans le secours
de l'opinion publique, protéger l'avenir.

La morale plus honorée ; un certain mépris social
pour ces grandes dames dont le luxe et les équipages
prêchent l'inconduite ; une plus grande décence dans
les habitudes du monde ; un dédain public et implacable pour ces efféminés qui violent la nature ; et,

33

par-dessous tout, un concours énergique de l'opinion pour réagir contre tout ce qui est le scandale et la débauche, voilà selon nous les auxiliaires indispensables de la répression et les remèdes les plus efficaces.

Car on peut dire du pouvoir administratif ce que Franklin disait du pouvoir politique :

« Que peut la politique sans les mœurs ? »

FIN

TABLE DES MATIÈRES

PREMIÈRE PARTIE

PROSTITUTION FÉMININE

DEUXIÈME PARTIE

PROSTITUTION ANTIPHYSIQUE

Paris. — Imp. PAUL DUPONT (Cl.)

9 782012 544048